Winfried Seimert

LibreOffice 5 für Ein- und Umsteiger

mitp

Bibliografische Information Der Deutschen Nationalbibliothek

Die Deutsche Nationalbibliothek verzeichnet diese Publikation in der Deutschen Nationalbibliografie; detaillierte bibliografische Daten sind im Internet über <http://dnb.d-nb.de> abrufbar.

Bei der Herstellung des Werkes haben wir uns zukunftsbewusst für umweltverträgliche und wiederverwertbare Materialien entschieden.

Der Inhalt ist auf elementar chlorfreies Papier gedruckt.

ISBN 978-3-95845-215-2
1. Auflage 2015

www.mitp.de
E-Mail: mitp-verlag@sigloch.de
Telefon: +49 7953 / 7189 - 079
Telefax: +49 7953 / 7189 - 082

Lektorat: Sabine Janatschek
Sprachkorrektorat: Susanne Creutz
Covergestaltung: Christian Kalkert, www.kalkert.de
Satz: Petra Kleinwegen
Druck: Medienhaus Plump, Rheinbreitbach
Bildnachweis: @ stuartbur / fotolia.com

Inhalt

1 Basiswissen LibreOffice

Das lizenzkostenfreie LibreOffice.org 5 ist eine aus dem Office-Paket OpenOffice.org hervorgegangene Abspaltung und wird seither unabhängig weiterentwickelt. Ursache für diese Abspaltung war die Unzufriedenheit innerhalb der OpenOffice.org-Gemeinschaft – Unzufriedenheit insbesondere darüber, dass Oracle seit der Übernahme von OpenOffice Anfang 2010 dessen Zukunft offenließ und das Projekt immer spärlicher unterstützte. Deshalb entschlossen sich im Herbst 2010 führende Mitglieder der OpenOffice.org-Gemeinde, die neue Document Foundation zu gründen. Da Oracle das Namensrecht an OpenOffice.org besitzt und nicht gewillt war, den Namen abzugeben, beschloss man, die Entwicklung unter dem Namen LibreOffice weiterzuführen. Das war insoweit problemlos möglich, als dass OpenOffice.org als freie Software entwickelt wird. Nicht zuletzt deshalb wählte man den Namen *Libre*, was im Französischen sowie im Spanischen so viel wie „frei" heißt.

LibreOffice 5

LibreOffice läuft sowohl unter Windows als auch unter Linux und Mac OS, enthält alles, was man für die täglichen Büroarbeiten am Computer benötigt, und bietet Privatpersonen und Unternehmen eine Alternative zu den kostenpflichtigen Office-Paketen.

Der vollständige, offizielle Name des Programmpakets lautet *LibreOffice 5*. Es erschien im August 2015 und enthält folgende Module:

Symbol	Name	Anwendungsgebiet
	Writer	Texte erstellen, bearbeiten und aufbereiten wird mit dem Programmmodul *Writer* erledigt.
	Calc	Das Programmmodul *Calc* stellt alle Funktionen bereit, die eine Tabellenkalkulation benötigt.
	Impress	Das Präsentationsmodul *Impress* können Sie nutzen, um eigene (Folien-) Präsentationen zu erstellen.
	Draw	Das eingebaute Vektorgrafik-Zeichenprogramm *Draw* ermöglicht das Erstellen einfacher Logos oder komplizierter Grafiken und kann entweder als eigenständiges Programm gestartet oder von anderen Modulen aus aufgerufen werden.
	Math	Mit dem Modul *Math* lassen sich mathematische Formeln darstellen. Da dieses Modul in der täglichen Praxis nicht so häufig Anwendung findet, wird es in diesem Buch nicht behandelt!
	Base	Das integrierte Datenbankmodul trägt den Namen *Base*. Damit können Sie entweder eine Datenbank neu erstellen oder auf vorhandene Datenbanken zugreifen.

Das Buch wurde mit Version 5.0.0.5 erstellt, es kann aber auch für alle Versionen mit der Versionsnummer 5.x sinngemäß verwendet werden. Sehr häufig findet man nur die Bezeichnung *LibreOffice*, die auch in diesem Buch meistens verwendet wird.

Arbeiten mit dem Buch

Dieses Buch soll Ihnen den Ein- oder Umstieg in das doch recht umfangreiche Programm erleichtern. Das Buch soll als Handbuch dienen, mit dem Sie die meisten Klippen umschiffen und nach dem Studium der einzelnen Kapitel in der Anwendung des jeweiligen LibreOffice-Programms ein wenig sicherer werden.

Dieses Buch kann von vorn bis hinten durchgelesen werden oder – und das wurde beim Schreiben berücksichtigt – nur kapitelweise. Die einzelnen Kapitel unterliegen zwar einer chronologischen Reihenfolge, sind aber jeweils in sich abgeschlossen. Allerdings nimmt der Umfang von vorn nach hinten ab. So werden in Writer beispielsweise die Formatierungen noch ausführlich erklärt, in den folgenden Modulen dagegen nur noch spezifisch, da sich einige Schritte immer wieder wiederholen. Bestimmte Arbeitsschritte mit Formen werden bei Impress erklärt, obwohl sie eigentlich thematisch zu Draw gehören. Im Gegensatz zu manchen anderen Office-Suiten merkt man, dass beim Entwickeln darauf geachtet wurde, gleiche Module in den einzelnen Programmen auch stets gleich anzulegen.

Wie Sie sehen werden, werden nicht alle Bestandteile und Möglichkeiten des jeweiligen Programms erläutert. Vielmehr wurde beim Aufbau des Buches Wert darauf gelegt, dass fast alle praxisrelevanten Programmfunktionen erläutert werden und Sie mit dem so gewonnenen Wissen in der Lage sind, sich noch tiefer in die einzelnen Programme einzuarbeiten.

An wen richtet sich dieses Buch?

Es richtet sich an alle, die sich für eine Alternative zu herkömmlichen Office-Programmen interessieren, die ein kostenloses Programm fürs Büro suchen und die sich zügig und ohne viel Theorie einarbeiten möchten. Anhand konkreter Beispiele werden die wichtigsten praxisrelevanten Funktionen und Techniken vermittelt. Sie erfahren alles, was Sie für die tägliche Arbeit mit LibreOffice wissen müssen.

Windows oder Mac?

Das Buch wurde auf einem Windows-PC mit Windows 10 erstellt, die gezeigten Schritte können aber analog auf einem Mac-OS-Computer durchgeführt werden. Wenn Sie an Letzterem arbeiten, so unterscheidet sich Ihr Bildschirm von den gezeigten Abbildungen im Wesentlichen durch das Apple-typische Aussehen. Gleiches gilt für die zumeist genauso aufgebauten Menüs. Bei der Bedienung müssen Sie als Apple-Anwender lediglich darauf achten, statt der nicht existierenden [Strg]-Taste die [⌘]-Taste und für die [Alt]- die [⌥]-Taste zu verwenden und im Fall, dass Sie die rechte Maus betätigen müssen und das nicht zum gewünschten Ergebnis führt, die [Ctrl]-Taste zu drücken.

Die Beispieldateien?

Dieses Buch ist eigentlich so angelegt, dass Sie die benötigten Daten aus Übungsgründen selbst eingeben sollten. Reicht allerdings Ihre Zeit nicht aus, können Sie die Daten auch von der Website des Verlags herunterladen:

www.mitp.de/215

In dem Ordner *Buchdateien* finden Sie alle im Buch beschriebenen Dateien im dem jeweiligen Programmmodul entsprechenden Ordner.

Vorbereitungsmaßnahmen

Bevor Sie loslegen können, muss zunächst LibreOffice auf Ihrem Computer installiert werden. Doch keine Bange, wenn Sie das bislang noch nie gemacht haben. Der Vorgang ist recht einfach und in gut zehn Minuten können Sie anfangen.

LibreOffice 5 installieren

Das Programm können Sie sich kostenfrei aus dem Internet herunterladen.

WEB

Die benötigte Setupdatei können Sie sich über die deutschsprachige Internetpräsenz (*http://de.libreoffice.org*) herunterladen.

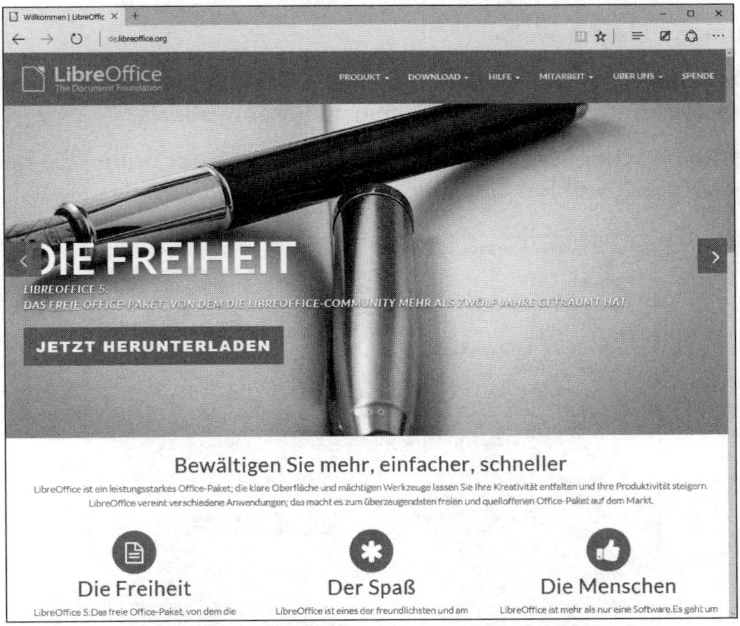

Abb. 1.1: Die Website von LibreOffice

Klicken Sie auf den entsprechenden Hyperlink und laden Sie die Dateien herunter.

Anschließend suchen Sie über den Explorer den entsprechenden Ordner mit der Setupdatei von LibreOffice auf und führen einen Doppelklick auf dem Programmsymbol aus.

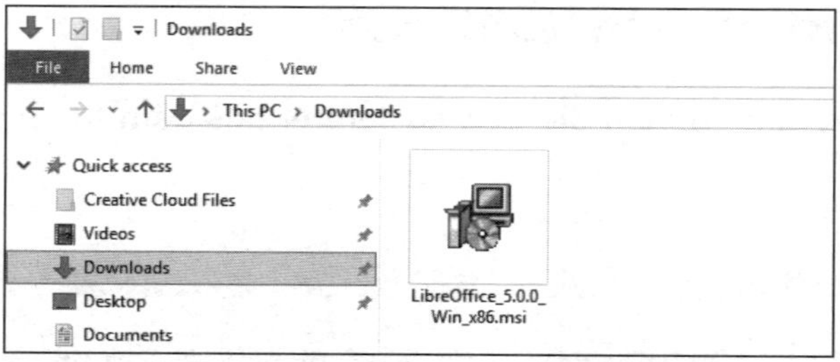

Abb. 1.2: Hierauf gehört ein Doppelklick

Nach einer Weile erscheint das Begrüßungsfenster und weist Sie darauf hin, dass Sie von einem Installationsassistenten begleitet werden.

Bestätigen Sie mit *Weiter*.

Im folgenden Fenster müssen Sie entscheiden, ob Sie das Programmpaket vollständig oder angepasst installieren wollen.

Sind Sie unsicher, was Sie nehmen sollen, und/oder haben Sie genug Speicherplatz, wählen Sie ruhig die Variante *Typisch*.

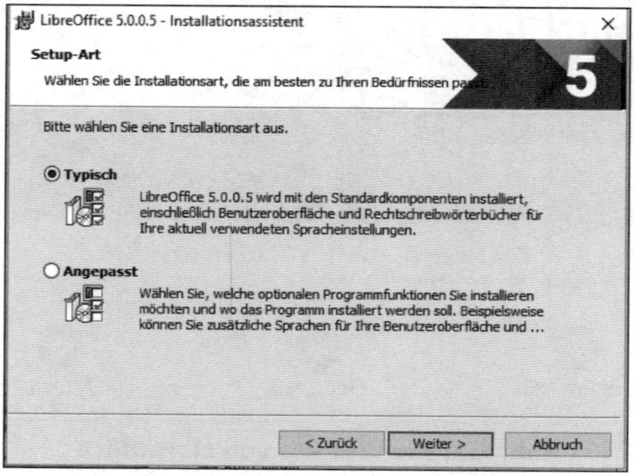

Abb. 1.3: Welche Art bevorzugen Sie?

Möchten Sie dagegen Einfluss auf die installierten Programmteile nehmen, dann entscheiden Sie sich für *Angepasst*.

Ein entscheidender Vorteil dieser Variante ist, dass Sie den Speicherort des Programms bestimmen können.

Nachdem Sie auf *Weiter* geklickt haben, können Sie noch auswählen, welche Microsoft-Office-Dateitypen standardmäßig mit LibreOffice geöffnet werden sollen.

Setzen Sie an den gewünschten Stellen ein Häkchen in das Kontrollkästchen und klicken Sie wieder auf *Weiter*.

Nun können Sie noch entscheiden, ob Sie eine Programmverknüpfung auf den Desktop legen und behindertengerechte Zugangsprogramme unterstützen möchten und/oder ob Sie LibreOffice schon während des Systemstarts laden wollen, damit es Ihnen beim Rechnerstart sofort zur Verfügung steht.

Jetzt hat das Programm alle Informationen, um loszulegen. Mit einem erneuten Klick auf *Weiter* gelangen Sie in das letzte Fenster, das Ihnen die Möglichkeit gibt, noch einmal zu den vorherigen Einstellungsoptionen zurückzukehren.

Sind Sie sich Ihrer Sache sicher, dann startet ein Klick auf *Installieren* den Vorgang, den Sie über einen grünen Fortschrittsbalken schön beobachten können.

Nach einer Weile meldet Ihnen dann der Installationsassistent, dass alles geklappt hat und Sie ihn durch Klick auf die Schaltfläche *Beenden* aus seiner Pflicht entlassen sollen.

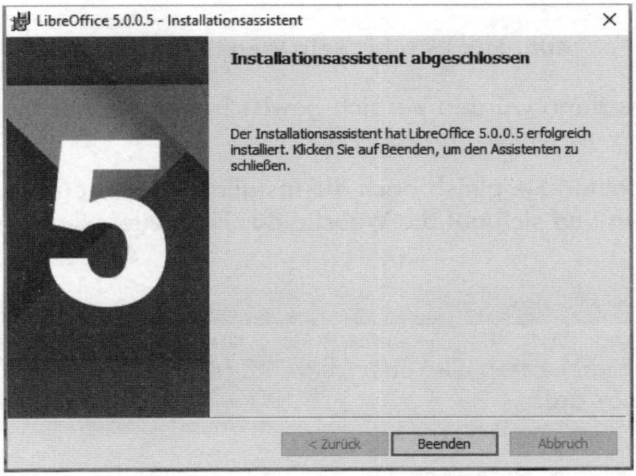

Abb. 1.4: Das war es!

Java-Laufzeitumgebung

Später beim Arbeiten mit Base, der Datenbank, kann es sein, dass LibreOffice feststellt, dass auf Ihrem PC die Java-Laufzeitumgebung fehlt.

Abb. 1.5: Es fehlt etwas

Würden Sie den Hinweis mit *OK* bestätigen, dann erhielten Sie die nächste Meldung, dass keine Java-Installation gefunden wurde und Sie diese nachholen müssen, damit es weitergeht.

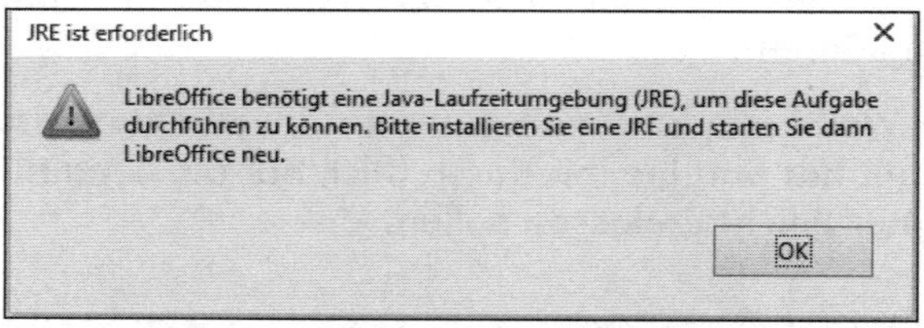

Abb. 1.6: Es führt kein Weg daran vorbei

Spätestens dann würden Sie sich gewiss fragen, woher Sie die nehmen sollen.

Deshalb sollten Sie gleich noch die Installation der neuesten Version vornehmen und sich auf die Website des Herstellers *Sun* begeben.

WEB

Die Webseite rufen Sie über die URL *http://www.java.com/de/download/* auf.

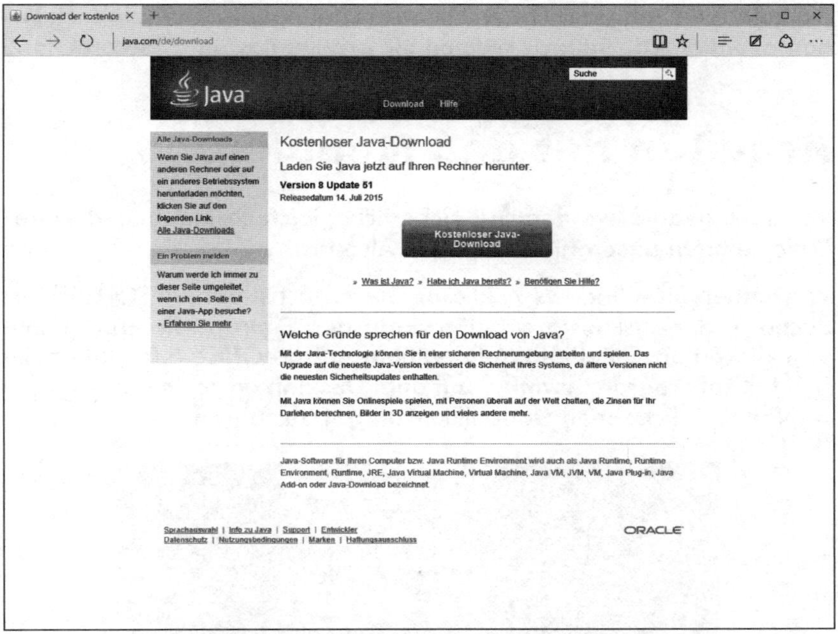

Abb. 1.7: Diese Website hilft Ihnen weiter

Hier finden Sie die Schaltfläche für den Download. Klicken Sie darauf und nach kurzer Zeit finden Sie in Ihrem Download-Ordner die betreffende Datei, auf die Sie einfach einen Doppelklick setzen, um sie zu installieren.

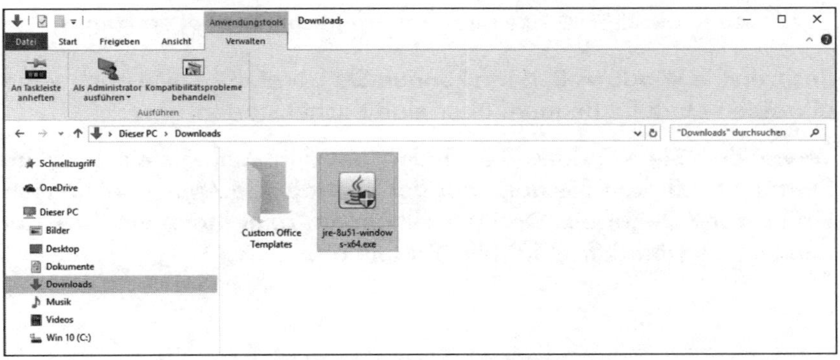

Abb. 1.8: Java installieren

Nachdem Sie ein paar Fragen beantwortet haben, läuft die Installation allein durch. Danach können Sie problemlos mit Base arbeiten.

Arbeiten mit den Modulen

Voller Ungeduld werden Sie sicherlich gleich loslegen und LibreOffice einmal ausprobieren wollen. Also los!

Verwenden Sie Windows 7, klicken Sie zunächst auf die *Start*-Schaltfläche in der Taskleiste, wählen dann den Eintrag *Alle Programme* und klicken anschließend auf den Eintrag *LibreOffice 5.0*. Haben Sie sich für ein Programmsymbol auf dem Desktop entschieden, so müssen Sie lediglich einen Doppelklick darauf ausführen.

Abb. 1.9: LibreOffice über ein Programmsymbol starten

Besitzen Sie Windows 8, dann können Sie LibreOffice, wie auch seine einzelnen Module, bequem über eine Kachel starten.

Verwenden Sie Windows 10, finden Sie den Aufruf stets auch im Startmenü. Klicken Sie dazu auf den Eintrag *Alle Apps* und scrollen Sie bis zur Kategorie *L*. Dort angekommen, zeigt Ihnen ein Klick auf den Eintrag *LibreOffice 5.0* alle Module an.

Abb. 1.10: LibreOffice unter Windows 10 starten

Verwenden Sie LibreOffice auf dem Mac, begeben Sie sich in den Finder und führen einen Doppelklick auf dem Programmsymbol *LibreOffice* in dem Ordner *Programme* aus.

Zunächst erscheint der Startschirm mit den entsprechenden Auswahloptionen.

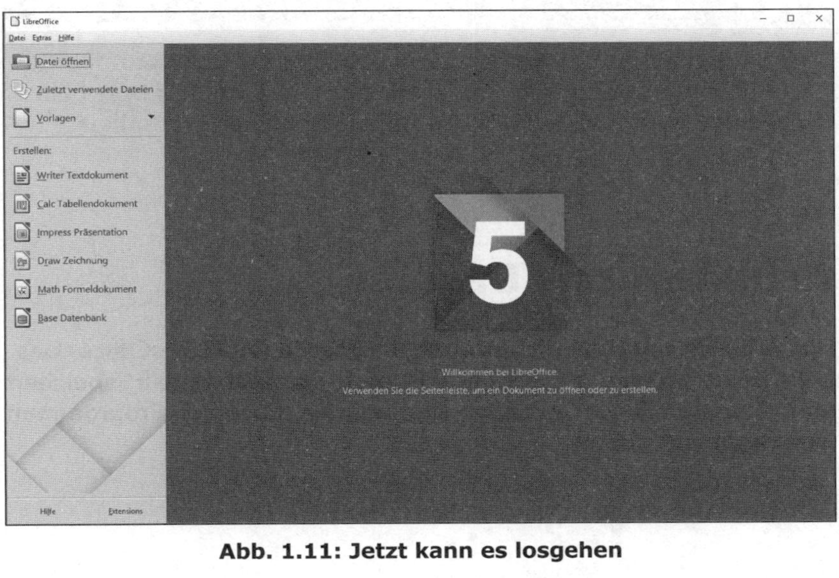

Abb. 1.11: Jetzt kann es losgehen

Auf der linken Seite befinden sich alle wichtigen Schaltflächen.

Als Erstes finden Sie die Schaltfläche *Datei öffnen*, über die Sie entsprechende Dokumente öffnen können, und zum anderen die Schaltfläche, über die Sie auf die *Zuletzt verwendeten Dateien* zugreifen.

Mit der nächsten Schaltfläche können Sie auf vorhandene *Vorlagen* zugreifen.

Darunter befinden sich die Schaltflächen, über die Sie direkt die einzelnen Anwendungen starten können:

- *Writer Textdokument*: Textverarbeitung Writer
- *Calc Tabellendokument*: Tabellenkalkulation Calc
- *Impress Präsentation*: Präsentationsprogramm Impress
- *Draw Zeichnung*: Zeichenprogramm Draw
- *Math Formeldokument*: Formelprogramm Math
- *Base Datenbank*: Datenbankprogramm Base

TIPP

Wenn Sie LibreOffice nicht über ein Dokument oder die direkte Wahl eines Moduls starten, wird beim Programmaufruf bzw. beim Schließen eines Dokuments das neue Startcenter präsentiert.

Arbeiten mit Dateien

Das Arbeiten mit Dateien bestimmt Ihr Arbeiten mit LibreOffice. Deshalb ist es wichtig, zu wissen, wie man Dateien erstellt, speichert und verwaltet. Diese Vorgänge sind bei den einzelnen Programmen weitestgehend gleich.

Microsoft-Office-Dateien

Mit LibreOffice können Sie problemlos Word-, Excel-, PowerPoint- und sogar Visio-Dateien öffnen, weiterbearbeiten und so abspeichern, dass man sie wieder mit den Ursprungsprogrammen öffnen kann.

Dazu müssen Sie lediglich im Startbildschirm auf die Schaltfläche *Öffnen* klicken oder im betreffenden Modul das Menü *Öffnen* aufrufen. Im folgenden Dialogfenster achten Sie darauf, dass im Listenfeld *Dateityp* der Eintrag *Alle Dateien (*.*)* steht, oder Sie stellen gleich den entsprechenden Microsoft-Office-Dateityp ein.

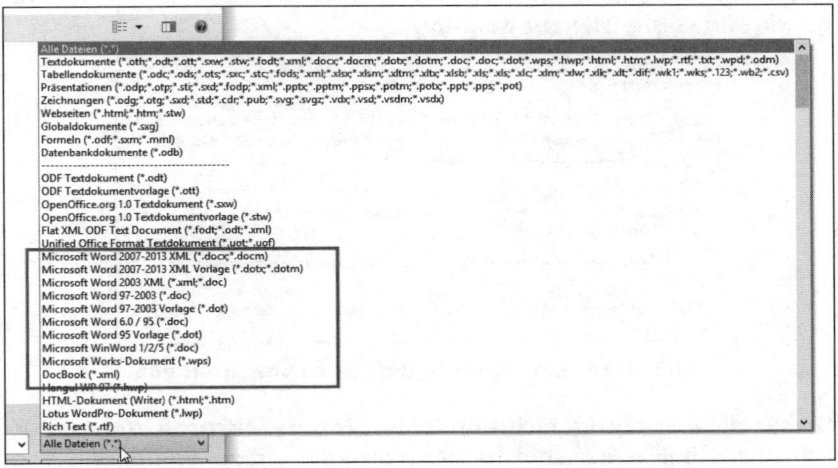

Abb. 1.12: LibreOffice öffnet auch Microsoft-Office-Dateien

Möchten Sie ein LibreOffice-Dokument an jemanden weiterreichen, der beispielsweise mit Microsoft Word arbeitet, wählen Sie innerhalb von Writer die Menüfolge *Datei / Speichern unter*.

Im Feld *Dateityp* wählen Sie den gewünschten Dateityp aus.

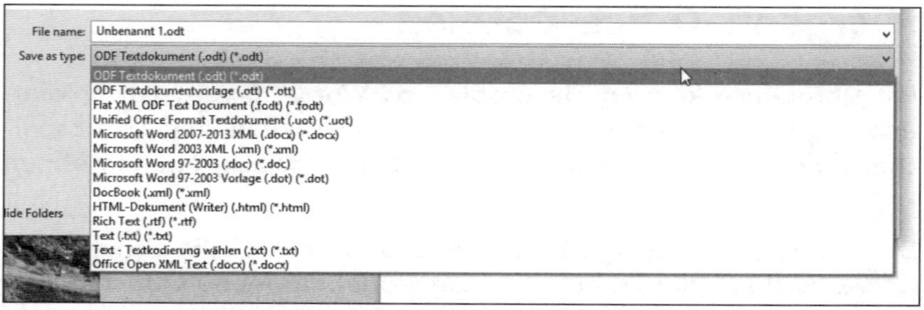

Abb. 1.13: Wählen Sie (hier in Writer) den gewünschten Dateityp aus

Abschließend klicken Sie noch auf *Speichern* und nehmen das folgende Hinweisfenster zur Kenntnis.

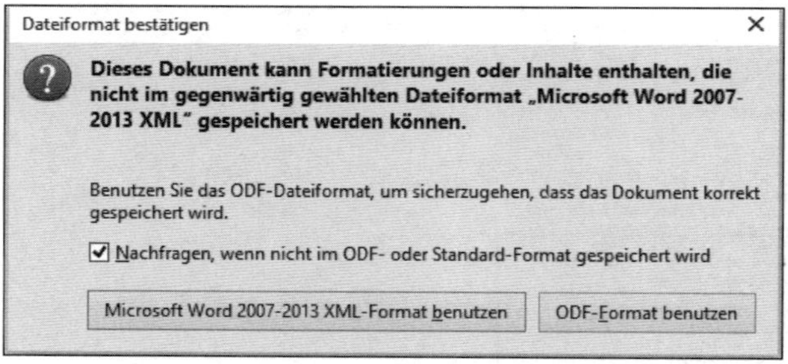

Abb. 1.14: Ein Hinweis, den es zu beachten gilt

Dieser Hinweis besagt nichts anderes, als dass Microsoft Word natürlich nichts mit Writer-spezifischen Formatierungen anfangen kann. Im Regelfall werden Sie diese nicht verwenden und können deshalb beherzt auf *<Aktuelles Format> benutzen* klicken. Sollten Sie unsicher sein, dann speichern Sie zur Sicherheit das Dokument einmal im LibreOffice-Format ab (Schaltfläche *ODF Format benutzen*) und probieren es dann einfach aus. Geht es schief, haben Sie noch immer das Original-LibreOffice-Dokument.

Möchten Sie Ihre vorhandenen Dateien für die ständige Bearbeitung in LibreOffice bereitstellen, dann sollten Sie sie umwandeln.

Dieser Vorgang verläuft dialoggesteuert über den *Dokumenten-Konverter*, den Sie im Startbildschirm über das Menü *Datei / Assistenten* aufrufen können.

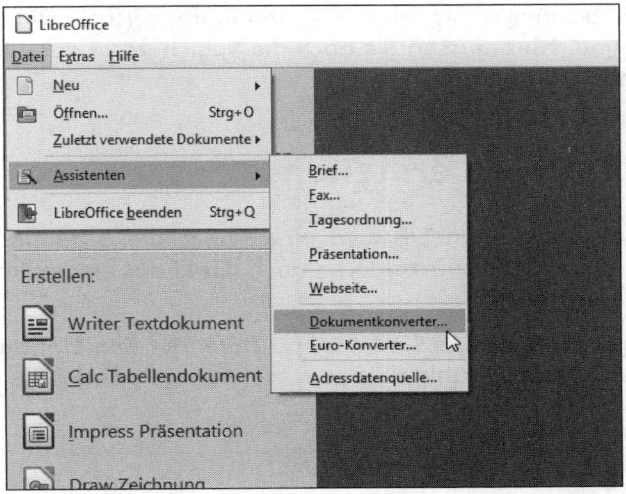

Abb. 1.15: Den Dokumenten-Konverter aufrufen

Nachdem Sie ihn gestartet haben, wählen Sie den gewünschten Dokumenttyp einfach aus.

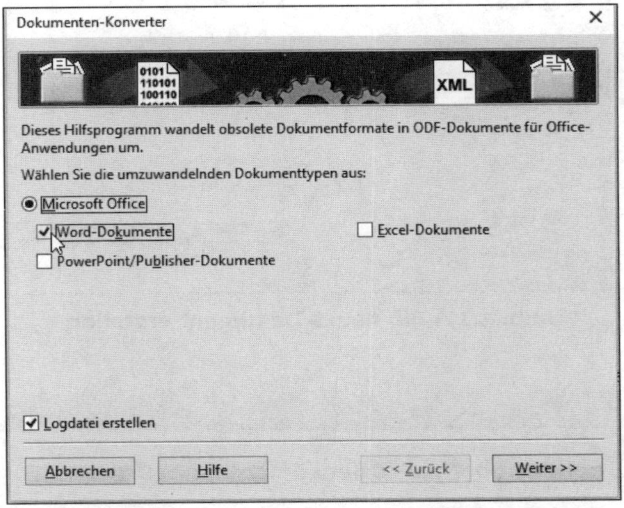

Abb. 1.16: Der Dokumenten-Konverter erleichtert den Umstieg

Ihre Wahl bestätigen Sie mit *Weiter*, um in das nächste Dialogfenster zu gelangen. Hier müssen Sie noch die Speicherorte auswählen und schon kann es losgehen.

Neue Dateien erstellen

Neue Dateien können Sie zum einen über die Schaltflächen des Startbildschirms und zum anderen auch direkt aus einem Programmmodul heraus erstellen.

Im letzteren Fall klicken Sie im Menü *Datei* auf den Eintrag *Neu*. In dessen Untermenü wählen Sie aus, welche neue Datei Sie erstellen wollen.

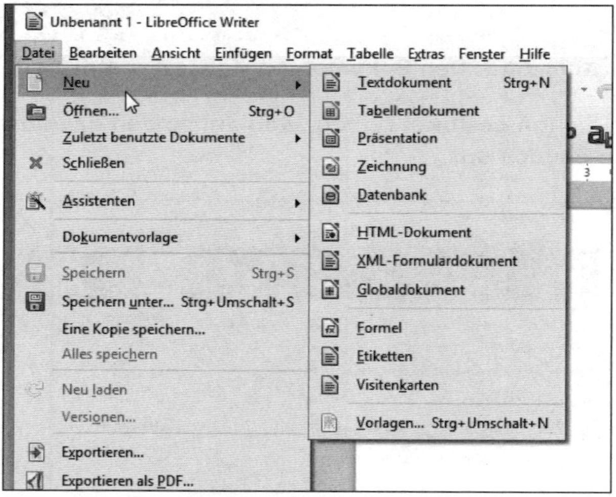

Abb. 1.17: Ein neues Dokument erstellen

TIPP

Rascher geht es über die Tastenkombination [Strg] + [N].

Und schon wird die neue Datei angelegt.

Dateien speichern

Nachdem eine neue Datei erstellt wurde, sollten Sie sie gleich speichern. Es ist empfehlenswert, diesen Vorgang möglichst frühzeitig zu erledigen, um einen Datenverlust zu vermeiden, wenn es mit Ihrem Computersystem einmal Probleme gibt. Das gilt auch dann, wenn – wie im Moment – im Dokument noch nicht ein einziger Buchstabe steht.

Dazu wählen Sie abermals das Menü *Datei* und dann den Menüpunkt *Speichern unter* an.

TIPP

Hinter dem Menüeintrag finden Sie die entsprechende Tastenkombination Strg + ⇧ + S. Wenn Sie häufiger einen Befehl aufrufen, können Sie mithilfe von Tastenkombinationen den Befehl oft schneller ausführen.

Im folgenden Dialogfenster *Speichern unter* befindet sich auf der linken Seite der sogenannte *Navigationsbereich*, der Ihnen Zugriff auf die Speicherorte gewährt.

Hier können Sie beispielsweise unter dem Eintrag *Dieser PC* den Ordner *Dokumente* aufrufen, um dort Ihre Dateien zu speichern.

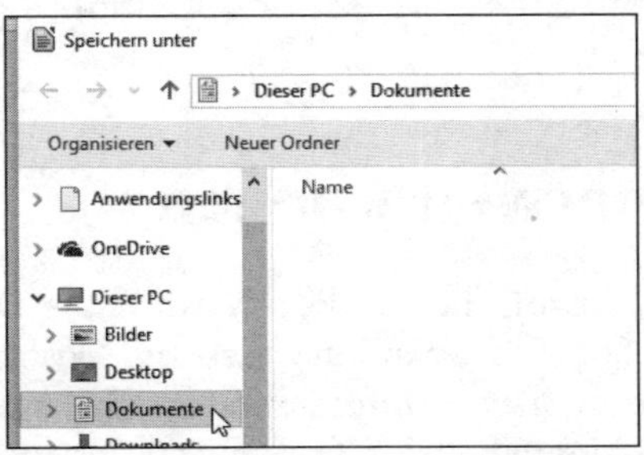

Abb. 1.18: Den Speicherort aufsuchen

Vergeben Sie einen einprägsamen Namen und klicken Sie dann auf die Schaltfläche *Speichern*.

TIPP

Dateinamen können bis zu 255 Zeichen lang sein. Ausgenommen sind dabei ein paar Zeichen, die eine eigene Bedeutung in Windows haben und deren Vergabe zu einem Konflikt mit dem Betriebssystem führen würde. Deshalb können Sie beispielsweise das Fragezeichen nicht verwenden. Trotzdem bleibt eine große Vielzahl an Namen möglich, und das verlockt leider dazu, diese auch zu benutzen. Doch bedenken Sie, dass Sie den Überblick behalten sollten.

Die vorgefundene Struktur sollte für Ihre Arbeiten allerdings durch entsprechende Projektordner verfeinert werden.

Ordner anlegen

Um solche anzulegen, klicken Sie in der Navigationsleiste auf das Symbol *Neuer Ordner*.

Die Vorgabe können Sie beispielsweise mit `LibreOffice` überschreiben und mit [↵] bestätigen.

Wie Sie der Adressleiste entnehmen können, befinden Sie sich sogleich in diesem Ordner.

Anschließend sollten Sie für jedes Modul einen eigenen Ordner erstellen.

Dateinamenerweiterungen

Beim Arbeiten mit LibreOffice sollten Sie auf die Dateinamenerweiterungen achten. So wird beispielsweise bei Writer zwischen Dokument und Dokumentvorlage unterschieden. Zwar unterscheiden sich die Symbole, doch im Eifer des Gefechts kann man sie schon mal verwechseln. Das passiert nicht so schnell, wenn man die Dateiendungen betrachtet. So tragen Writer-Dokumente die Endung **.odt*, Writer-Dokumentvorlagen dagegen die Endung **.ott*. Bei Calc finden

Sie **.ods* bzw. **.ots*, bei Impress **.odp* bzw. **.otp*, bei Base **.odb*, bei Math **.odt* und bei Draw **.odg*.

Deshalb ist es wichtig, zu erkennen, welches Dateiformat verwendet wird. Doch Windows ist standardmäßig leider so eingestellt, dass man die Dateinamenerweiterungen bei registrierten Dateitypen nicht sieht.

Diese Einstellung ist insbesondere beim Arbeiten mit Dokumentvorlagen sehr störend, denn man kann nicht sofort erkennen, welches Format eine bestimmte Datei hat.

Sie können diese Einstellung aber schnell und problemlos ändern.

Bei Windows 7 starten Sie den Windows-Explorer, denn Sie brauchen dessen Menüleiste. Es genügt aber auch jeder beliebige Ordner. Klicken Sie auf die Schaltfläche *Organisieren* und rufen Sie dann den Menüpunkt *Ordner- und Suchoptionen* auf. In dem erscheinenden Dialogfenster *Ordneroptionen* klicken Sie auf die Registerkarte *Ansicht*. Dort suchen Sie in der Liste unter der Bezeichnung *Erweiterte Einstellungen* nach dem Kontrollkästchen mit der Bezeichnung *Erweiterungen bei bekannten Dateitypen ausblenden*. Dieses müssen Sie deaktivieren, damit in Zukunft die Dateiendungen angezeigt werden.

Bei Windows 8/8.1 und erst recht bei Windows 10 geht das viel einfacher. Dort müssen Sie lediglich auf der Registerkarte *Ansicht* in der Gruppe *Ein-/ausblenden* das Kontrollkästchen *Dateinamenerweiterungen* aktivieren.

Jetzt kann man den Unterschied deutlich ablesen.

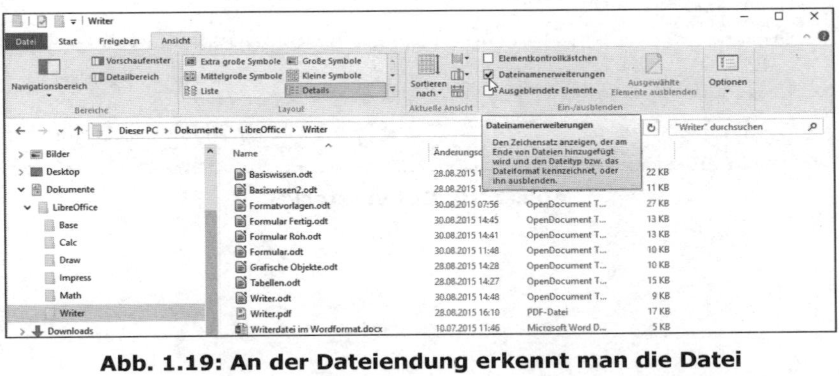

Abb. 1.19: An der Dateiendung erkennt man die Datei

Standardspeicherorte

Die von LibreOffice verwendeten Standardspeicherorte sind für Ihre tägliche Arbeit im Regelfall nicht sehr praktisch. Gewiss wäre es einfacher, wenn Sie beim Speichern gleich in Ihrem Arbeitsordner landen würden.

Das lässt sich an zentraler Stelle im Startbildschirm leicht bewerkstelligen. Klicken Sie auf das Menü *Extras* und wählen Sie den Menüpunkt *Einstellungen*. Im folgenden Dialogfenster wählen Sie den Bereich *LibreOffice* aus und klicken dann auf den Eintrag *Pfade*.

Im rechten Teil des Fensters markieren Sie nun den ersten Eintrag *Arbeitsverzeichnis*.

Um diesen zu bearbeiten, klicken Sie auf die Schaltfläche *Bearbeiten*.

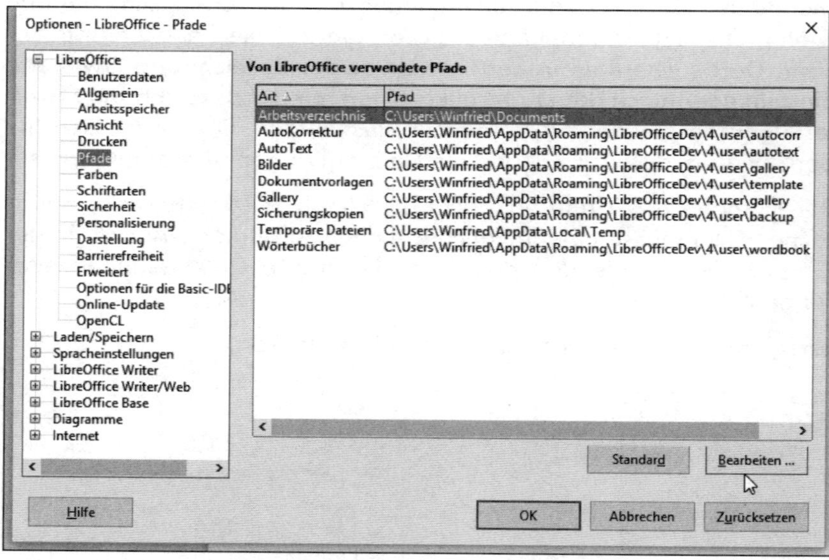

Abb. 1.20: Gut versteckt!

TIPP

Wie Sie sicherlich an dieser Stelle bemerken, werden die Benutzervorlagen, die Dokumentvorlagen, sehr tief im System gespeichert. Bei einer Standardinstallation von Windows werden Sie diese zudem nicht ausfindig machen können, denn diese Ordner sind standardmäßig versteckt. Aus diesem Grund ist es ratsam, einen anderen Speicherort zu wählen, der sich dann zudem beispielsweise bei einem Rechnerwechsel problemlos sichern lässt.

Im Dialogfenster *Pfad auswählen* wählen Sie anschließend den Speicherort für Ihre Dokumente aus und bestätigen Ihre Wahl mit einem Klick auf *OK*.

Wenn Sie jetzt in Zukunft auf *Speichern unter* klicken oder die Tastenkombination [Strg] + [⇧] + [S] drücken, wird das Dialogfenster *Speichern unter* gleich mit dem „richtigen" Speicherort geöffnet und Sie müssen nur noch den Dateinamen vergeben und mit *Speichern* bestätigen.

Dateien schließen

Dateien können Sie wie gewohnt über das Menü *Datei* oder das *Schließen*-Feld schließen. Schneller geht es allerdings mit der undokumentierten Tastenkombination [Strg] + [W] (wie „Weg damit").

Dateien drucken

Wie sagte schon Goethe so schön: „Denn was man schwarz auf weiß besitzt, kann man getrost nach Hause tragen." Auch im digitalen Zeitalter werden Sie das ein oder andere LibreOffice-Dokument ausdrucken wollen.

Druckvorschau

Vor dem eigentlichen Ausdruck sollten Sie das Dokument in der sogenannten *Druckvorschau* betrachten. Dort wird Ihnen die Seite so angezeigt, wie der spätere Ausdruck aussieht. In der Symbolleiste *Standard* finden Sie hierfür die entsprechende Seitenansicht.

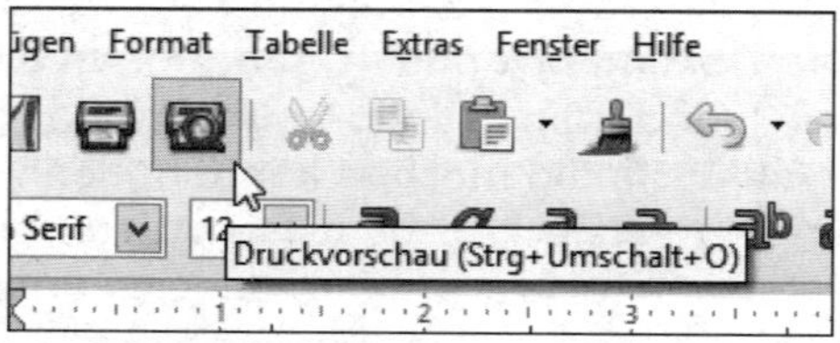

Abb. 1.21: Die Druckvorschau aufrufen

Writer schaltet zur Druckvorschau und blendet gleichzeitig die dazugehörige Symbolleiste ein, über die Sie beispielsweise die Darstellung vergrößern oder die Druckvorschau auch wieder schließen können.

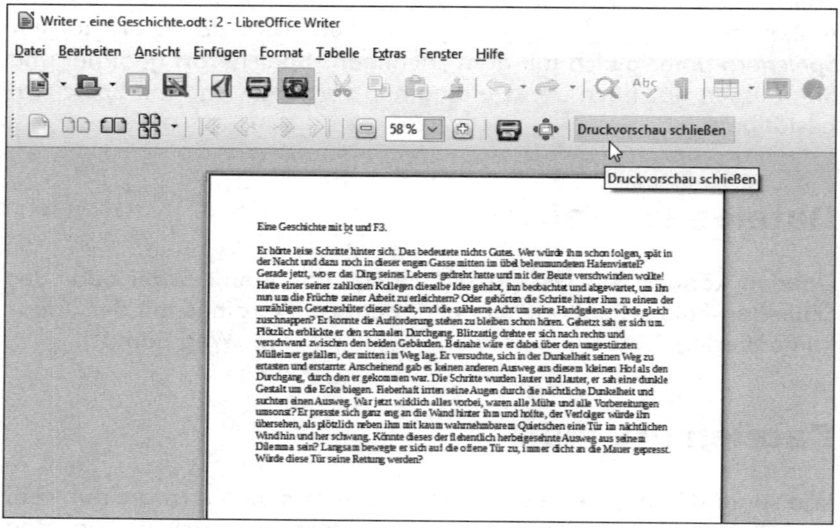

Abb. 1.22: Ein Dokument in der Seitenansicht

Ausdruck

Zum Drucken klicken Sie im Menü *Datei* auf den Befehl *Drucken* oder Sie drücken [Strg] + [P].

Nachteilig ist dabei allerdings, dass Sie keinen Einfluss auf den Druckvorgang nehmen können und das Dokument sofort – gegebenenfalls auf dem falschen Drucker – ausgedruckt wird.

Möchten Sie die Einstellungen für den Druck ändern, wählen Sie die Befehlsfolge *Datei / Drucken*. Dadurch erhalten Sie das gleichnamige Dialogfenster, in dem Sie beispielsweise einen anderen *Drucker* oder die Anzahl der *Exemplare* festlegen können.

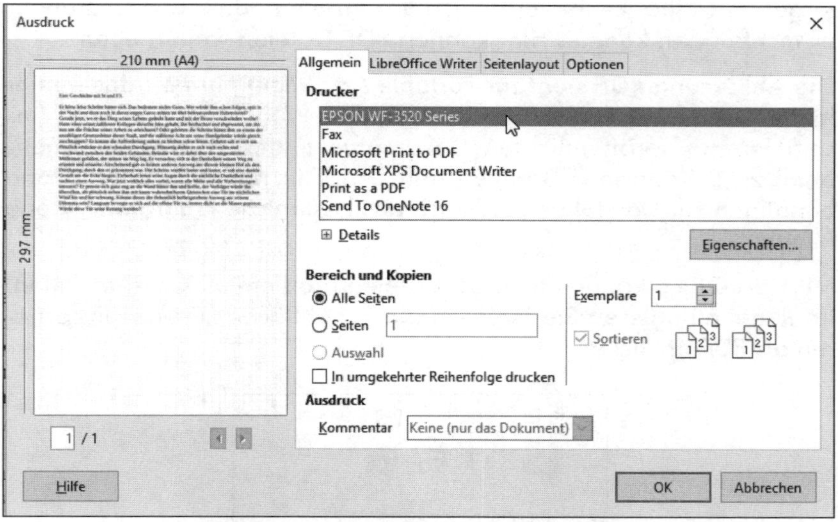

Abb. 1.23: Das Dialogfenster *Drucken*

Darüber hinaus können Sie unter *Bereich und Kopien* festlegen, was alles gedruckt werden soll. Standardmäßig ist die Option *Alle Seiten* aktiviert. Es stehen Ihnen aber auch die Optionen *Seiten*, bei der Sie die Seitenzahl(en) der bestimmten Seiten eingeben, und *Auswahl* für einen markierten Textbereich zur Verfügung.

Über die Registerkarte *LibreOffice Writer* können Sie eine Reihe von weiteren Einstellungen vornehmen. So können Sie beispielsweise festlegen, welche *Inhalte* Sie drucken möchten und ob bei einem Farbdrucker der Text in Schwarz (Kontrollkästchen *Text schwarz drucken*) ausgegeben werden soll.

Nachdem Sie Ihre Wahl getroffen haben, verlassen Sie dieses Dialogfenster mit *OK*. Mit einem weiteren Klick auf *OK* im Dialogfenster *Drucken* startet dann der Druckvorgang gemäß Ihren Angaben.

PDFs erstellen

Jeder, der schon einmal ein EDV-Dokument an einen anderen weitergeben wollte, kennt vermutlich das Problem, dass der Empfänger es nicht öffnen konnte. Hier können PDF-Dateien weiterhelfen.

Die Abkürzung *PDF* steht für *Portable Document Format*, das immer mehr Verbreitung findet. Das ist auch kein Wunder, denn die in diesem Format veröffentlichten Dokumente enthalten alle Informationen zu Schriftarten, Grafiken und Druck in hoher Auflösung und benötigen zur Darstellung lediglich das kostenlose Programm Adobe Reader.

Mit LibreOffice können Sie PDF-Dateien problemlos selbst erstellen. Im Regelfall müssen Sie lediglich die Schaltfläche *Direktes Exportieren als PDF* anklicken.

Abb. 1.24: Schnell mal ein PDF erstellen

Alternativ können Sie sich für die Befehlsfolge *Datei / Exportieren als PDF* entscheiden, wodurch Sie ein Dialogfenster namens *Exportieren* erhalten. In diesem legen Sie den Speicherort fest, vergeben einen entsprechenden Dateinamen und klicken zum Schluss auf *Speichern*, um den Exportvorgang einzuleiten.

Up to date mit Updates

Am LibreOffice-Paket wird ständig gearbeitet und ab und an gibt es eine neue Version.

Sicher wollen Sie auf dem neuesten Stand bleiben. Deshalb sollten Sie von Zeit zu Zeit im Startcenter über das Menü *Hilfe* den Menüpunkt *Auf Updates überprüfen* aufrufen.

Sie erhalten zunächst ein Hinweisfenster mit Anweisungen, was zu tun ist.

Abb. 1.25: Alles auf aktuellem Stand

Sind Updates vorhanden, klicken Sie auf *Herunterladen*, um den Download zu starten. In dem Laufbalken können Sie den Fortgang des Downloads beobachten. Nach dem Ende können Sie die Installation, wie weiter oben dargestellt, vornehmen.

Sind Sie auf dem neuesten Stand, klicken Sie einfach auf *Schließen* und versuchen es zu einem anderen Zeitpunkt wieder.

2 Textdokumente mit Writer

In diesem Kapitel werden Sie mit dem Modul von LibreOffice bekannt gemacht, das Sie vermutlich am häufigsten einsetzen und das Ihnen den Einstieg am einfachsten macht: *Writer*. Mit Writer erstellen Sie die Textdokumente.

Die Textverarbeitung ist die Anwendung im Büro schlechthin. Mit ihrer Hilfe erledigt eine Sekretärin die komplette Korrespondenz, der Sachbearbeiter führt Listen und der Student erstellt seine Examensarbeiten. Writer bietet Ihnen alles, was Sie für die schnelle Erfassung und Korrektur von Texten sowie für deren Gestaltung benötigen.

Arbeitsumgebung

Dokumente bestimmen Ihren Alltag beim Arbeiten mit einem Textverarbeitungsprogramm. Dementsprechend sollten Sie mit den folgenden Dingen vertraut sein.

Betrachten Sie den Arbeitsbildschirm zunächst ein wenig näher.

Abb. 2.1: Der Writer-Arbeitsbildschirm

Im Einzelnen sind folgende Bestandteile zu unterscheiden:

Titelleiste

Die *Titelleiste* zeigt in der Mitte zuerst den Namen der verwendeten Datei und danach das verwendete Modul an.

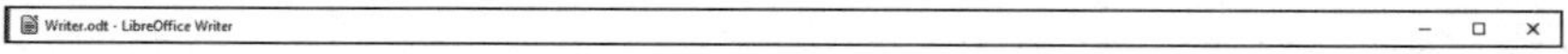

Abb. 2.2: Die Titelleiste zeigt, ob das Dokument schon gespeichert wurde

Auf der rechten Seite befinden sich die Schaltflächen für das *Minimieren*, das *Maximieren* und das *Schließen* des Programmfensters.

Menüleiste und Symbolleisten

Als Nächstes folgt die *Menüleiste*, die den Aufruf aller Befehle ermöglicht. Die Menüs können dabei durch einen Klick mit der Maus oder durch Eintippen des unterstrichenen Buchstabens auf der Tastatur aktiviert werden. Im letzten Fall gilt es allerdings, zunächst die Alt-Taste zu drücken, damit die Menüleiste selbst aktiviert wird.

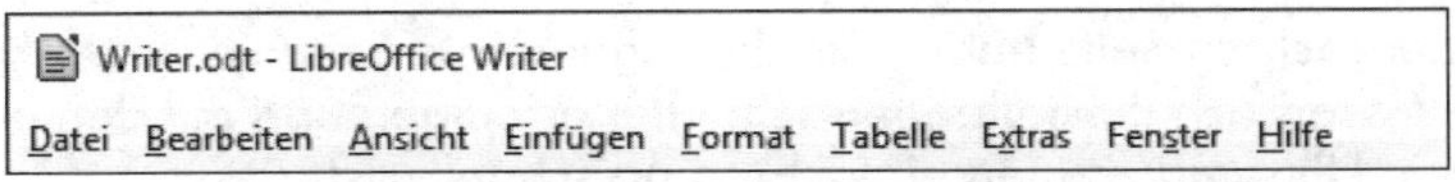

Abb. 2.3: Die Menüleiste

TIPP

Ganz rechts befindet sich übrigens das *Schließen*-Feld zum Schließen eines Dokuments.

Standardmäßig zeigt Writer zwei *Symbolleisten* an: *Standard* und *Formatierungen*. Die erste Leiste enthält häufig gebrauchte Schaltflächen für Befehle wie das Speichern oder Drucken und mit der zweiten Leiste werden Ihnen die Schaltflächen für das Formatieren zur Verfügung gestellt.

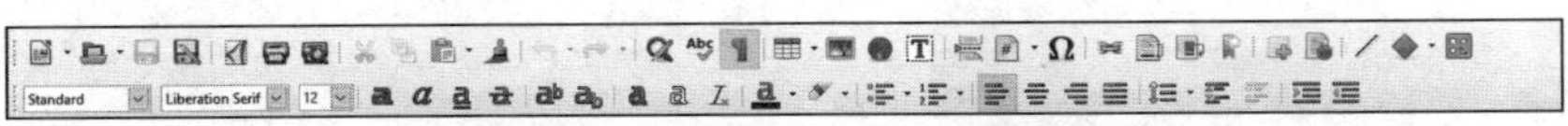

Abb. 2.4: Die Symbolleisten

TIPP

Sollte eine dieser Symbolleisten einmal nicht sichtbar sein, rufen Sie einfach die Befehlsfolge *Ansicht / Symbolleisten* auf und schauen, ob vor der betreffenden Symbolleiste ein Häkchen gesetzt ist.

Seitenleiste

Auf der rechten Seite finden Sie die sogenannte *Seitenleiste*. Mit ihrer Hilfe lassen sich Einstellungen schneller erledigen und mit den angezeigten Hilfswerkzeugen einfacher und schneller starten.

Um an die entsprechenden Optionen zu gelangen, klicken Sie auf die entsprechende Schaltfläche.

Abb. 2.5: Vorher / nachher

Die Leiste ist zudem kontextsensitiv eingestellt. Das bedeutet, dass nur die am häufigsten verwendeten Editierfunktionen bei den jeweiligen Schritten eingeblendet werden oder dass sich, je nachdem, auf welchen Bereich Sie in einem Dokument klicken, der Inhalt in der Seitenleiste verändert.

Durch die verschiedenen Bereiche können Sie sich durch Anklicken der betreffenden seitlichen Registerkarten *Eigenschaften*, *Formatvorlagen*, *Gallery*, *Navigator* und *Änderungen verwalten* bewegen.

Benötigen Sie doch einmal eine Option, die nicht in der Seitenleiste angezeigt wird, lässt sich diese wie gewohnt über einen Menüpunkt aufrufen. Zudem sind die Menüs in Bereiche gegliedert, die sich über den Navigationspfeil ein- und ausklappen lassen.

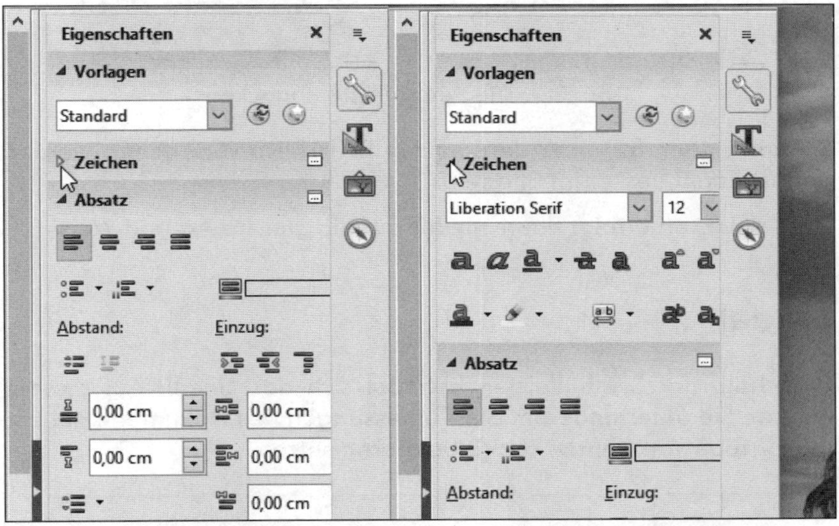

Abb. 2.6: Die Navigationspfeile geben weitere Einstellungen frei

Die gesamte Seitenleiste lässt sich auch von der eigentlichen Anwendung lösen, um sie zum Beispiel auf einen zweiten Monitor zu verschieben.

Klicken Sie dazu auf das Seitenleisten-Menü (die Schaltfläche rechts neben dem *Schließen*-Feld) und wählen Sie im Menü den Punkt *Abdocken* aus.

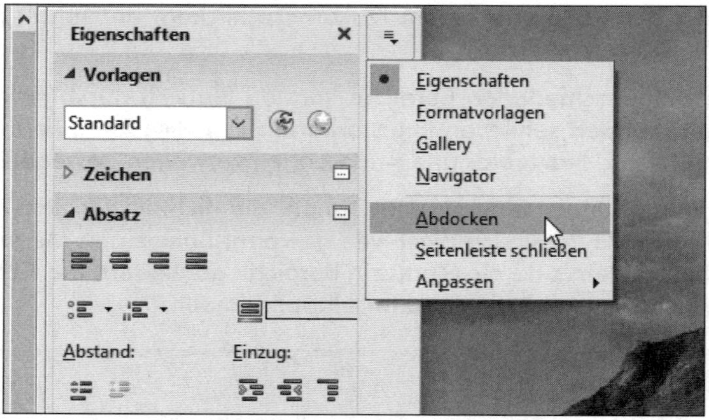

Abb. 2.7: Die Seitenleiste abdocken

Sie kann dann frei über den ganzen Bildschirm verschoben werden und ist damit besser im Blickfeld.

Das Andocken erfolgt dann wieder auf die gleiche Art und Weise.

Lineal

Unterhalb der Symbolleisten befindet sich das *Lineal*. Auf diesem können Sie unter anderem die Abmessungen des Dokuments sehen, die Einzüge vornehmen und Tabulatoren setzen.

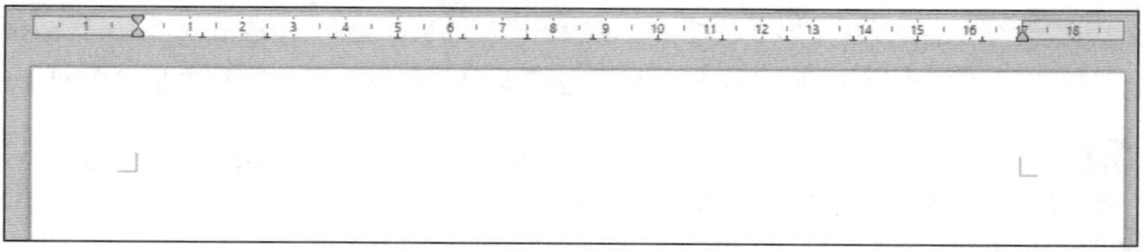

Abb. 2.8: Dient der Orientierung: das Lineal

Das Lineal zeigt Ihnen standardmäßig den Druckbereich in Zentimeter an, sodass Sie Ihr Dokument zentimetergenau gestalten können. Wünschen Sie eine andere Bemaßung, klicken Sie mit der rechten Maustaste auf das Lineal und wählen im Kontextmenüpunkt die gewünschte Einheit aus.

Statusleiste

Am unteren Programmfensterrand befindet sich die *Statusleiste*.

Auf der linken Seite finden Sie Informationen darüber, auf welcher Seite Sie sich befinden, welche Seitenvorlage gerade benutzt wird, welche Sprache für die Rechtschreibprüfung verwendet wird und ob der Einfüge- oder der Überschreibmodus aktiviert ist.

Abb. 2.9: Die Statusleiste (linker Teil)

Auf der rechten Seite erfahren Sie, welcher Selektionsmodus gerade verwendet wird, und das kleine Sternchen gibt Auskunft darüber, ob es in dem Dokument noch nicht gespeicherte Änderungen gibt bzw. ob das neue Dokument überhaupt noch nicht gespeichert wurde.

Abb. 2.10: Die Statusleiste (rechter Teil)

Zudem können Sie mit den drei *Ansichtslayout*-Symbolen zwischen der einspaltigen Ansicht, der Ansicht mit mehreren Seiten nebeneinander und der Buchansicht mit zwei Seiten wählen.

Die Darstellung des Textdokuments ändern Sie über den *Zoomregler*. Ziehen Sie diesen nach links, um mehr Seiten anzuzeigen bzw. die Ansicht zu verkleinern. Wenn Sie den Regler dagegen nach rechts ziehen, wird die Anzeige vergrößert.

TIPP

Verfügen Sie über ein Mausrad, dann können Sie mit gedrückter Strg-Taste und Drehen des Mausrads schnell ein- und auszoomen.

Am Ende der Leiste finden Sie die Angabe der aktuell gewählten Maßstabsstufe.

Darüber können Sie den Maßstab und das entsprechende Ansichtslayout rasch ändern. Doppelklicken Sie auf das Feld *100%*. Dadurch erhalten Sie ein Dialogfenster, in dem Sie nun die gewünschte Stufe per Option einstellen oder in der Liste *Variabel* festlegen können.

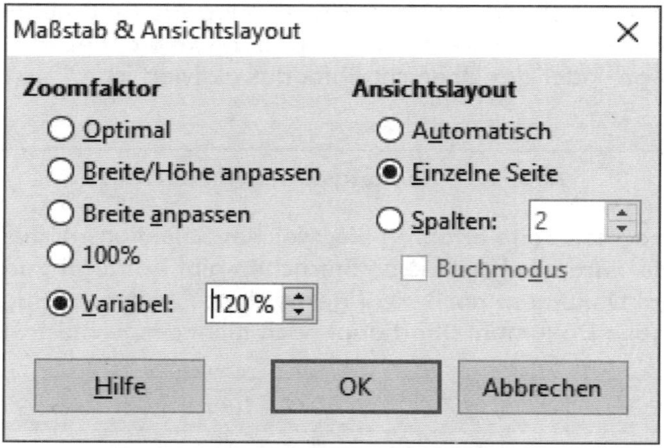

Abb. 2.11: Den Maßstab schnell ändern

Ansichtssachen

Bevor es jedoch an die Texteingabe geht, sollten Sie sich mit den beiden Darstellungsformen von Writer vertraut machen.

Rufen Sie das Menü *Ansicht* auf.

Hier finden Sie zwei Menüpunkte, mit denen Sie folgende Dokumentansichten einstellen können:

⇨ *Drucklayout*: Bei dieser Darstellung handelt es sich um eine Ansicht, die dem späteren Ausdruck sehr ähnlich ist.

⇨ *Weblayout*: Wenn Sie auf die Ansicht *Weblayout* umschalten, erscheint der Text wie in einem Webbrowser. Diese Ansicht eignet sich für den Entwurf von Texten, die Sie im Intra- oder Internet verwenden wollen.

Arbeiten mit Texten

Bevor es an die Textbearbeitung geht, müssen die Texte erst einmal in den Computer gebracht werden. Auch wenn die Korrekturmöglichkeiten mithilfe von Textverarbeitungsprogrammen wie Writer fast unbegrenzt sind, wird es Ihrer Arbeit an der Tastatur und Ihrer Schreibgeschwindigkeit auf jeden Fall zugutekommen, wenn Sie über Kenntnisse im Schreibmaschineschreiben verfügen.

Steuerzeichen anzeigen

Sicherlich können Sie es kaum noch erwarten und möchten Ihren ersten Text eingeben.

Wenn Sie vorhaben, mehr als einen Einkaufszettel zu schreiben, sollten Sie zunächst die Steuerzeichen einschalten.

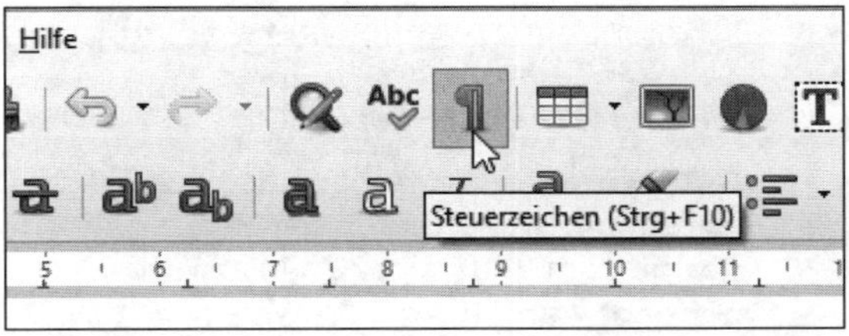

Abb. 2.12: Schalten Sie die Steuerzeichen ein!

Gewiss fällt Ihnen nun hinter dem Cursor das Zeichen auf, das wie ein umgedrehtes P aussieht. Dies ist das Steuerzeichen für einen Absatz.

Bei den Steuerzeichen handelt es sich um die Zeichen, die nicht ausgedruckt werden, die aber beim Gestalten eines Textes überaus hilfreich sind. Damit werden Sie immer wissen, ob Sie einen Absatz (mit der [↵]-Taste: ¶) oder eine Zeilenschaltung (mit [⇧] + [↵]: ↵) vorgenommen haben. Oder haben Sie sich nicht schon mal – natürlich nach dem Ausdruck – über zu viel Abstand zwischen zwei Wörtern infolge zu vieler Leerzeichen geärgert? Und sicherlich haben Sie auch schon in Ihrem Büro unbrauchbare Texte erhalten, weil der Schreiber der Zeilen den gefürchtesten aller Anfängerfehler gemacht und hinter jeder Zeile eine Absatzmarke gesetzt hat. Der moderne

Datenaustausch leidet unter solch schlecht formatierten Dokumenten enorm.

Diese und noch viel mehr Fehler können Sie vermeiden, wenn Sie die Steuerzeichen zur Kontrolle (ich empfehle Ihnen sogar ständig) einblenden.

Neben den bereits erwähnten Zeichen können Sie anschließend auch folgende wichtige Steuerzeichen erkennen:

Steuerzeichen	Funktion	Wird erzeugt durch Drücken von
¶ Absatzmarke	Beendet einen Absatz	↵
↵	Beendet eine Zeile, aber nicht den Absatz	⇧ + ↵
· Leerschritt	Trennt Wörter voneinander	Leer
¬ Weiches Trennzeichen	Erscheint nur am Ende einer Zeile als Trennstrich, wird mitten im Text nicht angezeigt	Strg + -
- Geschützter Bindestrich	Dadurch werden zwei Wörter, die bei einem normalen Bindestrich am Ende einer Zeile getrennt würden, wie ein Wort behandelt und gemeinsam in die nächste Zeile geschrieben.	⇧ + Strg + -
⭾ Tabulatorzeichen	Richtet Text an sogenannten Tabstopp-Positionen aus	⭾

Text eingeben

Writer beherrscht natürlich den sogenannten Fließtext: Das heißt, der Text wird automatisch in der nächsten Zeile fortgesetzt. Die Taste ↵ (also die alte Zeilenschaltung) drücken Sie nur noch, wenn Sie einen Absatz beenden oder eine Leerzeile erzeugen wollen. Es ist nicht nur einfacher für Sie, sondern auch wichtig, dass Sie im Fließtext schreiben, denn nur so ist sichergestellt, dass der Text auch nach größeren Korrekturen noch lückenlos erscheint.

Erstellen Sie gegebenenfalls ein neues Dokument und geben Sie etwas Text ein. Anschließend speichern Sie das Dokument unter der Bezeichnung *Texteingabe* ab. Zwar könnten Sie jetzt einfach ein paar Buchstaben wie beispielsweise `jklöfdsa` eintippen, aber solche Texte helfen nicht recht weiter. Vielmehr ist es einfacher, ein wenig Blindtext einzufügen. Dabei handelt es sich um nichtssagenden Text, der so lange verwendet wird, bis der eigentliche Text vorliegt.

Falls Sie jetzt befürchten, eine Textpassage eingeben zu müssen, können Sie beruhigt sein. Sie greifen einfach auf eine kleine Writer-Funktion zurück, die Ihnen Blindtext zur Verfügung stellt.

Setzen Sie zunächst die Einfügemarke an die Position, an der der Blindtext erscheinen soll.

Platzieren Sie den Cursor in dem Absatz und geben Sie die Formel `bt` ein.

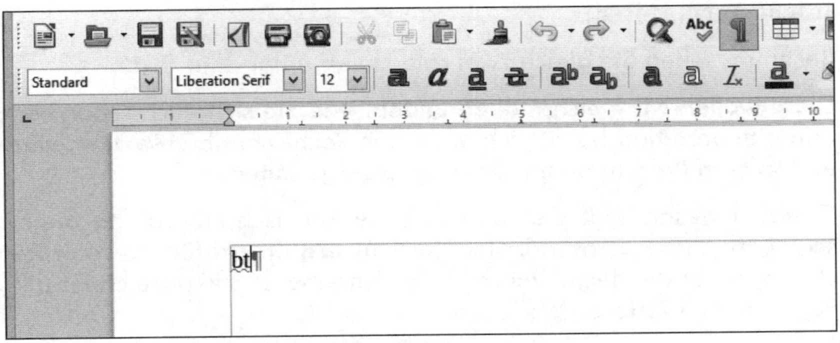

Abb. 2.13: Die Texteingabe beginnt!

Drücken Sie dann die F3-Taste und Writer fügt daraufhin einen rund 1.750 Zeichen langen Fülltext in Form einer Kurzgeschichte ein.

TIPP

Genau genommen handelt es sich hierbei nicht um Fülltext im klassischen Sinne. Herkömmliche Blindtexte enthalten zumeist Texte – oft in lateinischer Sprache – ohne einen Sinn, da sie eigentlich nur dazu dienen, das Layout zu füllen, bis der „richtige" Text vorhanden ist. Hier handelt es sich jedoch vielmehr um eine AutoText-Funktion, die Sie noch näher kennenlernen werden.

Fehler korrigieren

Wenn Sie den eben gezeigten Text verwenden, werden Sie keine Fehler machen. Dem ist nicht immer so.

Um Ihnen zu zeigen, wie Sie dabei vorgehen, sollten Sie zwei weitere Absätze einfügen. Überwinden Sie sich dann einmal und schreiben Sie in den zweiten Absatz den folgenden Text: `Fähler kann man gans leicht korrigieren!`

Bestimmt sehen Sie gleich zwei rote Linien unter dem Text.

Diese wollen wir gleich mal erkunden. Wie Sie sicherlich schon vermutet haben, handelt es sich um einen Rechtschreibfehler bzw. wird es von dem Programm für einen solchen gehalten.

Genauer gesagt hat die automatische Rechtschreibprüfung angeschlagen. Diese dient in erster Linie als Instrument für die sofortige Überprüfung der Texte während der Eingabe und kennzeichnet alle Fehler mit einer roten Wellenlinie.

Einen solchen Lapsus können Sie im Regelfall rasch korrigieren. Dazu klicken Sie einfach mit der rechten Maustaste in das unterstrichene Wort. Im oberen Bereich des folgenden Kontextmenüs werden Korrekturvorschläge – sofern das Programm in seiner Datenbank welche finden konnte – eingeblendet. Diese können Sie durch einfaches Auswählen übernehmen.

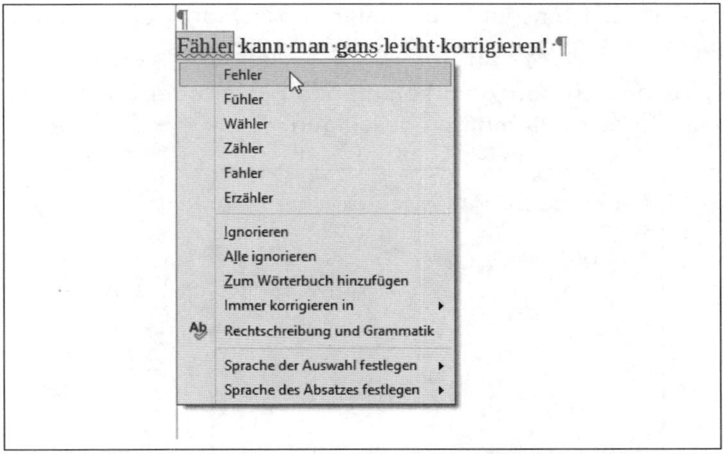

Abb. 2.14: Einen Fehler korrigieren

Ist das Wort – beispielsweise Ihr Name – unbekannt, aber richtig geschrieben und Sie möchten es im weiteren Verlauf unbeanstandet einsetzen, wählen Sie den Menüpunkt *Zum Wörterbuch hinzufügen*.

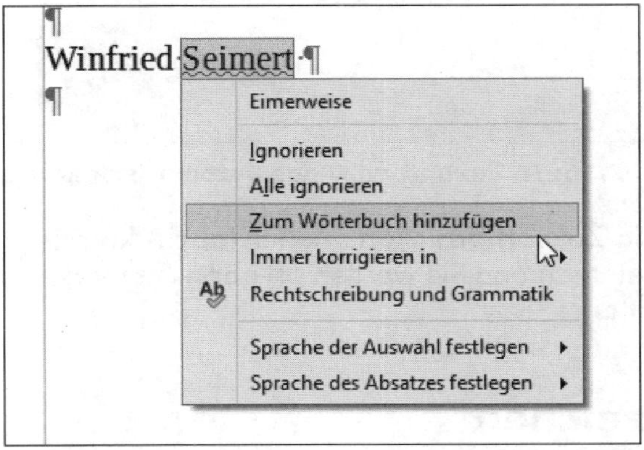

Abb. 2.15: Ein Wort der Rechtschreibprüfung hinzufügen

Mithilfe des Menüpunkts *Alle ignorieren* können Sie erreichen, dass das bemängelte Wort im gesamten Dokument nicht mehr markiert wird. Wählen Sie dagegen den Menüpunkt *Ignorieren*, wird es nur an der betreffenden Stelle nicht mehr bemängelt.

Handelt es sich um einen beliebten Tippfehler, wählen Sie *Immer korrigieren in* und den entsprechenden Vorschlag.

Damit lassen sich häufig vorkommende Fehler oder Buchstabendreher beim Tippen automatisch beseitigen.

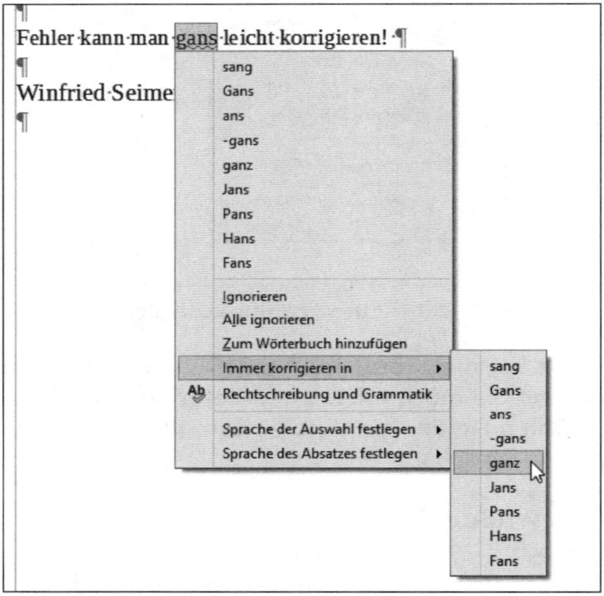

Abb. 2.16: In Zukunft wird das automatisch korrigiert

Tippen Sie in Zukunft das Wort wieder falsch, korrigiert Writer den Fehler automatisch und Sie werden oft gar nicht merken, dass sie ihn gemacht hatten.

Sonderzeichen

Spätestens wenn Sie fremdsprachige Texte erstellen und bearbeiten müssen, kommen Sie mit den Zeichen auf der Tastatur nicht mehr aus. Aber auch in deutschen Texten werden Sie vielleicht Sonderzeichen wie © oder ‰ benötigen.

In diesem Fall positionieren Sie den Cursor an der betreffenden Stelle und wählen die Befehlsfolge *Einfügen / Sonderzeichen* aus.

Achten Sie im folgenden Dialogfenster darauf, dass Sie in der Dropdownliste *Schrift* die im Text verwendete Schriftart auswählen.

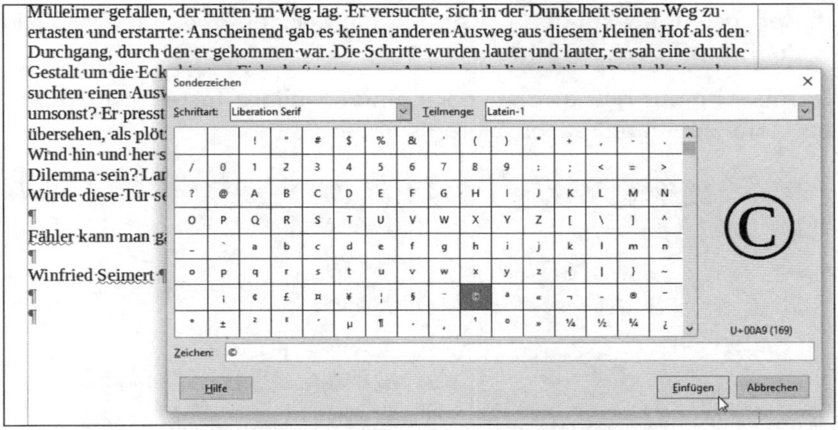

Abb. 2.17: Weitere Symbole suchen

Wählen Sie das gewünschte Zeichen im Listenfeld aus und klicken Sie dann auf die Schaltfläche *Einfügen*.

TIPP

Interessante und wichtige Symbole (wie das Telefon- oder E-Mail-Zeichen) finden Sie in den Schriftarten *Symbol, Webdings, Wingdings, Wingdings 2* und *Wingdings 3*.

Bewegen im Text

Wie Sie gesehen haben, wandert der Cursor bei der Texteingabe mit. Sie können ihn aber auch an jede beliebige Stelle im Text platzieren. Das ist beispielsweise dann notwendig, wenn Sie einen entdeckten Fehler nachträglich korrigieren oder ein vergessenes Wort eingeben möchten.

Haben Sie die Maus zur Hand, klicken Sie einfach an die gewünschte Stelle und stellen dadurch den Cursor dort ab.

Sind Sie noch bei der Texteingabe, ist die Steuerung mit der Tastatur oft schneller und effizienter. Die Einfügemarke bewegen Sie mithilfe der Cursortasten in die gewünschte Richtung. Jedes Tippen auf eine dieser Tasten bewegt den Cursor um ein Zeichen bzw. um eine Zeile in die entsprechende Richtung.

Darüber hinaus gibt es aber noch einige weitere Tastenkombinationen, die Sie einmal ausprobieren sollten:

Taste/Tastenkombination	Bewegung/Richtung
→	Nach rechts
←	Nach links
↑	Nach oben
↓	Nach unten
Pos1	An den Anfang der aktuellen Zeile
Ende	An das Ende der aktuellen Zeile
Bild↑	Eine Bildschirmseite nach oben
Bild↓	Eine Bildschirmseite nach unten
Strg + →	Wortweise nach rechts
Strg + ←	Wortweise nach links
Strg + ↑	Zum vorherigen Absatz nach oben
Strg + ↓	Zum nächsten Absatz nach unten
Strg + Pos1	An den Anfang des Dokuments
Strg + Ende	An das Ende des Dokuments

Selbstverständlich können Sie auch direkt mit der Maus den Cursor durch einen Klick positionieren. Aber Sie werden feststellen, dass die Cursorbewegung mit den Tasten schneller und vor allem präziser ist.

Bearbeiten von Texten

Anders als früher bei der Schreibmaschine haben Sie in der Textverarbeitung die Möglichkeit, auch nachträglich noch Korrekturen vorzunehmen oder das Erscheinungsbild des Textes zu verändern.

Markieren

Dem *Markieren* kommt eine zentrale Bedeutung bei der Textverarbeitung zu. Deshalb ist es wichtig, dass Sie die nachfolgenden Möglichkeiten bald sicher beherrschen.

Damit Writer weiß, welchen Bereich Sie verändern wollen, müssen Sie die entsprechende Textstelle markieren. Dadurch wird die Textstelle invertiert dargestellt und bei normalem Text schwarz hinterlegt. Um eine Markierung wieder aufzuheben, klicken Sie mit der Maus an eine beliebige Stelle im Text oder drücken eine der Cursorsteuerungstasten wie z. B. [→].

Das Markieren kann entweder mit der Maus oder direkt mit der Tastatur erfolgen.

Markieren mit der Maus

Zum Markieren mit der Maus stehen Ihnen folgende Möglichkeiten zur Verfügung:

Aktion	Markiert
Doppelklick auf ein Wort	ein Wort (Ein Wort ist der Teil nach einem Leerzeichen plus nachfolgendes Leerzeichen.) 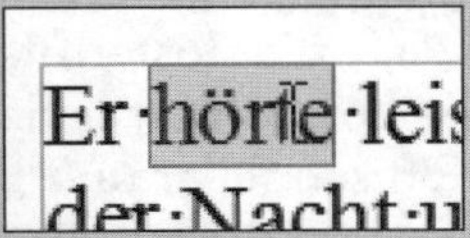 Er·hörte·leis der·Nacht·u
Zweimal einen Klick links neben den Satz	einen Satz (Ein Satz endet mit einem Punkt, Ausrufezeichen oder Fragezeichen und nachfolgendem Leerzeichen.) 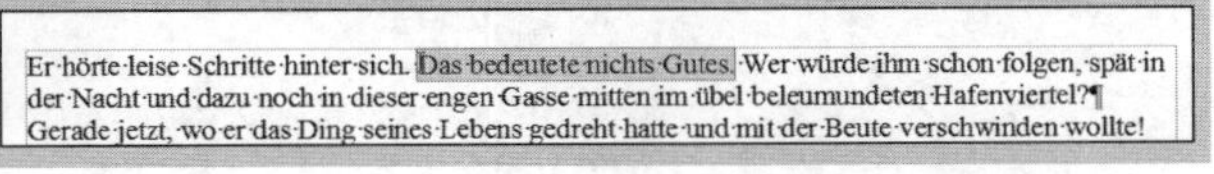 Er·hörte·leise·Schritte·hinter·sich. Das·bedeutete·nichts·Gutes. ·Wer·würde·ihm·schon·folgen,·spät·in der·Nacht·und·dazu·noch·in·dieser·engen·Gasse·mitten·im·übel·beleumundeten·Hafenviertel?¶ Gerade·jetzt,·wo·er·das·Ding·seines·Lebens·gedreht·hatte·und·mit·der·Beute·verschwinden·wollte!

Aktion	Markiert
Zweimal einen Klick links neben den Absatz	einen Absatz (Ein Absatz endet mit einer Absatzmarke = Taste ↵.) 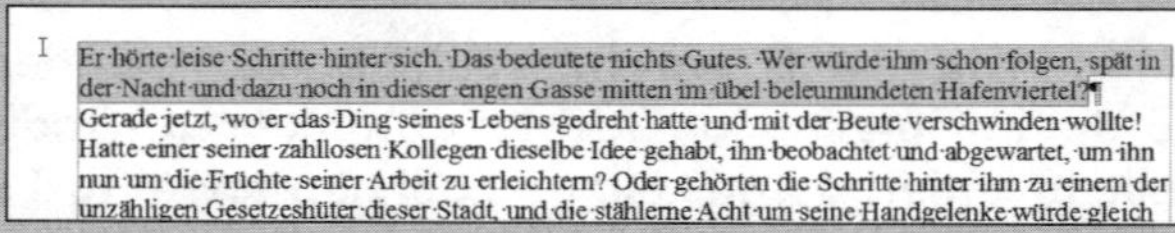 Er·hörte·leise·Schritte·hinter·sich.·Das·bedeutete·nichts·Gutes.·Wer·würde·ihm·schon·folgen,·spät·in der·Nacht·und·dazu·noch·in·dieser·engen·Gasse·mitten·im·übel·beleumundeten·Hafenviertel?¶ Gerade·jetzt,·wo·er·das·Ding·seines·Lebens·gedreht·hatte·und·mit·der·Beute·verschwinden·wollte! Hatte·einer·seiner·zahllosen·Kollegen·dieselbe·Idee·gehabt,·ihn·beobachtet·und·abgewartet,·um·ihn nun·um·die·Früchte·seiner·Arbeit·zu·erleichtern?·Oder·gehörten·die·Schritte·hinter·ihm·zu·einem·der unzähligen·Gesetzeshüter·dieser·Stadt,·und·die·stählerne·Acht·um·seine·Handgelenke·würde·gleich
Links vor dem Text klicken und mit gedrückter Maustaste ziehen	mehrere Zeilen und/oder Absätze 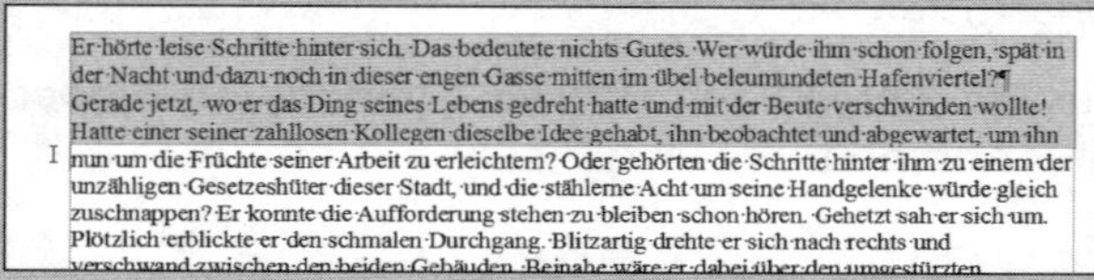 Er·hörte·leise·Schritte·hinter·sich.·Das·bedeutete·nichts·Gutes.·Wer·würde·ihm·schon·folgen,·spät·in der·Nacht·und·dazu·noch·in·dieser·engen·Gasse·mitten·im·übel·beleumundeten·Hafenviertel?¶ Gerade·jetzt,·wo·er·das·Ding·seines·Lebens·gedreht·hatte·und·mit·der·Beute·verschwinden·wollte! Hatte·einer·seiner·zahllosen·Kollegen·dieselbe·Idee·gehabt,·ihn·beobachtet·und·abgewartet,·um·ihn nun·um·die·Früchte·seiner·Arbeit·zu·erleichtern?·Oder·gehörten·die·Schritte·hinter·ihm·zu·einem·der unzähligen·Gesetzeshüter·dieser·Stadt,·und·die·stählerne·Acht·um·seine·Handgelenke·würde·gleich zuschnappen?·Er·konnte·die·Aufforderung·stehen·zu·bleiben·schon·hören.·Gehetzt·sah·er·sich·um. Plötzlich·erblickte·er·den·schmalen·Durchgang.·Blitzartig·drehte·er·sich·nach·rechts·und

Markieren mit der Tastatur

Wenn Sie es erst einmal heraushaben, werden Sie gewiss zum Markieren mehr die Tastatur als die Maus einsetzen, denn dabei müssen Sie die Hand viel weniger bewegen.

Grundsätzlich markieren Sie mithilfe der Tastatur, indem Sie die Taste ⇧ gedrückt halten und zusätzlich die Tasten(-kombinationen) der Cursorsteuerung nutzen. Wie Sie beim Üben sicherlich bemerken, ist das Markieren mit der Tastatur oft schneller und präziser.

Im Einzelnen können Sie wie folgt markieren:

⇧ + →	buchstabenweise ab der aktuellen Cursorposition nach rechts
⇧ + ←	buchstabenweise ab der aktuellen Cursorposition nach links
⇧ + ↓	zeilenweise ab der aktuellen Cursorposition nach unten

Tastenkombination	Markiert
[⇧] + [↑]	zeilenweise ab der aktuellen Cursorposition nach oben
[⇧] + [Pos1]	ab der aktuellen Cursorposition bis zum Zeilenanfang
[⇧] + [Ende]	ab der aktuellen Cursorposition bis zum Zeilenende
[⇧] + [Strg] + [→]	wortweise ab der aktuellen Cursorposition nach rechts
[⇧] + [Strg] + [←]	wortweise ab der aktuellen Cursorposition nach links
[⇧] + [Strg] + [↓]	absatzweise ab der aktuellen Cursorposition nach unten
[⇧] + [Strg] + [↑]	absatzweise ab der aktuellen Cursorposition nach oben
[⇧] + [Strg] + [Pos1]	ab der aktuellen Cursorposition bis zum Dokumentanfang
[⇧] + [Strg] + [Ende]	ab der aktuellen Cursorposition bis zum Dokumentende

Darüber hinaus gibt es noch folgende besondere Möglichkeiten:

⇨ Zusätzlich können Sie noch die Taste [⇧] mit der Maus kombinieren: Klicken Sie an den Anfang einer gewünschten Markierung, drücken Sie dann die Taste [⇧] und halten Sie sie gedrückt, während Sie an das Ende der gewünschten Markierung klicken.

⇨ Den gesamten Text markieren Sie auch mit [Strg] + [A] oder über *Bearbeiten / Alles auswählen*.

Korrigieren

Nachdem Sie einen Text eingegeben haben, können Sie Korrekturen vornehmen, also Schreibfehler beseitigen, bessere Formulierungen eingeben, Rechtschreib- und Grammatikkorrekturen durchführen usw. Dazu werden Sie Inhalte durch die Eingabe oder das Löschen von Zeichen oder Wörtern in einem vorhandenen Text bearbeiten.

Grundsätzlich haben Sie zwei Korrekturmöglichkeiten:

- Fehlendes ergänzen – das nennt man *Einfügen*.
- Überflüssiges entfernen – also *Löschen*.

Einfügen

Standardmäßig ist in Writer der Einfügemodus eingestellt, das heißt, alles, was Sie schreiben, wird zusätzlich in den Text eingefügt. Falls Sie einen Buchstaben vergessen haben, bringen Sie den Cursor an diese Stelle und geben den Buchstaben oder auch mehr ein.

Auf diese Weise können Sie auch Absätze nachträglich einfügen. Soll ein weiterer Absatz entstehen, positionieren Sie den Cursor an besagter Stelle und drücken anschließend einmal die Taste [↵] zum Erzeugen eines Absatzes.

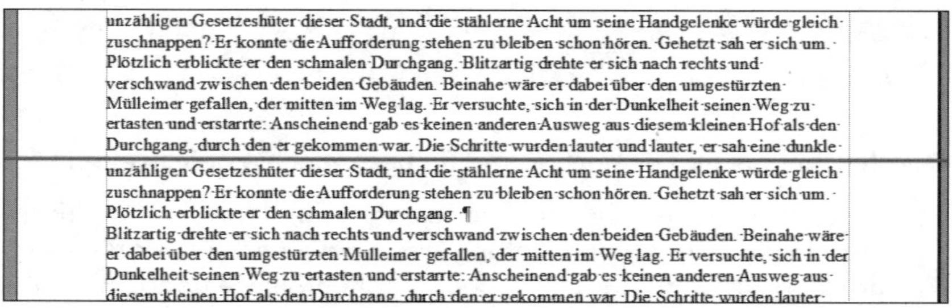

unzähligen Gesetzeshüter dieser Stadt, und die stählerne Acht um seine Handgelenke würde gleich zuschnappen? Er konnte die Aufforderung stehen zu bleiben schon hören. Gehetzt sah er sich um. Plötzlich erblickte er den schmalen Durchgang. Blitzartig drehte er sich nach rechts und verschwand zwischen den beiden Gebäuden. Beinahe wäre er dabei über den umgestürzten Mülleimer gefallen, der mitten im Weg lag. Er versuchte, sich in der Dunkelheit seinen Weg zu ertasten und erstarrte: Anscheinend gab es keinen anderen Ausweg aus diesem kleinen Hof als den Durchgang, durch den er gekommen war. Die Schritte wurden lauter und lauter, er sah eine dunkle

unzähligen Gesetzeshüter dieser Stadt, und die stählerne Acht um seine Handgelenke würde gleich zuschnappen? Er konnte die Aufforderung stehen zu bleiben schon hören. Gehetzt sah er sich um. Plötzlich erblickte er den schmalen Durchgang. ¶

Blitzartig drehte er sich nach rechts und verschwand zwischen den beiden Gebäuden. Beinahe wäre er dabei über den umgestürzten Mülleimer gefallen, der mitten im Weg lag. Er versuchte, sich in der Dunkelheit seinen Weg zu ertasten und erstarrte: Anscheinend gab es keinen anderen Ausweg aus diesem kleinen Hof als den Durchgang, durch den er gekommen war. Die Schritte wurden lauter

Abb. 2.18: Einen Absatz einfügen (vorher/nachher)

Ebenso können Sie neue Seiten einfügen.

Grundsätzlich fügt Writer selbstständig eine neue Seite an, wenn Ihr Text länger wird. Wünschen Sie jedoch vorzeitig einen Seitenumbruch, fügen Sie einen sogenannten *manuellen Seitenumbruch* ein.

Positionieren Sie den Cursor an der betreffenden Stelle. Rufen Sie die Befehlsfolge *Einfügen / Manueller Umbruch* auf. Im folgenden Dialogfenster achten Sie darauf, dass die Option *Seitenumbruch* aktiviert ist, und bestätigen mit *OK*.

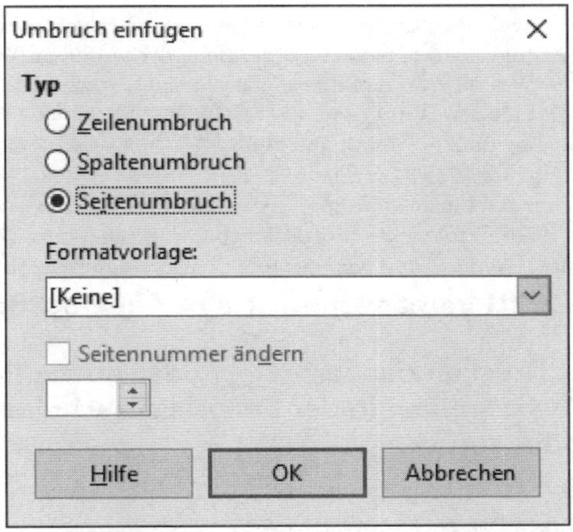

Abb. 2.19: Einen Seitenumbruch einfügen

TIPP

Schneller fügen Sie einen Seitenumbruch durch Drücken von [Strg] + [↵] ein.

Aus dem Einfügemodus können Sie über die Taste [Einfg] oder mit einem Klick auf das große Feld links neben dem Feld *Standardauswahl* in den Überschreibmodus umschalten. Dann erscheint in der Statusleiste der Eintrag *Überschreiben*.

Abb. 2.20: Mit einem Klick in den Überschreibmodus

Im aktivierten Überschreibmodus werden die neuen Zeichen, die Sie eingeben, anstelle der alten Zeichen gesetzt, die alten Zeichen werden also überschrieben. Als optische Hilfe wird der Cursor statt in Form einer Linie als blinkendes Rechteck angezeigt.

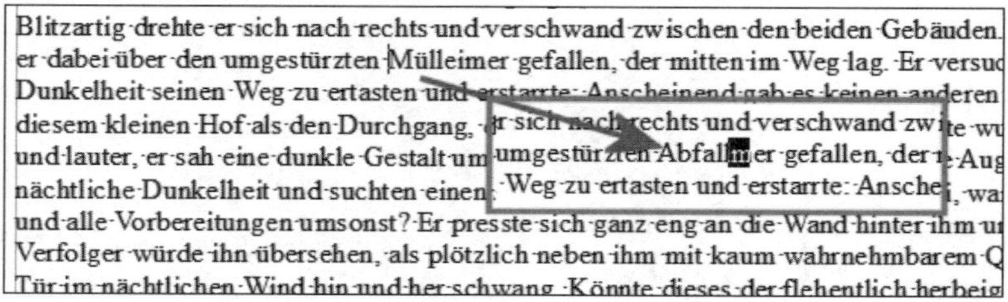

Abb. 2.21: Vorhandenes wird nun überschrieben

Durch erneutes Drücken der Taste [Einfg] oder auch durch einen Klick auf das Feld *Überschreiben* in der Statusleiste schalten Sie wieder in den Einfügemodus zurück.

> **TIPP**
>
> Da die Tasten [Entf] und [Einfg] auf einer Tastatur direkt untereinanderliegen, geschieht das Umschalten in den Überschreibmodus oft unbeabsichtigt.

Löschen

Beim Löschen können Sie folgende Tasten verwenden:

- [⇐]: Diese Taste entspricht der Sofortkorrekturtaste bei einer (moderneren) Schreibmaschine. Hiermit werden die Zeichen links vom Cursor gelöscht. Es bietet sich an, kleine Schreibfehler direkt während des Schreibens mit dieser Taste zu korrigieren.

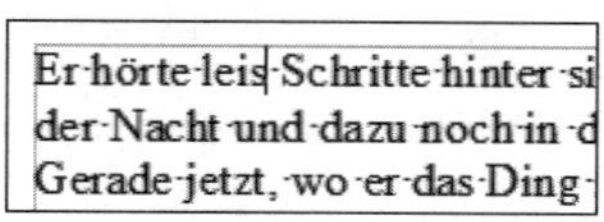

Abb. 2.22: Löschen mit der Taste [⇐]

- [Entf]: Mit dieser Taste werden die Zeichen rechts vom Cursor gelöscht oder alles, was zuvor markiert wurde.

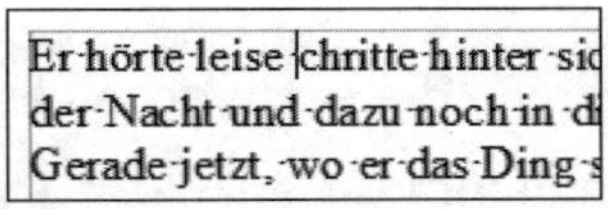

Abb. 2.23: Löschen mit der Taste Entf

Pro Tipp auf die Taste wird ein Buchstabe gelöscht. Wenn Sie mehr als ein paar Zeichen löschen wollen, markieren Sie zunächst die betreffende Passage und betätigen dann die entsprechende Taste.

Kommentare

Möchten Sie eine bestimmte Passage erst später bearbeiten, sollten Sie sie mithilfe eines sogenannten *Kommentars* markieren.

Rufen Sie dazu an der betreffenden Stelle die Befehlsfolge *Einfügen / Kommentar* auf oder verwenden Sie die Tastenkombination Strg + Alt + C.

Am Seitenrand erscheint nun ein kleiner gelber Bereich, in dem Sie Ihre Notiz eingeben können.

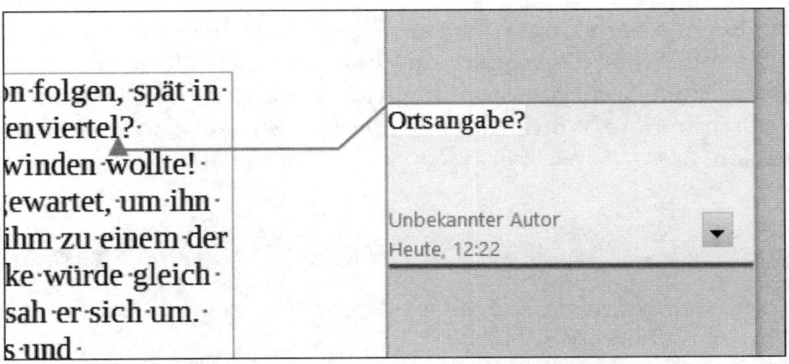

Abb. 2.24: Nichts vergessen dank Kommentaren

Am unteren Rand wird Ihr Name angezeigt, sofern Sie diesen bei der Installation angegeben hatten. Zudem wird der Zeitpunkt der Eingabe festgehalten.

Gefällt Ihnen die Angabe *Unbekannter Autor* nicht, können Sie diese durch Ihren Namen ersetzen. Rufen Sie dazu die Befehlsfolge *Extras*

/ *Optionen* auf. Im folgenden Dialogfenster wählen Sie die Kategorie *Benutzerdaten* und nehmen die entsprechenden Eingaben vor.

Möchten Sie den Kommentar löschen, klicken Sie auf das Symbol mit dem nach unten weisenden Pfeil und wählen die gewünschte Option aus.

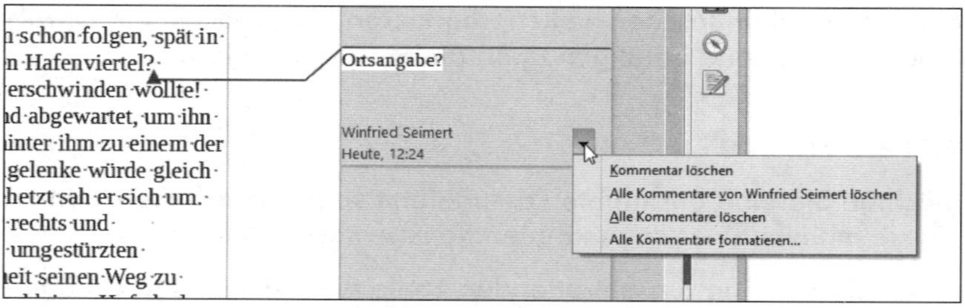

Abb. 2.25: Einen benannten Kommentar löschen

Suchen & Ersetzen

Wenn Sie in einem langen Text eine bestimmte Textstelle suchen, haben Sie mit Writer die Möglichkeit, den Text nach Wörtern oder auch Steuerzeichen und Formaten durchsuchen und diese bei Bedarf sogar durch andere Wörter oder Steuerzeichen und Formate ersetzen zu lassen.

TIPP

Die Funktion *Suchen & Ersetzen* finden Sie in ähnlicher Form in allen LibreOffice-Modulen.

In einem solchen Fall positionieren Sie den Cursor an den Anfang des Dokuments (Strg + Pos1) und klicken in der Symbolleiste auf die entsprechende Schaltfläche *Suchen & Ersetzen* bzw. betätigen die Tastenkombination Strg + H.

Im folgenden Dialogfenster tragen Sie in das Feld *Suchen nach* das zu suchende Wort, beispielsweise `Hafen`, ein.

Wenn Sie dann auf die Schaltfläche *Nächsten suchen* klicken, stoppt Writer bei der ersten Fundstelle und markiert diese.

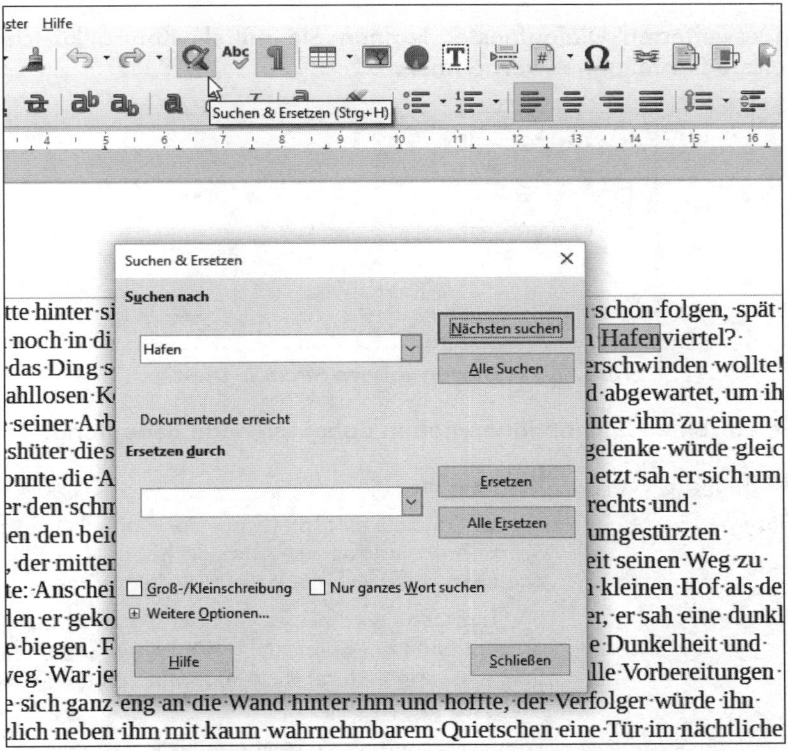

Abb. 2.26: Und schon wurde das Wort gefunden

Um die nächste Stelle ausfindig zu machen, klicken Sie wieder auf *Nächsten suchen* und die Suche stoppt wieder beim nächsten Fund.

Mit den beiden Kontrollkästchen *Groß-/Kleinschreibung* und *Nur ganzes Wort suchen* können Sie die Suche verfeinern und ganz genau abstimmen. Im ersten Fall werden nur Wörter gesucht, die der Schreibweise entsprechen (`hafen` würde beispielsweise nicht gefunden), und im zweiten Fall wird nur das eingegebene Wort, aber keine Wortvariante gesucht (`Jachthafen` würde z. B. nicht gefunden).

Bei dieser Suche werden allerdings auch Wortbestandteile gefunden. Wenn Sie tatsächlich nur ein ganz bestimmtes Wort finden wollen, klicken Sie auf die Schaltfläche *Weitere Optionen*.

Im erweiterten Dialogfenster können Sie mittels Kontrollkästchen weitere Einstellungen vornehmen.

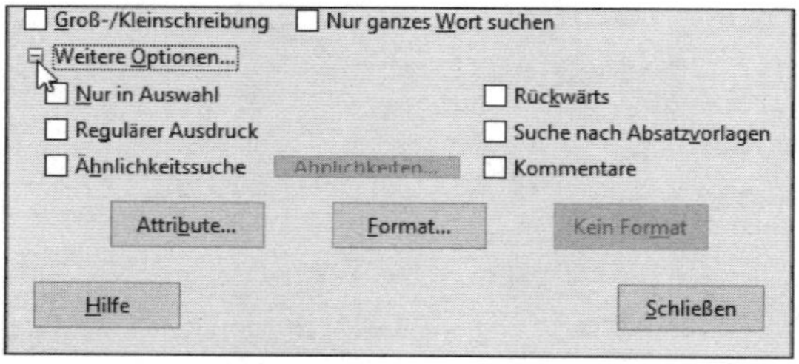

Abb. 2.27: Der erweitere *Suchen*-Dialog

Die einzelnen Suchoptionen haben dabei folgende Bedeutung:

Suchoption	Bedeutung
Nur in Auswahl	Dieses Kontrollkästchen ist nur dann aktiv, wenn Sie im Text eine Passage markiert haben. Die Suche beschränkt sich dann auf die Markierung.
Rückwärts	Im Normalfall wird der Text ab der Cursorposition zum Ende hin durchsucht. Wünschen Sie eine Suche in umgekehrter Richtung, muss dieses Kontrollkästchen aktiviert werden.
Regulärer Ausdruck	Wenn dieses Kontrollkästchen aktiviert ist, wird das Wort in genau der Schreibweise gesucht, in der es unter *Suchen nach* eingegeben wurde.
Suche nach Absatzvorlagen	Hier besteht die Möglichkeit, bestimmte Vorlagen zu suchen.
Ähnlichkeitssuche	Möchten Sie ein ähnliches Wort finden, muss dieses Kontrollkästchen aktiviert sein. Nach einem Klick auf die Schaltfläche mit den drei Punkten können Sie die Ähnlichkeit genauer einstellen.
Kommentare	In diesem Fall werden nur die Kommentare gesucht.

Suchoption	Bedeutung
Attribute	Über diese Schaltfläche können bestimmte Texteigenschaften gefunden werden.
Format	Mithilfe der Optionen des folgenden Dialogfensters können Sie eine ganz bestimmte Formatierung im Text ausfindig machen.

Wenn Sie ein Wort durch ein anderes ersetzen wollen, können Sie im Dialogfenster *Suchen & Ersetzen* den neuen Begriff festlegen.

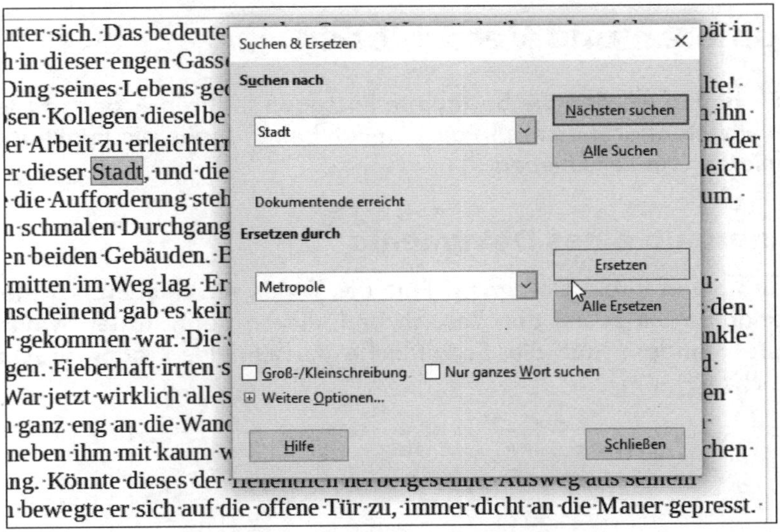

Abb. 2.28: Praktisch: Suchen & Ersetzen

Hier tragen Sie zunächst wie gehabt im Feld *Suchen nach* den Suchbegriff ein und geben den gewünschten neuen Begriff im Feld *Ersetzen durch* ein. Dann klicken Sie auf *Ersetzen*.

Writer ersetzt an der ersten Fundstelle den alten durch den neuen Begriff. Möchten Sie diese Vorgehensweise im gesamten Dokument anwenden, klicken Sie auf *Alle Ersetzen*.

> **TIPP**
>
> Bei einem sehr langen Text bietet es sich an, die Schaltfläche *Alle Ersetzen* zu benutzen. Dazu sollten Sie aber sicher sein, dass auch alle Ersetzungen wie gewünscht erscheinen werden (*Nur ganze Wörter, Groß-/Kleinschreibung* usw.). Falls das Ergebnis nicht zu Ihrer Zufriedenheit ausfällt, klicken Sie auf *Rückgängig*. Dadurch werden alle Ersetzungen aufgehoben.

Kopieren und Verschieben

Sehr häufig werden Sie bestimmte Passagen in Ihren Texten umstellen wollen oder müssen. In diesem Fall helfen Ihnen die Funktionen *Kopieren* und *Verschieben*.

Innerhalb eines Dokuments

Wenn Sie in Ihrem Dokument Teile des Textes verschieben möchten, markieren Sie zuerst den Bereich und klicken dann in der Symbolleiste *Standard* auf die Schaltfläche *Ausschneiden* oder drücken gleich [Strg] + [X].

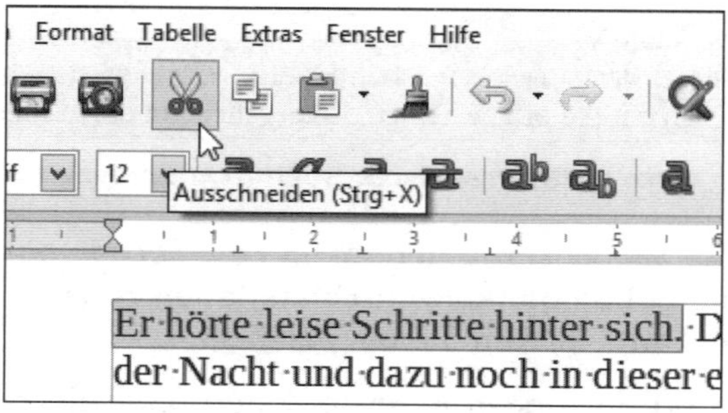

Abb. 2.29: Eine Passage ausschneiden

Danach positionieren Sie den Cursor an der neuen Stelle und klicken anschließend auf die Schaltfläche *Einfügen* oder drücken [Strg] + [V].

Hierbei können Sie sogar zwischen vier Arten wählen. Diese erhalten Sie, wenn Sie auf den Listenpfeil der Schaltfläche klicken.

Abb. 2.30: Wie möchten Sie den Inhalt einfügen?

So haben Sie die Wahl, ob Sie die ursprüngliche Formatierung beibehalten möchten, ob die HTML-Codeangaben beibehalten werden sollen oder ob der Text formatiert oder unformatiert übernommen werden soll.

Für den Fall, dass Sie den Textteil auch an der ursprünglichen Stelle erhalten möchten, benutzen Sie statt des Befehls *Ausschneiden* den Befehl *Kopieren*. Das funktioniert über die Schaltfläche *Kopieren* oder die Tastenkombination Strg + C.

Zwischen mehreren Dokumenten

Bei beiden Möglichkeiten ist es völlig unerheblich, wo sich die „neue Stelle" für den Text befindet: Dies kann im selben Dokument, in einem anderen Textdokument oder sogar in einer anderen Anwendung wie z. B. Impress sein. Die benutzten Befehle bleiben die gleichen.

Der einzige Unterschied besteht darin, dass Sie in das andere Dokument mithilfe der Schaltflächen in der Taskleiste wechseln und dann dort den Inhalt einfügen.

Rückgängig und Wiederherstellen

Über die Schaltfläche *Bearbeiten* in der Symbolleiste für den Schnellzugriff oder Strg + Z können Sie die zuvor durchgeführten Änderungen wieder ungeschehen machen.

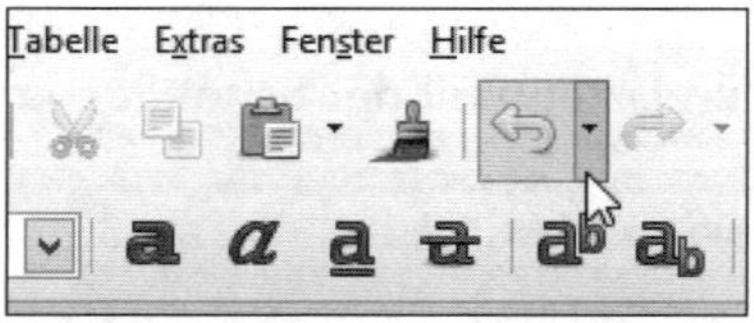

Abb. 2.31: Etwas rückgängig machen

TIPP

Sie können bis zu 100 Aktionen rückgängig machen, indem Sie mehrfach hintereinander den Befehl *Rückgängig* ausführen. Dabei spielt es keine Rolle, wenn Sie das Dokument zwischendurch speichern. Haben Sie jedoch ein Dokument einmal geschlossen, „erinnert" sich Writer auch nicht mehr an die Änderungen. Die Funktion *Rückgängig* findet sich ebenfalls in allen LibreOffice-Modulen.

Wenn Sie bereits wissen, dass Sie mehr als eine oder zwei Aktionen ungeschehen machen wollen, klicken Sie auf den Listenpfeil der Schaltfläche *Rückgängig*. Hier erscheint eine Liste aller Aktionen, die Sie vorgenommen haben. Je weiter Sie nach unten in der Liste gehen, desto „älter" ist die Aktion. Klicken Sie dann den gewählten Zustand Ihres Dokuments an.

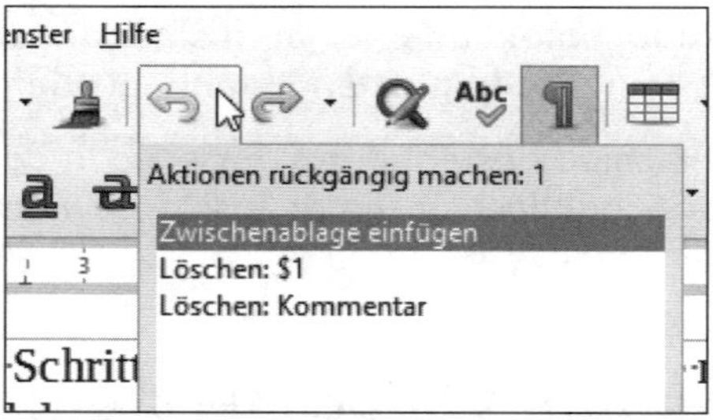

Abb. 2.32: Die *Rückgängig*-Liste

Was Sie rückgängig gemacht haben, können Sie jedoch auch wiederherstellen. Klicken Sie dazu auf die Schaltfläche *Wiederherstellen* oder drücken Sie Strg + Y.

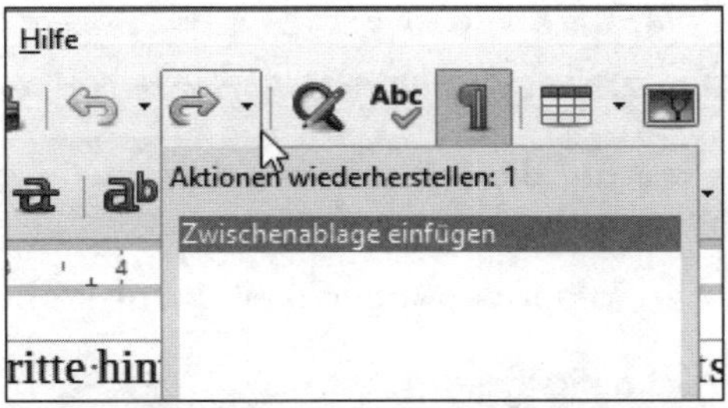

Abb. 2.33: Das Ganze kehrt marsch!

Formatieren von Texten

Im Folgenden geht es um das Formatieren, also das Gestalten von Text.

Dabei sollten Sie folgende Reihenfolge beachten: Zunächst schreibt man den Text und korrigiert ihn, zwischendurch speichert man immer mal wieder und erst dann geht es an die Gestaltung. Sie können Ihre zukünftige Arbeit erheblich vereinfachen, wenn Sie sich an diese Reihenfolge halten und nicht, wie es bei der Schreibmaschine erforderlich war, bereits beim Erfassen des Textes mit dem Formatieren beginnen.

Beim Formatieren wird zunächst zwischen Zeichen- und Absatzformatierung unterschieden.

Zeichenformatierung

Bei der *Zeichenformatierung* gilt es, die einzelnen Buchstaben, die Zeichen, zu formatieren. Dementsprechend müssen Sie zunächst die betreffenden Buchstaben markieren.

Symbolleiste Formatierungen

Die gängigen Zeichenformate finden Sie auf der Symbolleiste *Formatierungen*.

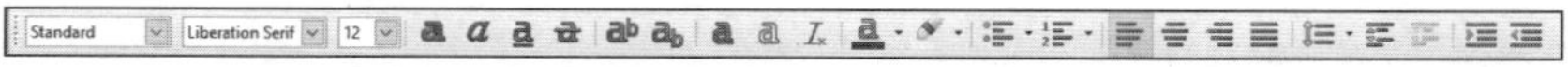

Abb. 2.34: Symbolleiste *Formatierungen*

Hier müssen Sie nur auf die Schaltfläche der gewünschten Formatierungsart klicken.

Dabei stehen Ihnen folgende Möglichkeiten zur Wahl:

Formatierung	Schaltfläche	Tastenkombination
Vorlage anwenden	Standard Schneller Zugriff auf die gängigsten Formatvorlagen	
Schriftname	Liberation Serif Weitere Schriften können Sie über das Listenfeld auswählen.	
Schriftgröße	12 Weitere Größen wählen Sie über die Liste aus oder durch direkte Eingabe der gewünschten Größe mit Bestätigung durch die ↵-Taste.	
Fett		Strg + ⇧ + F
Kursiv		Strg + I
Unterstrichen		Strg + U
Durchgestrichen		
Hochgestellt		Strg + H
Tiefgestellt		Strg + T

Formatierung	Schaltfläche	Tastenkombination
Schatten		
Schriftkontur		
Direkte Formatierung löschen		Strg + M
Zeichenfarbe	 Im Listenfeld befinden sich eine Reihe an vorgegebenen Farben zum einfachen Auswählen. 	

Formatierung	Schaltfläche	Tastenkombination
Zeichenhintergrund	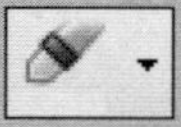 Über das Listenfeld gelangen Sie an die Farbvarianten.	

Um alle Zeichenformatierungen wieder auf den Standard zurückzusetzen, müssen Sie die zugewiesenen Formatierungen durch Anklicken der entsprechenden Schaltfläche wieder entfernen oder die Schaltfläche *Direkte Formatierung löschen* einsetzen.

Dialogfenster Zeichen

Zugriff auf alle Formatierungen erhalten Sie über das Dialogfenster *Zeichen*, das Sie durch die Befehlsfolge *Format / Zeichen* aufrufen können.

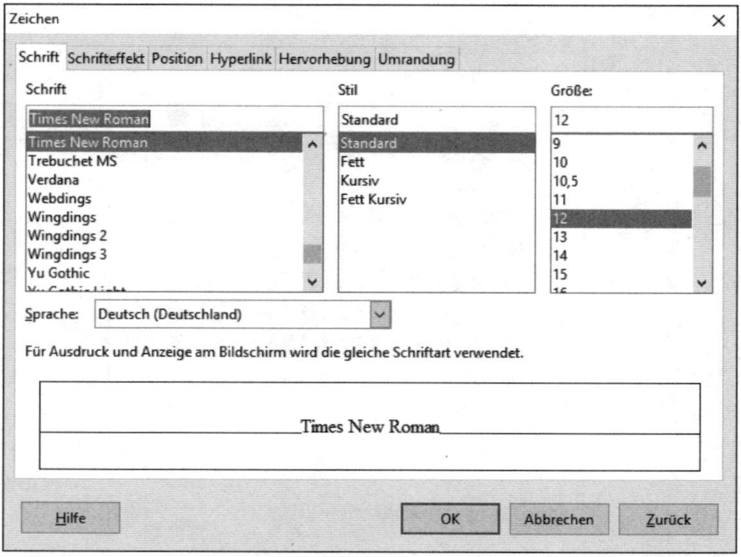

Abb. 2.35: Das Dialogfenster *Zeichen*, Registerkarte *Schrift*

Sie erhalten das Dialogfenster *Zeichen* mit aktivierter Registerkarte *Schrift*. Auf dieser Registerkarte können Sie

- ⇨ die *Schrift*,
- ⇨ den *Stil*,
- ⇨ die *Größe* und
- ⇨ die *Sprache* einstellen.

Wenn Sie die Registerkarte *Schrifteffekt* aktivieren, können Sie Einfluss auf die Darstellung der Zeichen nehmen.

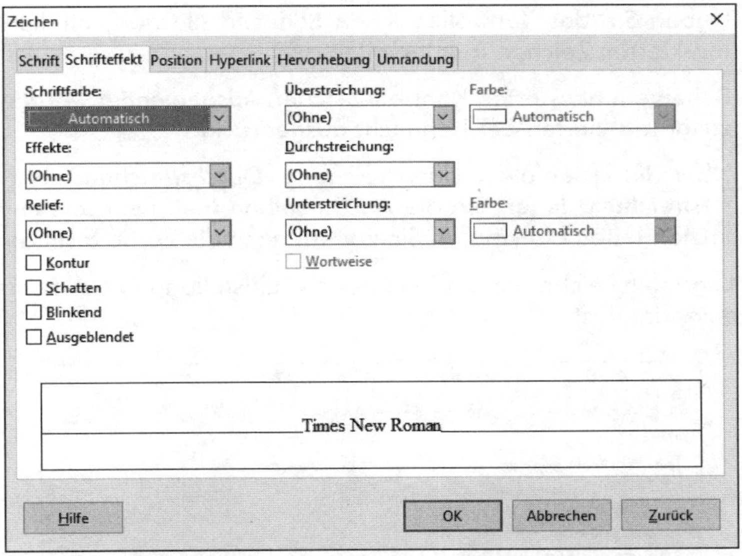

Abb. 2.36: Das Dialogfenster *Zeichen*, Registerkarte *Schrifteffekt*

- ⇨ Über das Listenfeld *Schriftfarbe* stellen Sie die gewünschte Farbe ein.
- ⇨ Über das Listenfeld *Effekte* können Sie die sogenannten Auszeichnungen einstellen, also ob die Zeichen als *Versalien* (Großbuchstaben), *Gemeine* (Kleinbuchstaben), *Titel* (Anfangsbuchstaben werden als Großbuchstaben dargestellt) oder *Kapitälchen* (Kleinbuchstaben werden als verkleinerte Großbuchstaben dargestellt) angezeigt werden sollen.

- Über das Listenfeld *Relief* wählen Sie aus, ob die Zeichen *Erhaben* oder *Vertieft* angezeigt werden. Im ersten Fall wirken die Zeichen, als wären sie aus der Seite herausgedrückt. Im zweiten Fall erscheinen die Zeichen, als wären sie in die Seite eingeprägt.
- Mithilfe des Kontrollkästchens *Kontur* können Sie die Kontur der Zeichen hervorheben.
- Ein aktiviertes Kontrollkästchen *Schatten* führt dazu, dass die ausgewählten Zeichen einen nach rechts unten fallenden Schatten erhalten.
- Haben Sie das Kontrollkästchen *Blinkend* aktiviert, blinken die markierten Zeichen in Intervallen auf.
- Bei einem aktivierten Kontrollkästchen *Ausgeblendet* werden die zuvor markierten Zeichen nicht ausgedruckt.
- Über die Listenfelder *Überstreichung*, *Durchstreichung* und *Unterstreichung* legen Sie die Art derselben fest. Beim ersten und letzten Listenfeld können Sie zudem noch die *Farbe* festlegen.

Die Lage der Zeichen legen Sie über die Einstellungen der Registerkarte *Position* fest.

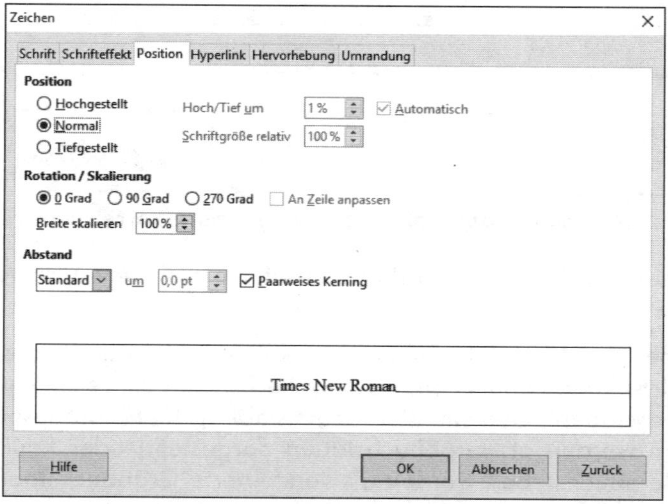

Abb. 2.37: Das Dialogfenster *Zeichen*, Registerkarte *Position*

⇨ Im Bereich *Position* bestimmen Sie, ob die Zeichen über (*Hochgestellt*) oder unter (*Tiefgestellt*) der Grundlinie positioniert werden sollen. Die genauen Angaben dazu stellen Sie über die Drehfelder des Feldes *Hoch/Tief um* ein. Um welche Prozentzahl dabei die Schriftgröße angepasst werden soll, legen Sie über das Feld *Schriftgröße rel.* fest.

⇨ Im Bereich *Rotation / Skalierung* können Sie den Drehwinkel der markierten Zeichen festlegen.

⇨ Den *Abstand*, man spricht auch von der *Laufweite*, bestimmen Sie dagegen im gleichnamigen Bereich. So können Sie die Buchstaben eines Textes enger (*Schmal*) oder weiter stellen (*Gesperrt*).

Die Registerkarte *Hyperlink* wird nur im Falle der Erstellung eines HTML-Dokuments benötigt, die Registerkarte *Hervorhebung* ermöglicht die Einstellung der Markierungsfarbe und mithilfe der Registerkarte *Umrandung* können Sie eine ebensolche erzeugen.

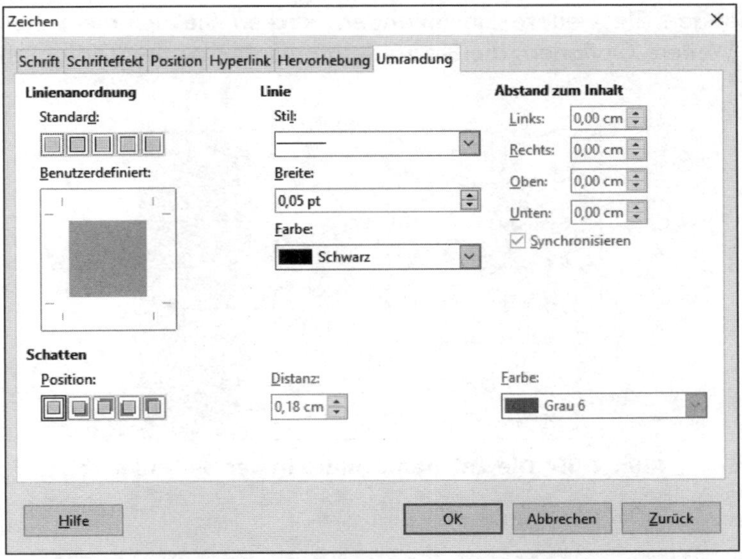

Abb. 2.38: Das Dialogfenster *Zeichen*, Registerkarte *Umrandung*

⇨ Über den Bereich *Linienanordnung* legen Sie fest, auf welcher Seite bzw. auf welchen Seiten die Linien erscheinen sollen.

⇨ Die Art der *Linie* wählen Sie aus dem Listenfeld *Stil* aus, stellen deren Stärke über das Listenfeld *Breite* ein und wählen die gewünschte *Farbe* aus dem gleichnamigen Listenfeld aus.

⇨ Im Bereich *Abstand zum Inhalt* können Sie die jeweiligen Abstände zum Text einstellen.

⇨ Wünschen Sie einen *Schatten*, dann legen Sie dessen Aussehen über die Schaltfläche *Position* fest. Über das Drehfeld *Distanz* bestimmen Sie den Abstand zum Rahmen und wenn Sie wünschen, können Sie die Schattenfarbe über das Listenfeld *Farbe* verändern.

Seitenleiste

Wenn Sie mögen, können Sie auf die wichtigen Zeichenformate auch bequem über die Seitenleiste zugreifen.

Sie finden dort alle häufig verwendeten Zeichenformatierungen. Benötigen Sie weitere Einstellungen, klicken Sie auf die Schaltfläche *Weitere Optionen*, die Sie zu dem entsprechenden Dialogfenster führt.

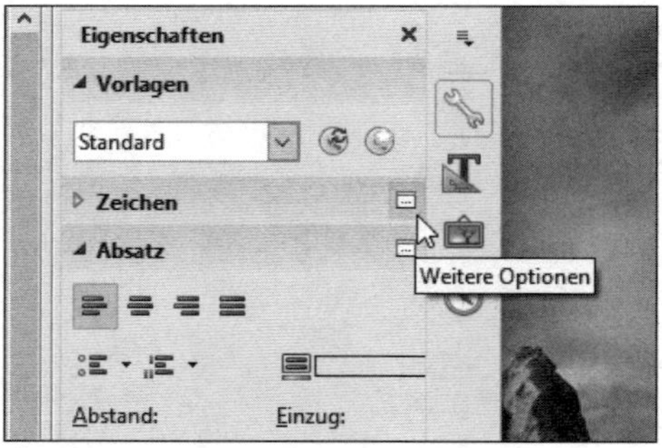

Abb. 2.39: Die Zeichenformate in der Seitenleiste

Absatzformatierung

Ein Absatz wird durch die Absatzendmarke (¶) definiert. Alle folgenden Formatierungen haben Auswirkung auf diesen Absatz.

Absätze erstellen bzw. zusammenführen

Einen Absatz erzeugen Sie durch Drücken der [↵]-Taste.

Möchten Sie zwei Absätze zu einem zusammenfassen, müssen Sie die Absatzendmarke des ersten Absatzes einfach entfernen (markieren und [Entf]-Taste drücken).

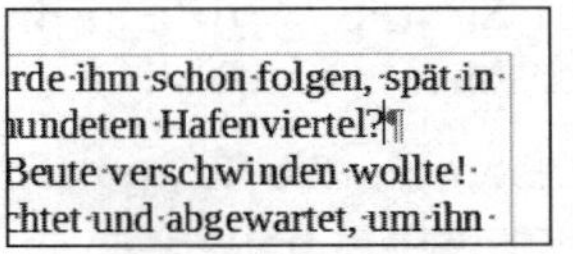

Abb. 2.40: Einen Absatz über die Absatzendmarke löschen

Auch für die Absatzformatierung gilt: erst markieren, dann formatieren.

Die wichtigsten Optionen finden Sie am rechten Ende der Symbolleiste *Formatierungen*.

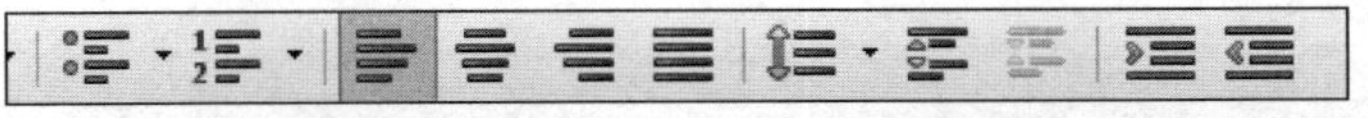

Abb. 2.41: Die Absatzformate der Symbolleiste *Formatierungen*

Alle Möglichkeiten finden Sie im Dialogfenster *Absatz*, das Sie durch Aufruf der Befehlsfolge *Format / Absatz* erhalten.

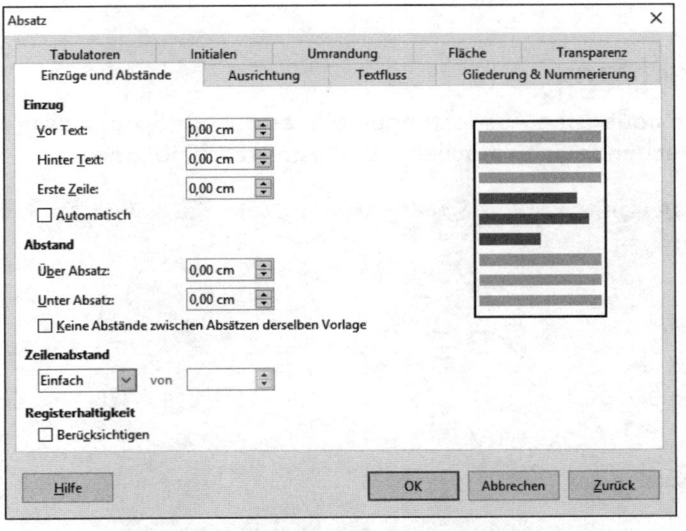

Abb. 2.42: Das Dialogfenster *Absatz*

Manueller Zeilenwechsel

Wenn Sie die ↵-Taste in einem Dokument verwenden, wird ein neuer Absatz erzeugt.

Benutzen Sie die Tastenkombination ↵ + ⇧, wird ein manueller Zeilenwechsel generiert.

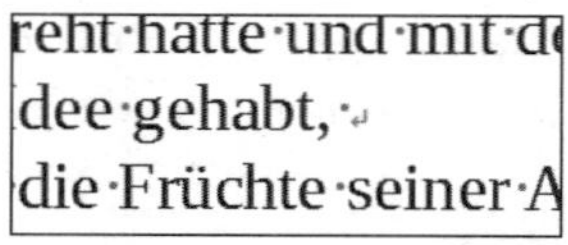

Abb. 2.43: Eine Zeilenschaltung

Der Unterschied zwischen Absatz und Zeilenwechsel liegt darin, dass bei einem Zeilenwechsel die Formatierung beibehalten wird, während Absätze verschiedene Formatierungen haben können.

TIPP

Einen manuellen Zeilenwechsel können Sie wie jedes Zeichen mit der Entf-Taste löschen.

Ausrichtung

Für die häufigsten Ausrichtungen gibt es auf der Symbolleiste *Format* entsprechende Schaltflächen bzw. Tastenkombinationen:

Formatierung	Schaltfläche	Tastenkombination
Linksbündig		Strg + L
Zentriert		Strg + E
Rechtsbündig		Strg + R
Blocksatz		Strg + B

Einzüge

In Writer nennt man die Einrückung *Einzug*. Text kann sowohl links als auch rechts eingezogen werden.

Die verschiedenen Einzugsarten können Sie zunächst wieder über die Schaltflächen steuern:

Formatierung	Schaltfläche
Einzug vermindern	
Einzug erhöhen	

Auf der Registerkarte *Einzüge und Abstände* des Dialogfensters *Absatz* finden Sie alle Möglichkeiten, um Absätze nachträglich einzurücken.

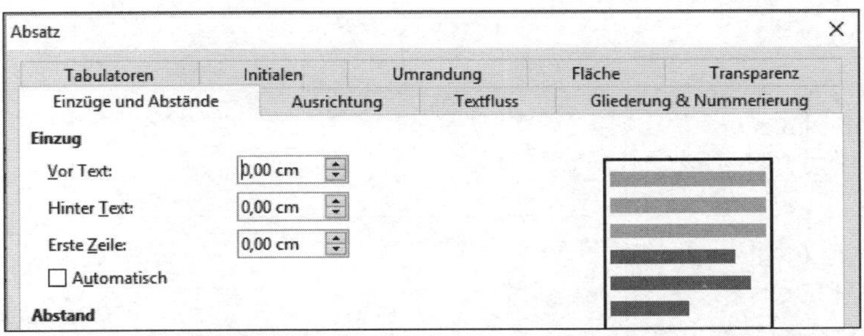

Abb. 2.44: Ausschnitt Dialogfenster *Absatz*, Registerkarte *Einzüge und Abstände*

⇨ Hier können Sie zusätzlich im Bereich *Einzug* über das Feld *Vor Text* noch festlegen, ob die erste Zeile mehr oder weniger als der restliche Absatz eingezogen werden soll.

⇨ Entsprechendes gilt für das Listenfeld *Hinter Text* für das Absatzende.

⇨ Entscheiden Sie sich für die Einstellung *Erste Zeile*, wird die erste Zeile eines Absatzes weiter eingezogen als der restliche Text. Diese Gestaltungsform findet man oft in Büchern oder Prospekten, um zu zeigen, dass hier ein neuer Gedanke beginnt.

Möchten Sie einen Absatz mit hängendem Einzug erzeugen, müssen Sie einen negativen Wert eingeben. Hier wird die erste Zeile eines jeden Absatzes nicht so weit eingezogen wie der restliche Teil des Absatzes. Eine solche Darstellung findet man häufig bei Aufzählungen oder Nummerierungen.

Die verschiedenen Einzugsarten werden für den Absatz, in dem der Cursor gerade steht, im horizontalen Lineal angezeigt.

Wenn Sie den Cursor in dem betreffenden Absatz platzieren, können Sie anhand der Stellung der Randsteller die Art des Einzugs erkennen.

Art des Einzugs	Linealanzeige
Kein Einzug links	
Kein Einzug rechts	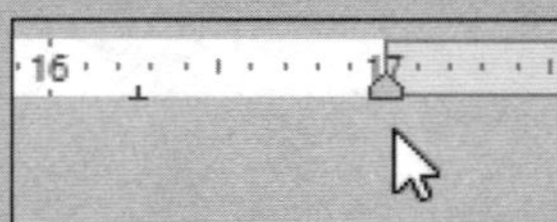
Einzug links um 2 cm	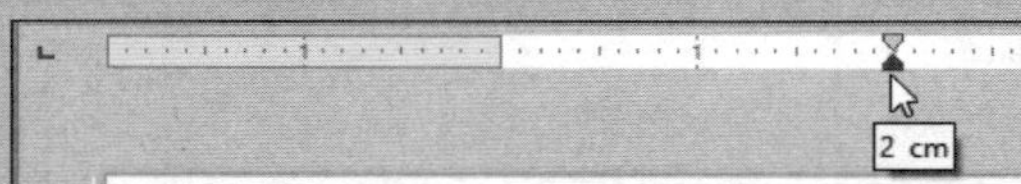
Einzug rechts um 1,5 cm	
Hängender Einzug	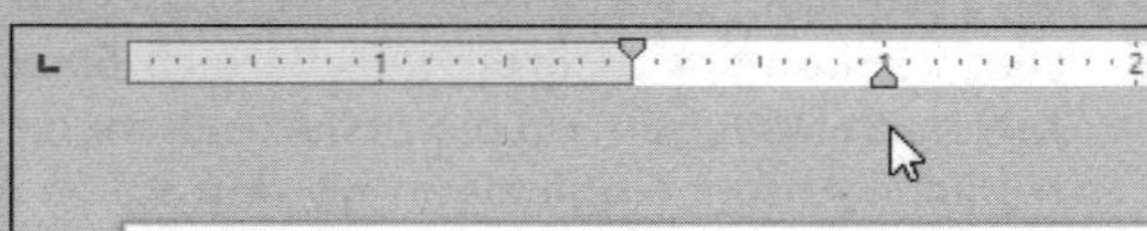
Erstzeileneinzug	

Sie können die Einzüge auch direkt im Lineal verändern. Klicken Sie auf einen der Markierer, halten Sie die Maustaste gedrückt und verschieben Sie den Randsteller in die entsprechende Richtung.

TIPP

Keiner der Randsteller sollte nach links in den grauen Bereich verschoben werden (bzw. am rechten Rand nach rechts in den grauen Bereich). Damit würde der Text außerhalb des definierten Seitenformats liegen, Sie würden sozusagen in den Rand hineinschreiben.

⇨ Über die Optionen des Bereichs *Abstand* richten Sie die einzelnen Abstände zwischen den Absätzen ein.

Tragen Sie die entsprechenden Werte in die Felder ein oder verwenden Sie die Drehpfeile am rechten Rand.

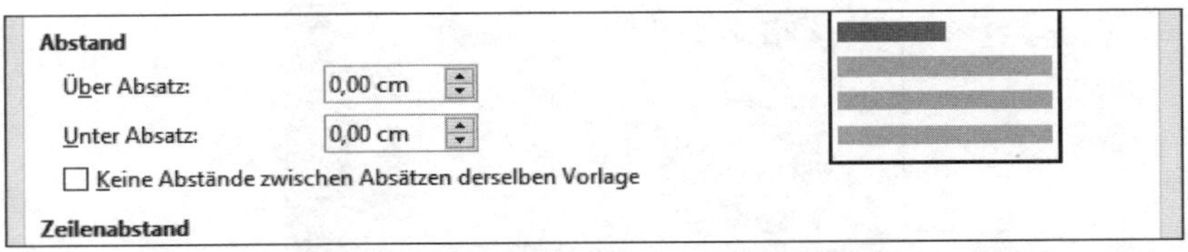

Abb. 2.45: Ausschnitt Dialogfenster *Absatz*, Registerkarte *Einzüge und Abstände*

TIPP

Sie können auch die Angaben direkt in das Feld eingeben und mit ↵ bestätigen. Möchten Sie beispielsweise einen Abstand von einer ganzen Zeile erzeugen, dann tragen Sie `12 pt` ein und bestätigen mit ↵. Writer wandelt Ihre Angabe augenblicklich in eine Zentimeterangabe um und stellt den gewünschten Abstand her.

⇨ Im Bereich *Zeilenabstand* finden Sie abschließend das Listenfeld, um den gewünschten Zeilenabstand einzustellen.

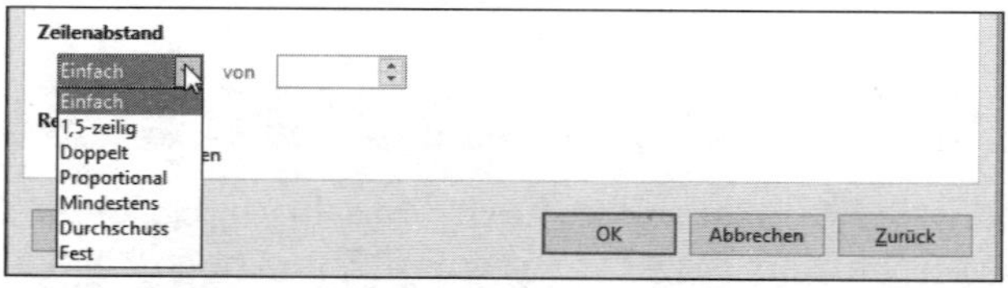

Abb. 2.46: Ausschnitt Dialogfenster *Absatz*, Registerkarte *Einzüge und Abstände*

Seitenleiste

Auch die wichtigsten Absatzformate erreichen Sie über die Seitenleiste. Dort finden Sie im Bereich *Absatz* die am häufigsten benötigten Schaltflächen.

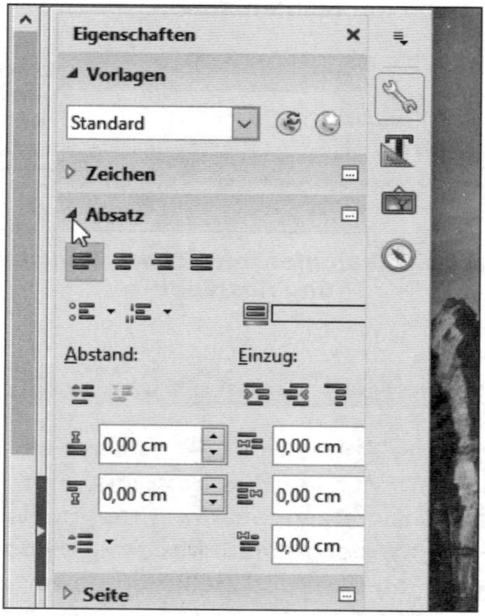

Abb. 2.47: Die Optionen zur Absatzformatierung in der Seitenleiste

Über die Schaltfläche *Weitere Optionen* gelangen Sie in das Dialogfenster *Absatz*.

Tabulatoren

Tabstopps oder auch *Tabulatoren* sind keine Erfindung der Textverarbeitung. Bereits auf mechanischen Schreibmaschinen waren sie das Hilfsmittel, um Tabellen und Listen zu erstellen.

TIPP

> Beim Ausrichten von Listen sollten Sie nie mit Leerzeichen arbeiten, sondern stets mit Tabulatoren.

Wenn Sie eine Liste mithilfe von Tabstopps erstellen, werden Sie in der ersten Zeile der Liste die entsprechenden Tabulatoren setzen, z. B. für den Namen, den Vornamen, die Telefonnummer und vielleicht einen Euro-Betrag. Während Sie die Liste dann erstellen, springen Sie jeweils zur Tabstopp-Position mit der Taste ⇆. Andernfalls treten die Tabulatoren nicht in Erscheinung.

Generell unterscheidet man zwischen folgenden Tabulatoren:

Tabstopp	Zeichen und Textbild
Tabstopp links	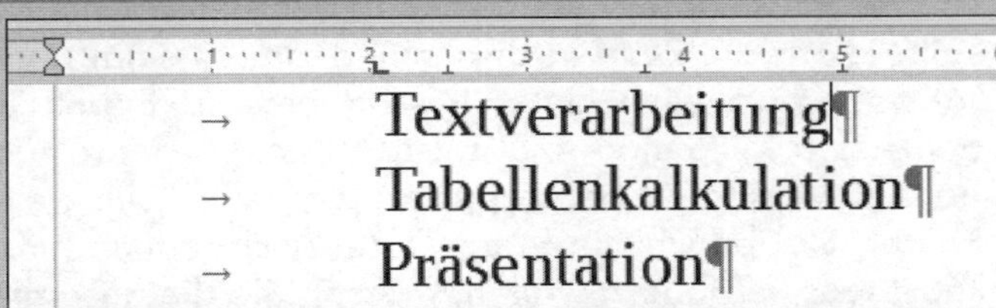
Tabstopp rechts	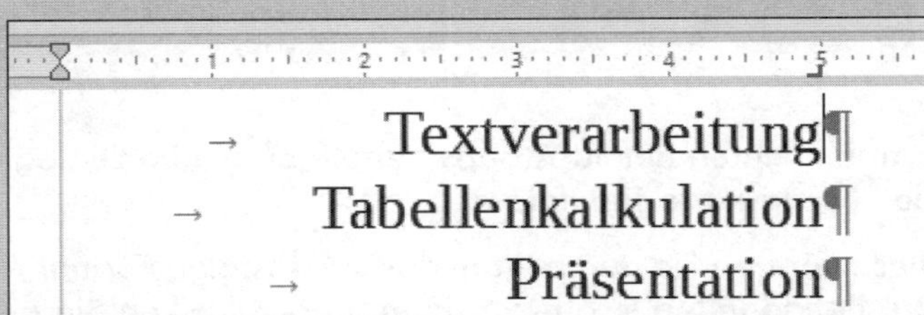

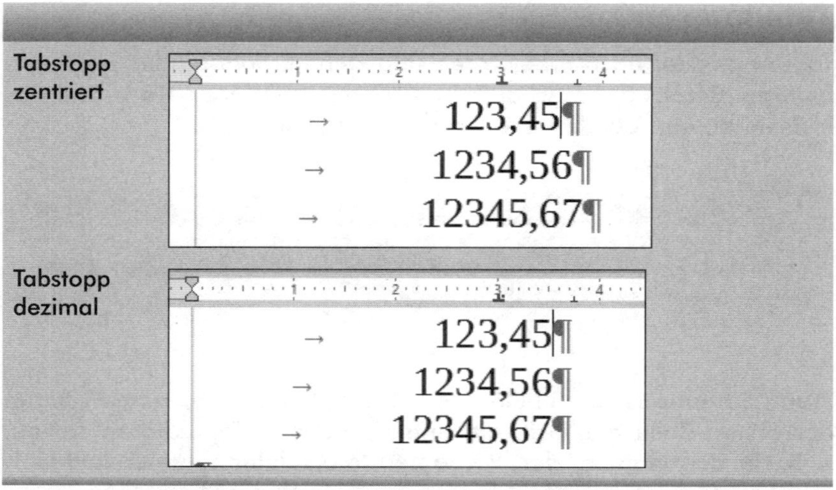

TIPP

Wenn Sie planen, eine Liste zu schreiben, müssen Sie in diesem Fall nicht markieren: Sie stehen in der ersten Zeile der Liste (das sollte die letzte Zeile in diesem Dokument sein) und richten die Tabstopps wie weiter unten beschrieben ein. Sobald Sie am Ende der ersten Zeile sind und mit der Taste ↵ zur nächsten Zeile gehen, werden die Tabstopps an die neue Zeile weitergegeben. Sollten Sie jedoch die fertige Liste nachträglich hinsichtlich der Tabstopps verändern wollen, müssen Sie die gesamte Liste markieren, bevor Sie die Änderungen vornehmen.

Zum Einrichten der Tabstopps benötigen Sie im Dialogfenster *Absatz* die Registerkarte *Tabulatoren*.

Diese können Sie durch Wahl der Befehlsfolge *Format / Absatz* aufrufen. Befinden Sie sich nicht darin, doppelklicken Sie einfach auf das Lineal. In diesem Fall wird an besagter Stelle ein Tabulator gesetzt und das Dialogfenster geöffnet.

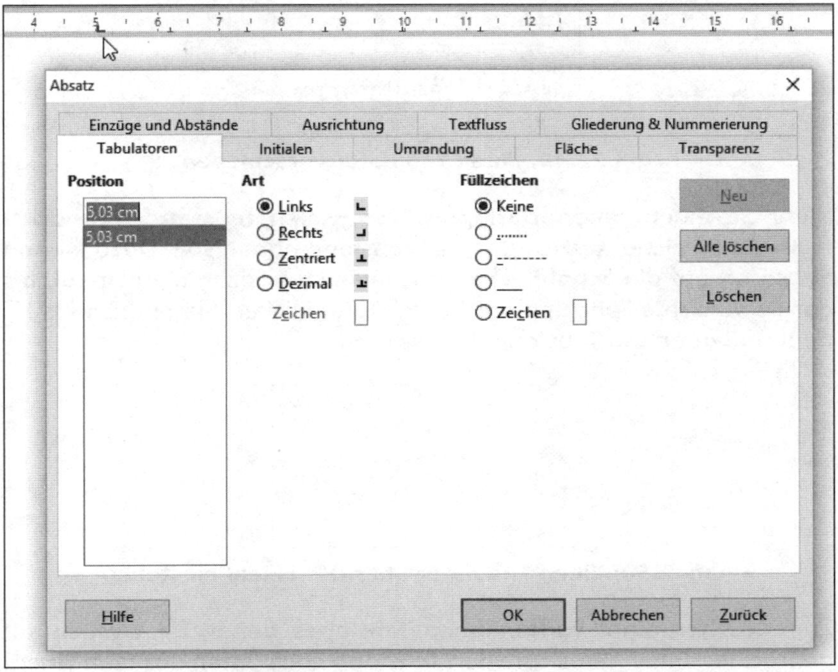

Abb. 2.48: Dialogfenster *Absatz*, Registerkarte *Tabulatoren*

Auf der Registerkarte *Tabulatoren* geben Sie die *Position*, die *Art* und gegebenenfalls ein *Füllzeichen* (Punkte oder Striche zwischen den einzelnen Einträgen an zwei Tabstopps) ein und klicken anschließend auf *Neu*. Danach können Sie gleich den nächsten Tabulator setzen.

In demselben Dialogfenster löschen Sie auch Tabulatoren: Markieren Sie den zu entfernenden Tabstopp und klicken Sie auf die Schaltfläche *Löschen* bzw. auf *Alle Löschen*, wenn keine Tabulatoren gewünscht werden.

Alternativ können Sie Tabstopps direkt im Lineal verschieben, setzen oder löschen.

Zum Verschieben klicken Sie auf das entsprechende Tabstopp-Zeichen im Lineal, halten die Maustaste gedrückt und verschieben das Zeichen wie gewünscht. Dabei erscheint eine gepunktete Linie.

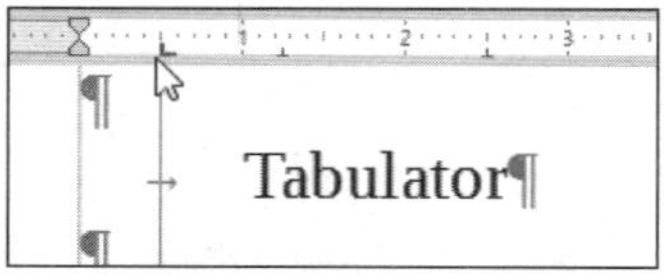

Abb. 2.49: Einen Tabulator verschieben

Wenn Sie einen neuen Tabstopp setzen wollen, müssen Sie zunächst festlegen, welche Ausrichtung der Tabstopp haben soll. Dazu klicken Sie so oft auf die Schaltfläche ganz links im horizontalen Lineal, bis der gewünschte Tabstopp erscheint. Dann klicken Sie einfach ins Lineal und der neue Tabstopp wird sichtbar.

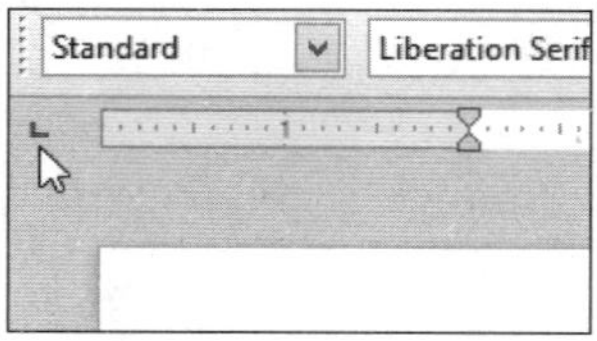

Abb. 2.50: Einen Tabulator über das Lineal einstellen

Zum Löschen eines vorhandenen Tabstopps ziehen Sie einfach mit gedrückter linker Maustaste den Tabstopp nach unten aus dem Lineal und lassen dann die Maustaste los.

Wenn alle Tabulatoren gesetzt sind, beginnen Sie mit Ihrer Liste: Schreiben Sie den ersten Eintrag (z. B. `Name`). Dann drücken Sie die Taste [Tab], schreiben den nächsten Eintrag (z. B. `Vorname`), drücken wieder [Tab] usw. Nach dem letzten Eintrag drücken Sie die Taste [Enter].

Neben den individuellen Tabulatoren verwendet Writer auch sogenannte *Standardtabulatoren*. Diese verfügen über einen Abstand von 1,25 cm und sind an den kleinen senkrechten Strichen im unteren Rand des Lineals zu erkennen.

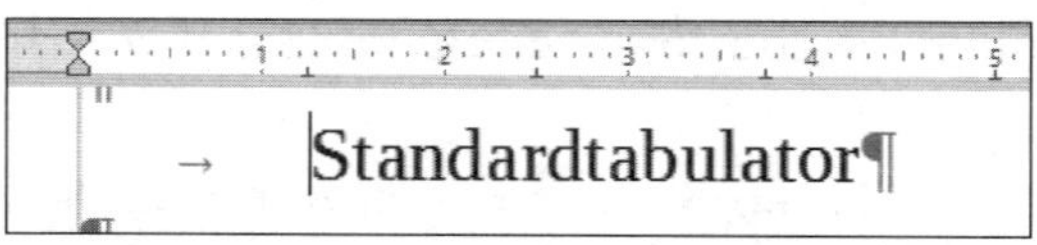

Abb. 2.51: Deutlich sichtbar: die Standardtabulatormarken

Sobald Sie einen individuellen Tabulator setzen, werden die sich davor befindenden Standardtabstopps außer Kraft gesetzt.

TIPP

Geben Sie möglichst oft den individuellen Tabulatoren den Vorzug vor den Standardtabstopps. Ansonsten müssen Sie zu oft die ⇥-Taste drücken und es sieht nachher vor lauter Pfeilen aus wie nach einem Indianerangriff.

Nummerierung und Aufzählungszeichen

Ein wichtiger Punkt innerhalb des Themas Einzüge sind *Nummerierungen und Aufzählungen*.

Mit einer kleinen Einstellung können Sie Writer dazu bewegen, dass die Nummerierung automatisch erfolgt, sobald Sie mit dem Schreiben einer Nummerierung oder Aufzählung beginnen.

Rufen Sie die Menüfolge *Extras / AutoKorrektur-Optionen* auf. Im folgenden Dialogfenster wählen Sie das Register *Optionen* an und aktivieren das Kontrollkästchen *Nummerierung anwenden*.

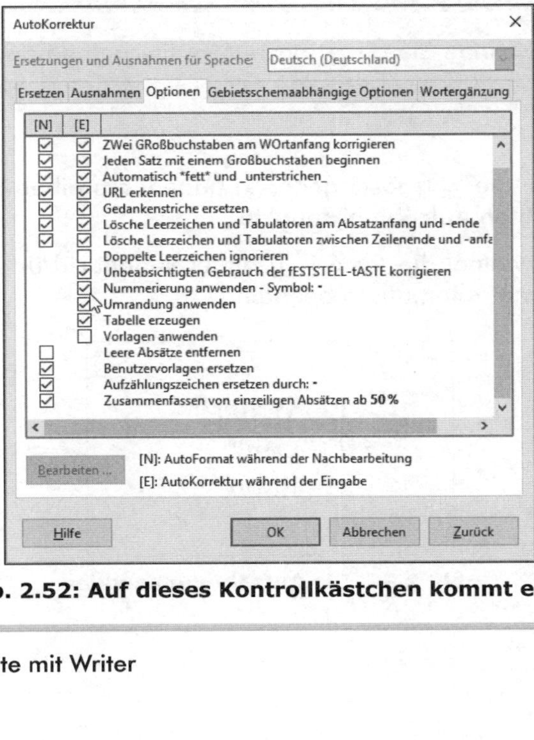

Abb. 2.52: Auf dieses Kontrollkästchen kommt es an

Nach einem Klick auf *OK* können Sie loslegen.

Beginnen Sie mit einer Ziffer, gefolgt von einem Punkt. Dann fügen Sie ein Leerzeichen ein, schreiben den ersten Aufzählungstext und betätigen die Taste [↵].

Abb. 2.53: Die automatische Nummerierung in Aktion

Augenblicklich wandelt Writer diese Zeile zu einer Nummerierung um. Wie Sie sicherlich bemerken, verwendet Writer dabei die entsprechenden Einzugssymbole, sodass Sie im Bedarfsfall die vorgegebenen Einrückungen anpassen können.

Wenn Sie nicht nummerieren wollen, machen Sie diese Formatierung ungeschehen, indem Sie auf die Schaltfläche *Rückgängig* klicken.

TIPP

Alternativ können Sie direkt nach dem Erscheinen der Nummerierung auch [Strg] + [Z] drücken.

Nachdem Sie die [↵]-Taste gedrückt haben, schreiben Sie den bzw. die gewünschten Aufzählungspunkte.

Sobald Sie zweimal die Taste [↵] hintereinander drücken, wird die Nummerierung automatisch beendet.

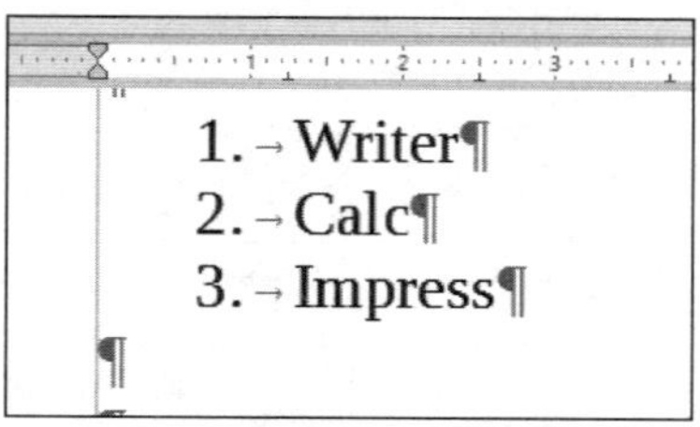

Abb. 2.54: Die Aufzählung beenden

Möchten Sie selbst die Nummerierungen und Aufzählungen gestalten, halten Sie sich an den üblichen Ablauf: Schreiben Sie zunächst den Text, danach formatieren Sie.

Diesen Text schreiben:	Dann markieren und auf folgende Schaltfläche klicken:	Danach erscheint der Text so:
Writer		1. Writer
Calc		2. Calc
Impress		3. Impress
Base		4. Base
Writer		• Writer
Calc		• Calc
Impress		• Impress
Base		• Base

Zusätzlich können Sie auch noch mithilfe der Schaltflächen *Einzug erhöhen* und *Einzug vermindern* (Symbolleiste *Formatierungen*) die Aufzählung oder Nummerierung weiter oder weniger weit einrücken.

Falls Sie eine Nummerierung/Aufzählung nicht mehr wünschen, markieren Sie sie und klicken erneut auf die entsprechende Schaltfläche oder betätigen einfach noch einmal die [↵]-Taste.

Sollten Sie ein anderes Zeichen wünschen, müssen Sie das Format der Nummerierung oder Aufzählung ändern.

Schreiben Sie zunächst den Text, markieren Sie ihn dann und klicken Sie anschließend in der Symbolleiste auf den Listenpfeil der Schaltfläche. Hier können Sie dann zwischen acht bereitgestellten Aufzählungszeichen wählen.

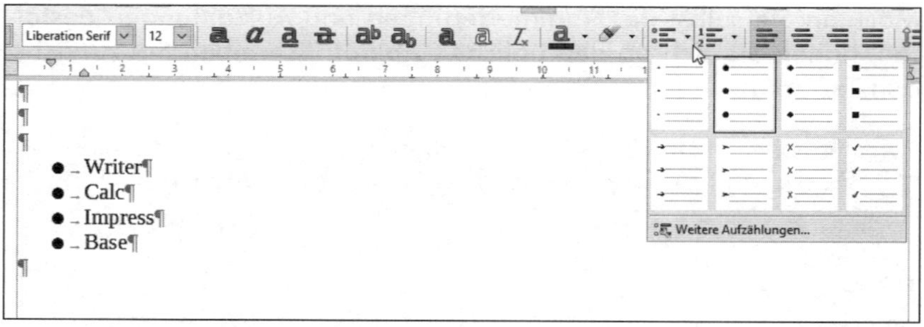

Abb. 2.55: Aufzählungszeichen ändern

Alternativ können Sie auch weitere Aufzählungszeichen einstellen. Dazu klicken Sie auf den Eintrag *Weitere Aufzählungen*. Wünschen Sie beispielsweise grafische Aufzählungszeichen, wählen Sie eine der Vorgaben auf der Registerkarte *Bild* aus.

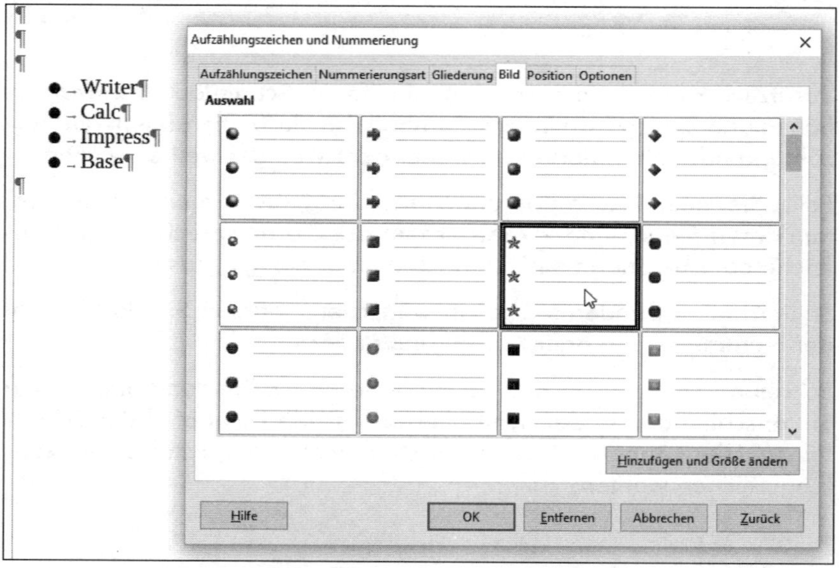

Abb. 2.56: Ein grafisches Aufzählungszeichen auswählen

Analog können Sie für die Nummerierung das Format verändern.

Seitengestaltung

Standardmäßig werden die Seiten im Hochformat ausgedruckt. Wenn Sie das ändern wollen, rufen Sie über die Befehlsfolge *Format / Seite* das Dialogfenster *Seitenvorlage: Standard* auf und aktivieren die Registerkarte *Seite*.

Papierformat

Hier finden Sie die Option *Ausrichtung*, über die Sie das gewünschte Format auswählen können.

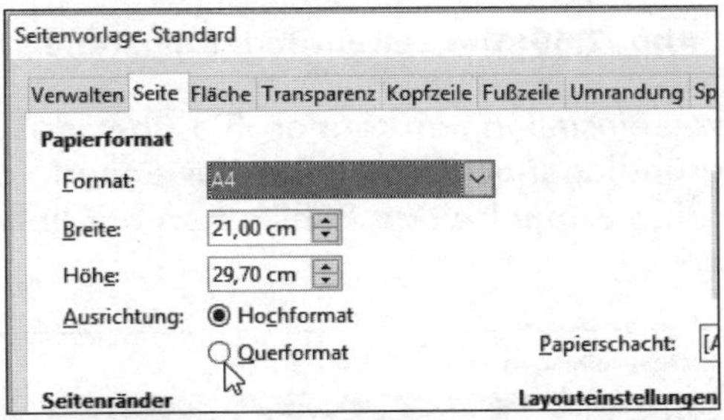

Abb. 2.57: Die Seitenausrichtung festlegen

Alternativ können Sie diese Einstellungen auch in der Seitenleiste vornehmen.

Nachdem Sie das Pluszeichen vor *Seite* angeklickt haben, können Sie auf die entsprechende Schaltfläche zugreifen und Ihre Wahl treffen.

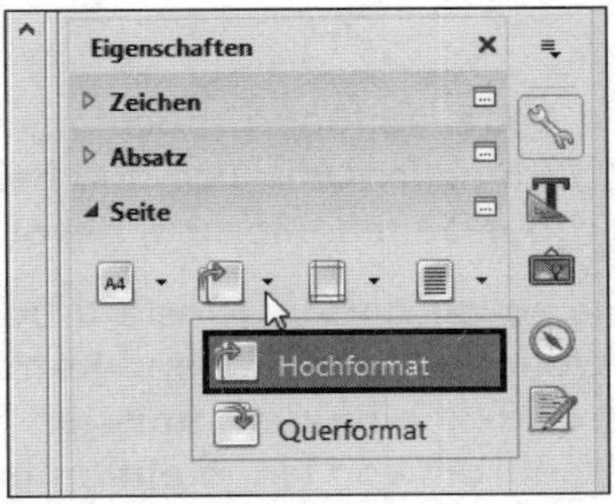

Abb. 2.58: Arbeiten mit der Seitenleiste

Seitenränder

Auf der Registerkarte *Seite* des Dialogfensters *Seitenvorlage: Standard* oder mit der entsprechenden Schaltfläche in der Seitenleiste können Sie auch die Seitenränder einstellen.

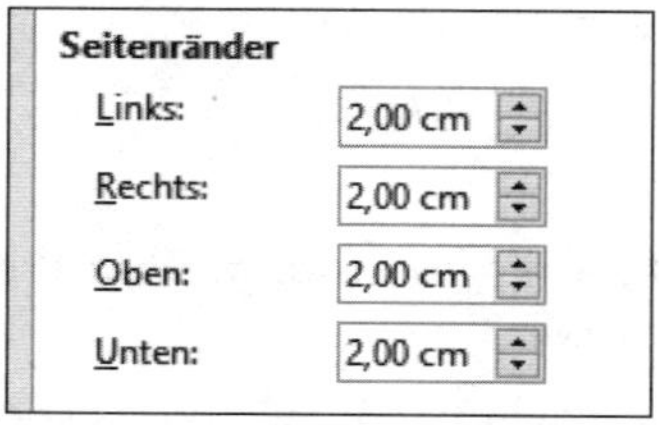

Abb. 2.59: Die Seitenränder einstellen

Im Bereich *Layouteinstellungen* können Sie über das Listenfeld *Seitenlayout* die grundlegende Einstellung der Seiten vornehmen und beispielsweise eine doppelseitige Publikation mit linker und rechter Seite definieren.

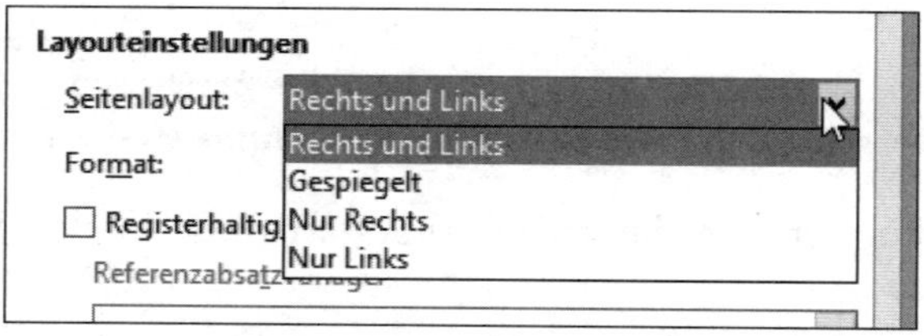

Abb. 2.60: Welches Seitenlayout wünschen Sie?

Seitenwechsel

Wenn Sie eine neue Seite einfügen möchten, wählen Sie die Befehlsfolge *Einfügen / Manueller Umbruch* und belassen im folgenden Dialogfenster die Vorgabe *Seitenumbruch*, bevor Sie auf *OK* klicken.

Keinesfalls sollten Sie so oft die [↵]-Taste drücken, bis Writer eine neue Seite einfügt. Wenn Sie anschließend Korrekturen vornehmen, beispielsweise weiteren Text einfügen, müssten Sie diese überflüssigen Absätze wieder mühsam von Hand entfernen.

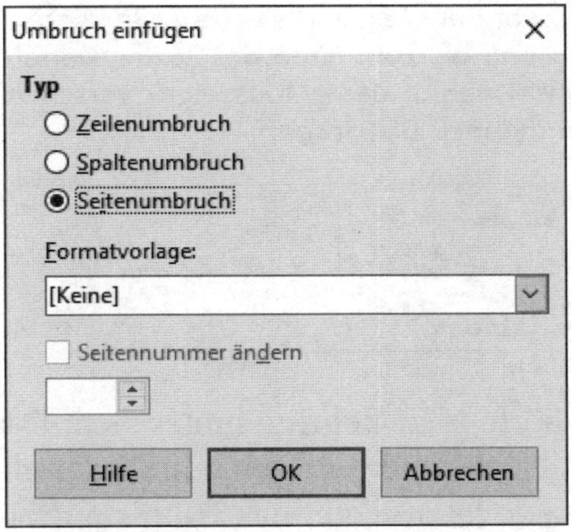

Abb. 2.61: Eine neue Seite anlegen

Format übertragen

Nun ist es oft relativ aufwendig, mehreren Textpassagen jeweils die gleiche Formatvorlage per Hand zuzuweisen. Und oftmals liegen die betreffenden Passagen viel zu weit auseinander.

Stattdessen können Sie Formate kopieren. Markieren Sie dazu zunächst einen Textabschnitt – Wort oder Absatz –, der die Formatierungen aufweist, die Sie erneut benötigen. Anschließend klicken Sie in der Symbolleiste *Standard* auf die Schaltfläche *Formatierung klonen*.

Abb. 2.62: Die Funktion aktivieren

Nun müssen Sie mit dem nächsten Mausklick das kopierte Format auf die neue Textstelle übertragen. Dabei gehen Sie so vor: Bei einem Wort reicht es, wenn Sie in das Wort klicken. Bei einem Absatz müssen Sie links vor dem Text in die erste Zeile klicken, die Maustaste gedrückt halten und bis zum Ende des Textes ziehen. Nach diesem Klick ist der Pinsel neben dem Mauszeiger verschwunden und das Format ist nicht mehr zu übertragen.

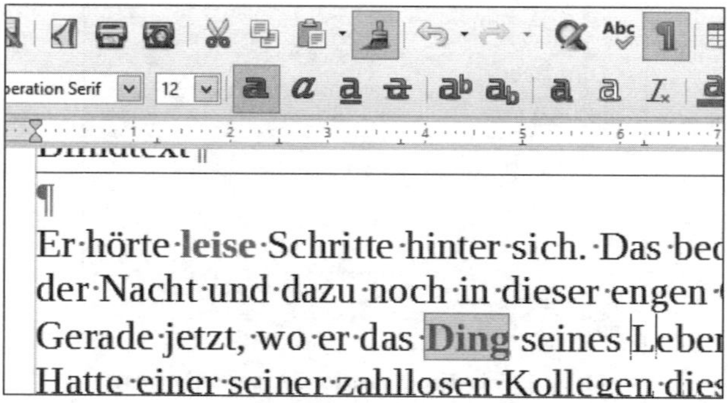

Abb. 2.63: Ein Format übertragen

TIPP

Wenn Sie das gleiche Format öfter hintereinander übertragen wollen, führen Sie einen Doppelklick auf die Schaltfläche *Formatierung klonen* aus. Dadurch wird die Schaltfläche wie ein Schalter auf „ein" gestellt und mit jedem neuen Klick das Format weitergegeben. Das gilt so lange, bis Sie erneut die Schaltfläche *Formatierung klonen* anklicken, also den Schalter wieder auf „aus" stellen. „Ausschalten" können Sie auch mit der Taste Esc.

Formatvorlagen

Wenn man bestimmte Dinge immer und immer wiederholen muss, werden solche Arbeiten recht schnell eintönig und ermüdend. Stellen Sie sich nur einmal vor, Sie müssen den Fließtext in Ihrer Arbeit immer wieder in der Schriftart *Arial* mit 1,5-fachem Zeilenabstand, einem Erstzeileneinzug von 0,5 cm und im Blocksatz formatieren.

Die drei sich ständig wiederholenden Schritte würden Sie sicher bald nerven und die Konzentration auf das Wesentliche einschränken. Oder Sie hätten eine ganz lange Publikation mit elf Überschriften geschrieben, bei der jede Überschrift z. B. fett, kursiv und mit 14 pt formatiert sein muss. Das würde bedeuten, dass Sie vielleicht acht Überschriften einzeln markieren, achtmal auf *Fett* und *Kursiv* klicken, aus der Liste *Schriftgrad* 14 pt auswählen und dann bei der neunten Überschrift vergessen haben, ob nun die Überschrift unterstrichen wurde oder nicht.

Wie wäre es, wenn man das mit einem Mausklick erledigen könnte? Das genau ermöglichen *Formatvorlagen*. Dabei handelt es sich um eine abgespeicherte Zusammenfassung von Formatierungsbefehlen, die den Zeitaufwand erheblich reduzieren kann. Gerade bei umfangreichen Dokumenten ermöglichen Formatvorlagen ein schnelleres und effektiveres Formatieren. Solche Befehlsbündel können dann entweder ganzen Absätzen oder einer beliebigen Zeichenfolge zugeordnet werden.

Die Formatvorlagen werden in Writer in der Seitenleiste verwaltet.

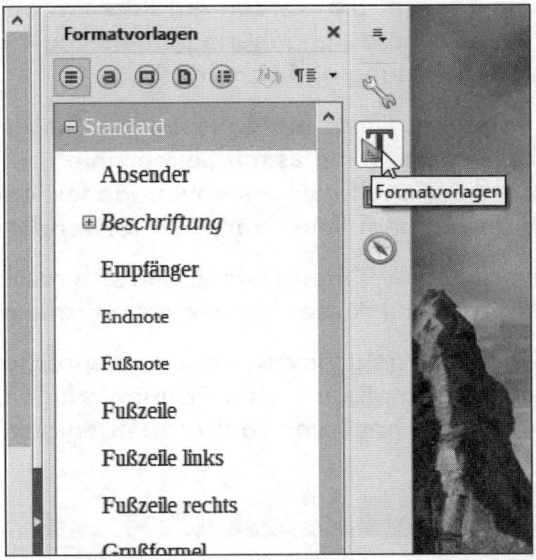

Abb. 2.64: Die Formatvorlagen in der Seitenleiste

In diesem Fenster finden Sie am oberen Rand fünf Schaltflächen für die möglichen Formatvorlagentypen. Dementsprechend unterscheidet man zwischen

- *Absatzvorlagen*: Diese stellen eine Kombination von Zeichen- und Absatzformaten dar. Ihre Anwendung hat Auswirkung auf den betreffenden Absatz und die darin enthaltenen Zeichen.
- *Zeichenvorlagen*: Diese fassen mehrere zeichenorientierte Formatierungsbefehle zusammen und werden nur auf die markierten einzelnen Zeichen (beispielsweise Wörter) angewendet.

Bei diesen beiden Arten gilt, dass Zeichenvorlagen Priorität vor Absatzvorlagen haben. Das bedeutet, dass Zeichenformatierungen einer Absatzvorlage von denen einer Zeichenvorlage überschrieben werden. Wird in einem solchen Fall die Absatzvorlage nachträglich geändert, also beispielsweise eine andere Schrift zugeordnet, ändert sich an den Zeichen, die mit der Zeichenvorlage formatiert wurden, nichts.

Zusätzlich gibt es noch die folgenden Formatvorlagentypen:

- *Rahmenvorlagen*: Sie werden auf Rahmen angewendet und ermöglichen so eine durchgehend einheitliche Gestaltung (beispielsweise Ausrichtung und Schriftart).
- *Seitenvorlagen*: Diese ermöglichen es, die Struktur des Dokuments zu verwalten und es mit Seitenzahlen zu versehen. Darüber hinaus können Sie die Seitenvorlage festlegen, die für die erste Seite nach einem Seitenumbruch verwendet werden soll.
- *Listenvorlagen*: Mit ihrer Hilfe lassen sich rasch nummerierte Listen oder Listen mit Aufzählungszeichen formatieren.

Immer wenn es darum geht, Textpassagen entsprechend den jeweiligen Vorgaben zu formatieren, sind Formatvorlagen ein probates Mittel, diese Arbeiten schnell und sauber zu erledigen.

TIPP

Formatieren Sie also Ihre Texte so weit wie möglich mithilfe von Formatvorlagen und möglichst wenig per Hand im Text. Alles, was Sie direkt im Text formatiert haben, müssen Sie später auch per Hand einzeln wieder ändern. Eine Formatvorlage hingegen können Sie insgesamt ändern und dadurch alle zugewiesenen Stellen in einem Rutsch gleich formatieren.

Nach so viel „trockener" Theorie wollen Sie bestimmt jetzt diese wunderbaren Hilfen im praktischen Einsatz sehen. Packen wir es an.

Zunächst gilt es noch zu klären, ob man eigene Formatvorlagen erstellen oder auf die vorhandenen zurückgreifen sollte. Hier lautet die Antwort: „Es kommt darauf an!" Wenn Writer für einen bestimmten Zweck bereits Formatvorlagen zur Verfügung stellt, stehen Sie sich besser, wenn Sie diese lediglich für Ihre Zwecke anpassen. So drängt sich gerade die Verwendung der Überschriften-Formatvorlagen für Ihre Gliederung auf. Gleiches gilt für die Formatvorlagen *Seitenzahl*, *Beschriftung*, *Abbildungsunterschrift* usw. Diese können Sie mühelos den Vorgaben anpassen. Lediglich wenn Writer keine passende Formatvorlage zur Verfügung stellt, sollten Sie sich eine eigene zusammenstellen.

(Fertige) Formatvorlagen verwenden

Eine Formatvorlage kennen Sie bereits, obwohl Sie davon vermutlich noch nichts wussten: *Standard*. Das ist die Formatvorlage, mit der Sie bisher automatisch jeden Absatz erstellt haben.

Darüber hinaus stehen in jedem Dokument noch weitere Formatvorlagen beispielsweise für Überschriften bereit: *Textkörper*, *Überschrift 1*, *Überschrift 2*, *Überschrift 3* usw.

Um beispielsweise eine Überschrift zu formatieren, müssen Sie lediglich den Cursor in dem betreffenden Absatz platzieren und auf das Vorlagensymbol klicken.

Neben der Seitenleiste können Sie die gängigsten Formatvorlagen auch über die Symbolleiste *Standard* zuweisen. Dazu müssen Sie nur im Listenfeld *Vorlage anwenden* in der Liste auf die gewünschte Vorlage klicken.

Abb. 2.65: Eine Überschrift mithilfe einer Formatvorlage formatieren

Um nun eine Formatvorlage zu nutzen, können Sie vor dem Schreiben einer Überschrift schon die gewünschte Formatvorlage anwählen und dann den Text schreiben.

Möchten Sie gleich mehrere Absätze mit einer bestimmten Formatvorlage versehen, müssen diese zuvor markiert sein.

Formatvorlagen anpassen

Nicht immer werden die vorgegebenen Formatvorlagen Ihren Vorstellungen entsprechen und so wird die eine oder andere Formatvorlage zu ändern sein. Dies gilt insbesondere für die Formatvorlagen *Überschrift 1*, *Überschrift 2* und *Überschrift 3*, die dazu dienen, den Text zu gliedern. Hier werden Sie vielleicht deren standardmäßige Einstellungen ändern müssen, weil Sie eine Nummerierung vornehmen wollen.

Betrachten Sie das Listenfeld am Beginn der Symbolleiste *Format* einmal näher.

Hier finden Sie zunächst den Eintrag *Standard*. Dabei handelt es sich um eine Formatvorlage, die zunächst einmal allen Absätzen zugeordnet wird, die die Haupteigenschaften *Liberation Serif* und *12 pt* besitzen und die von Writer standardmäßig für alle Texte vorgegeben wird.

Um eine Formatvorlage zu bearbeiten, müssen Sie auf den kleinen Pfeil neben der Formatvorlagenbezeichnung klicken und im erscheinenden Menü den Eintrag *Vorlage bearbeiten* anwählen.

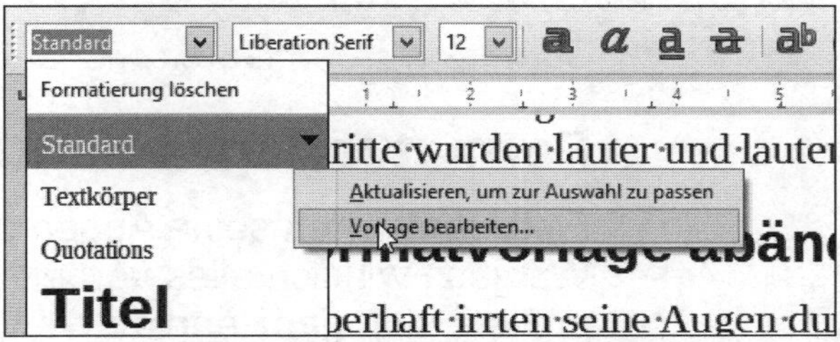

Abb. 2.66: Die Formatvorlage bearbeiten

Im folgenden Dialogfenster *Absatzvorlage: Standard* finden Sie alles, was Sie für das Arbeiten mit Formatvorlagen benötigen.

Nehmen Sie an dieser Stelle einfach die gewünschten Veränderungen vor. Ändern Sie beispielsweise auf der Registerkarte *Schrift* die Schriftart und/oder probieren Sie einen anderen Schriftgrad aus.

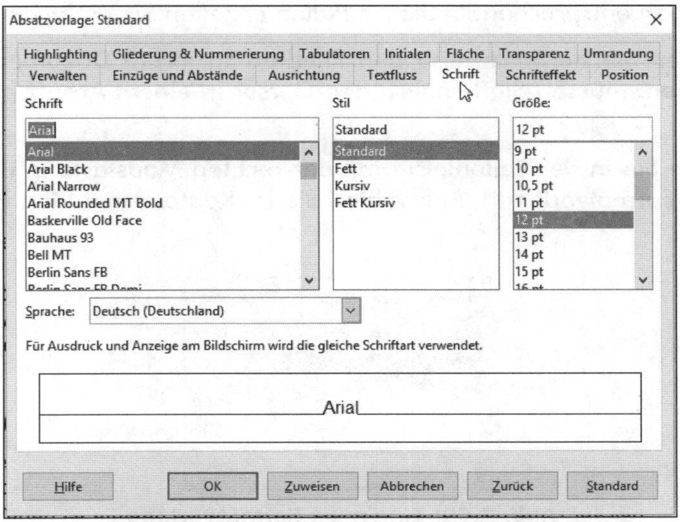

Abb. 2.67: Die Schrift der Formatvorlage ändern

Schließen Sie dann das Fenster mit *OK*.

Wie Sie sehen, werden alle Stellen im Dokument, die Sie mit der Formatvorlage versehen haben, sofort angepasst.

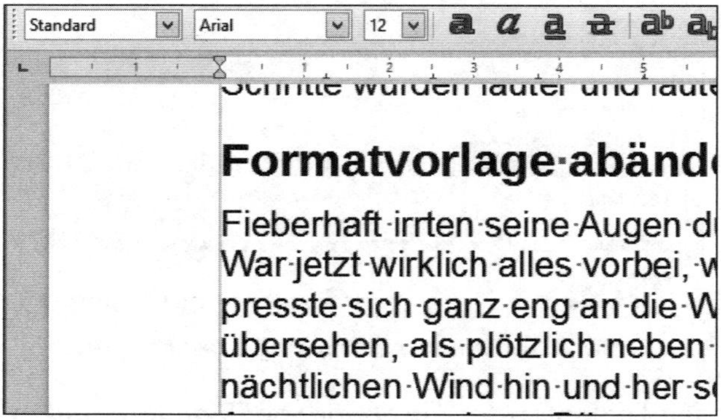

Abb. 2.68: Sofort wird der Text angepasst

(Neue) Formatvorlagen erstellen

Nicht immer werden die vorgegebenen Formatvorlagen Ihren Anforderungen entsprechen. In diesen Fällen erstellen Sie einfach eigene.

Möchten Sie beispielsweise den Fließtext in Ihrem Dokument neu festlegen, müssen Sie lediglich den Cursor in einem Absatz platzieren.

Klicken Sie in der Seitenleiste mit der rechten Maustaste in die Liste der Formatvorlagen und wählen Sie im Kontextmenü den Eintrag *Neu*.

Abb. 2.69: Eine neue Formatvorlage

Es öffnet sich das Dialogfenster *Absatzvorlage*, in dem Sie nun die gewünschten Formate einstellen.

Zunächst sollten Sie jedoch einen Namen vergeben, den Sie in das Feld *Name* eintragen. Hier bietet sich *Fließtext* an.

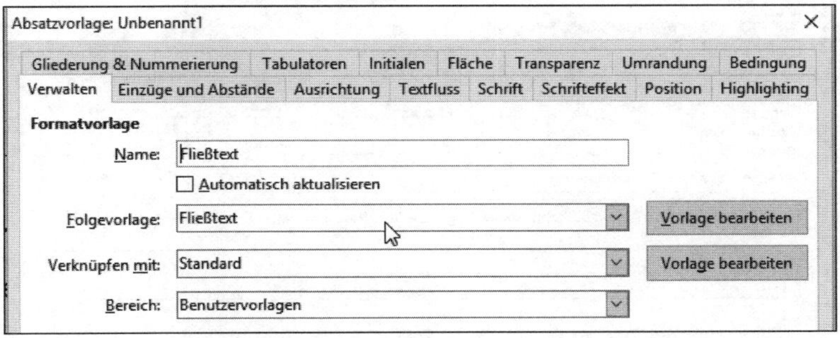

Abb. 2.70: Die Formatvorlage benennen

Im folgenden Listenfeld *Folgevorlage* stellen Sie die Formatvorlage ein, die beim Drücken der [↵]-Taste dem nächsten Absatz zugewiesen werden soll. So können Sie den Text, ohne auf die Formatierung zu achten, zügig eingeben.

TIPP

Überlegen Sie beim Anlegen genau, welcher Textteil im Regelfall auf die Formatvorlage folgt. Sie sparen sich eine Menge an Formatierungsarbeiten, wenn gleich die richtige Formatvorlage eingestellt wird.

Anschließend stellen Sie die eigentlichen Formatierungen auf den entsprechenden Registerkarten ein (siehe Abbildung 2.71).

Ihre Arbeiten beenden Sie mit *OK*.

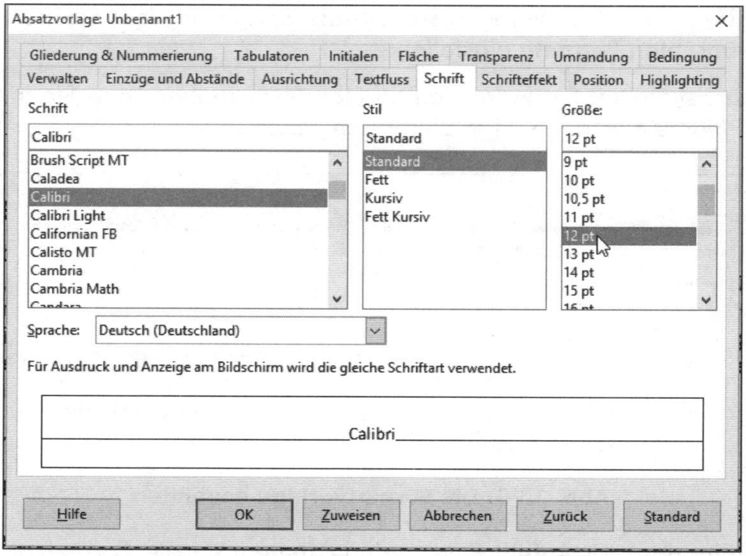

Abb. 2.71: Legen Sie die gewünschten Formatierungen fest

Neue Vorlage aus einer Auswahl kreieren

Es gibt noch einen weiteren Weg, eine neue Formatvorlage zu erstellen. Diese Vorgehensweise bietet sich immer dann an, wenn Sie bereits eine Formatierung vorgenommen haben und diese nun ständig einsetzen wollen.

Markieren Sie die fertig formatierte Passage, klicken Sie dann im Fenster *Formatvorlagen* auf die Schaltfläche *Neue Vorlage aus Auswahl* und wählen Sie aus dem Menü den gleichnamigen Eintrag aus.

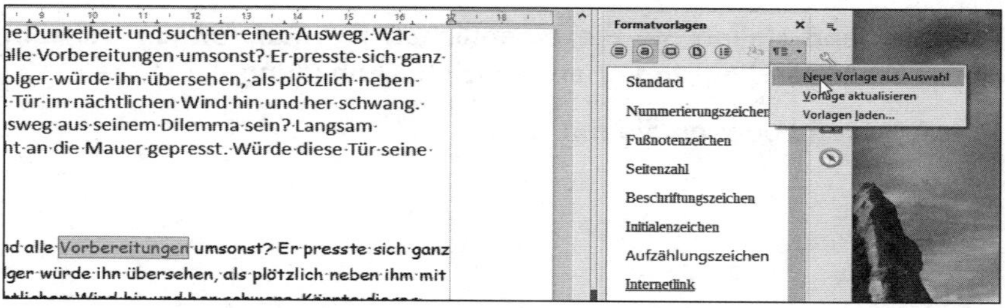

Abb. 2.72: Eine neue Formatvorlage aus der Auswahl erstellen

TIPP

Bei dieser Art der Erstellung müssen Sie auf die Markierung achten. Möchten Sie beispielsweise mit der Formatierung nur bestimmte Wörter formatieren, handelt es sich um eine Zeichenformatierung. In diesem Fall sollten Sie zunächst die Schaltfläche *Zeichenvorlage* anklicken.

Im folgenden Dialogfenster *Vorlage erstellen* tragen Sie einen passenden *Vorlagennamen* ein und bestätigen mit *OK*.

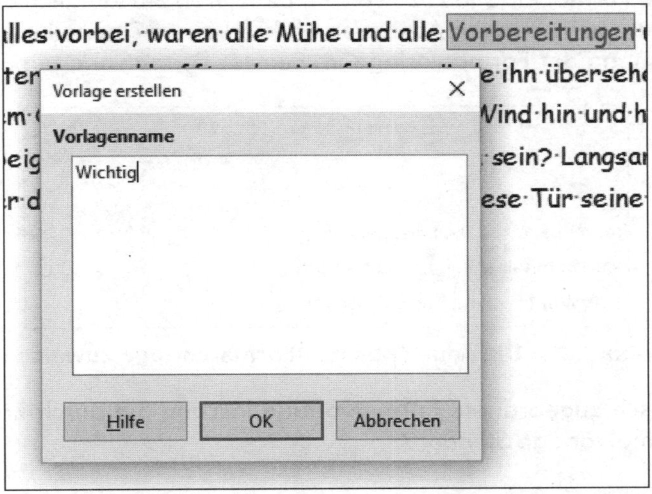

Abb. 2.73: Einen Namen für die neue Vorlage vergeben

Mit Formatvorlagen arbeiten

Arbeiten Sie mit eigenen Vorlagen, ist es hilfreich, sich zunächst nur diese anzeigen zu lassen.

Klicken Sie dazu auf den Listenpfeil am unteren Rand der Seitenleiste *Formatvorlagen* und wählen Sie den Eintrag *Benutzervorlagen* aus.

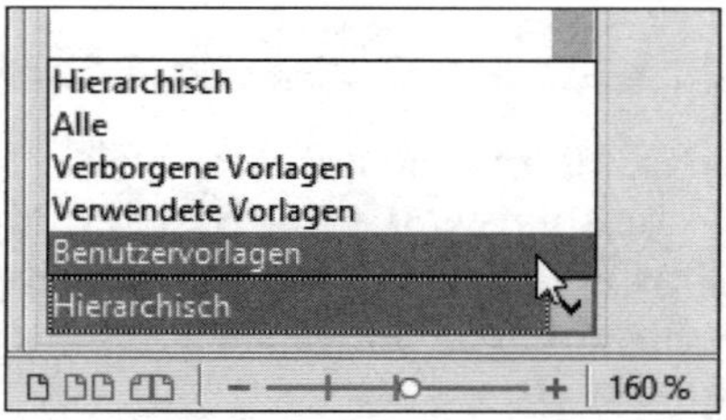

Abb. 2.74: Die Ansicht der Vorlagen einschränken

Anschließend werden nur die von Ihnen erstellten Vorlagen angezeigt.

Um eine Formatvorlage zuzuweisen, platzieren Sie lediglich den Cursor in dem betreffenden Absatz und führen einen Doppelklick auf die Bezeichnung der Formatvorlage im Fenster *Formatvorlagen* aus.

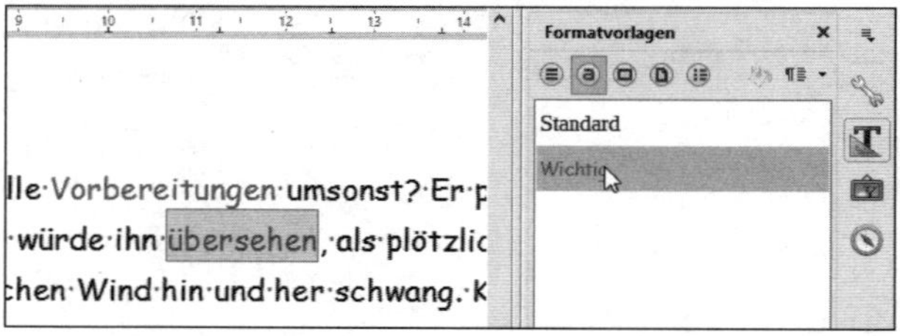

Abb. 2.75: Die neue (Absatz-)Formatvorlage zuweisen

Eine falsch zugeordnete Formatvorlage löschen Sie durch Zuweisen der Formatvorlage *Standard*.

Gestalten von Dokumenten

In diesem Abschnitt geht es um die Gestaltung von Tabellen, das Arbeiten mit Objekten sowie das Gestalten eines Briefs und von Formularen.

Wie Sie sehen werden, sind Listen viel komfortabler mit Tabellen zu erstellen. Die Tabellenfunktion in Writer ist ein mächtiges Formatierungsinstrument, da es Ihnen hilft, schnell und übersichtlich alles, was nicht Fließtext ist, anzuordnen und zu gliedern.

Auch wenn Texte mithilfe der Textverarbeitung sehr ansprechend gestaltet werden können – manchmal sagt ein Bild mehr als tausend Worte. Deshalb erfahren Sie auch, wie Sie vorhandene Bilder und Zeichnungen sowie Tabellen aus anderen Programmen in ein Writer-Dokument einfügen können.

Mit Writer lassen sich alle Arten von Dokumenten gestalten. Im Alltag werden Sie es allerdings oft mit Briefen zu tun haben. Wie man einen solchen erstellt und was man dabei zu beachten hat, erfahren Sie ebenfalls in diesem Abschnitt.

Schließlich werden Sie noch sehen, wie man mit Writer Formulare erstellt und so standardisiert Daten erfassen, aufbereiten und betrachten kann.

Tabellen

Tabellen erleichtern die systematische Darstellung von Informationen und sind eng mit den Tabulatoren verwandt.

Tabelle zur Dateneingabe erstellen

Eine Tabelle können Sie am schnellsten mithilfe der Schaltfläche *Tabelle* erstellen, die Sie in der Symbolleiste *Standard* finden.

In dem herausklappenden Listenfeldmenü legen Sie die Anzahl der Spalten und Zeilen fest. Dazu fahren Sie einfach mit der Maus über die Zellen, bis die gewünschte Anzahl markiert ist.

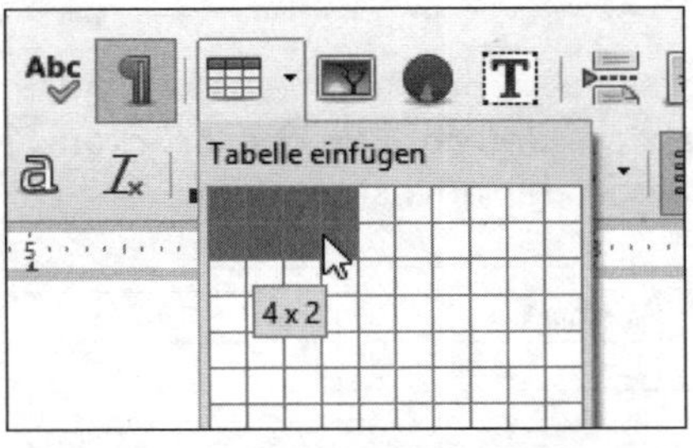

Abb. 2.76: Eine Tabelle anlegen

Haben Sie die gewünschte Anzahl erreicht, klicken Sie auf die letzte Zelle.

Danach erscheint diese Tabelle im Dokument.

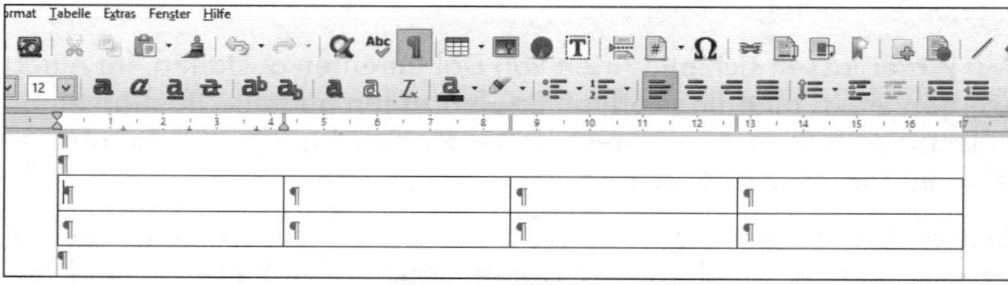

Abb. 2.77: Die neue Tabelle

Zudem wird gleichzeitig die Symbolleiste *Tabelle* eingeblendet.

Dateneingabe

Die Dateneingabe erfolgt dann recht einfach. Da der Cursor in der ersten Zelle steht, können Sie gleich mit dem ersten Eintrag beginnen. Um in die nächste Zelle zu gelangen, drücken Sie die Taste [⇆] und schreiben den nächsten Eintrag, dann drücken Sie wieder die Taste [⇆] und fahren so entsprechend fort.

> **TIPP**
>
> Wenn Sie eine Zelle zurück wollen, drücken Sie [⇧] + [⇆]. Drücken Sie die Taste [↵], entsteht eine neue Zeile in der Zelle.

Haben Sie den letzten Eintrag erreicht, drücken Sie wieder die [⇆]-Taste und landen so in der nächsten Zeile.

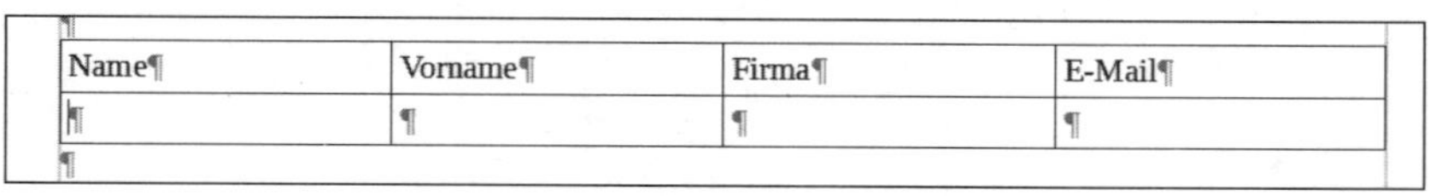

Abb. 2.78: Die Tabelle entsteht

Abschließend tragen Sie die nächsten Angaben ein. Wenn Sie am Ende dieser Zeile sind, drücken Sie wiederum die Taste ⇥. Dadurch wird die Tabelle automatisch um eine weitere Zeile verlängert.

Name¶	Vorname¶	Firma¶	E-Mail¶
Writer¶	Willibald¶	LibreOffice¶	Willi@writer.de¶
¶	¶	¶	¶

Abb. 2.79: Die nächste Zeile

Wie Sie sehen, werden die E-Mail-Adressen blau dargestellt, da es sich hier um sogenannte *Hyperlinks* handelt. Wenn Sie das nicht wünschen, klicken Sie mit der rechten Maustaste auf den Hyperlink und beseitigen diesen über den Kontextmenübefehl *Hyperlink entfernen*.

Tabelle und Tabellenteile auswählen

Zum Formatieren und Verändern der Tabelle müssen Sie wie sonst auch zunächst markieren. Allerdings gibt es ein paar Besonderheiten:

- Zum Markieren einer Zeile klicken Sie links vor die Zeile.
- Zum Markieren einer Spalte klicken Sie oberhalb der Spalte.
- Um eine einzelne Zelle zu markieren, klicken Sie links in die Zelle und ziehen mit gedrückter Maustaste über die Zelle hinweg.

Zeilen und Spalten einfügen bzw. löschen

Falls Sie merken, dass Sie etwas vergessen haben, können Sie innerhalb der Tabelle eine neue Zeile oder Spalte einfügen.

Dazu markieren Sie die Zeile oder Spalte, vor oder nach der die neue Zeile oder Spalte erscheinen soll.

Über das Menü *Tabelle* finden Sie die benötigten Schaltflächen *Zeilen oberhalb* bzw. *Zeilen unterhalb* sowie *Spalten links* bzw. *Spalten rechts* im Untermenü *Einfügen*.

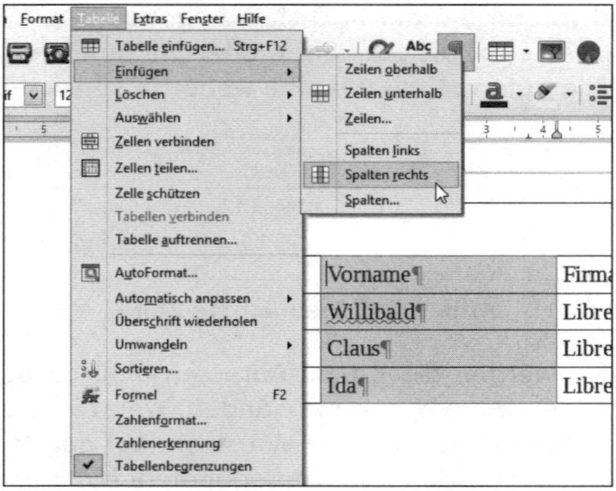

Abb. 2.80: Eine Spalte einfügen

Alternativ können Sie die Veränderungen an einer Tabelle aber auch über die Symbolleiste *Tabelle* vornehmen, die am unteren Dokumentenrand erscheint, wenn sich der Cursor in der Tabelle befindet.

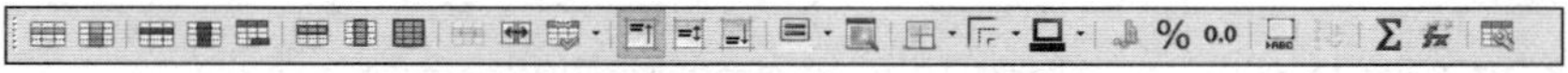

Abb. 2.81: Die Symbolleiste *Tabelle* am unteren Dokumentenfensterrand

Um beispielsweise eine Zeile oder Spalte zu entfernen, markieren Sie zunächst mithilfe der Schaltflächen *Zeile markieren* bzw. *Spalte selektieren* die betreffende(n) Zeile(n) oder Spalte(n) und klicken dann in der Symbolleiste *Tabelle* auf die Schaltfläche *Zeilen löschen* bzw. *Spalten löschen*.

Tabellen formatieren

Für das Formatieren von Tabellen gelten keine Besonderheiten. Nachdem sie markiert sind, können Sie alle Zeichenformate anwenden, die auch im normalen Text möglich sind.

Zum Formatieren einer Tabelle gehört auch das Anpassen von Spaltenbreite und Zeilenhöhe sowie das Ausrichten der Zellinhalte.

Sie können diese Arbeiten zum einen mit der Maus vornehmen oder aber auch auf die Schaltflächen der Symbolleiste *Tabelle* zurückgreifen.

Um beispielsweise die Spaltenbreite direkt mit dem Mauszeiger zu verändern, führen Sie den Mauszeiger auf die senkrechte Trennlinie, klicken, halten die Maustaste gedrückt und verschieben dann die Linie.

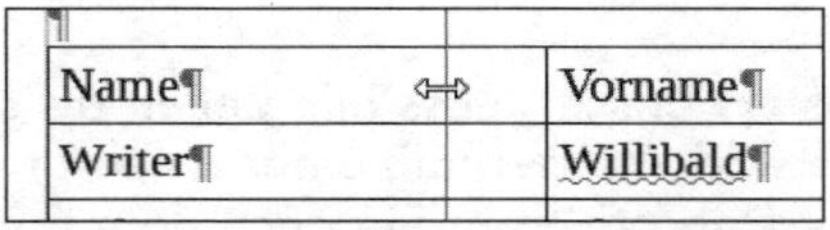

Abb. 2.82: Die Spaltenbreite mit der Maus anpassen

Entsprechend verändern Sie die Zeilenhöhe.

Wenn Sie dann jedoch wieder gleich breite Spalten wünschen, markieren Sie diese Spalten (mindestens zwei Spalten!) und klicken auf die Schaltfläche *Spalten gleichmäßig verteilen*, die Sie im Menü der Schaltfläche *Optimieren* finden.

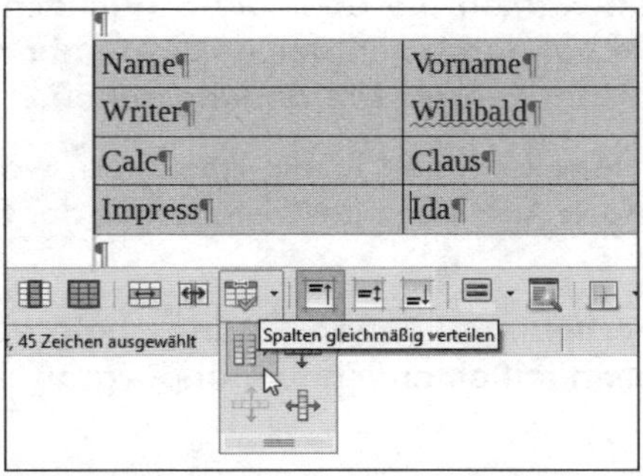

Abb. 2.83: Die Spalten gleichmäßig verteilen

TIPP

Möchten Sie die Spalten exakt an den Inhalt der Tabelle anpassen, wählen Sie im Menü der Schaltfläche *Optimieren* die Option *Optimale Spaltenbreite*.

Für die Zeilen funktioniert das in entsprechender Weise mit der Option *Zeilen verteilen*.

Selbstverständlich können Sie in jeder Zelle den Text linksbündig, zentriert oder rechtsbündig ausrichten. Innerhalb einer Zelle ist es aber auch wünschenswert, den Text oben, in der Mitte oder unten anzuordnen.

Verwenden Sie dazu die Schaltflächen *Oben*, *Vertikal zentrieren* und *Unten*.

Nicht immer ist es erwünscht, dass alle Zellen als solche auch sichtbar sind. Oder Sie wollen innerhalb einer Liste nur senkrechte Linien erscheinen lassen. Dann müssen Sie nach dem Erstellen der Tabelle mit den schon beschriebenen Rahmenlinien arbeiten.

Wie im Fließtext gilt auch in der Tabelle: Erst die gewünschten Zellen markieren, dann formatieren.

Um beispielsweise alle Rahmenlinien zu entfernen, klicken Sie auf den Listenpfeil der Schaltfläche *Umrandung* und wählen dann die Option *Kein Rahmen*.

Die Art der Linien wählen Sie über die Schaltfläche *Linieneckenstil* aus. Nachdem Sie auf den Listenpfeil geklickt haben, wählen Sie die gewünschte Größe im Fenster *Umrandungsstil* aus.

Möchten Sie die Tabellenlinien farbig gestalten, wählen Sie die gewünschte Farbe nach Anklicken des Listenpfeils der Schaltfläche *Rahmenlinienfarbe* aus.

Als weitere Hervorhebung können Sie innerhalb einer Tabelle eine oder mehrere Zellen mit einer Schattierung – grau oder farbig – hinterlegen.

Nach dem Markieren klicken Sie auf den Listenpfeil der Schaltfläche *Hintergrundfarbe* und wählen die gewünschte Schattierungsfarbe aus.

Verwenden Sie eine Tabelle mit Zahlen, dann können Sie sie rasch mithilfe der Schaltfläche *AutoFormat* gestalten. Platzieren Sie den Cursor in der Tabelle, klicken Sie auf die Schaltfläche und wählen Sie dann im folgenden Menü eine fertige Vorlage aus.

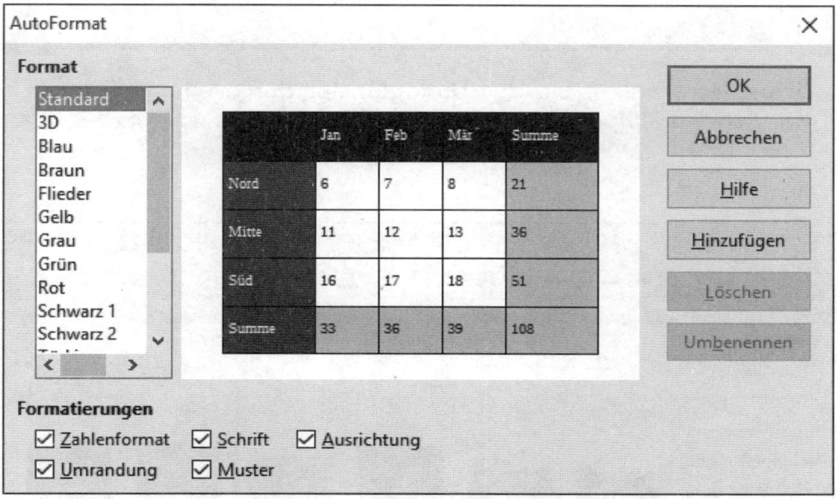

Abb. 2.84: Eine Tabelle mithilfe der *AutoFormat*-Option rasch formatieren

Grafische Objekte

Auch wenn Texte mithilfe der Textverarbeitung sehr ansprechend gestaltet werden können – manchmal sagt ein Bild mehr als tausend Worte. Deshalb werden Sie ab und an vorhandene Bilder und Zeichnungen sowie Tabellen aus anderen Programmen in ein Writer-Dokument einfügen wollen.

Grafik

Um in einen Text Grafiken (damit sind auch Bilder gemeint) aus vorhandenen Dateien einzufügen, positionieren Sie den Cursor an der gewünschten Stelle und wählen die Befehlsfolge *Einfügen / Bild* und dann den Menüeintrag *Aus Datei*. Im folgenden Dialogfenster zeigt Writer Ihnen den Inhalt der Bibliothek *Bilder*. Klicken Sie auf den Ordner *Beispielbilder*, um dessen Inhalt anzeigen zu lassen.

TIPP

Schneller erhalten Sie das Dialogfenster durch einen Klick auf das Symbol *Bild*, das Sie in der *Standard*-Symbolleiste finden.

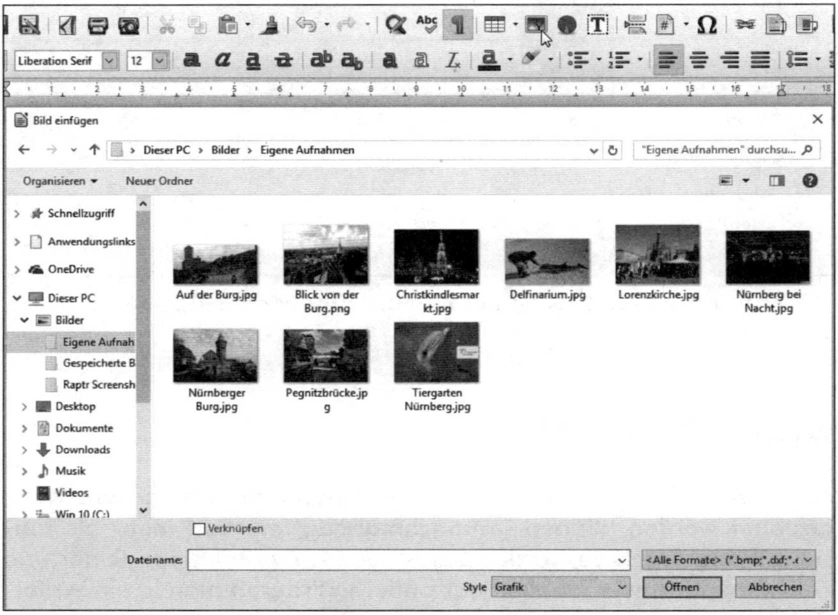

Abb. 2.85: Die Beispielbilder

Wählen Sie das gewünschte Bild aus und klicken Sie auf *Öffnen*. Das Bild wird augenblicklich platziert.

Die Größe des Bildes passen Sie über die quadratischen Eckanfasser an. Zeigen Sie mit der Maus darauf und ziehen Sie dann mit gedrückter Maustaste nach innen oder nach außen, um das Bild zu verkleinern bzw. zu vergrößern. Wenn Sie beim Ziehen die ⇧-Taste gedrückt halten, werden die Proportionen beibehalten.

Abb. 2.86: Ein Bild vergrößern

Das Bild selbst können Sie mithilfe der Optionen der Symbolleisten *Rahmen* und *Bild* bearbeiten, die beim Markieren des Bildes unterhalb der *Standard*-Symbolleiste erscheint.

Abb. 2.87: Die beiden Symbolleisten zum Bearbeiten des Bildes

Im Einzelnen können Sie mithilfe der Symbolleiste *Rahmen* Folgendes erreichen:

Schaltfläche	Symbol	Bedeutung
Verankerung wechseln		Legt die Art der Verankerung des Bildes an der Seite, an einem Absatz, an einem Zeichen oder als Zeichen fest.
Umlauf		Schaltet den Umlauf ab bzw. bestimmt, wie der Text sich um die Grafik anordnet: seitenweise, dynamisch oder umlaufweise.

Schaltfläche	Symbol	Bedeutung
Vertikale Ausrichtung		Ordnet das Bild links, zentriert oder rechts an.
Horizontale Ausrichtung		Ordnet das Bild bezogen auf die Ankerposition oben, mittig oder unten an.
Anordnung		Richtet zwei Bilder zueinander aus: ganz nach vorne, nach vorne, nach hinten oder ganz nach hinten.
Umrandung		Versieht das Bild mit einem Rahmen und ermöglicht das Verändern des Rahmenstils, der Rahmenfarbe und der Hintergrundfarbe.

Kleinere Bildbearbeitungen können Sie über die Symbolleiste *Bild* vornehmen.

Schaltfläche	Symbol	Bedeutung
Filter	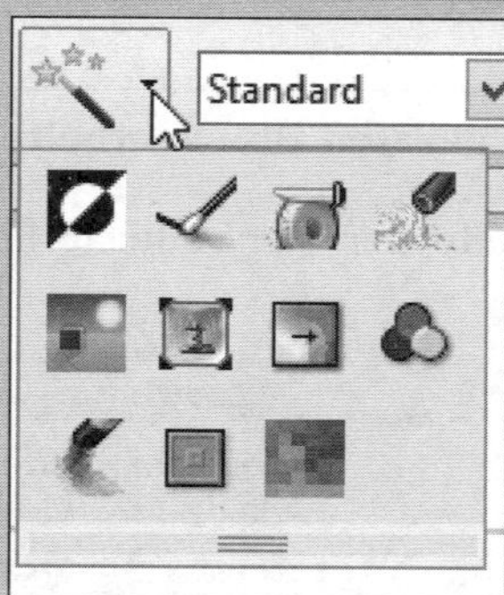	Hier finden Sie einige Optionen, um die Aussage des markierten Bildes zu verändern. Beispielsweise können Sie das Bild altern lassen oder in ein Pop-Art-Bild umwandeln.
Grafikmodus		Wünschen Sie beispielsweise ein Wasserzeichen, können Sie dieses aus der Liste auswählen.

Schaltfläche	Symbol	Bedeutung
Zuschneiden		Durch Anklicken der Schaltfläche erhält das Bild rote Anfasser, über die man das Bild beschneiden kann.
Spiegeln		Oftmals stimmt die Blickrichtung eines Bildes nicht. Mit den Schaltflächen Horizontal spiegeln und Vertikal spiegeln können Sie das beheben.
Drehen		Die Ausrichtung des Bildes lässt sich mit diesen Schaltflächen ändern.
Transparenz	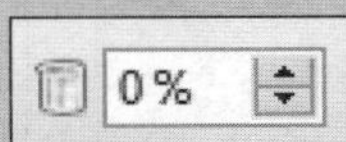	Die Transparenz, also die Durchsichtigkeit, des Bildes können Sie festlegen, indem Sie einen entsprechenden Wert eingeben.
Farbe	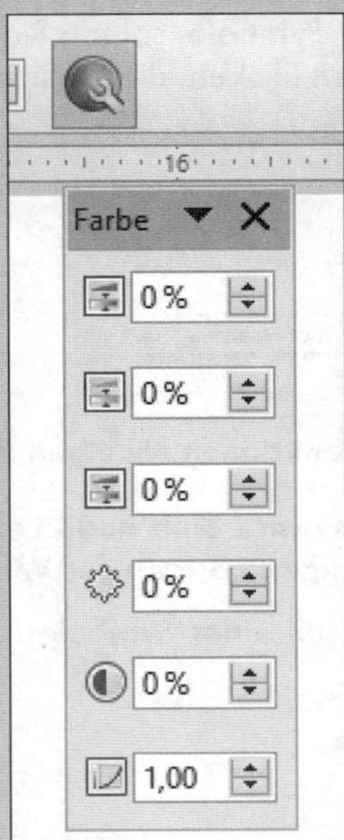	Falsche Farben eines Bildes beheben Sie mit den Optionen, die Ihnen die Schaltfläche Farbe bietet. Über die Schaltflächen des erscheinenden Fensters können Sie die entsprechenden Farbanteile des Bildes neu mischen, die Helligkeit und den Kontrast einstellen sowie den Gamma-Wert regeln (Anpassen oder Korrigieren der Graustufenwerte, also der mittleren Werte).

Formen

Einfache Formen finden Sie in der Liste der Schaltfläche *Standardformen*. Klicken Sie auf den Listenpfeil, um diese einzusehen.

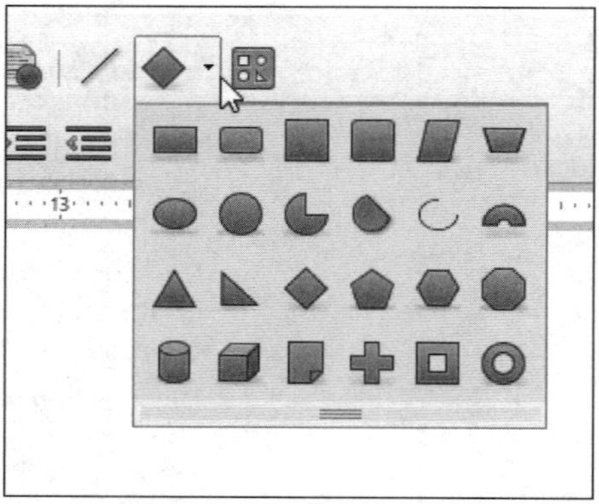

Abb. 2.88: Standardformen einfügen

Benötigen Sie weitere Pfeile oder Symbole, sollten Sie auf die Schaltfläche *Zeichenfunktionen anzeigen* klicken, die Sie in der Symbolleiste *Standard* finden.

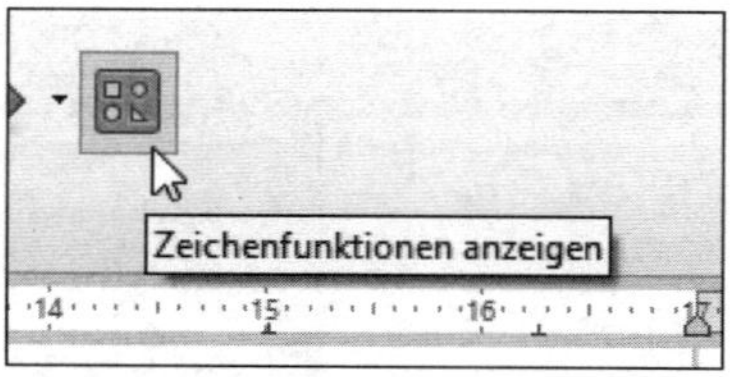

Abb. 2.89: Die Zeichenfunktionen anzeigen lassen

Am unteren Rand des Bildschirms wird eine neue Leiste eingeblendet, die Ihnen eine Reihe von fertigen Formen zur Verfügung stellt.

Zeigen Sie dazu auf den Listenpfeil einer Symbolgruppe, beispielsweise *Symbolformen*.

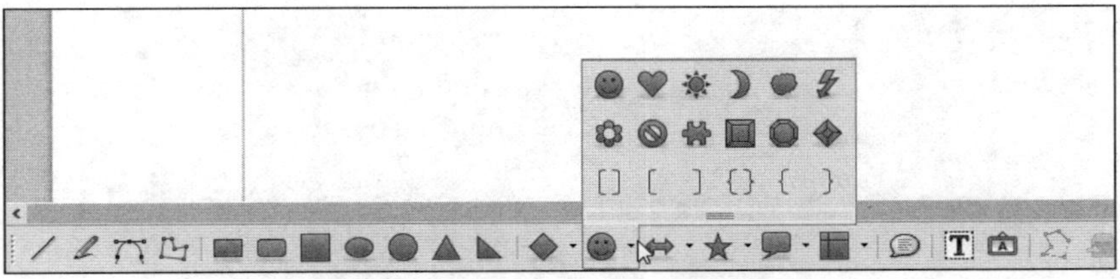

Abb. 2.90: Eine Form auswählen

Im folgenden Auswahlmenü können Sie auf eine Vielzahl von unterschiedlichen Formen zugreifen.

Nachdem Sie eine durch Anklicken ausgewählt haben, nimmt der Mauszeiger die Form eines Fadenkreuzes an. Ziehen Sie damit mit gedrückter Maustaste die Form auf.

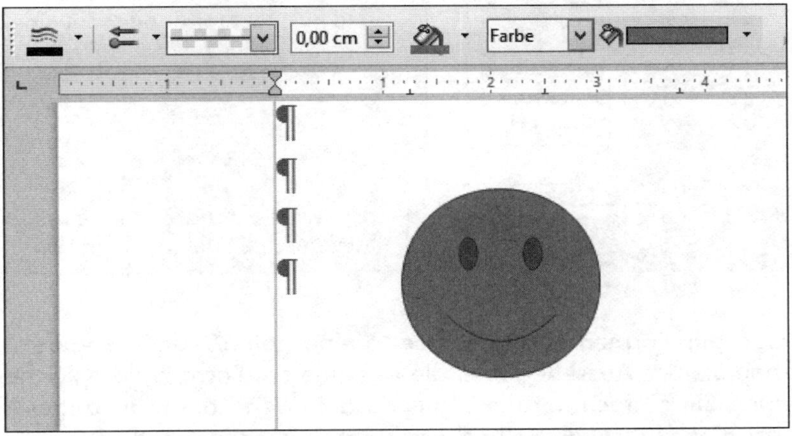

Abb. 2.91: Eine Form aufziehen

Gleichzeitig werden in der Symbolleiste *Format* die Zeichentools eingeblendet, mit deren Hilfe Sie die Form nach Ihren Wünschen wie folgt gestalten können:

Schaltfläche	Symbol	Bedeutung
Linienfarbe		Legt die Farbe der Linie des eingefügten Symbols fest.
Linienspitzen	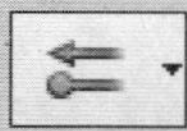	Stellen Sie ein, welchen Pfeil oder welches Endstück Sie möchten.
Linienstil		Soll es eine durchgängige oder eine gepunktete Linie sein?
Linienbreite		Über das Feld Linienbreite nehmen Sie Einfluss auf die Linienstärke.
Flächenstil/-füllung		Über die Optionen der Liste bestimmt man, ob die Fläche einheitlich, mit einem Farbverlauf, mit einer Schraffur oder mit einem Bitmap gefüllt werden soll.
Füllfarbe	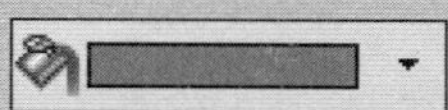	Über das Listenfeld kann man die gewünschte Füllfarbe einstellen.

Einige der Formen verfügen über kleine gelbe Markierungen, mit denen Sie das Aussehen bzw. die Aussage der Form ändern können. Zeigen Sie einfach mit der Maus darauf. Wenn der Mauszeiger die Form einer führenden Hand annimmt, bewegen Sie diese mit gedrückter Maustaste in die entsprechende Richtung.

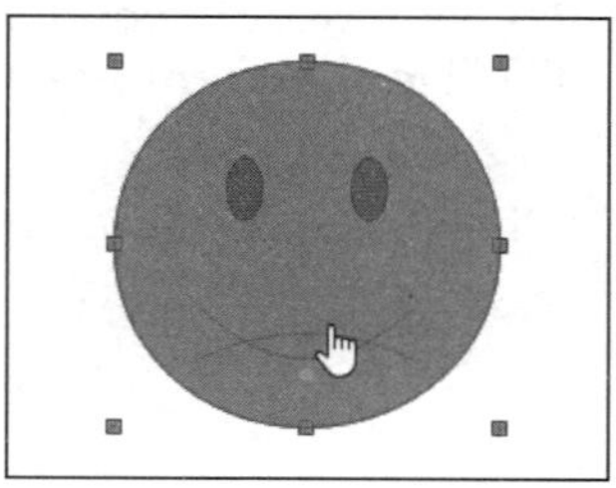

Abb. 2.92: Die Aussage einer Form ändern

Gallery

LibreOffice verfügt über eine *Gallery* mit verschiedenen Objekten, die Sie in Ihre Dokumente einfügen können.

Klicken Sie in der Seitenleiste auf die Schaltfläche *Gallery*.

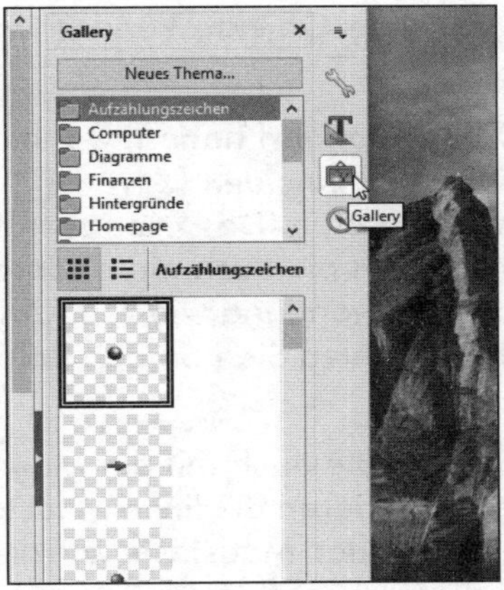

Abb. 2.93: Die Gallery einblenden

In der Liste finden Sie die verschiedenen Objekte in Themen unterteilt. Ein Klick auf ein Thema verändert den unteren Ansichtsbereich und zeigt die vorhandenen Objekte an.

Abb. 2.94: Ein Thema wählen

Möchten Sie ein Gallery-Objekt in Ihr Dokument einfügen, zeigen Sie mit dem Mauszeiger darauf und ziehen es mit gedrückter Maustaste an die vorgesehene Stelle im Dokument.

Objekte kopieren bzw. verschieben

Bilder, Formen und sonstige Objekte können wie Text kopiert oder verschoben werden.

Nachdem Sie das Objekt markiert haben, wählen Sie den Befehl *Kopieren* (Strg + C) oder *Ausschneiden* (Strg + X). Danach setzen Sie den Cursor an die neue Position. Das kann sowohl eine andere Stelle im selben Dokument sein als auch ein anderes Writer-Dokument oder sogar eine andere Anwendung wie z. B. Calc, eine Bildbearbeitung oder der Desktop. Wählen Sie nun den Befehl *Einfügen* (Strg + V) aus.

Alternativ können Sie Objekte auch mit der Maus verschieben. Dazu drücken Sie nach dem Markieren die linke Maustaste und ziehen das Objekt einfach mit gedrückter Maustaste an die gewünschte neue Position. Sobald Sie die gewünschte Position erreicht haben, lassen Sie die Maustaste wieder los. Das Objekt wird nun verschoben.

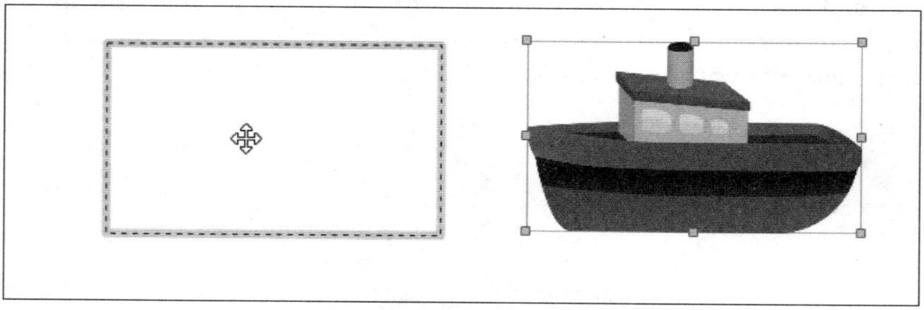

Abb. 2.95: Ein Objekt verschieben

TIPP

Wenn Sie beim Verschieben die Strg-Taste gedrückt halten, wird das Objekt kopiert.

Objekt löschen

Wenn Sie ein Bild, eine Grafik oder ein Diagramm wieder entfernen wollen, markieren Sie das Objekt und drücken dann die Taste [Entf]. Alternativ können Sie auch im Kontextmenü des Objekts den Befehl *Ausschneiden* wählen und es nicht wieder einfügen.

Brief gestalten

Im Folgenden soll ein DIN-Brief mit Writer erstellt werden, der anschließend als Serienbrief mit einer Base-Datenbank zu Ehren kommt.

Zunächst einmal müssen Sie wissen, dass sich gleich mehrere DIN-Vorschriften mit der Erstellung und Gestaltung von Briefen befassen. Es handelt sich dabei um Regeln, die das *Deutsche Institut für Normung* im Hinblick auf eine anzustrebende Einheitlichkeit im Briefverkehr entworfen hat.

Für die Gestaltung eines Briefs spielen dabei insbesondere zwei DIN-Normen eine Rolle. Für die Schreib- und Gestaltungsregeln ist die *DIN 5008* zu beachten, die unter anderem die Position und inhaltliche Gestaltung von Briefteilen wie Angaben zum Absender und Empfänger sowie Betreff und Anrede festlegt. Die Größe und die Position des Anschriftenfeldes bzw. der Falzmarken regelt die *DIN 676*.

WEB

Wissenswertes zum Thema Normung erfahren Sie auf den Seiten des Deutschen Instituts für Normung unter *http://www.normung.din.de/*.

Im Folgenden werden Sie einen Brief gestalten, der im Wesentlichen diese Regeln einhält.

Vorarbeiten und Grundeinstellungen

Zuerst müssen Sie ein neues Dokument erstellen. Speichern Sie dieses Dokument zunächst als einfaches Writer-Dokument beispielsweise unter dem Namen *Writer-DIN-Brief* in Ihrem Projektordner ab. Wir werden später daraus eine Vorlage erstellen.

Da es nicht immer gelingt, sich bei den Texten auf eine Seite zu beschränken, werden wir an dieser Stelle gleich die Vorarbeiten für die Folgeseiten vornehmen. Erinnern Sie sich noch an die „gute alte Schreibmaschinenzeit"? Damals gab es noch gedruckte Briefbögen. Auf diesen befanden sich alle relevanten Angaben und insbesondere der Firmenschriftzug und eventuell ein Logo. Benötigte man eine weitere Seite, so nahm man ein einfaches leeres Blatt. Diese Vorgehensweise werden wir auch anwenden. Wir benötigen somit eine Einstellung, die es ermöglicht, eine Haupt- und beliebig viele Folgeseiten zu erstellen.

Diese Arbeit erledigen Sie mithilfe zweier Seitenvorlagen.

Rufen Sie in der Seitenleiste das Fenster *Formatvorlagen* auf und stellen Sie gleich die Ansicht mit einem Klick auf die vierte Schaltfläche auf *Seitenvorlagen* um.

Führen Sie als Nächstes einen Doppelklick auf die Vorlage *Erste Seite* aus.

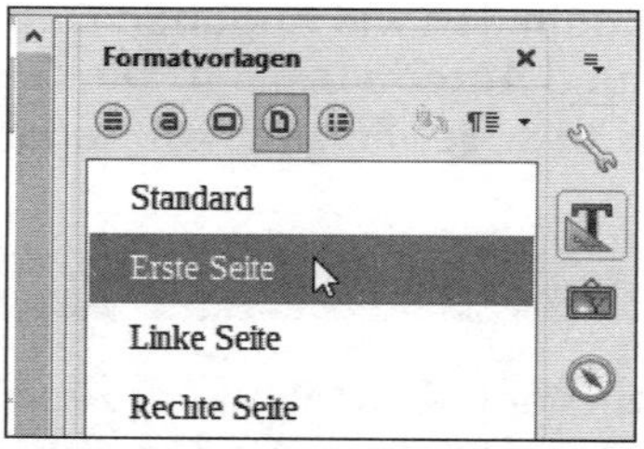

Abb. 2.96: Weisen Sie die Seitenvorlage zu

Als Nächstes werden wir gleich noch die Folgeseite(n) einfügen und diese ebenfalls mit einer Seitenvorlage versehen.

Wählen Sie *Einfügen / Manueller Umbruch*.

Im folgenden Dialogfenster *Umbruch einfügen* belassen Sie die Option auf *Seitenumbruch*, wählen aber im Listenfeld *Vorlage* den Eintrag *Linke Seite* aus.

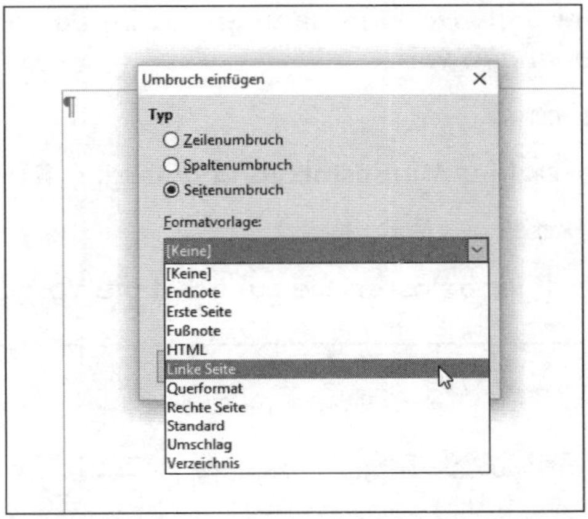

Abb. 2.97: Die zweite Seite mit einer Vorlage versehen

Mit *OK* bestätigen Sie Ihre Wahl.

Ob es geklappt hat, können Sie in der Statusleiste ablesen. Dort sollte, wenn sich der Cursor auf dieser Seite befindet, der Eintrag *Linke Seite* abzulesen sein.

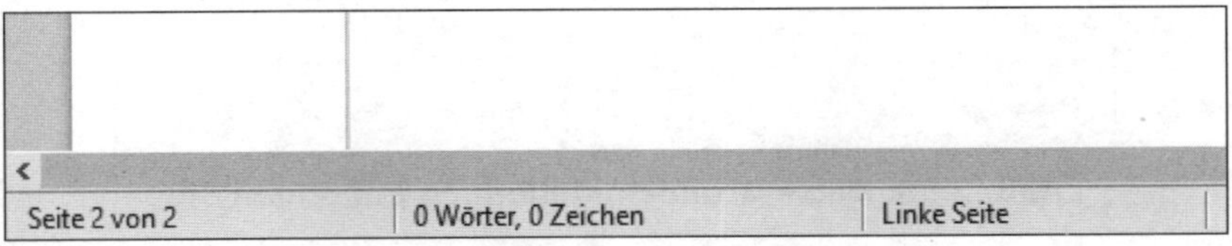

Abb. 2.98: Es hat geklappt!

Als Nächstes sollten Sie die Seitenränder einstellen.

Platzieren Sie den Cursor auf der ersten Seite, was am schnellsten mit Strg + Pos1 gelingt. Dort rufen Sie die Befehlsfolge *Format / Seite* auf und aktivieren im folgenden Dialogfenster die Registerkarte *Seite*.

TIPP

Achten Sie darauf, dass in der Titelleiste des Dialogfensters *Seitenvorlage: Erste Seite* steht.

Im Dialogfenster *Seitenvorlage* nehmen Sie im Bereich *Seitenränder* folgende Einstellungen vor:

⇨ *Links*: `2,41 cm`

⇨ *Rechts*: `1,5 cm` (der Mindestabstand beträgt 0,81 cm)

⇨ *Oben*: `1,5 cm`

⇨ *Unten*: `2 cm` (hier belassen Sie zunächst die Vorgabe von Writer)

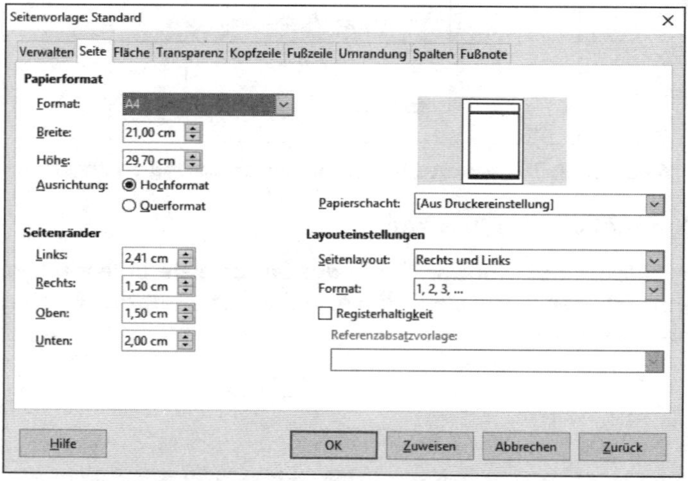

Abb. 2.99: Diese Grundeinstellungen benötigen Sie

Dadurch legen Sie für die erste Seite eine andere Kopf- bzw. Fußzeile fest, die im weiteren Verlauf gestaltet werden.

Damit sind zunächst die grundlegenden Einstellungen vorgenommen und Sie können das Dialogfenster mit *OK* schließen.

Nun gilt es noch, die Folgeseiten einzustellen.

Drücken Sie Strg + Ende, damit der Cursor dort platziert wird.

Anschließend rufen Sie wieder das Dialogfenster *Seitenvorlage* auf und nehmen dort die gleichen Einstellungen wie für die erste Seite vor.

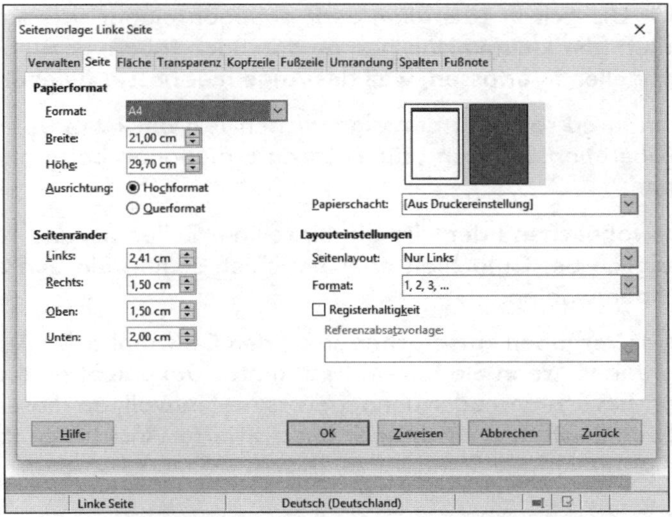

Abb. 2.100: Die Einstellungen für die Folgeseite(n)

TIPP

Das Dialogfenster *Seitenvorlage: Linke Seite* erhalten Sie rasch nach einem Doppelklick auf den Statuszeileneintrag *Linke Seite*.

Auch hier schließen Sie mit *OK*.

Wie Sie sicherlich bemerkt haben, verwendet Writer als Standardschrift *Liberation Serif* in der Größe 12 pt. Deren Einsatz wird durch die Formatvorlage *Standard* geregelt.

Was die verwendete *Schriftart* angeht, so macht Ihnen die DIN keinerlei Vorschriften.

Wenn Ihnen durch Vorgaben (etwa bei einer Firmenschrift) keine Vorschriften gemacht werden, ist es jedoch empfehlenswert, die Schriftarten *Arial* oder *Liberation Serif* (es handelt sich um eine Abart der bekannten Schriftart *Times New Roman*) zu verwenden. Um zu entscheiden, welche in Ihrem Fall angebracht ist, hilft vielleicht der Hinweis, dass die *Arial* plakativ erscheint und nicht so schnell zu lesen ist. Die Schrift *Liberation Serif* dagegen eignet sich aufgrund der Serifen (der kleinen Häkchen an den Buchstaben) dazu, größere Texte schneller zu erfassen, weil das Auge hier besser geleitet wird.

Der Schriftgrad sollte für den eigentlichen Text bei 10 pt (*Arial*) bzw. 12 pt (*Liberation Serif*) und für Zusatzinformationen bei 6 pt bzw. 8 pt liegen.

Beim gewöhnlichen Brief wird ein einzeiliger Zeilenabstand verwendet, lediglich bei Gutachten oder Berichten sollten Sie den eineinhalbzeiligen wählen.

Die Writer-Vorgaben entsprechen somit den Gewohnheiten der meisten Anwender. Wenn Sie für ein bestimmtes Dokument eine andere Schriftart bevorzugen oder benötigen, ist es sinnvoll, an dieser Stelle in der Seitenleiste *Formatvorlagen* bei aktivierter Ansicht *Absatzvorlage* die Formatvorlage *Standard* zu ändern.

TIPP

Sie sollten nach jedem größeren Schritt den gegenwärtigen Zustand sichern. Drücken Sie deshalb an dieser Stelle [Strg] + [S] bzw. klicken Sie auf das Menü *Datei* und wählen Sie den Eintrag *Speichern*.

Erste Kopfzeile

Bestimmte Elemente, wie beispielsweise eine Firmenbezeichnung, werden nicht im eigentlichen Text platziert, weil man sie aus Versehen verschieben könnte. Derartige Elemente finden ihren Platz in der Kopf- oder der Fußzeile.

Diese Bereiche werden standardmäßig nicht angezeigt und müssen deshalb von Ihnen aktiviert werden. Das geschieht über die Registerkarte *Kopfzeile* des Ihnen schon bekannten Dialogfensters *Seitenvorlage* (Menü *Format / Seite*).

Achten Sie zunächst darauf, dass sich der Cursor auf der ersten Seite befindet, denn hier müssen Sie zunächst das Kontrollkästchen *Kopfzeile einschalten* aktivieren, um die benötigten Einstellungen vorzunehmen. Für unseren Brief setzen Sie die Werte der Felder *Linker Rand* und *Rechter Rand* auf 0,00 cm. Dem Feld *Höhe* geben Sie den Wert 3,00 cm.

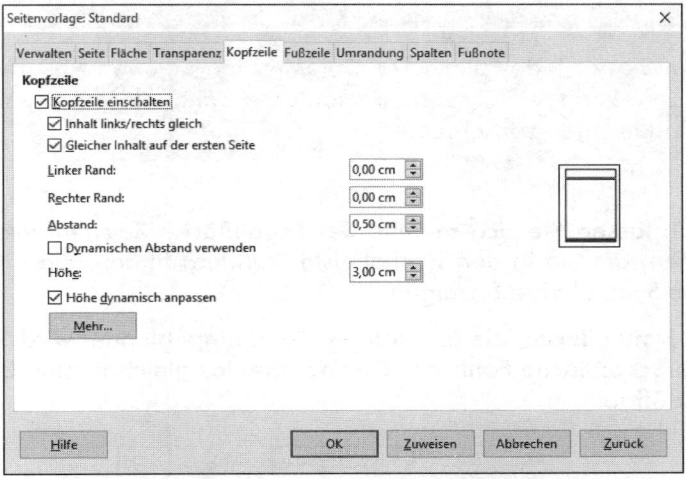

Abb. 2.101: Die Angaben für die Kopfzeile

Bestätigen Sie Ihre Angaben mit *OK*.

Oberhalb des eigentlichen Textes finden Sie nun die Kopfzeile.

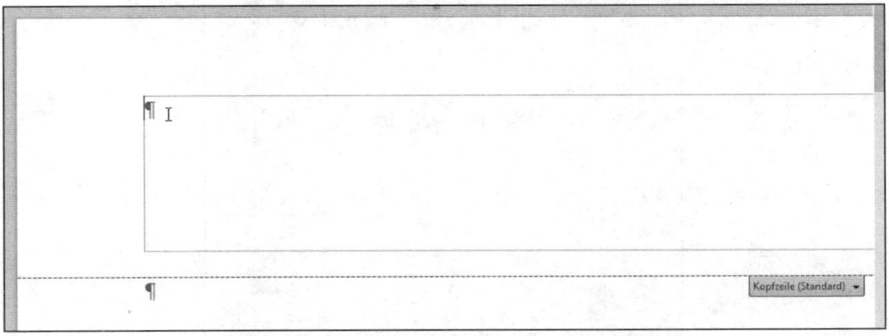

Abb. 2.102: Die beiden Bereiche

Im Kopfbereich soll ein Firmenname platziert werden. Da er besonders auffallen soll, werden wir ein grafisches Modul von Writer verwenden, das grafische Schriftzüge ermöglicht.

Fügen Sie zunächst einen weiteren Absatz in den Kopfbereich ein und platzieren Sie den Cursor dann wieder in dem ersten Absatz.

TIPP

Wenn Sie für jedes platzierte Objekt einen eigenen Absatz verwenden, können Sie zu einem späteren Zeitpunkt problemloser Veränderungen vornehmen.

Danach lassen Sie sich mithilfe der Schaltfläche *Zeichenfunktionen anzeigen*, die Sie in der Symbolleiste *Standard* finden, die entsprechende Symbolleiste anzeigen.

In der Symbolleiste, die am unteren Rand eingeblendet wird, finden Sie die Schaltfläche *Fontwork Galerie*, die das gleichnamige Dialogfenster öffnet.

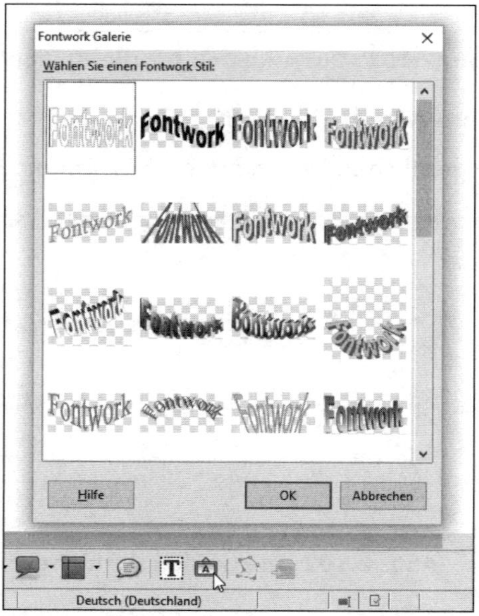

Abb. 2.103: Die Fontwork Galerie bietet zahlreiche Vorgaben

Hier suchen Sie aus den 40 Vorgaben diejenige heraus, die Ihrer Vorstellung am nächsten kommt, und markieren sie mit einem Klick.

Mit einem Klick auf *OK* geht es weiter. Doch erschrecken Sie nicht: Das Objekt wird recht groß mittig auf der Seite platziert.

Über die kleinen blauen Eckanfasser können Sie nun die Größe des Objekts anpassen. Zeigen Sie dazu auf den unteren rechten Anfasser und ziehen Sie das Objekt so weit nach innen, dass es gerade den Kopfbereich ausfüllt.

Abb. 2.104: Die Größe des Objekts anpassen

Um den Text zu ändern, müssen Sie auf das Fontwork-Objekt doppelklicken. Dadurch wird in der Mitte des Objekts die Textvorgabe *Fontwork* eingeblendet, die Sie nun überschreiben können.

Abb. 2.105: Den neuen Text einfach eingeben

Wenn Sie anschließend mit der Maus auf den Schriftzug klicken, wird dieser sofort angepasst.

Abschließend können Sie das Objekt noch mithilfe der Schaltflächen der eingeblendeten Symbolleiste *Zeichnungsobjekteigenschaften* ändern. So können Sie etwa über das Listenfeld *Flächenstil/-füllung* dem Objekt ein farbenfroheres Aussehen geben.

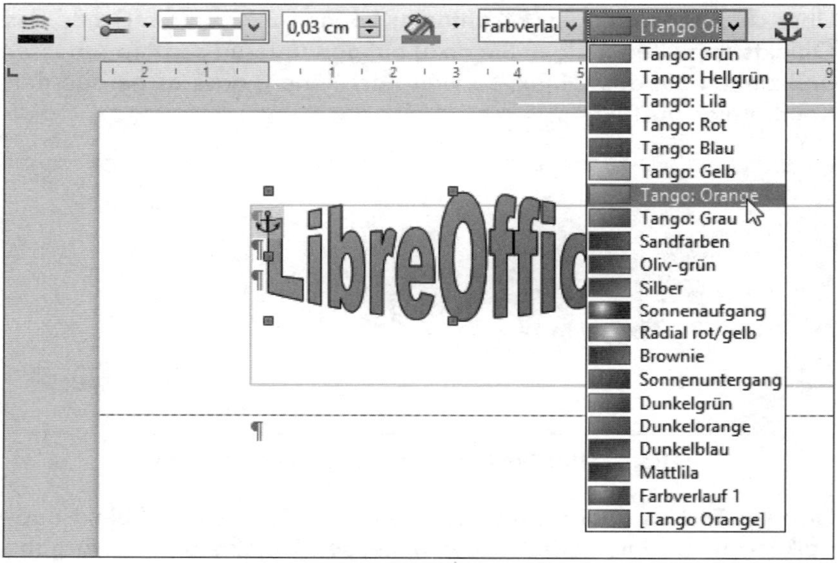

Abb. 2.106: Das Objekt gestalten

Das soll vorerst genügen und wir widmen uns dem eigentlichen Brief.

Postanschrift des Absenders

Von zentraler Bedeutung für jeden Brief sind die *Postanschrift* des Absenders und das *Anschriftenfeld*, denn daran kann der Zusteller erkennen, wer den Brief geschickt hat und an wen er gerichtet ist.

Setzen Sie den Cursor in den ersten Absatz des Textbereichs.

Fügen Sie zwei weitere leere Absätze ein und kehren Sie dann zum ersten Absatz zurück.

Stellen Sie die *Schriftgröße* auf *8 pt* und klicken Sie auf die Schaltfläche für *Unterstrichen*.

Geben Sie dann folgende Zeile ein: `LibreOffice • Writerplace 5 • 12345 Librecity.`

Den Punkt zwischen den Angaben erhalten Sie durch Aufruf der Befehlsfolge *Einfügen / Sonderzeichen* und Auswahl des Zeichens in der Liste.

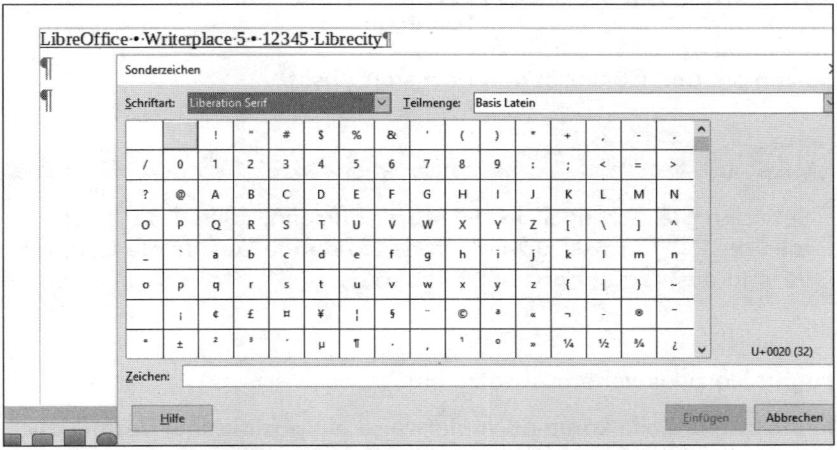

Abb. 2.107: Ein Sonderzeichen einfügen

TIPP

Alternativ können Sie ihn aber auch rasch durch die Tastenkombination [Alt] + [0] + [1] + [4] + [9] eingeben.

Platzieren Sie abschließend den Cursor am Absatzende, fügen Sie an Position 8,5 cm einen linksbündigen Tabulator ein und betätigen Sie einmal die [⇥]-Taste.

Die Linie wird nun genau bis 8,5 cm angezeigt und zeigt Ihnen die mögliche Breite einer Absenderangabe, die noch in ein entsprechendes Briefbogenfenster passen würde, an.

Abb. 2.108: Die Breite des Absenderfensters mit einem Tabulator festlegen

Setzen Sie den Cursor in den nächsten Absatz.

> **TIPP**
>
> Befinden Sie sich noch in der Absenderzeile, sollten Sie keinesfalls die [↵]-Taste drücken, da der folgende Absatz die Formatierung des vorherigen vererbt bekäme.

Fügen Sie zwei weitere Absätze ein.

In die zweite Zeile käme normalerweise ein postalischer Vermerk wie *Einschreiben*, *Nicht nachsenden* oder *Büchersendung*.

In den folgenden Absatz kommt die Anrede oder die Branchenangabe des Empfängers. Für unser Beispiel geben Sie `Familie` ein.

Es folgt im nächsten Absatz der Empfängername, gefolgt von der Straße mit Hausnummer bzw. dem Postfach mit Nummer.

Unmittelbar im folgenden Absatz finden die Postleitzahl und der Bestimmungsort ihren Platz.

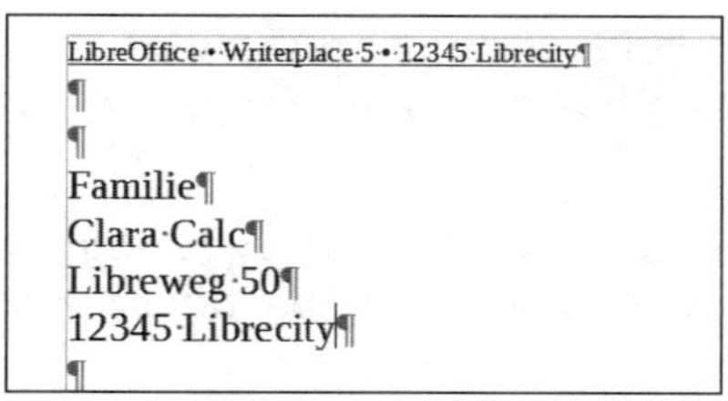

Abb. 2.109: Die weiteren Beispielangaben für das Adressfeld

Damit ist im Wesentlichen das Adressfeld fertig bestückt.

Würde die Sendung ins Ausland gehen, befände sich im achten Absatz noch die Länderkennung. Da dies in unserem Beispiel nicht der Fall ist, folgen nach der Ortsangabe zwei leere Absätze.

Bezugszeichenzeile

Als Nächstes wird die *Bezugszeichenzeile* gestaltet. Sie ist nicht notwendiger Bestandteil eines Geschäftsbriefs, erleichtert aber das Nachvollziehen des Schriftwechsels. Sie enthält im Regelfall Angaben wie das Diktatzeichen und Datumsangaben des Adressaten und/oder des Verfassers, die Telefondurchwahl und das Datum der Verfassung.

Die Bezugszeichenzeile beginnt zwei Absätze unter dem Anschriftenfeld und besteht aus zwei Zeilen, wobei die oberste, die Leitwörterzeile, eine Schriftgröße von 6 pt bzw. 8 pt aufweisen soll.

Sie enthält in der ersten Zeile vier Leitwörter, die eine bestimmte Position vom linken Blattrand einnehmen müssen.

Um diese Vorgaben zu erfüllen, werden Sie eine Tabelle einsetzen.

Platzieren Sie den Cursor in dem Absatz und klicken Sie in der *Standard*-Symbolleiste auf den Listenpfeil der Schaltfläche *Tabelle*. Zeigen Sie mit der Maus auf dem Raster die erforderliche Größe, im Beispiel *4 x 2* (für 4 Spalten und 2 Zeilen), an und klicken Sie auf die letzte Zelle.

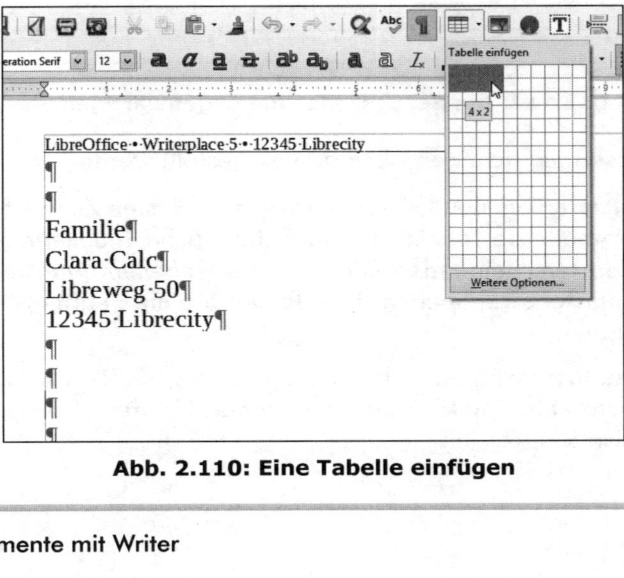

Abb. 2.110: Eine Tabelle einfügen

Writer fügt wie festgelegt die Tabelle ein und blendet Ihnen gleichzeitig am unteren Rand des Dokumentenfensters die gleichnamige Symbolleiste ein.

Markieren Sie die erste Zeile, indem Sie den Cursor davor platzieren. Wenn der kleine dicke Pfeil erscheint, klicken Sie.

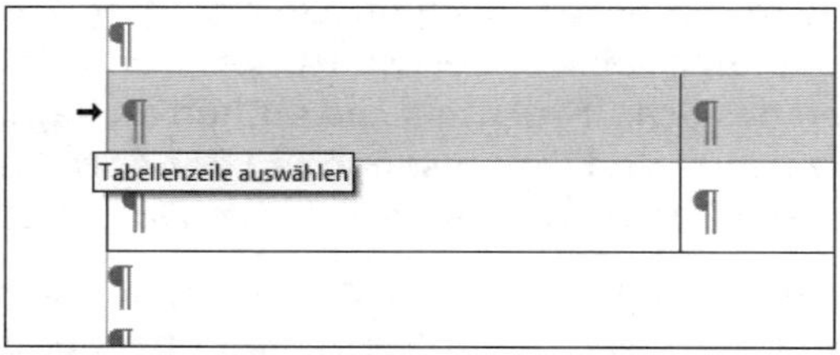

Abb. 2.111: Die erste Zeile formatieren

Anschließend setzen Sie den Schriftgrad auf 8 pt, klicken in die erste Zelle und geben Folgendes ein: `Ihr Zeichen, Ihre Nachricht vom`.

Drücken Sie die [Tab]-Taste, um zur nächsten Zelle zu gelangen. Hier geben Sie ein: `Unser Zeichen, unsere Nachricht vom`.

Drücken Sie wieder die [Tab]-Taste, geben Sie `Telefon` ein, drücken Sie noch einmal die [Tab]-Taste und schließen Sie die Zeile mit der Eingabe von `Datum`.

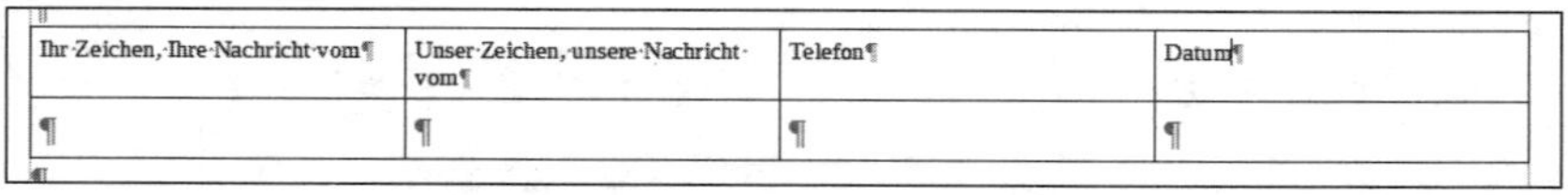

Ihr·Zeichen,·Ihre·Nachricht·vom¶	Unser·Zeichen,·unsere·Nachricht·vom¶	Telefon¶	Datum¶
¶	¶	¶	¶

Abb. 2.112: Die Bezugszeile zum gegenwärtigen Stand

Nun müssen die richtigen Abstände eingestellt werden.

Dazu platzieren Sie den Cursor wieder in der ersten Zelle und klicken in der Symbolleiste *Tabelle* auf die Schaltfläche *Tabelleneigenschaften*. In dem erscheinenden Dialogfenster *Tabellenformat* aktivieren Sie die Registerkarte *Spalten*. Hier finden Sie die benötigten Einstellungsoptionen.

Der Abstand zwischen den Leitwörtern beträgt 5,08 cm. Klicken Sie in das erste Feld *Spaltenbreite* und tragen Sie den Wert der ersten Spalte, also `5,08 cm`, ein.

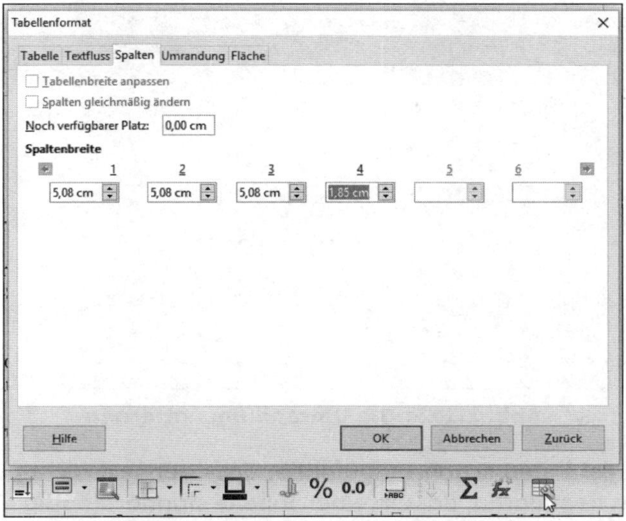

Abb. 2.113: Die Spaltenbreite festlegen

Verfahren Sie für die beiden nächsten Spalten 2 und 3 ebenso. Den Wert der vierten Spalte können Sie dagegen belassen.

Schließen Sie das Dialogfenster mit *OK*.

Was jetzt noch stört, ist die dünne Umrandung. Sie soll später beim Druck nicht sichtbar sein und muss deswegen noch entfernt werden.

Markieren Sie dazu die gesamte Tabelle. Das geht am schnellsten, wenn Sie den Cursor schräg oberhalb der ersten Zelle platzieren.

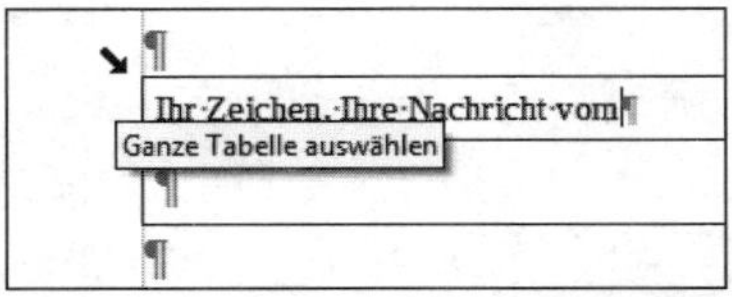

Abb. 2.114: Die gesamte Tabelle auswählen

Nachdem Sie sie mit einem Klick markiert haben, klicken Sie auf die Schaltfläche *Umrandung* und wählen den ersten Eintrag *Keine* aus.

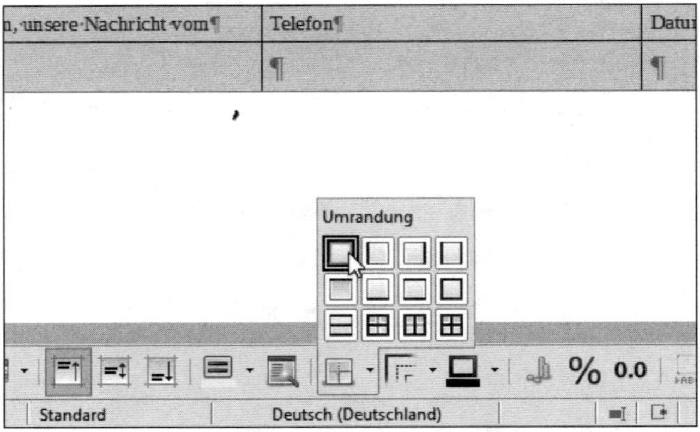

Abb. 2.115: Die Umrandung entfernen

Bestimmt ist Ihnen schon aufgefallen, dass der Text nicht ganz links steht. Das liegt daran, dass in einer Tabelle standardmäßig ein geringer Abstand zum Tabellenrand eingehalten wird.

Dies gilt es zu ändern. Dazu klicken Sie in der Symbolleiste *Tabelle* abermals auf die Schaltfläche *Tabelleneigenschaften*, um das Dialogfenster *Tabellenformat* auf den Schirm zu holen.

Darin aktivieren Sie die Registerkarte *Umrandung* und stellen dann im Bereich *Abstand zum Inhalt* die Werte *Links*, *Rechts*, *Oben* und *Unten* auf *0,00 cm* ein.

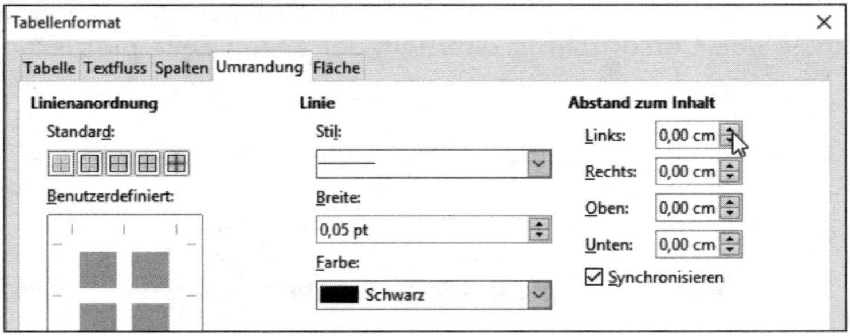

Abb. 2.116: Eine letzte Korrektur

Stellen Sie abschließend den Cursor in die letzte Zeile.

An dieser Stelle soll das Erstellungsdatum des Briefs in aktualisierbarer Form eingegeben werden. Wählen Sie dazu die Befehlsfolge *Einfügen / Feldbefehl / Datum*.

Abb. 2.117: Das Datum einfügen

Betreff

Als Nächstes folgt der *Betreff*. Dabei handelt es sich um eine stichwortartige Inhaltsangabe des Briefs, die sich auf den ganzen Inhalt bezieht. Das Wort *Betreff* wird heutzutage nicht mehr geschrieben. Eine lange Betreffangabe können Sie auf zwei Zeilen verteilen.

Der Betreff beginnt zwei Leerzeilen unterhalb der Bezugszeile bzw. des Informationsblocks.

Als Formatierung ist lediglich eine Fettung möglich, ansonsten ist der Betreff linksbündig ausgerichtet und enthält kein Satzendzeichen.

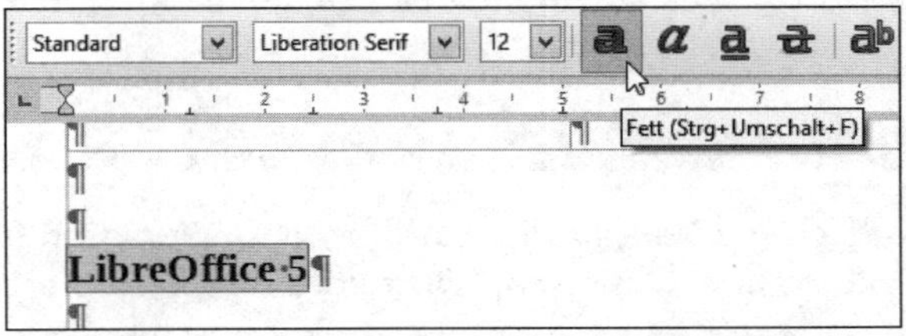

Abb. 2.118: Der Betreff

Nach dem Betreff folgen weitere zwei Leerzeilen.

Anrede

Die *Anrede* beginnt in der dritten Zeile nach dem Betreff.

Bei der Anrede gilt der Grundsatz, dass man den Briefpartner möglichst mit seinem – richtig geschriebenen – Namen anreden sollte. Die klassischen Anreden sind sicherlich die allseits bekannten *Sehr geehrte Damen und Herren*, *Sehr geehrte Frau* und *Sehr geehrter Herr*. Bei diesen förmlichen Anreden kann man eigentlich nichts falsch machen.

Bevor Sie diese jetzt eingeben, geben Sie nur die Buchstaben `sgdh` ein.

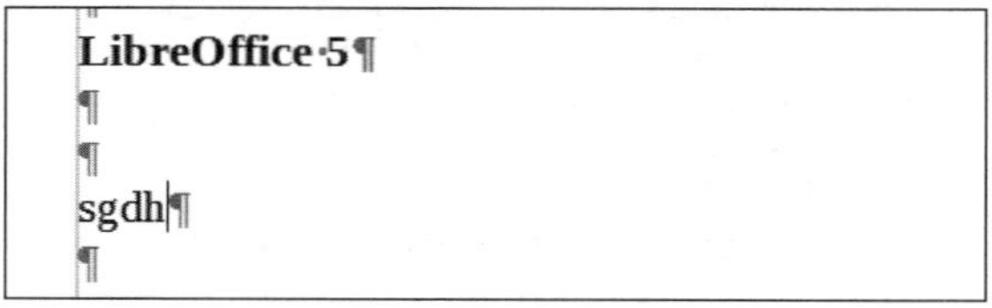

Abb. 2.119: Wird das etwa eine indische Anrede?

Fügen Sie jetzt ein Komma ein.

Writer ersetzt diese Buchstabenkombination durch die komplette Anrede.

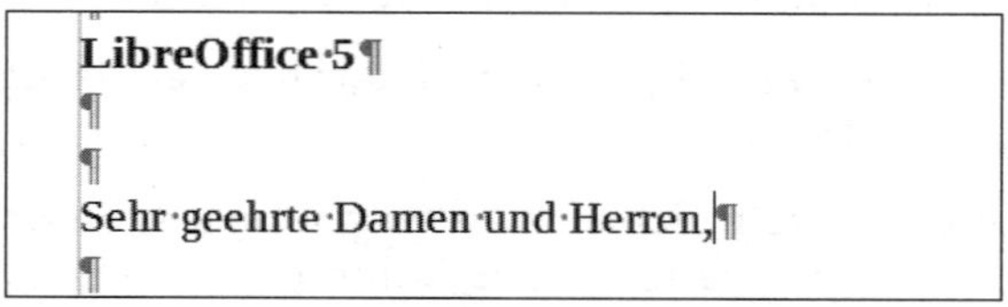

Abb. 2.120: Was so ein kleines Zeichen bewirken kann!

TIPP

Es handelt sich hierbei um die AutoKorrektur-Funktion (Menü *Extras / AutoKorrektur-Optionen*). Dort können Sie sich eigene Kürzel anlegen, die Ihnen beispielsweise eine geschlechtsspezifische Eingabe oder die Ihres Namens über Ihr Monogramm ermöglichen.

Brieftext

Nach der Anrede folgt der *Brieftext* mit einer Zeile Abstand.

Falls Ihnen kein Text einfällt, können Sie zu Übungszwecken den aus der folgenden Abbildung eingeben.

> Sehr geehrte Damen und Herren,¶
> ¶
> haben Sie schon mal über Ihre Textverarbeitung geärgert? Das muss nicht sein. Mit dem brandneuen **Writer** aus der **LibreOffice-Suite 5** können Sie schnell und unkompliziert im Handumdrehen die tollsten Texte erstellen.¶
> ¶
> Sie brauchen mehr Informationen? ¶
> Dann rufen Sie uns noch heute an und vereinbaren Sie einen Vorführtermin: ☎ 0123 / 30 06 15.¶
> ¶
> Wir freuen uns auf Ihren Anruf!¶
> ¶

Abb. 2.121: Den Text gestalten Sie nach Ihren Wünschen

TIPP

Das Telefonsymbol finden Sie unter *Einfügen / Sonderzeichen*, wenn Sie die Schriftart *Wingdings* wählen.

Unterschriftenblock

Der *Unterschriftenblock* bildet den Abschluss des Briefs. Auch er ist einfach linksbündig ausgerichtet und wird durch eine Leerzeile vom letzten Absatz getrennt. Im Regelfall besteht er aus der Grußformel, die kein Satzendzeichen enthält, und der handschriftlichen Unterschrift.

Für die Grußformel geben Sie lediglich `mfg` ein; die AutoKorrektur von Writer erledigt dann den Rest für Sie.

TIPP

Eine eventuell automatisch vorgenommene Nummerierung (wegen des Bindestrichs) nehmen Sie einfach mit Strg + Z zurück.

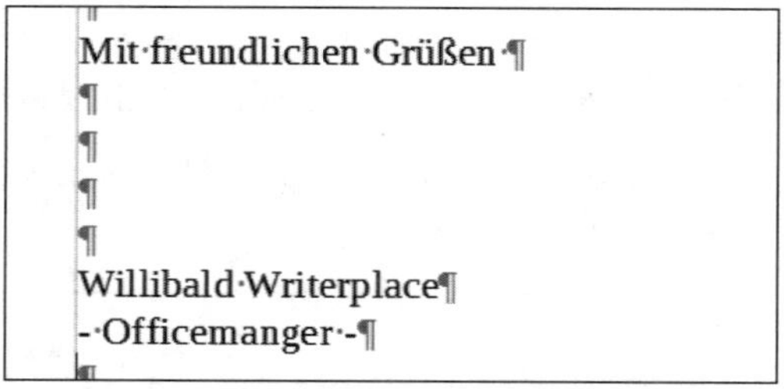

Abb. 2.122: Der Unterschriftenblock

Erste Fußzeile

Nachdem die erste Seite „steht", geht es an die Arbeit für die erste Fußzeile.

Auch diese muss erst eingeschaltet werden. Rufen Sie über *Format / Seite* das Dialogfenster *Seitenvorlage: Erste Seite* auf und setzen Sie ein Häkchen in das Kontrollkästchen *Fußzeile einschalten*.

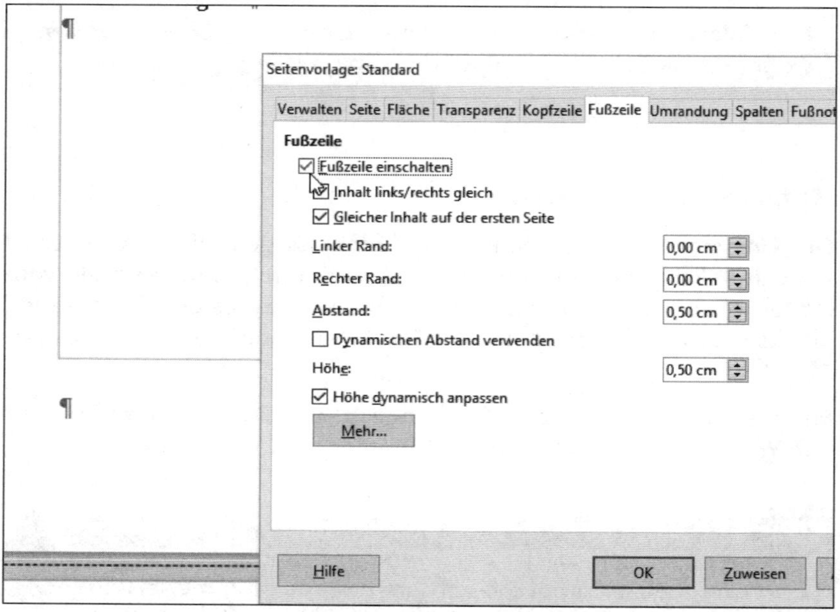

Abb. 2.123: Die Fußzeile einschalten

Nachdem Sie die Schaltfläche *Zuweisen* angeklickt bzw. das Dialogfenster mit *OK* geschlossen haben, steht die Fußzeile zum Bearbeiten bereit.

In diesem Bereich werden häufig Geschäftsangaben untergebracht. Hier findet man beispielsweise Informationen zu Geschäftszeiten, Ortsangaben, Telefonanschlüsse und Bankverbindungen. Da es sich im Regelfall um zahlreiche Informationen handelt, bietet es sich an, diese in Form einer Tabelle zu hinterlegen.

Achten Sie darauf, dass der Cursor sich in dem einzigen Absatz der *ersten Fußzeile* befindet, und fügen Sie dann eine vierspaltige, einzeilige Tabelle ein. Dazu müssen Sie zunächst direkt auf den Menüpunkt *Weitere Optionen* der Schaltfläche *Tabelle* klicken, die Sie auf der Symbolleiste *Standard* finden. Im folgenden Dialogfenster tragen Sie bei *Spalten* 4 und bei *Zeilen* 1 ein. Da die Tabelle wieder nur als Gerüst dient, entfernen Sie gleich auch die *Umrandung*, indem Sie das betreffende Kontrollkästchen deaktivieren.

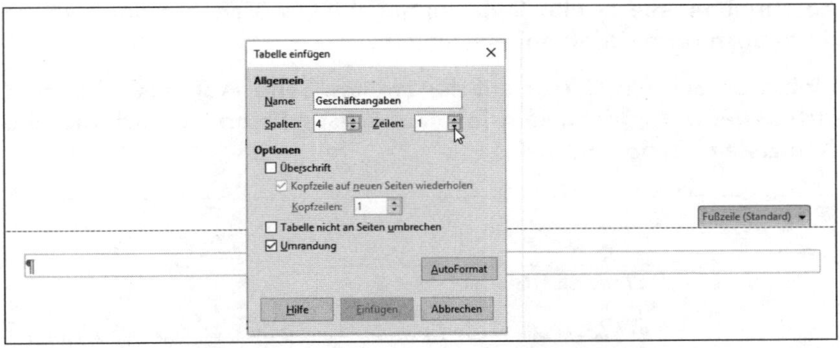

Abb. 2.124: Fügen Sie eine Standardtabelle ein

Mit *OK* schließen Sie die Arbeiten ab.

Markieren Sie die gesamte Tabelle und weisen Sie ihr durchgängig die Schriftart *Arial* und den Schriftgrad *8* zu.

Geben Sie dann die entsprechenden Informationen, beispielsweise wie die in der folgenden Abbildung, ein. Von Zelle zu Zelle gelangen Sie am besten durch Drücken der [Tab]-Taste. Möchten Sie einmal zurück, halten Sie zusätzlich die [⇧]-Taste gedrückt.

Wenn Sie die Mailadresse nicht als Hyperlink formatiert bekommen wollen, sollten Sie diese Autoformatierung gleich wieder mit [Strg] + [Z] aufheben.

Abb. 2.125: Die fertige erste Fußzeile

Damit sind die Arbeiten für die Kopf- und die Fußzeile der ersten Seite abgeschlossen.

Die weitere(n) Kopfzeile(n)

Wenn der Brieftext mehr als eine Seite in Anspruch nimmt, fügt Writer automatisch eine neue Seite ein. Hätten Sie nicht, wie weiter oben beschrieben, die zweite Seite eingerichtet, würde auf der zweiten Seite auch unser Briefkopf erscheinen.

Platzieren Sie den Cursor auf der zweiten Seite. Auf dieser befindet sich gegenwärtig noch kein Text. Zunächst müssen Sie auch hier die Kopfzeile einschalten.

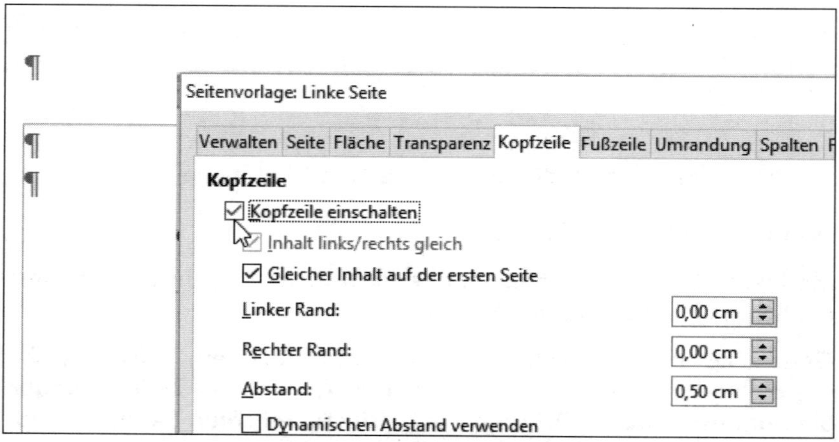

Abb. 2.126: Die Kopfzeile der zweiten Seite aktivieren

Nachdem diese sichtbar ist, gilt es jetzt, sie zu gestalten. Die Kopfzeile sollte die gleichen Stilelemente wie die erste Seite aufweisen. Im Regelfall werden die Folgeseiten nicht so aufwendig wie die erste Seite gestaltet, sodass die Arbeiten rasch erledigt sind.

Stellen Sie den Cursor in den Absatz und geben Sie `LibreOffice` ein. Drücken Sie [Strg] + [A], um alles zu markieren, und setzen Sie dann die Schriftart auf *Arial* und die Größe auf *10*.

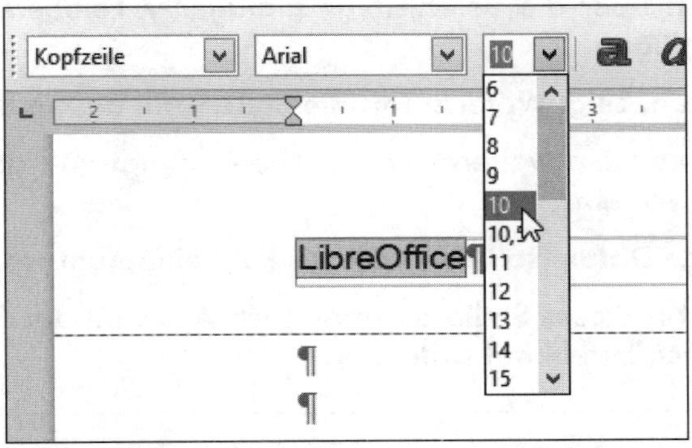

Abb. 2.127: Formatieren der Kopfzeile der Folgeseite

Setzen Sie anschließend den Cursor hinter dem Text ab und drücken Sie dann die [Tab]-Taste.

Wie Sie sehen, springt der Cursor in die Mitte der Kopfzeile. Das rührt daher, dass standardmäßig jede Kopfzeile in der Mitte über einen *Tabstopp zentriert* verfügt.

In jeder Kopfzeile befindet sich aber noch ein weiterer Tabstopp, nämlich am rechten Rand. An dieser Stelle soll der Eintrag *Seite 2 des Schreibens vom dd.mm.yyyy* (Datum des aktuellen Tages) erscheinen. Drücken Sie ein weiteres Mal die [Tab]-Taste.

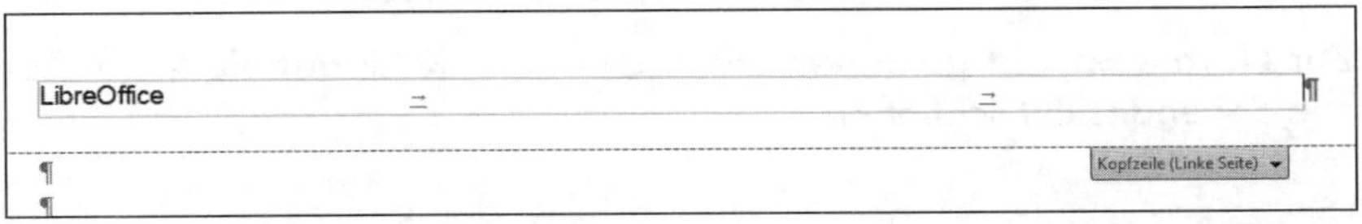

Abb. 2.128: Positionieren mithilfe der vorgegebenen Tabulatorstopps

Geben Sie über die Tastatur das Wort `Seite` ein und drücken Sie dann die [Leer]-Taste.

Die Seitenzahl muss variieren, denn es könnte ja sein, dass Sie drei, vier oder mehr Seiten schreiben (müssen). Deshalb wird die Seitenangabe als *Feld* eingefügt. Felder haben den Vorteil, dass sie bestimmte Informationen auslesen und anzeigen können.

Ein solches Feld könnten Sie – wie bereits beim Datum gesehen – ganz einfach über die Befehlsfolge *Einfügen / Feldbefehl / Seitennummer* einfügen.

Wie Sie sehen, zeigt Writer sofort die Seitenzahl an, im Beispiel 2.

Geben Sie nun ein weiteres Leerzeichen gefolgt von dem Text `des Schreibens vom` ein.

Das folgende Datum soll ebenfalls als Feld eingefügt werden.

Klicken Sie an dieser Stelle diesmal nach Auswahl der Befehlsfolge *Einfügen / Feldbefehl* auf *Datum*.

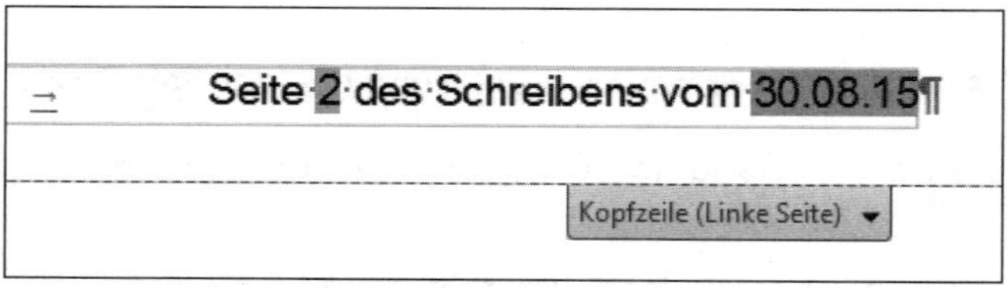

Abb. 2.129: Und nun noch das Datum

Damit ist die Gestaltung schon abgeschlossen.

Um einen Eindruck von Ihrem bisherigen Schaffen zu bekommen, sollten Sie sich beide Seiten einmal anzeigen lassen.

Klicken Sie auf die Schaltfläche *Druckvorschau* und wählen Sie dort über die Schaltfläche *Seitenansicht: Mehrere Seiten* zwei Seiten aus.

Zur Normalansicht gelangen Sie nach einem Klick auf die Schaltfläche *Seitenansicht schließen*.

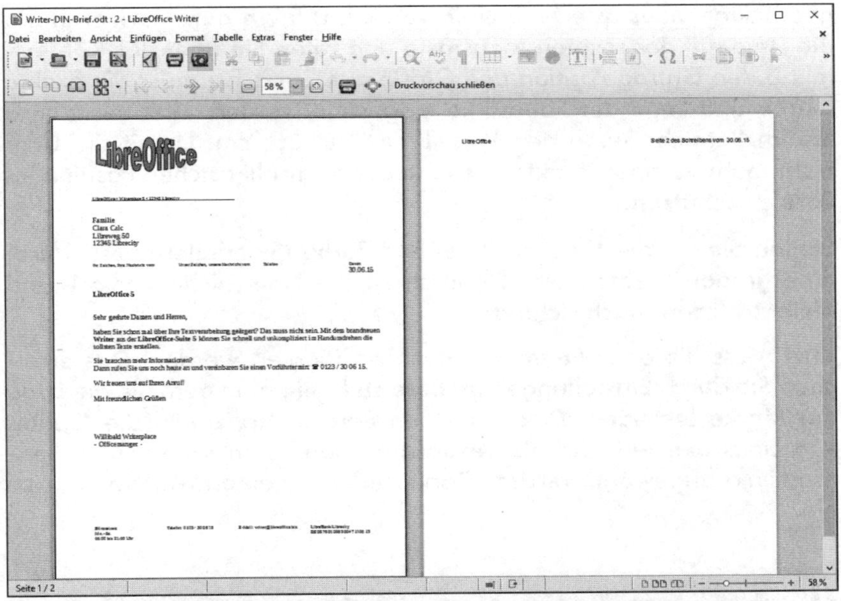

Abb. 2.130: Der gegenwärtige Stand in der Druckvorschau

Loch- und Faltmarken

Bestimmt haben Sie sich auch schon einmal geärgert, dass Ihr mühsam geschriebener Brief durch diverse Faltversuche total verschandelt wurde. Das muss nicht sein, wenn Sie Loch- bzw. Faltmarken verwenden. Durch diese Kennzeichnungen im Dokument ist es ein Leichtes, einen Brief für einen Fensterbriefumschlag perfekt zu knicken, und wenn mal wieder die Schiene des Lochers verstellt ist, fällt Ihnen das auch sofort auf.

Loch- bzw. Faltmarken platzieren Sie am besten ebenfalls in der Kopfzeile. Da sind sie durch unbedachtes Vorgehen vor Verschieben oder Löschen geschützt.

Begeben Sie sich also wieder in die Kopfzeile, exakter in die erste Kopfzeile, und platzieren Sie den Cursor im letzten Absatz.

Die Marken bestehen im Prinzip aus einer einfachen Linie. Diese werden Sie mit der *Linie*-Schaltfläche in der Symbolleiste *Zeichnen* einfügen. Platzieren Sie den Cursor im Randbereich und ziehen Sie mit gedrückter Maustaste eine Linie von ca. 0,5 cm auf. Markieren Sie die Linie mit der rechten Maustaste und rufen Sie über das Kontextmenü den Eintrag *Position und Größe* auf. Zunächst muss die exakte Größe und Lage der Faltmarke eingestellt werden. Hier verändern Sie im Bereich *Größe* den Wert *Breite* auf `0,3` cm. Damit die Linie nicht mehr verrutscht, aktivieren Sie das Kontrollkästchen *Position* im Bereich *Schützen*.

Stellen Sie für die Linie im Listenfeld *Farbe* (Symbolleiste *Standard*) eine grauen Farbton ein. Dadurch ist die Linie nicht so stark und bleibt trotzdem noch sichtbar.

Jetzt muss die erste Faltmarke noch positioniert werden. Das erreichen Sie durch Einstellungen im Bereich *Position*, in dem Sie die Lage der Marke festlegen. Dazu muss im Bereich *Horizontal* die Option *Von Links* aktiviert und als Bezugspunkt aus dem Listenfeld *Seitenrand links* angewählt werden. Dann stellen Sie einen Wert von `0,3 cm` ein.

TIPP

Gegebenenfalls müssen Sie einen größeren Wert einstellen, wenn Ihr Drucker nicht so weit außen drucken kann.

Dann richten Sie die vertikale Position ein.

Hier ist es empfehlenswert, als Bezugspunkt *Gesamte Seite* und vertikal *Von Oben* auszuwählen. Der Wert für die Faltmarke beträgt `10,5 cm`, denn an dieser Stelle muss sich die erste Faltmarke befinden (siehe Abbildung 2.131).

Klicken Sie auf *OK*, um die Faltmarke zu positionieren.

Falls Sie eine zweite Faltmarke anlegen wollen, gehen Sie auf die eben gezeigte Weise vor. Der einzige Unterschied ist hier die Lage *Vertikal*. Diese beträgt `21 cm` zum Bezugspunkt *Von Oben*.

Jetzt fehlt nur noch die Lochmarke. Markieren Sie die entsprechende Linie (sie müsste sich noch kurz unterhalb der ersten Faltmarke befinden) und erstellen Sie diese ebenfalls auf die bekannte Art.

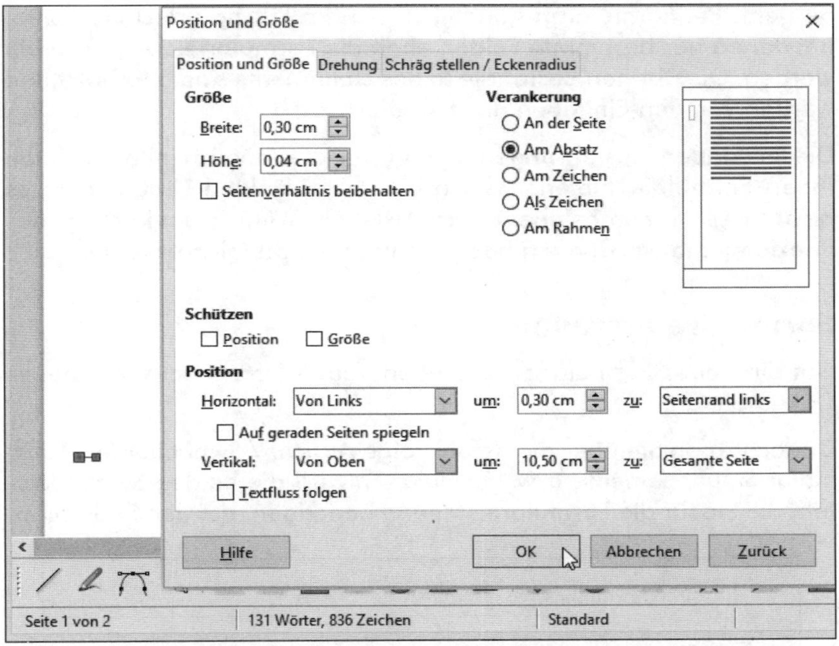

Abb. 2.131: Die erste Faltmarke positionieren

Bei ihr beträgt die absolute *Position* `14,85 cm` vom Bezugspunkt *Von Oben*.

Den exakten Wert `14,85` können Sie übrigens nicht mithilfe der Schaltfläche am rechten Rand des Feldes einstellen, da hier nur Schritte im Abstand von 0,1 vorgenommen werden. Tippen Sie also diesen Wert ganz einfach ein und drücken Sie die ⇆-Taste, um die Eingabe sicher abzuschließen.

Damit ist auch dieser Arbeitsschritt abgeschlossen und zugleich sind auch die grundlegenden Arbeiten an dem Briefkopf erledigt.

Formulare

Mithilfe von Formularen werden standardisiert Daten erfasst, aufbereitet und betrachtet. Sie sind meist dann sinnvoll, wenn es um die Bearbeitung häufig auftretender, gleichartiger Geschäftsvorgänge geht. Bei Formularen handelt es sich im Prinzip um Dokumente, bei denen nur bestimmte Felder, eben die Formularfelder, ausgefüllt werden. Die übrigen Bestandteile des Dokuments sind geschützt und werden von den Eingaben nicht tangiert.

Die folgenden Ausführungen zeigen nur die Möglichkeiten auf, die Ihnen Formulare bieten. Wegen des beschränkten Umfangs ist es nicht möglich, alle Feinheiten darzustellen. Wenn Sie allerdings das Prinzip einmal verstanden haben, hilft Ihnen das sicher weiter.

Formulare erstellen

Um ein neues Formular zu erzeugen, legen Sie zunächst ein neues Dokument an.

Danach rufen Sie über die Befehlsfolge *Ansicht / Symbolleisten / Formular-Steuerelemente* bzw. *Formular-Entwurf* die beiden Symbolleisten, die Sie für die Formularerstellung benötigen, auf den Bildschirm.

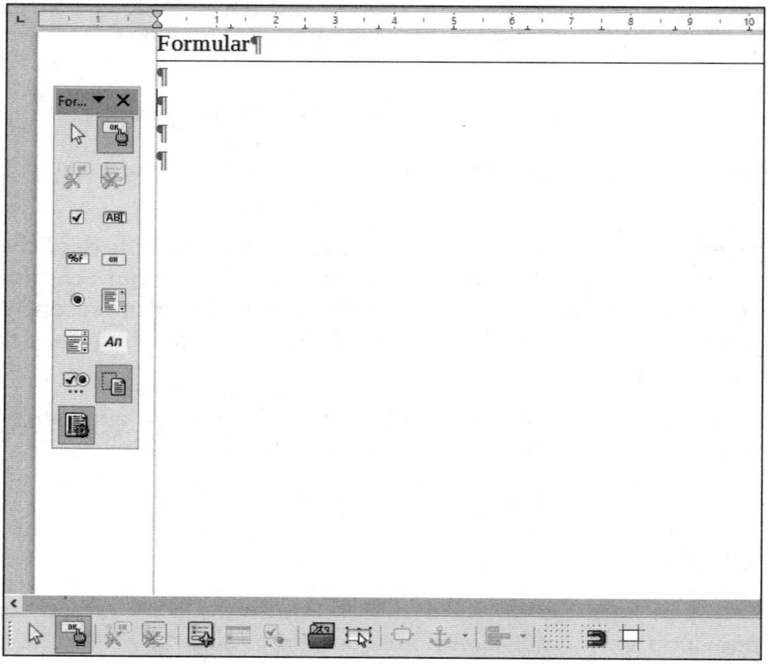

Abb. 2.132: Diese beiden Symbolleisten benötigen Sie

Die Symbolleiste *Formular-Entwurf* wird verankert am unteren Rand des Dokumentenfensters eingeblendet. Die Symbolleiste *Formular-Steuerelemente* hingegen schwebt frei über dem Dokument und kann an jede beliebige Stelle verschoben werden.

Die Symbolleiste *Formular-Entwurf* enthält eine wichtige Schaltfläche: *Entwurfsmodus ein/aus*. Ist die Schaltfläche aktiviert, befinden Sie sich im Designmodus und können ein Steuerelement nach Anklicken bearbeiten und mit den gewünschten Einstellungen versehen. Diese Einstellung wählen Sie, wenn Sie das Formular erstellen. Ist die Schaltfläche dagegen deaktiviert, verhält sich das Formular genauso wie beim Endbenutzer. Das heißt, Schaltflächen können gedrückt, Kontrollkästchen abgehakt und Listeneinträge ausgewählt werden. Sie können also bei allen Teilen des Formulars prüfen, ob sie richtig funktionieren.

Formular gestalten

Zunächst gestalten Sie das Formular beispielsweise mithilfe von Tabellen und geben den Text des Formulars ein, der später unverändert bleiben soll.

Kurzmitteilung¶

¶
¶
¶

Von¶	¶	¶	¶
Abteilung¶	¶	Datum¶	¶
Sachbearbeiter¶	¶	¶	¶

¶
¶

An¶	¶	¶	¶
Abteilung¶	¶	¶	¶
Sachbearbeiter¶	¶	¶	¶

¶

¶	Erledigung¶	¶	Kenntnis¶	¶	Rücksprache¶
¶	Stellungnahme¶	¶	Entscheidung¶	¶	Rückruf¶
¶	Unterschrift¶	¶	Bearbeiten¶	¶	¶

¶

Abb. 2.133: Das Formular gestalten

Formular-Steuerelemente einfügen

Nachdem das Formulargerüst steht, fügen Sie an den Stellen, an denen später Eingaben erfolgen sollen, Formularfelder ein.

Dazu platzieren Sie zunächst den Cursor an der betreffenden Stelle und klicken auf die Schaltfläche des entsprechenden Steuerelements.

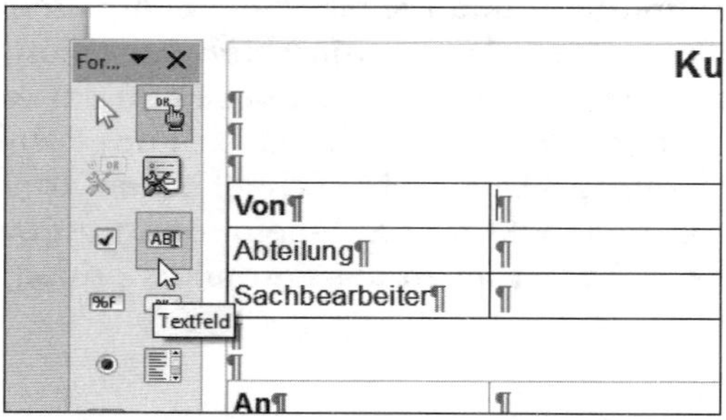

Abb. 2.134: Wählen Sie das Steuerelement aus

Der Cursor verändert seine Form.

Klicken Sie im Dokument auf die Stelle, an der das Steuerelement eingefügt werden soll, und ziehen Sie mit gedrückter linker Maustaste das Steuerelement in der gewünschten Größe auf.

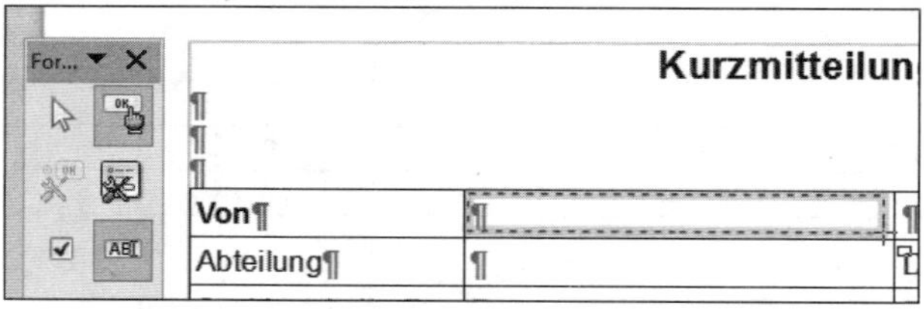

Abb. 2.135: Das Steuerelement aufziehen

TIPP

Die Steuerelement-Schaltfläche bleibt aktiv, sodass Sie weitere Elemente desselben Typs einfügen können, ohne die Symbolleiste verlassen zu müssen.

Möchten Sie ein anderes Steuerelement einfügen, müssen Sie das Werkzeug wechseln. Dazu klicken Sie einfach auf die entsprechende Schaltfläche und wiederholen die soeben gezeigten Schritte.

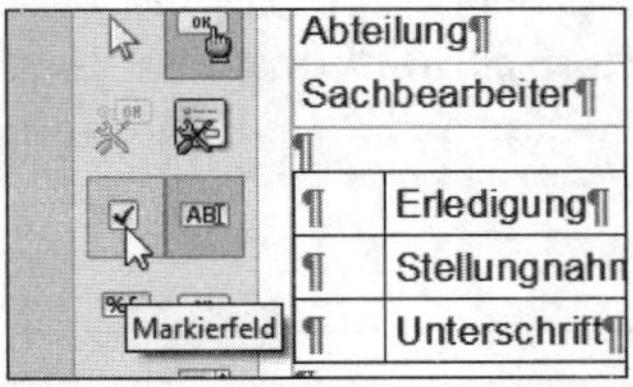

Abb. 2.136: Ein Markierfeld (Kontrollkästchen) einfügen

Wenn Sie das Einfügen von Steuerelementen abbrechen wollen, klicken Sie auf die Schaltfläche *Auswahl* oder auf irgendeine Steuerelement-Schaltfläche, die Sie gerade eingefügt haben.

Das Formular bietet als Besonderheit zwei Listenfelder. Damit kann dem Benutzer beim Ausfüllen des Formulars eine Liste mit möglichen Einträgen bereitgestellt werden. Sie sollten diese Felder immer dann einsetzen, wenn eine beschränkte Anzahl der möglichen Einträge vorliegt. Beachten Sie dabei, dass der erste Listeneintrag dabei immer der Vorgabewert ist.

Achten Sie darauf, dass die Schaltfläche *Assistenten ein/aus* aktiviert ist, klicken Sie auf die entsprechende Schaltfläche in der Symbolleiste *Formular-Steuerelemente*, ziehen Sie an der gewünschten Stelle einen Rahmen auf und passen sie diesen gegebenenfalls an.

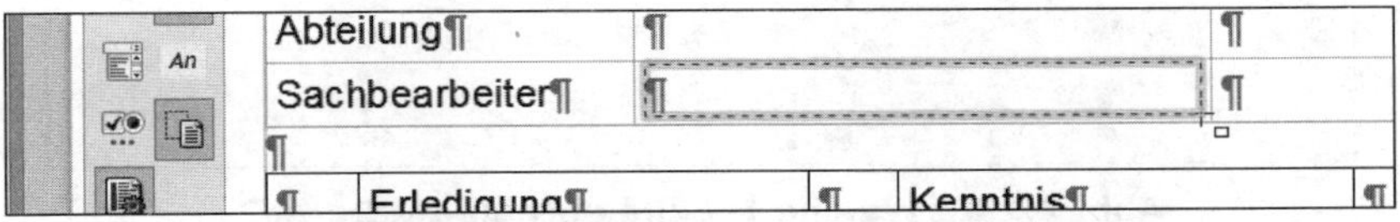

Abb. 2.137: Ein Listenfeld anlegen

Wenn Sie die Maustaste loslassen, wählen Sie die Tabelle aus, deren Daten die Grundlage für den Listeninhalt bilden soll.

TIPP

Die Tabelle unseres Beispiels befindet sich in der Datenbank, die Sie mit Base im entsprechenden Kapitel anlegen. Alternativ genügt es, wenn Sie diese Datenbank aus dem Beispielordner einmal öffnen, bevor Sie das Listenfeld anlegen.

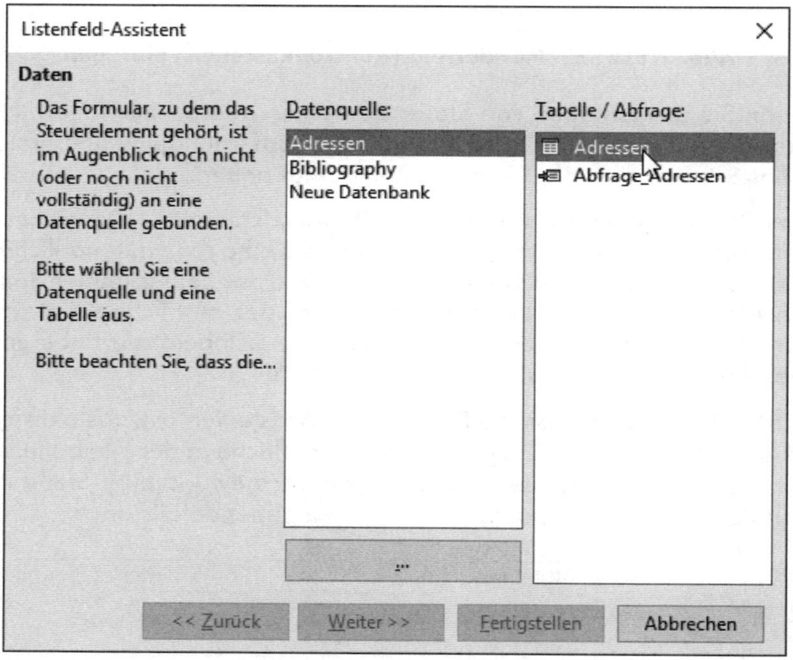

Abb. 2.138: Welche Tabelle enthält die Daten?

Nachdem Sie diese markiert haben, können Sie auf *Weiter* klicken.

Nun gilt es, das Feld auszuwählen, dessen Inhalt im Listenfeld ausgewählt werden soll. Markieren Sie es auf der linken Seite, sodass es in *Feld anzeigen* aufgenommen wird.

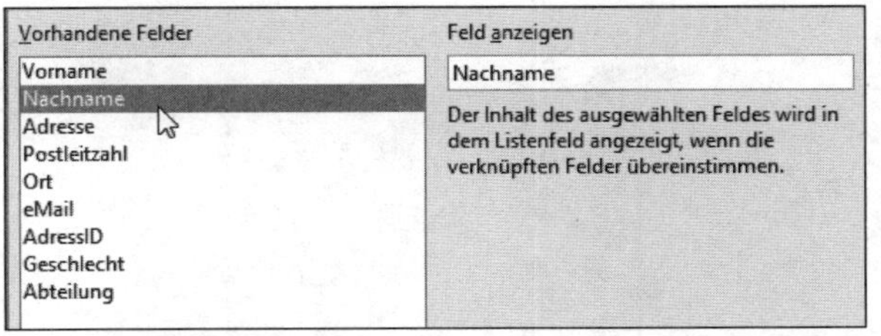

Abb. 2.139: Wählen Sie das anzuzeigende Feld aus

Mit einem erneuten Klick auf *Weiter* gelangen Sie zum Dialogfenster *Feldverknüpfung*. Hier müssen Sie die Felder auswählen, deren Inhalt übereinstimmen muss, damit der Wert aus dem Anzeigefeld angezeigt wird.

Haben Sie diese Wahl getroffen, klicken Sie auf *Fertigstellen*, um den Vorgang abzuschließen.

Das Listenfeld müssten Sie nun anhand der acht grünen Markierungsquadrate ausmachen können.

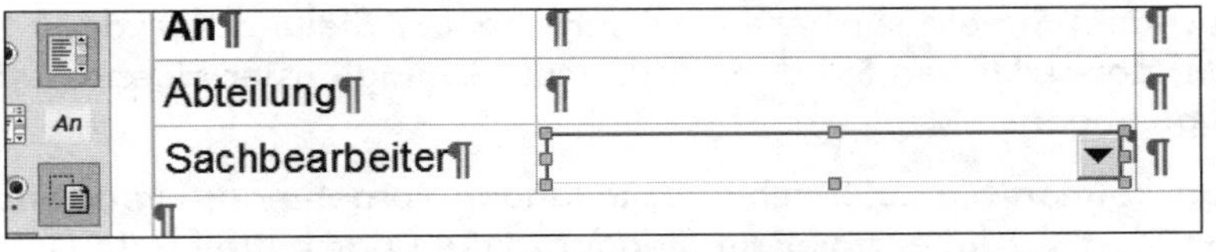

Abb. 2.140: Das fertige Listenfeld

Wenn Sie es wünschen, können Sie mithilfe des Werkzeugs *Auswahl* das Listenfeld über diese grünen Quadrate hinsichtlich der Größe an Ihr Formular anpassen.

Weitere Steuerelemente

Zugang zu weiteren Steuerelementen erhalten Sie, wenn Sie auf die Schaltfläche *Weitere Steuerelemente* klicken.

Es wird die gleichnamige Leiste eingeblendet.

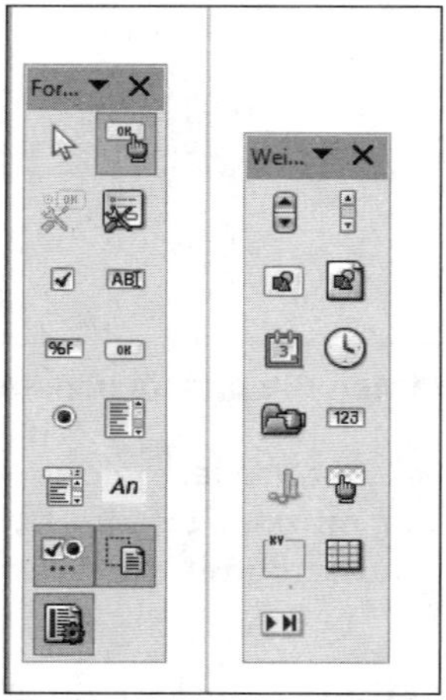

Abb. 2.141: Weitere Steuerelemente verwenden

Auf dieser finden Sie beispielsweise die Schaltfläche zum Einfügen eines *Datumsfelds*.

Nachdem Sie ein solches an entsprechender Stelle aufgezogen haben, doppelklicken Sie darauf, um zum Dialogfenster *Eigenschaften* zu gelangen.

Dort können Sie zahlreiche Einstellungen vornehmen. Unter anderem lässt sich über das Feld *Standarddatum* das betreffende Datum auswählen.

Formular verwenden

Um das Formular verwenden zu können, müssen Sie den Entwurfsmodus (Designmodus) verlassen. Klicken Sie dazu auf die Schaltfläche *Entwurfsmodus an/aus*.

Das Formular kann nun ausgefüllt werden bzw. die Informationen können aus dem Listenfeld übernommen werden.

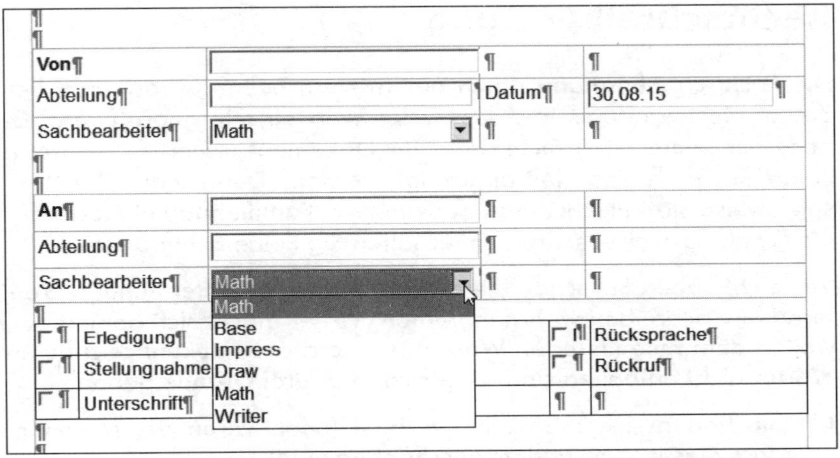

Abb. 2.142: Das Formular kann ausgefüllt werden

Ein fertiges Formular können Sie nun auf vielerlei Art und Weise verwenden:

- Sie erstellen das Formular und speichern es ab.
- Sie versenden das Formular per E-Mail an andere Personen.
- Sie füllen ein erhaltenes leeres Formular aus, speichern es und senden es zurück
- Sie öffnen ein erhaltenes ausgefülltes Formular und sehen sich die Antworten an.

Abschließen von Dokumenten

Bevor es an den Ausdruck geht, müssen ein paar Vorbereitungen getroffen werden. Wer allzu schnell auf die *Drucken*-Schaltfläche klickt, wird viel Papier verschwenden. Sinnvoll ist es nämlich, vorher ein paar Dinge zu überprüfen.

Rechtschreibprüfung

Die *Rechtschreibprüfung* durch ein Textverarbeitungsprogramm bedeutet nichts anderes, als dass jedes Wort einzeln geprüft wird. Es bedeutet leider noch nicht, dass Ihr Dokument fehlerfrei ist, wenn keine Rechtschreibfehler angezeigt werden. Denn wenn Sie beispielsweise statt *Nachname* (im Sinne von Familienname) *Nachnahme* (Zahlungsweise) schreiben, erhalten Sie keine Fehleranzeige.

Vielleicht haben Sie schon die roten Wellenlinien unter einigen Wörtern beim Schreiben wahrgenommen. Writer macht sich bemerkbar, weil in dem mitgelieferten Wörterbuch solche rot gekennzeichneten Wörter nicht enthalten sind. Dafür kann es drei Gründe geben:

- ⇨ Sie haben sich tatsächlich vertippt (oder waren der Meinung, dass dieses Wort anders geschrieben wird).
- ⇨ Das Wort ist richtig geschrieben, aber es handelt sich um einen Eigennamen, wie z. B. Seimert.
- ⇨ Das Wort ist richtig geschrieben, aber es handelt sich um ein Wort aus einer anderen Sprache.

Die Korrektur bei angezeigten Tippfehlern ist in Writer schnell durchzuführen. Sobald Sie die Eingabe eines Wortes mit einem Leerzeichen beenden, zeigt sich die rote Wellenlinie. Zeigen Sie dann mit dem Mauszeiger auf dieses Wort und rufen Sie durch Klicken mit der rechten Maustaste das Kontextmenü auf. Nun brauchen Sie das richtige Wort nur noch durch Anklicken herauszusuchen und die Korrektur ist fertig.

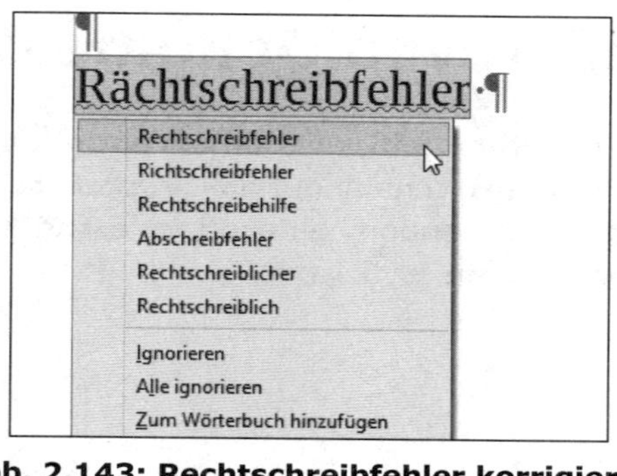

Abb. 2.143: Rechtschreibfehler korrigieren

Bei Eigennamen oder speziellen Wörtern haben Sie zwei Möglichkeiten: Entweder teilen Sie Writer mit, dass dieses Wort nicht geprüft werden soll. Dazu wählen Sie in dem schon erwähnten Kontextmenü den Befehl *Alle ignorieren* aus. Danach verschwinden alle roten Linien unter dem betreffenden Wort; ignoriert wird dieses Wort jedoch nur in diesem Dokument. Oder Sie fügen das Wort dem Wörterbuch hinzu, wie weiter unten beschrieben.

Machen Sie immer wieder den gleichen Fehler, dann können Sie ihn automatisch beheben lassen. Schreiben Sie beispielsweise immer *Betreibswirtschaft* statt *Betriebswirtschaft*, dann gehen Sie wie folgt vor: Markieren Sie das falsch geschriebene Wort und wählen Sie im Kontextmenü den Eintrag *Immer korrigieren in* und anschließend die richtige Schreibweise aus.

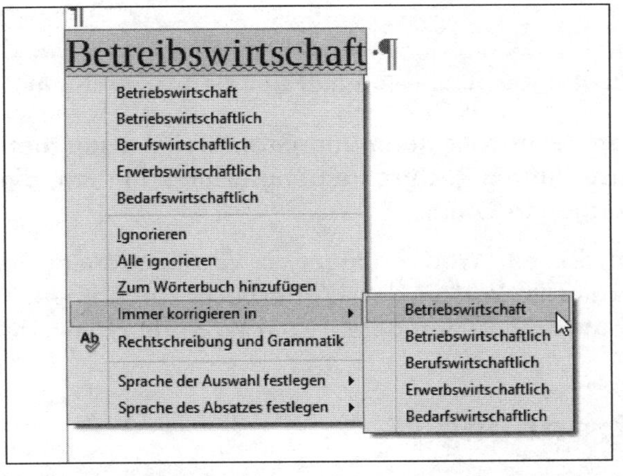

Abb. 2.144: Clever: Fehler automatisch beheben lassen

In Zukunft merzt Writer diesen Fehler immer automatisch aus.

Sie können die Rechtschreibprüfung auch dialoggesteuert vornehmen.

In diesem Fall klicken Sie auf die Schaltfläche *Rechtschreibung und Grammatik* oder drücken F7.

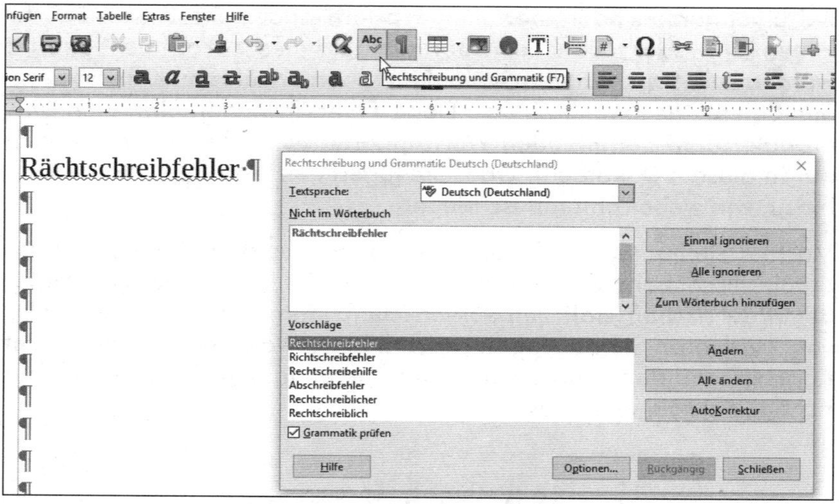

Abb. 2.145: Rechtschreibfehler auf die klassische Art prüfen

Nun werden Rechtschreibung und Grammatik zusammen überprüft. Die Hinweise auf die Rechtschreibung erfolgen in Rot, die Grammatikanmerkungen in Grün.

Verwenden Sie ein Wort häufiger in verschiedenen Dokumenten, sollten Sie dieses Wort in das Wörterbuch aufnehmen. Wählen Sie dazu im Kontextmenü den Befehl *Zum Wörterbuch hinzufügen*.

Silbentrennung

Große Lücken zwischen den einzelnen Wörtern im Blocksatz oder am rechten Rand bei linksbündiger Ausrichtung des Absatzes entstehen dadurch, dass Writer die Zeile nur nach oder vor einem Wort umbrechen kann. Dies zu verbessern, ist Aufgabe der *Silbentrennung*. Hier fügt Writer automatisch Trennstriche ein, um die Zeilen passender umbrechen zu können.

Am einfachsten ist es, die automatische Silbentrennung einzuschalten. Dazu müssen Sie lediglich über die Befehlsfolge *Format / Absatz* die Registerkarte *Textfluss* wählen und dort das Kontrollkästchen *Automatisch* im Bereich *Silbentrennung* aktivieren.

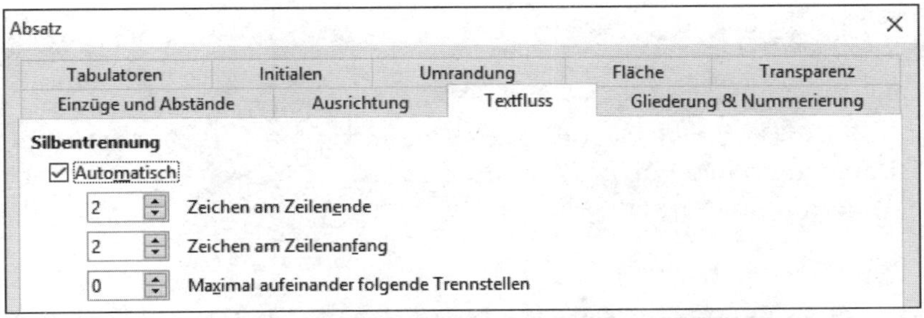

Abb. 2.146: Die automatische Silbentrennung aktivieren

Die automatische Silbentrennung ist recht zuverlässig. Trotzdem kann es bei bestimmten Wörtern angebracht sein, dass Sie die Silbentrennung beeinflussen (Ur-instinkt ist eine bessere Trennung als Urin-stinkt!).

Positionieren Sie den Cursor an der entsprechenden Stelle und drücken Sie Strg + - (oder wählen Sie die Befehlsfolge *Einfügen / Formatierungszeichen / Weiches Trennzeichen*). Dadurch setzen Sie einen bedingten Trennstrich, der am Ende einer Zeile erscheint, aber nicht als Strich in Erscheinung tritt, wenn das Wort nicht im Randbereich steht. (Wenn Sie diesen Trennstrich auch in der Mitte der Zeile sehen, liegt das daran, dass Sie die Steuerzeichen eingeblendet haben: Klicken Sie in diesem Fall auf das Symbol ¶ *Steuerzeichen*).

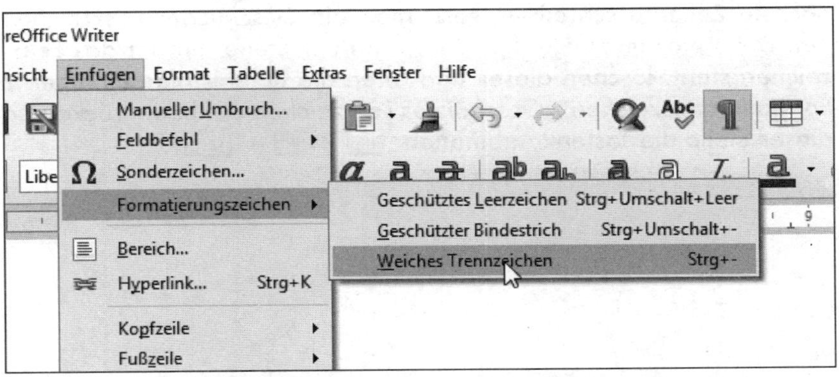

Abb. 2.147: Einen weichen Trennstrich setzen

TIPP

Benutzen Sie auf keinen Fall den normalen Bindestrich als Trennstrich. Er würde bei Änderungen am Text auch gedruckt, wenn das Wort gar nicht getrennt wird, z. B. weil es nach der Änderung in der Mitte einer Zeile steht.

Ab und an kommen Wörter mit Bindestrich vor, bei denen allerdings nicht getrennt werden sollte. Beispielsweise würde der Name Müller-Lüdenscheidt am Ende einer Zeile auseinandergerissen werden. Damit zwei Wörter mit einem normalen Bindestrich am Ende einer Zeile nicht getrennt, sondern stattdessen wie ein Wort behandelt und gemeinsam in die nächste Zeile geschrieben werden, setzt man einen *Geschützten Bindestrich* ein. In diesem Fall wird der normale Bindestrich entfernt (bzw. erst gar nicht gesetzt) und an der betreffenden Stelle über die Befehlsfolge *Einfügen / Formatierungszeichen / Geschützter Bindestrich* bzw. durch Drücken von [Strg] + [⇧] + [-] ein geschützter Bindestrich eingefügt.

Manchmal gilt es, die Trennung von zwei Wörtern zu vermeiden. Beispielsweise sollte „Müller AG" stets zusammenstehen. Um zwei Wörter, die bei einem normalen Leerzeichen am Ende einer Zeile getrennt würden, wie ein Wort zu behandeln und gemeinsam in die nächste Zeile zu schreiben, setzt man ein *Geschütztes Leerzeichen* ein. Dazu platzieren Sie den Cursor an der Stelle, an der das Leerzeichen steht, löschen dieses und rufen die Befehlsfolge *Einfügen / Formatierungszeichen / Geschütztes Leerzeichen* auf bzw. drücken an dieser Stelle die Tastenkombination [Strg] + [⇧] + [Leer].

3 Tabellenkalkulationen mit Calc

Calc ist das Tabellenkalkulationsmodul von LibreOffice. Mit der Tabellenkalkulation Calc lassen sich schnell und komfortabel Listen schreiben, formatieren und sortieren, Kalkulationen für ganze Betriebsanlagen oder Krankenhäuser erstellen, Daten auswerten und Diagramme erzeugen. Bei einer Tabellenkalkulation werden Berechnungen in Tabellenform durchgeführt. Der Vorteil besteht darin, dass Sie diese mithilfe von Formeln durchführen können, die es Ihnen ermöglichen, problemlos mit den Zahlen zu „spielen“, also zu kalkulieren, da die Formeln variabel gehalten werden. Dadurch werden die Ergebnisse stets automatisch neu berechnet, wenn sich die Werte der Zahlen ändern.

Arbeitsumgebung

Arbeitsmappen spielen bei Calc eine besondere Rolle, denn darin werden die von Ihnen bearbeiteten Tabellen gespeichert. Eine Arbeitsmappe ist die Datei, in der die Daten bearbeitet und gespeichert werden. Zunächst enthält eine neue Arbeitsmappe genau ein Tabellenblatt. Jede einzelne Arbeitsmappe kann aber unterschiedlich viele Blätter enthalten.

Abb. 3.1: Ein Tabellenblatt in einer Arbeitsmappe

Bestandteile

Abb. 3.2: Calc und seine Bestandteile

Nachdem Sie Calc gestartet haben, befinden Sie sich sogleich im Anwendungsfenster, das eine Reihe von Calc- wie auch Windowsspezifischen Bestandteilen aufweist. Für das weitere Arbeiten ist es gewiss hilfreich, sich mit diesen Bestandteilen zunächst vertraut zu machen.

Im Einzelnen sind folgende Bestandteile zu unterscheiden:

Titelleiste

Die *Titelleiste* zeigt auf der linken Seite zuerst den Namen der verwendeten Datei und danach das verwendete Modul an.

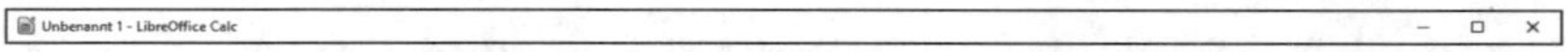

Abb. 3.3: Die Titelleiste von Calc

Sie zeigt übrigens auch, ob das Dokument schon gespeichert wurde oder nicht. Ist Letzteres der Fall, dann finden Sie hier die Bezeichnung *Unbenannt* mit einer fortlaufenden Nummer.

Auf der rechten Seite befinden sich die Schaltflächen für das *Minimieren*, das *Maximieren* und das *Schließen* des Programmfensters.

Menüleiste und Symbolleisten

Als Nächstes folgt die *Menüleiste*, die den Aufruf aller Befehle ermöglicht. Die Menüs können dabei durch einen Klick mit der Maus oder durch Eintippen des unterstrichenen Buchstabens auf der Tastatur aktiviert werden. Im letzten Fall gilt es allerdings, zunächst die [Alt]-Taste zu drücken, damit die Menüleiste selbst aktiviert wird.

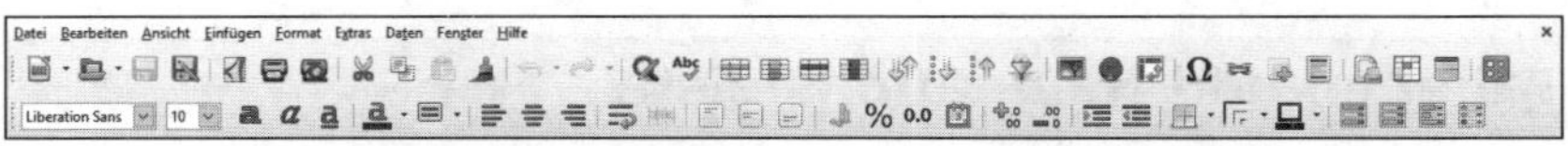

Abb. 3.4: Menüleiste und Symbolleisten

Standardmäßig zeigt Calc drei *Symbolleisten* an: *Standard*, *Suchen* und *Format*. Die erste Leiste enthält häufig gebrauchte Schaltflächen für Befehle wie das Speichern oder Drucken, mit der zweiten Leiste können Sie das Dokument nach bestimmten Begriffen durchsuchen und die dritte Leiste stellt Ihnen die Schaltflächen für das Formatieren zur Verfügung.

TIPP

Sollte eine dieser Symbolleisten einmal nicht sichtbar sein, rufen Sie einfach die Befehlsfolge *Ansicht / Symbolleiste* auf und schauen, ob vor den betreffenden Symbolleisten ein Häkchen gesetzt ist.

Rechenleiste

Unterhalb der Symbolleisten befindet sich die *Rechenleiste*. In dieser Leiste können Sie die Text- oder Formeleingaben direkt verfolgen. Zudem zeigt sie stets die entsprechende Formel der gewählten Zelle an, sodass Sie dort gegebenenfalls sofort Korrekturen vornehmen können.

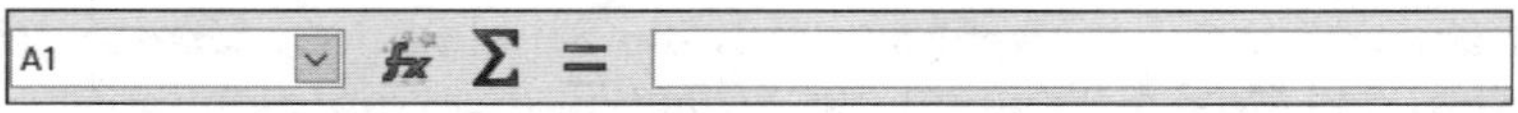

Abb. 3.5: Dient der Orientierung: die Rechenleiste

Bildlaufleisten

Auf der rechten sowie unteren Seite befinden sich die *Bildlaufleisten*, mit deren Hilfe Sie sich durch das Dokument bewegen können. Dazu genügt ein Klick auf einen der Pfeile am Ende oder Sie ziehen mit der Maus den Rollbalken in die gewünschte Richtung.

Tabellen und Navigationsleiste

Über die *Navigationsleiste* können Sie schnell auf die einzelnen Tabellen zugreifen bzw. neue erzeugen. Diese Leiste enthält die Navigationsschaltflächen und die einzelnen Tabellenregister.

Seitenleiste

Wie alle Module des LibreOffice-Pakets hält auch Calc eine *Seitenleiste* parat. Diese enthält, in Bereiche zusammengefasst, eine Reihe an häufig verwendeten Befehlen.

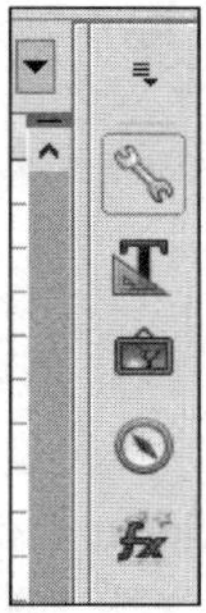

Abb. 3.6: Die eingeklappte Seitenleiste

Statusleiste

Am unteren Programmfensterrand befindet sich die *Statusleiste*.

Abb. 3.7: Die Statusleiste gibt wichtige Informationen preis

Auf der linken Seite finden Sie Informationen darüber, in welcher Tabelle Sie sich befinden, welche Seitenvorlage gerade benutzt wird, ob der Einfüge- oder Überschreibmodus aktiviert ist und welcher Selektionsmodus gerade verwendet wird.

Auf der rechten Seite können Sie rasch für die markierten Zahlen die wichtigsten Funktionen anwenden. Dazu müssen Sie lediglich mit der rechten Maustaste daraufklicken und die gewünschte Funktion wählen.

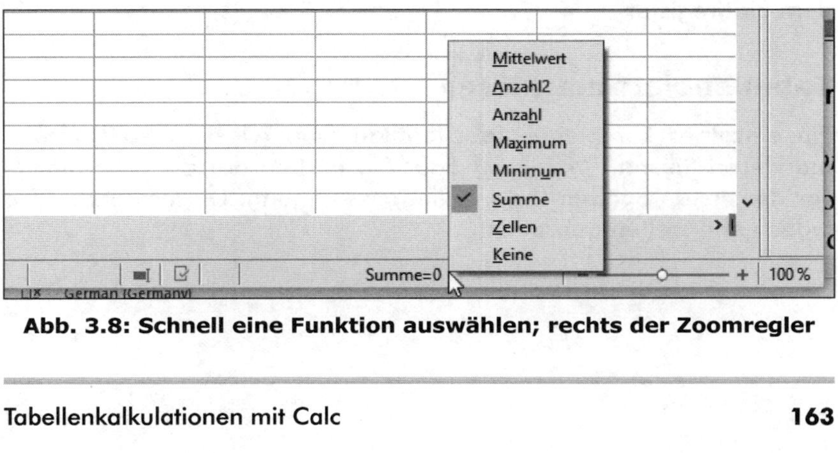

Abb. 3.8: Schnell eine Funktion auswählen; rechts der Zoomregler

Die Ansicht des Dokuments ändern Sie über den *Zoomregler*. Ziehen Sie diesen nach links, um mehr von der Tabelle anzuzeigen bzw. die Ansicht zu verkleinern. Wenn Sie ihn dagegen nach rechts ziehen, wird die Anzeige vergrößert.

Tabellenblätter

Wenn Sie eine neue Arbeitsmappe erstellen, finden Sie zunächst nur ein Tabellenblatt, die *Tabelle1*, vor. Weitere Tabellenblätter fügen Sie einfach mit einem Klick auf die Plus-Schaltfläche ein.

Abb. 3.9: Weitere Tabellenblätter einfügen

Zwischen Tabellenblättern wechseln

Um zwischen den einzelnen Tabellenblättern zu wechseln, klicken Sie einfach auf die Registerkarte des gewünschten Blatts und schon steht dieses im Vordergrund zur Bearbeitung bereit.

Es wird immer das Blatt bearbeitet, das gerade aktiviert ist. Zum Aktivieren müssen Sie auf das Blattregister klicken, danach erscheint es weiß. Wenn beispielsweise für jeden Monat eines Jahres ein eigenes Blatt angelegt wird, sind nicht mehr alle Blätter im Blattregister zu sehen. In diesem Fall benutzen Sie die Pfeilschaltflächen links neben dem Blattregister.

Tabellenblatt markieren

Ein einzelnes komplettes Tabellenblatt (von A1 bis AMJ1048576) markieren Sie mit [Strg] + [A] oder Sie klicken auf die Schaltfläche vor der ersten Spalten- bzw. Zeilenbezeichnung. Dieser Befehl wird jedoch eher selten gebraucht.

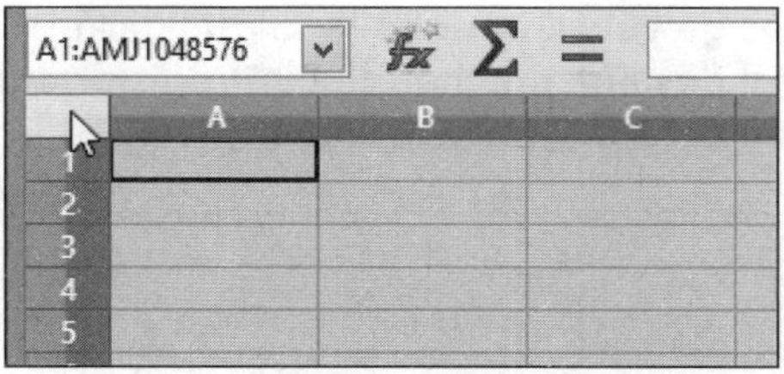

Abb. 3.10: Ein komplettes Tabellenblatt markieren

Blätter einfügen bzw. löschen

Um der Mappe ein weiteres Tabellenblatt hinzuzufügen, können Sie auch die Befehlsfolge *Einfügen / Tabelle* wählen. Das hat den Vorteil, dass Sie hier weitere Angaben machen können.

Sie erhalten ein Dialogfenster, in dem Sie zunächst die *Position* der neuen Tabelle(n) bestimmen können. Darüber hinaus können Sie auch noch die *Tabellenanzahl* sowie deren *Namen* festlegen.

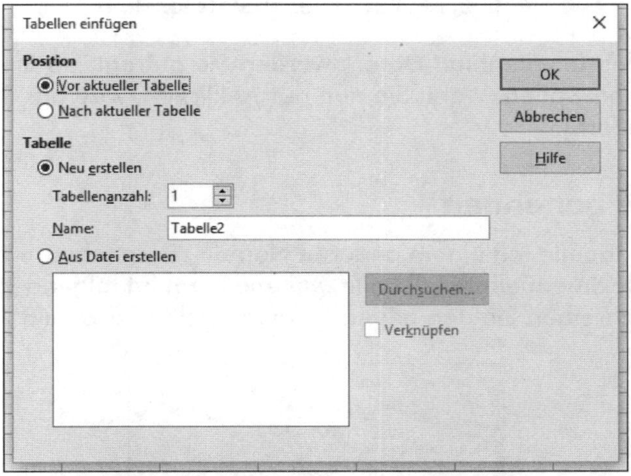

Abb. 3.11: Ein neues Tabellenblatt einfügen

Bis auf ein Blatt können alle Tabellenblätter aus der Mappe entfernt werden. Dieser Löschvorgang kann nicht rückgängig gemacht werden.

Aktivieren Sie das gewünschte Tabellenblatt, klicken Sie mit der rechten Maustaste auf das entsprechende Blattregister und wählen Sie im Kontextmenü den Befehl *Tabelle löschen*.

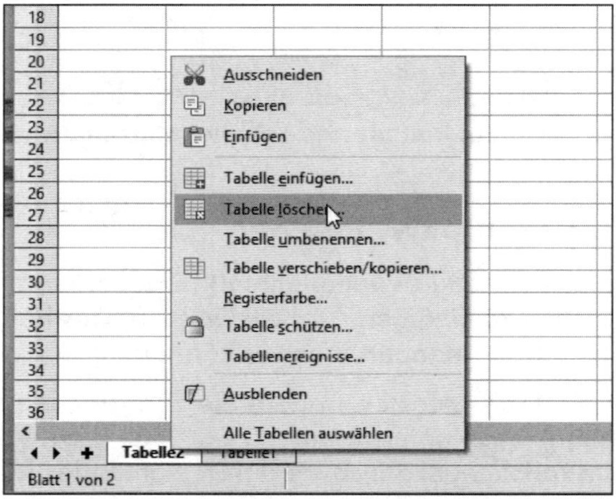

Abb. 3.12: Ein Tabellenblatt löschen

Enthält das Tabellenblatt Daten, werden Sie gefragt, ob Sie es wirklich löschen wollen. Wenn Sie nun auf *Ja* klicken, wird das Blatt endgültig entfernt.

Tabelle benennen

Um eine Tabelle mit einem anderen Namen zu versehen, wählen Sie den Kontextmenüeintrag *Tabelle umbenennen*. Im folgenden Dialogfenster schreiben Sie den neuen Namen direkt in das Feld *Name*.

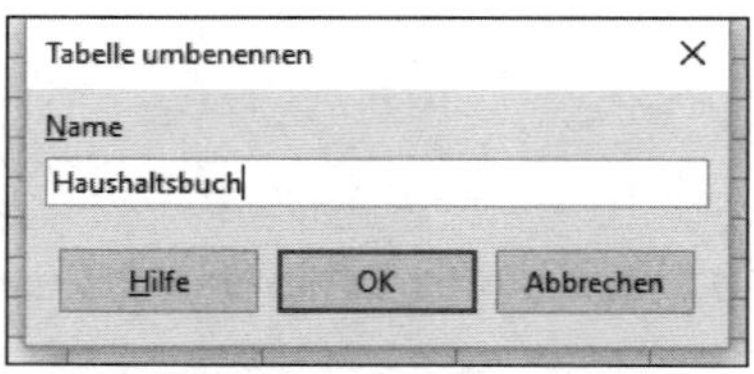

Abb. 3.13: Ein Tabellenblatt umbenennen

Beenden Sie die Eingabe mit einem Klick auf die Schaltfläche *OK*.

Insgesamt können Sie bis zu 31 Zeichen und Leerstellen für den Tabellenblattnamen verwenden, der jedoch nur einmal in derselben Mappe verwendet werden darf. Außerdem dürfen Sie folgende Zeichen nicht benutzen: / \ ? * [ ].

Wie Sie dem Kontextmenü entnehmen können, ist es möglich, die Tabellenblätter mit einer Farbe zur besseren Orientierung zu versehen. Dazu wählen Sie den Kontextmenübefehl *Registerfarbe* und anschließend in der Farbpalette die gewünschte Farbe aus.

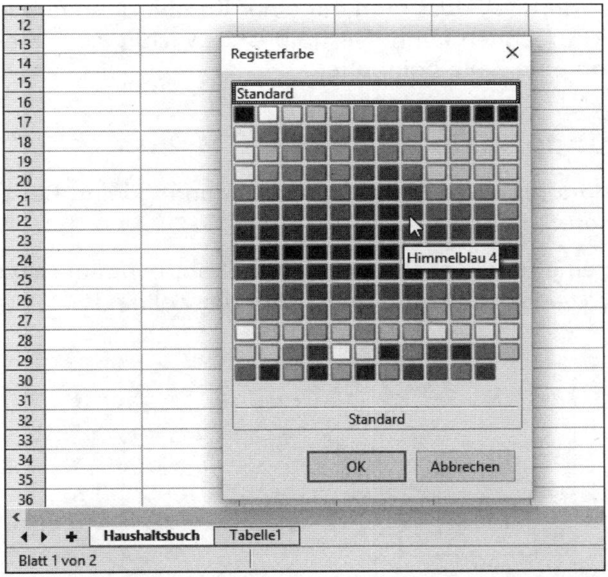

Abb. 3.14: Die Tabellenblattregister farblich gestalten

Arbeiten mit Zellen

Wie bei der Textverarbeitung sollten Sie auch in der Tabellenkalkulation erst die Daten eingeben und sie anschließend formatieren. Von besonderer Bedeutung sind die Zellen, die die jeweiligen Informationen aufnehmen. Eine Zelle definiert sich aus dem Schnittpunkt einer Spalte und einer Zeile. Demgemäß bekommt sie auch ihren Namen,

z. B. A1. Das bedeutet nichts anderes, als dass die Zelle im Schnittpunkt der Spalte A und der Zeile 1 liegt.

Elementares

Bei der Eingabe von Daten sind ein paar Regeln zu beachten. Bevor es richtig losgeht, sollten Sie sich damit zunächst vertraut machen. In den Tabellen werden Sie häufig Texte und Zahlen eingeben. Dabei gilt die Grundregel, dass man mit einer Kombination aus Texten und Zahlen nicht rechnen kann. Deshalb ist es wichtig zu wissen, welche Information eine Zelle beinhaltet.

Das Grundprinzip

Zum Verständnis ist es hilfreich, das folgende kleine Beispiel nachzuvollziehen.

Wenn Sie eine neue Tabelle angelegt haben, befindet sich der sogenannte *Zellzeiger* zu Beginn immer auf der Zelle A1.

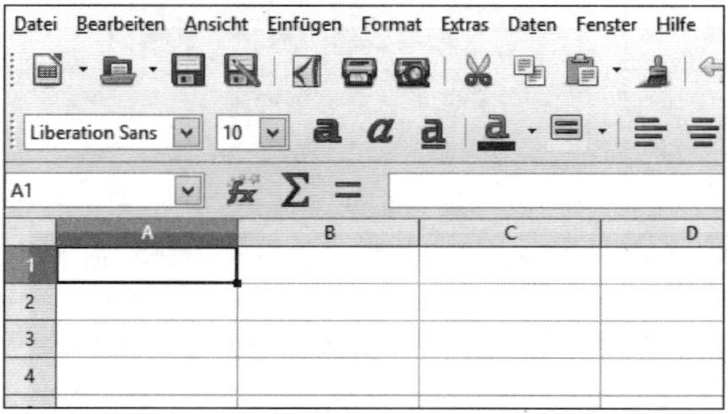

Abb. 3.15: Die Zelle A1 ist markiert

Die Position des Zellzeigers können Sie aus der Spalten- und Zeilenbezeichnung ablesen, zumal diese farbig hervorgehoben sind. Alternativ finden Sie die Position im sogenannten *Namenfeld*, dem Feld links in der Rechenleiste.

Wenn Sie zu schreiben beginnen, wird die Rechenleiste direkt über der Tabelle aktiviert und Sie können die Texteingabe auch in der Rechenleiste verfolgen.

Jede Eingabe muss beendet werden, und zwar am zweckmäßigsten mit der Taste [↵]. Danach springt der Zellzeiger automatisch eine Zelle nach unten. Wollen Sie die nächste Eingabe rechts von der Zelle machen, benutzen Sie zum Beenden der Eingabe die [⇆]-Taste.

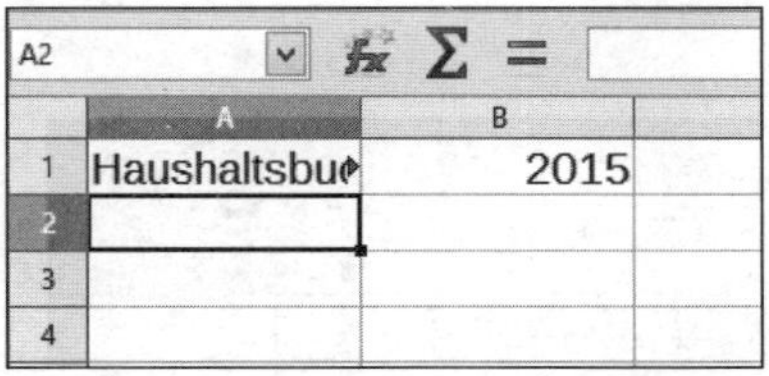

Abb. 3.16: Eingaben in Zellen

Der Eintrag in Zelle A1 ragt zunächst in die Zelle B1 hinein, da hier noch kein Eintrag vorliegt. Wird die Zelle B1 ebenfalls beschrieben, wird der Text in A1 scheinbar abgeschnitten. Beenden Sie die Eingabe mit der Taste [↵]. Die Markierung wird auf die Zelle A2 gesetzt und der Text in Zelle A1 scheint abgeschnitten zu sein! Doch keine Sorge: Der Text ist sehr wohl da.

Bevor das kleine Problem behoben wird, sollten Sie die Zellinhalte noch einmal genauer anschauen. Dabei wird Ihnen auffallen, dass Texte stets linksbündig und Zahlen rechtsbündig ausgerichtet werden.

Wenn Sie den Zellzeiger mit der [↑]-Taste in die Zelle A1 bewegen, sehen Sie in der Rechenleiste den kompletten Text.

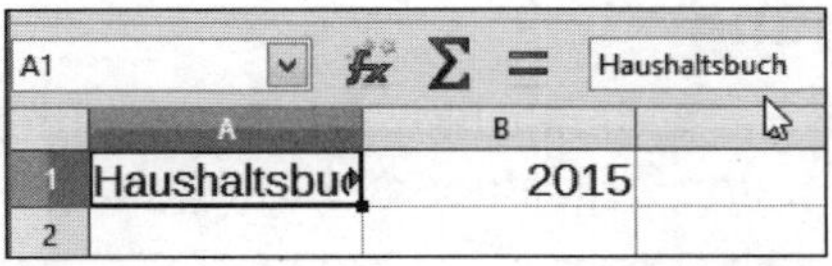

Abb. 3.17: Den ganzen Text zeigt die Rechenleiste

Der Text wird wieder vollständig eingeblendet, wenn die Zelle B2 keine Daten mehr enthält:

Drücken Sie die Taste [→], um den Zellzeiger auf der Zelle B2 zu positionieren, und drücken Sie die Taste [Entf]. Der Text wird entfernt und der Inhalt der Zelle A1 ist wieder lesbar.

Machen Sie den letzten Schritt mit [Strg] + [Z] wieder rückgängig.

Besser, als den Inhalt der Zelle zu löschen, ist es, die Spalte einfach zu verbreitern. Bewegen Sie den Mauszeiger auf die Trennlinie zwischen den Spaltenbezeichnungen. Wenn er die Form einer Linie mit einem Doppelpfeil annimmt, drücken Sie die Maustaste und ziehen nach rechts weg. Die Spaltenbreite wird nun gemäß Zugrichtung geändert.

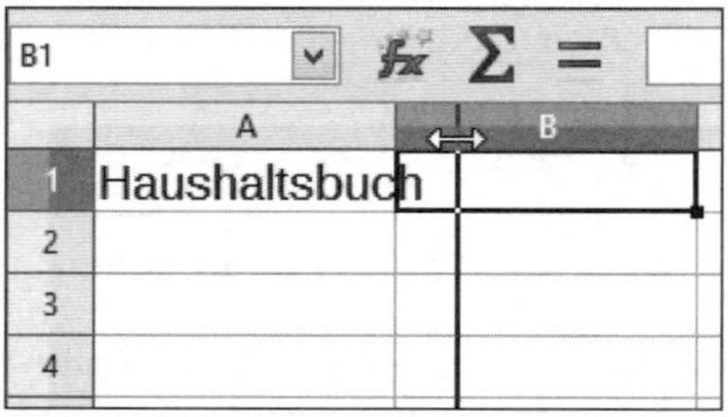

Abb. 3.18: Die Spalte verbreitern

> **TIPP**
>
> Schneller geht es, wenn Sie beim Erscheinen der Linie mit Doppelpfeil zwischen den Spaltenbezeichnungen einen Doppelklick ausführen. Dann wird die Spalte optimal, genauer an den längsten Text, angepasst.

Cursorbewegung

Bevor Sie nun mit der eigentlichen Arbeit innerhalb der Tabelle beginnen, lernen Sie, den Zellzeiger zu bewegen.

Wenn Sie die gewünschte Zelle am Bildschirm sehen, ist es oft am einfachsten, den Zellzeiger mit der Maus zu positionieren: Zeigen Sie mit dem Mauszeiger auf die Zelle und klicken Sie.

Bei der Dateneingabe geht es aber meist schneller, den Zellzeiger mithilfe von Tasten zu steuern. Probieren Sie die nachfolgenden Tasten und Tastenkombinationen an der soeben erstellten Tabelle aus.

Taste/Tastenkombination	Bewegung/Richtung
→	Eine Zelle nach rechts
←	Eine Zelle nach links
↑	Eine Zelle nach oben
↓	Eine Zelle nach unten
Pos1	Auf die erste Zelle der aktuellen Zeile
Ende	Auf die letzte Zelle der aktuellen Zeile
Bild↑	Eine Bildschirmseite nach oben
Bild↓	Eine Bildschirmseite nach unten
Strg + Pos1	Auf die Zelle A1
Strg + Ende	Auf die letzte bearbeitete Zelle des Blatts
Ende, → (nacheinander drücken)	An den rechten Rand des aktuellen Bereichs
Strg + Bild↑	Ein Blattregister zurück
Strg + Bild↓	Ein Blattregister vor

Markieren

Um Zellen nachträglich verändern zu können, müssen Sie sie zuerst markieren. Eine der häufigen Arbeiten, die Sie mit Calc durchführen werden, ist somit das Auswählen. So müssen Sie einzelne Zellen markieren oder benachbarte und nicht benachbarte Zellen oder gar das gesamte Arbeitsblatt auswählen. Beim Markieren können Sie entweder mit der Maus, mit der Tastatur oder mit beidem agieren.

Markieren mit der Maus

Beim Markieren mit der Maus sollten Sie stets darauf achten, dass der Mauszeiger die Form eines weißen Pfeils annimmt. Damit lassen sich unter anderem folgende Markierungen erledigen:

Aktion	Markiert	Beispiel
Zellzeiger steht auf Zelle	die aktuelle Zelle	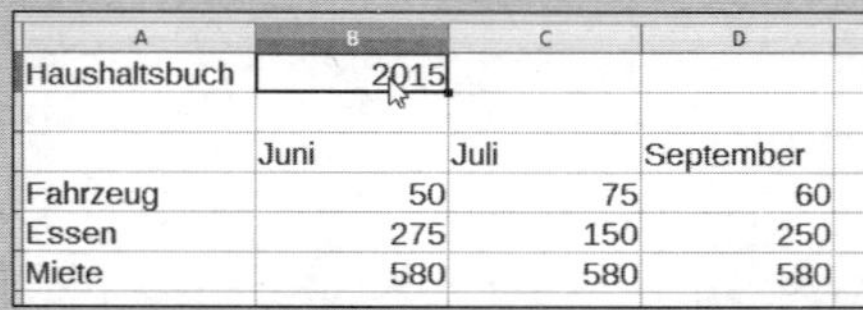
Auf die erste Zelle zeigen, klicken und ziehen	einen Bereich	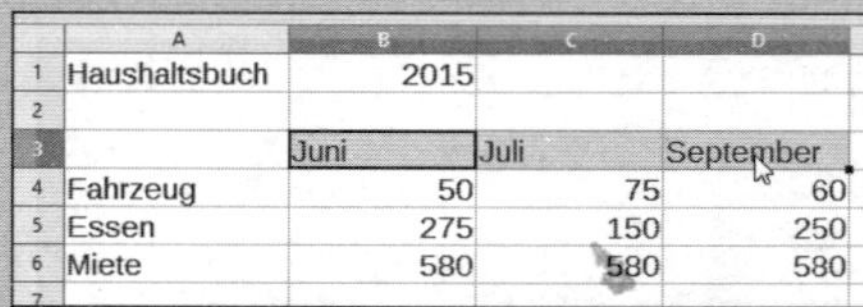
[Strg] + klicken oder [Strg] + klicken und ziehen	mehrere Bereiche (Markieren Sie den ersten Bereich, halten Sie die Taste [Strg] gedrückt und markieren Sie dann weitere Bereiche.)	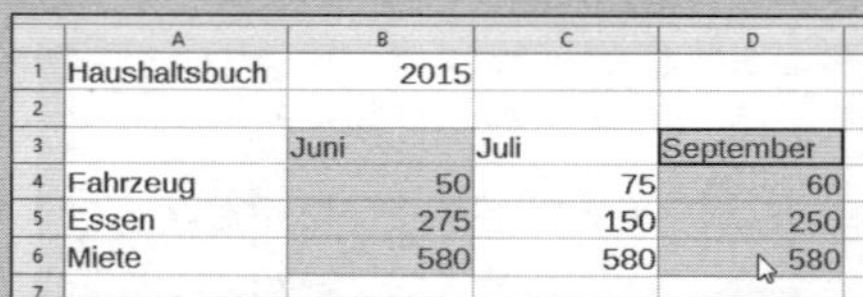

Markieren mit der Tastatur

Grundsätzlich markieren Sie mithilfe der Tastatur, indem Sie die Taste [⇧] gedrückt halten und zusätzlich die Tasten(-kombinationen) der Cursorsteuerung nutzen. Im Einzelnen:

Tastenkombination	Markiert
[⇧] + [→]	zellenweise ab der aktuellen Zelle nach rechts
[⇧] + [←]	zellenweise ab der aktuellen Zelle nach links
[⇧] + [↓]	zellenweise ab der aktuellen Zelle nach unten
[⇧] + [↑]	zellenweise ab der aktuellen Zelle nach oben
[⇧] + [Pos1]	die aktuelle Zeile ab der aktuellen Zelle bis zur ersten Zelle
[⇧] + [Ende]	die aktuelle Zeile ab der aktuellen Zelle bis zur letzten Zelle

Tastenkombination	Markiert
⇧ + Bild↓	bildschirmseitenweise ab der aktuellen Zelle nach unten
⇧ + Bild↑	bildschirmseitenweise ab der aktuellen Zelle nach oben
⇧ + Strg + Pos1	ab der aktuellen Zelle bis zur Zelle A1
⇧ + Strg + Ende	ab der aktuellen Zelle bis zur letzten Zelle des aktuellen Bereichs

Zusätzlich können Sie noch die Taste ⇧ mit der Maus kombinieren: Klicken Sie in die erste Zelle einer gewünschten Markierung, drücken Sie dann die Taste ⇧ und halten Sie sie gedrückt, während Sie in die letzte Zelle der gewünschten Markierung klicken.

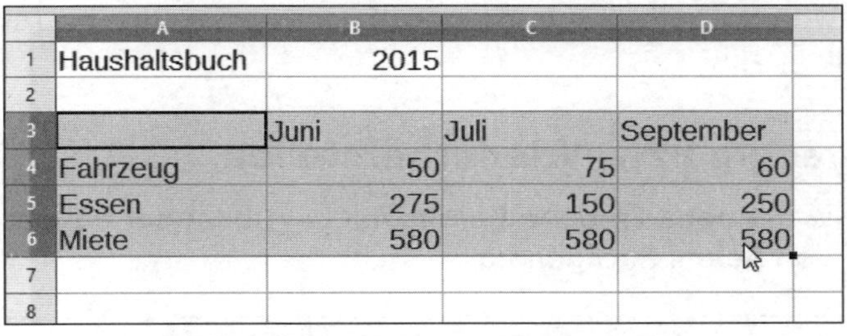

Abb. 3.19: Rasch einen Block markieren

Bearbeiten und Sortieren

Wie Sie gleich sehen werden, können Sie die Zellinhalte auf vielfältige Weise bearbeiten und in die gewünschte Reihenfolge bringen.

Zellinhalt bearbeiten und ändern

Wenn Sie den kompletten Text in einer Zelle durch andere Daten ersetzen wollen, schreiben Sie die neuen Daten in die Zelle. Sobald Sie die Eingabe mit der Taste ↵ beenden, ist der neue Eintrag übernommen. Wenn Sie aus Versehen eine Zelle überschreiben, haben Sie zwei Möglichkeiten:

Wenn Sie Ihren Irrtum noch während des Schreibens bemerken, drücken Sie die Taste [Esc] und der alte Eintrag erscheint wieder. Wenn Sie den vorhandenen Eintrag in einer Zelle nur geringfügig verändern wollen, sodass sich das Neuschreiben nicht lohnt, klicken Sie am besten in die Zelle und dann in die Rechenleiste.

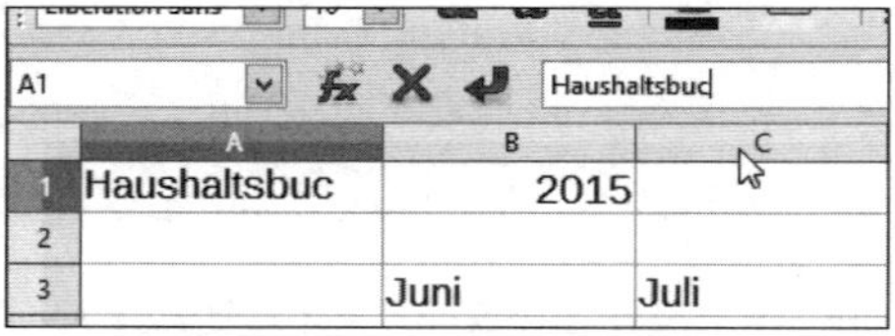

Abb. 3.20: Eine Korrektur in der Rechenleiste

Hier können Sie Daten einfügen oder mit der Taste [Entf] (die Zeichen rechts vom Cursor werden gelöscht) bzw. [⇐] (die Zeichen links vom Cursor werden gelöscht) entfernen. Beenden Sie Ihre Korrektur mit der Taste [↵].

Rückgängig bzw. Wiederherstellen

Wenn Sie die neue Eingabe bereits mit [↵] beendet haben, benutzen Sie den Befehl *Rückgängig*.

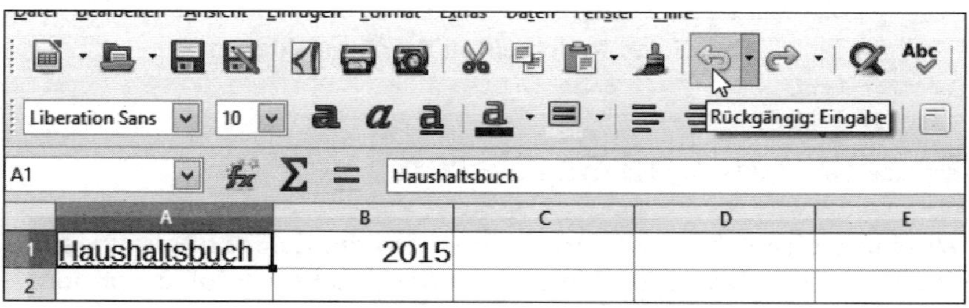

Abb. 3.21: Eine Eingabe rückgängig machen

Über die Tastenkombination [Strg] + [Z] oder die Schaltfläche *Rückgängig* in der Symbolleiste *Standard* können Sie die zuvor durchgeführten Änderungen wieder ungeschehen machen. Sie können mehrere Aktionen rückgängig machen, indem Sie mehrfach hintereinander den Befehl *Rückgängig* ausführen.

Wenn Sie bereits wissen, dass Sie mehr als eine oder zwei Aktionen ungeschehen machen wollen, klicken Sie auf den Listenpfeil der Schaltfläche *Rückgängig*. Daraufhin erscheint eine Liste aller Aktionen, die Sie vorgenommen haben. Je weiter Sie in der Liste nach unten gehen, desto „älter" ist die Aktion. Klicken Sie dann den gewünschten vorherigen Zustand Ihres Dokuments an.

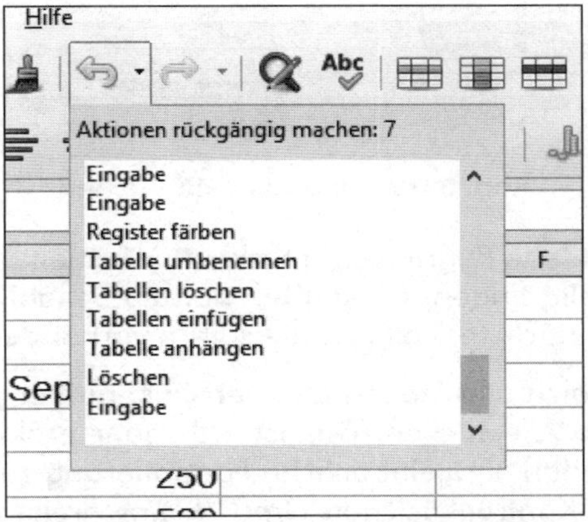

Abb. 3.22: Da lassen sich einige Aktionen rückgängig machen

Was Sie rückgängig gemacht haben, können Sie auch wiederherstellen. Drücken Sie Strg + Y oder klicken Sie auf die Schaltfläche *Wiederherstellen*. Wie beim Befehl *Rückgängig* können Sie über den Listenpfeil gleich mehrere Aktionen wiederherstellen.

Suchen und finden von Zellinhalten

Wenn Sie bestimmte Zellinhalte finden möchten, verwenden Sie die Funktion *Suchen*.

Wenn Sie in einer großen Tabelle einen bestimmten Inhalt suchen, haben Sie in Calc die Möglichkeit, die Tabelle nach Wörtern oder auch nur Zeichenfolgen zu durchsuchen und diese bei Bedarf sogar durch andere Wörter bzw. Zeichenfolgen ersetzen zu lassen.

Sinnvoll ist es, die Suche in der ersten Zelle beginnen zu lassen. Um an dieser Stelle den Cursor zu positionieren, klicken Sie einfach auf die Zelle A1 oder drücken die Tastenkombination Strg + Pos1.

Nachdem Sie die Tastenkombination [Strg] + [F] betätigt oder die Menüfolge *Bearbeiten / Suchen* aufgerufen haben, wird am unteren Dokumentrand die Suchenleiste eingeblendet.

Geben Sie in das Feld *Suchen nach* den Suchbegriff ein und klicken Sie auf *Suchen*.

Abb. 3.23: Einen Begriff suchen

Der erste gefundene Begriff wird markiert. Möchten Sie eine eventuelle weitere Stelle finden, klicken Sie auf die Schaltfläche *Nächsten suchen* und die nächste Stelle wird – sofern vorhanden – markiert.

Möchten Sie gleich alle Stellen markiert bekommen, klicken Sie auf die Schaltfläche *Alle suchen*. Das ist z. B. sehr praktisch, wenn Sie allen Suchbegriffen eine einheitliche Formatierung zuweisen wollen. Bei aktiviertem Kontrollkästchen *Groß-/Kleinschreibung* werden nur die exakt übereinstimmenden Stellen ausfindig gemacht.

Ersetzen von Zellinhalten

Darüber hinaus können Sie auch Zeichenfolgen durch andere Zeichenfolgen ersetzen lassen. Diese Funktion nennt man *Suchen & Ersetzen*.

Rufen Sie das entsprechende Dialogfenster über die Schaltfläche in der Suchenleiste oder über die Schaltfläche in der *Standard*-Symbolleiste auf.

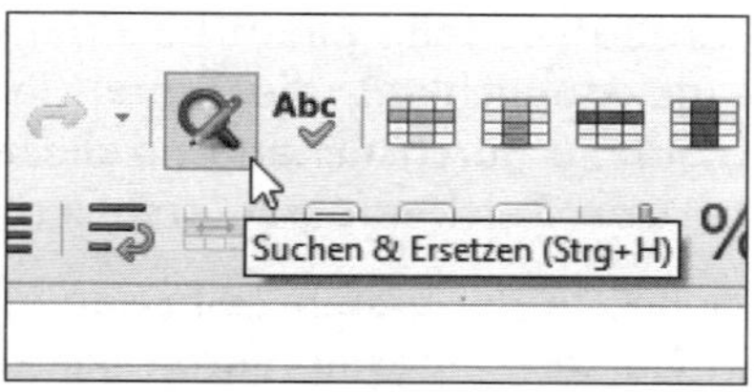

Abb. 3.24: Starten der Aktion

In diesem Fall tragen Sie im Dialogfenster *Suchen & Ersetzen* den Suchbegriff ein und geben den gewünschten neuen Begriff im Feld *Ersetzen durch* an. Mit einem Klick auf *Suchen* starten Sie.

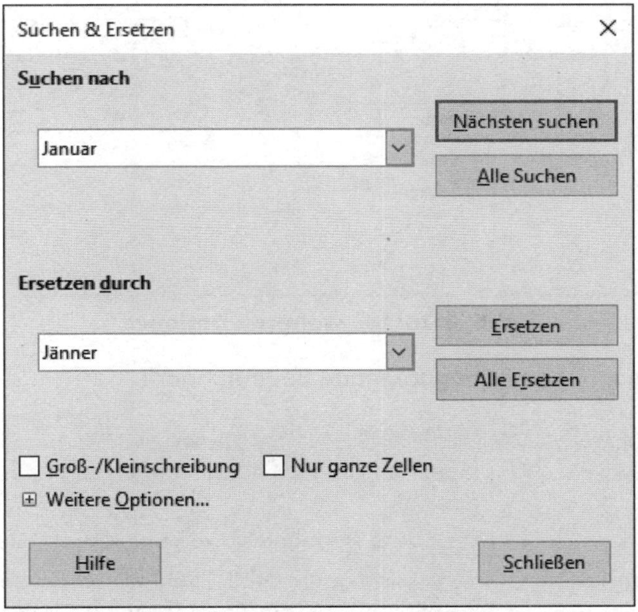

Abb. 3.25: Suchen & Ersetzen

Calc findet das erste Vorkommen des Suchbegriffs. Nun können Sie entscheiden, ob hier wirklich der neue Begriff verwendet werden soll. Wenn ja, klicken Sie auf die Schaltfläche *Ersetzen*. Wenn nicht, klicken Sie auf *Nächsten suchen*. So können Sie die gesamte Tabelle kontrolliert durcharbeiten.

Bei einer sehr langen Tabelle bietet es sich an, die Schaltfläche *Alle Ersetzen* zu benutzen. Dazu sollten Sie aber sicher sein, dass auch alle Ersetzungen wie gewünscht erscheinen werden (Groß-/Kleinschreibung!). Falls das Ergebnis nicht zu Ihrer Zufriedenheit ausfällt, klicken Sie auf *Rückgängig*. Dadurch werden alle Ersetzungen wieder aufgehoben. Über die Schaltfläche *Weitere Optionen* können Sie weitere Einstellungen vornehmen.

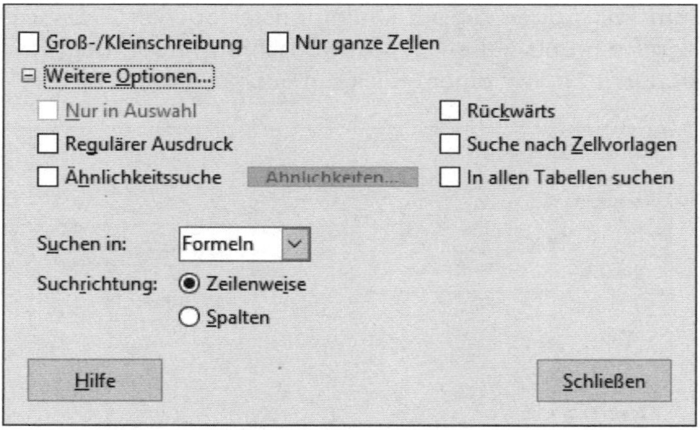

Abb. 3.26: Die weiteren Optionen

Die Suchoptionen haben folgende Bedeutungen:

Suchoption	Bedeutung
Nur in Auswahl	In diesem Fall wird nur innerhalb der Markierung gesucht.
Rückwärts	Die Suche startet gleich von unten nach oben.
Regulärer Ausdruck	Berücksichtigt die Groß- und Kleinschreibung des Suchbegriffs und sucht die Zeichenfolge in der eingegebenen Schreibweise.
Suche nach Zellvorlagen	Es kann nach Vorlagen gesucht werden.
Ähnlichkeitssuche	Es werden dem Suchbegriff ähnliche Treffer angezeigt.
Suchen in:	*Formeln:* Sucht die Zeichenfolge in den eingegebenen Daten.
	Werten: Sucht die Zeichenfolge in berechneten Ergebnissen (wenn vorhanden).
	Notizen: Sucht die Zeichenfolge in allen Notizen.
Suchrichtung	Geben Sie an, ob Sie in Zeilen oder Spalten suchen wollen.

Sortieren

Daten, die in Form von Listen gesammelt werden, werden übersichtlicher, wenn sie in sortierter Form vorliegen. In Calc können Sie jederzeit einen Bereich nach beliebigen Gesichtspunkten sortieren. Beim Sortieren ist es entscheidend, ob Sie markieren oder nicht. Wenn eine Markierung vorliegt, werden nur diese Daten sortiert. Haben Sie nichts markiert und der Zellzeiger ist in der Liste positioniert, erkennt Calc den gesamten Listenbereich und sortiert die ganze Liste nach dem gewünschten Kriterium.

Markieren Sie zunächst die zu sortierenden Informationen. Dann klicken Sie je nach gewünschter Sortierrichtung auf die Schaltfläche *Aufsteigend sortieren* oder *Absteigend sortieren*.

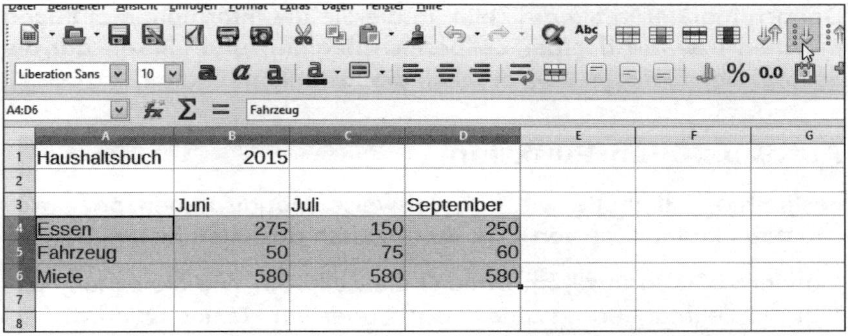

Abb. 3.27: Den alphabetischen Sortiervorgang starten

Kopieren, Verschieben, Löschen

Die eingegebenen Daten werden Sie des Öfteren kopieren, verschieben oder löschen müssen.

Zellen kopieren

Das Kopieren von Zellinhalten bzw. einer Zellauswahl funktioniert wie bei allen anderen Programmen auch.

Sie markieren die betreffende Zelle bzw. Zellauswahl. Dann klicken Sie auf die Schaltfläche *Kopieren* bzw. drücken [Strg] + [C].

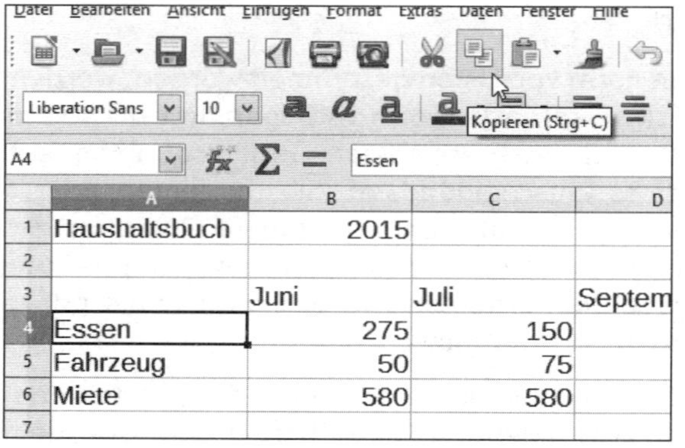

Abb. 3.28: Eine Zelle kopieren

Danach markieren Sie die Zelle, in die Sie die Information einfügen möchten bzw. an der der Zellbereich beginnt, und klicken auf die Schaltfläche *Einfügen* bzw. drücken die Tastenkombination [Strg] + [V].

AutoAusfüllen-Funktion

Bestimmte Zellinhalte wie beispielsweise Monatsnamen oder Wochentage können Sie von Calc automatisch ausfüllen lassen.

Markieren Sie in unserem Beispiel die Zelle B3. Wie Sie sehen, verfügt die Zellmarkierung unten rechts über ein kleines Quadrat, das *AutoAusfüllen*-Kästchen. Führen Sie den Mauszeiger auf dieses Kästchen, bis aus dem Pfeil ein einfaches schwarzes Kreuz (Pluszeichen) wird.

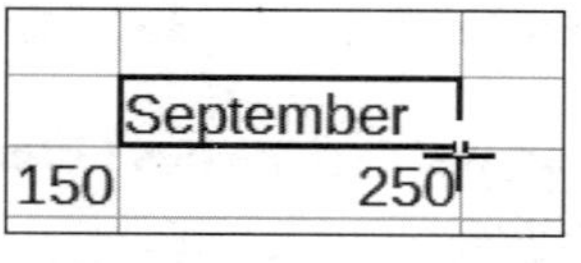

Abb. 3.29: Zelle mit AutoAusfüllen-Kästchen

Nun klicken Sie, halten die linke Maustaste gedrückt und ziehen nach rechts (oder in jede andere Richtung).

In der *QuickInfo* sehen Sie, bis zu welchem Monat die Reihe bereits ausgefüllt ist.

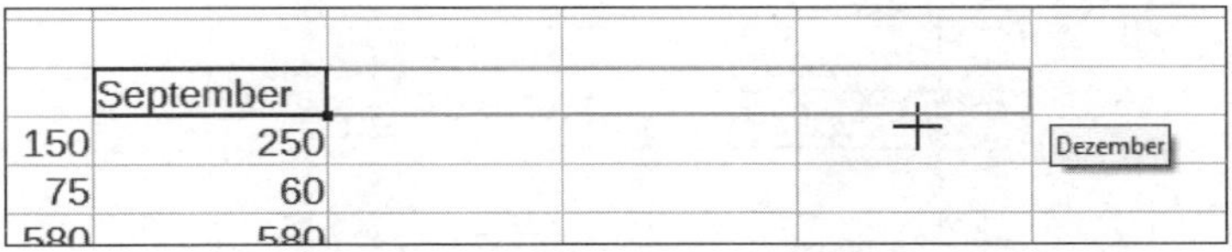

Abb. 3.30: Die AutoAusfüll-Funktion in Aktion

Die Funktion *AutoAusfüllen* funktioniert mit den folgenden Einträgen:

Sie geben ein:	Es entsteht:
`Januar` (oder jeden beliebigen anderen Monat)	*Januar, Februar, März ...*
`Jan` (oder jeden beliebigen anderen auf drei Zeichen abgekürzten Monatsnamen)	*Jan, Feb, Mrz ...*
`Montag` (oder jeden beliebigen anderen Wochentag)	*Montag, Dienstag, Mittwoch ...*
`Mo` (oder jeden beliebigen anderen auf zwei Zeichen abgekürzten Wochentagnamen)	*Mo, Di, Mi ...*
Beliebiges Datum, z. B. `30.08.2015`	*30.08.15, 31.08.15, 01.09.15, 02.09.15...*
Eine Bezeichnung und eine Zahl, z. B. `Monat 1`	*Monat 1, Monat 2, Monat 3 ...*

Zellen verschieben

Auch das Verschieben von Zellen bzw. Zellbereichen funktioniert wie gewöhnlich: Sie markieren die Zelle bzw. den Zellbereich, klicken auf die Schaltfläche *Ausschneiden* bzw. drücken Strg + X, klicken an die neue Stelle und klicken auf die Schaltfläche *Einfügen* bzw. drücken Strg + V.

Eine weitere Möglichkeit besteht im Verschieben mit der Maus. Dazu zeigen Sie auf den Zellrand der betreffenden Zelle bzw. des markierten Bereichs. Anschließend klicken Sie mit der Maustaste, halten diese gedrückt und ziehen die Zelle bzw. den Zellbereich an die gewünschte Stelle.

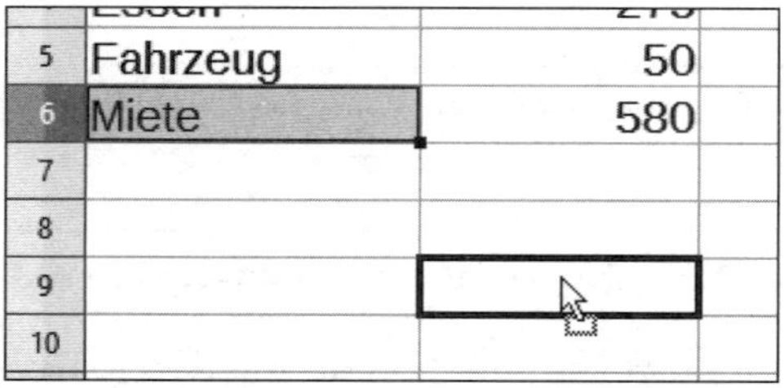

Abb. 3.31: So kann man eine Zelle verschieben

Dort angekommen, lassen Sie die Maustaste los und die Zelle bzw. der Zellbereich wird augenblicklich dorthin verschoben.

Sie können bei diesem Vorgang auch den Inhalt der Zelle kopieren, wenn Sie währenddessen die [Strg]-Taste drücken.

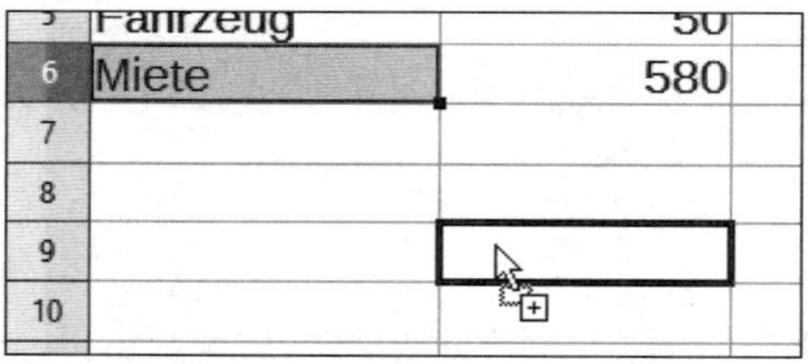

Abb. 3.32: Die Zelle wird kopiert

Löschen

Zum Entfernen der Daten einer Zelle bzw. eines Zellbereichs markieren Sie die betreffende(n) Zelle(n) und drücken dann die Taste [Entf].

Zeilen und Spalten

In Calc werden die Zeilen mit durchgängigen Ziffern von 1 bis 1048576 und die Spalten mit Buchstaben von A bis XFD bezeichnet.

Zeile(n) auswählen

Eine komplette Zeile bzw. benachbarte und nicht benachbarte Zeilen wählen Sie mit der Maus wie folgt aus:

Aktion	Markiert	Beispiel
Klicken auf Zeilenkopf	die aktuelle Zeile	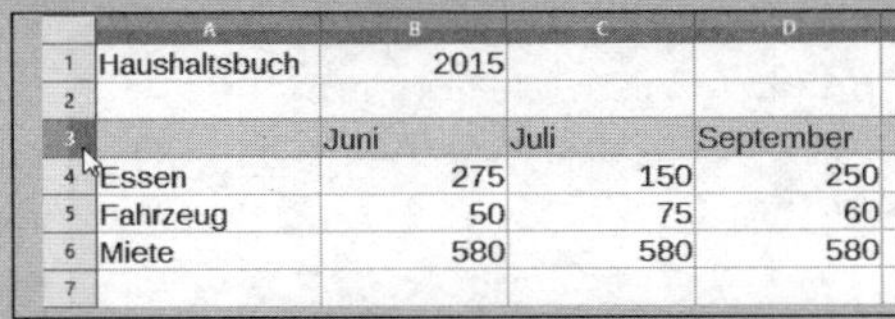
Klicken auf Zeilenkopf und ziehen	die aktuelle Zeile und die darunterliegenden	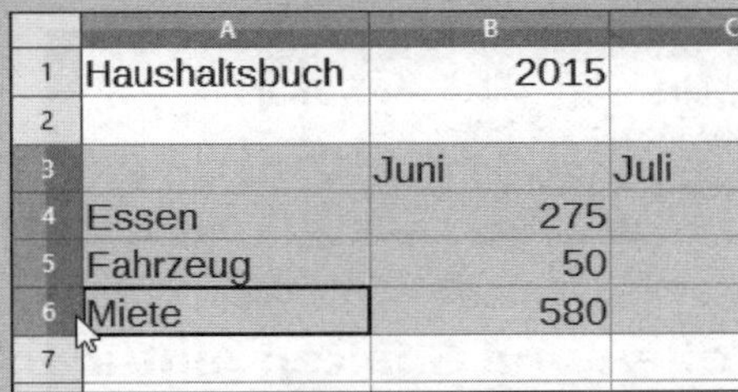
[Strg] + klicken auf weitere Zeilenköpfe	mehrere, nicht untereinanderliegende Zeilen	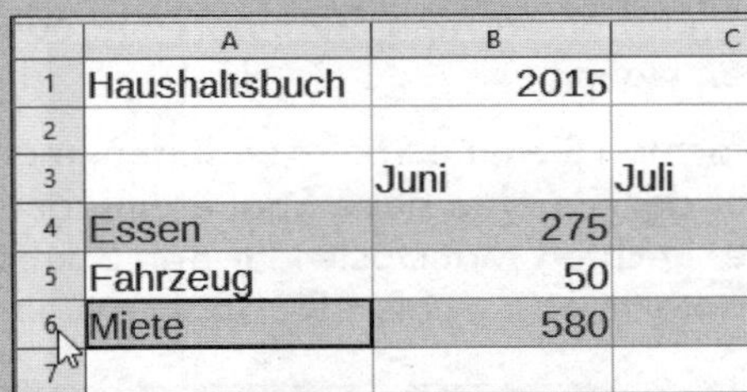

Spalte(n) auswählen

Für die Spaltenmarkierung gehen Sie so vor:

Aktion	Markiert	Beispiel
Klicken auf Spaltenkopf	die aktuelle Spalte	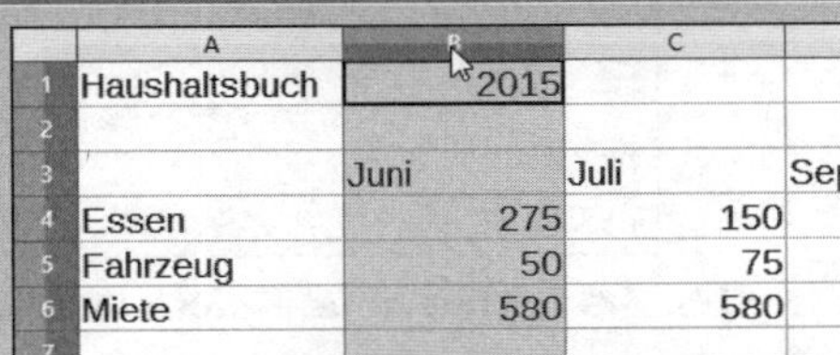

Aktion	Markiert	Beispiel
Klicken auf Spaltenkopf und ziehen	die aktuelle Spalte und die danebenliegenden	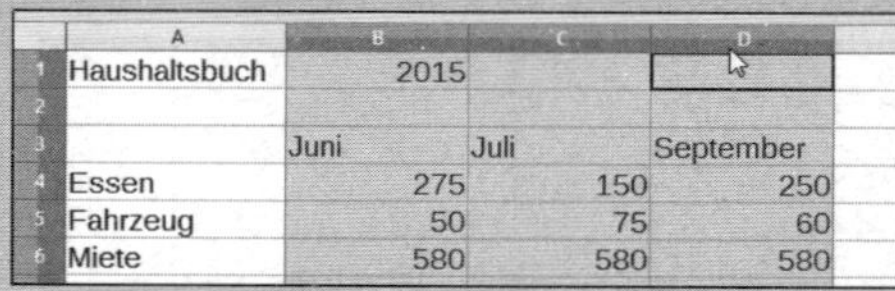
Strg + klicken auf weitere Spaltenköpfe	mehrere, nicht nebeneinanderliegende Spalten	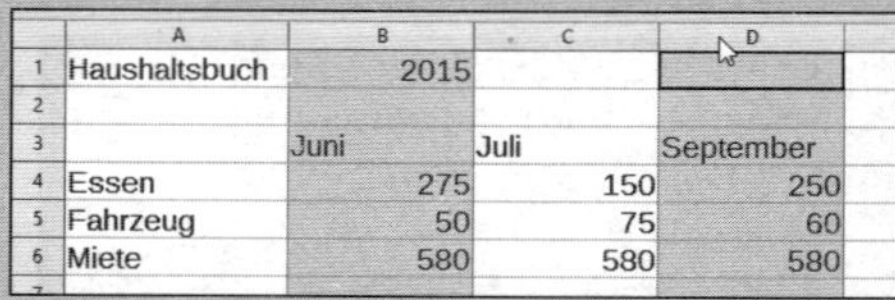

Zeilen und Spalten einfügen bzw. löschen

Ab und an werden Sie eine Zeile oder Spalte einfügen oder entfernen wollen.

Möchten Sie eine Spalte einfügen, markieren Sie zunächst die Spalte, vor der Sie eine neue Spalte einfügen wollen, und klicken dann mit der rechten Maustaste auf den Spaltenkopf. In dem erscheinenden Kontextmenü wählen Sie *Spalten links einfügen*.

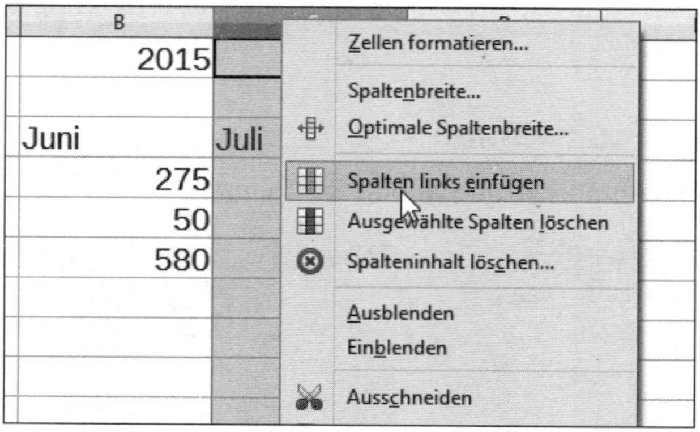

Abb. 3.33: Eine neue Spalte über das Kontextmenü einfügen

Analog löschen Sie vorhandene Spalten: Markieren Sie die zu entfernende(n) Spalte(n) und klicken Sie mit der rechten Maustaste auf den Spaltenkopf. In dem erscheinenden Kontextmenü wählen Sie dann *Ausgewählte Spalten löschen*.

Das Einfügen und Löschen von Zeilen geht genauso: Markieren Sie die Zeile(n) und wählen Sie im Kontextmenü *Zellen einfügen* bzw. *Zellen löschen*.

Spaltenbreite und Zeilenhöhe

Nicht immer hat die Spalte oder die Zeile die erforderliche Breite oder Höhe. In diesem Fall können Sie sie recht schnell intuitiv mit der Maus anpassen.

Um beispielsweise die Breite einer Spalte schnell anzupassen, führen Sie den Mauszeiger auf die Begrenzungslinie zwischen den beiden Spaltenköpfen, bis der Mauszeiger zu einem Strich mit Pfeilen wird. Dann klicken Sie, halten die Maustaste gedrückt und ziehen die Begrenzungslinie nach rechts oder links, je nachdem, ob Sie die Spalte vergrößern oder verkleinern wollen.

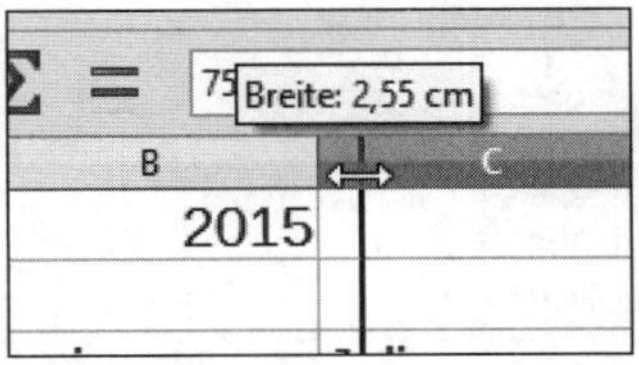

Abb. 3.34: Die Position für das Anpassen der Spalte

In der QuickInfo wird die aktuelle Breite in Zentimeter mitgeteilt. Ist die gewünschte Größe erreicht, lassen Sie die Maustaste wieder los.

Um nun mehrere Spalten genau gleich einzustellen, markieren Sie zunächst die betreffenden Spalten. Handelt es sich um benachbarte Spalten, klicken Sie und ziehen den Mauszeiger, bis die betreffenden Spalten markiert sind. Falls die Spalten nicht nebeneinanderliegen, klicken Sie in die erste Spalte und halten bei den Klicks in die nächsten Spalten die Taste Strg gedrückt.

Dann stellen Sie an einer Spalte exemplarisch die Breite ein, die für die anderen Spalten ebenfalls gelten soll.

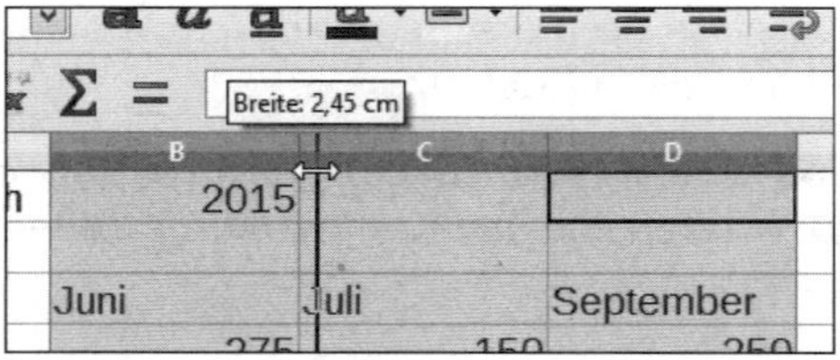

Abb. 3.35: Die Breite mehrerer Spalten einstellen

Wenn Sie die Maustaste loslassen, sind alle zuvor markierten Spalten gleich breit.

Ziehen Sie den Mauszeiger in die andere Richtung, kann ein Problem auftauchen: Die Zahlen werden nicht mehr angezeigt! Anders als bei Text, der einfach in der Ansicht „abgeschnitten" wird, wenn die Spalte zu schmal ist, erscheinen bei Zahlen stattdessen Nummernzeichen (#). Damit wird ganz deutlich von Calc darauf hingewiesen, dass diese Spalte zu schmal ist, um die Zahlen darzustellen.

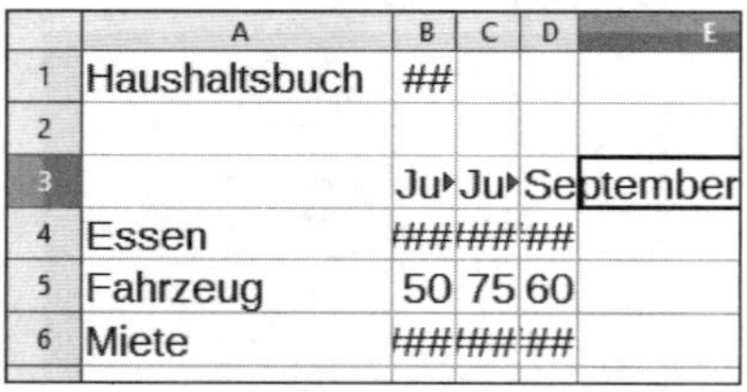

Abb. 3.36: Die Spalte ist für den Zellinhalt nicht breit genug

Hier hilft die Einstellung *Optimale Spaltenbreite* für eine Spalte. Optimal bedeutet in diesem Fall: gerade so groß wie nötig, um den gesamten Inhalt zu zeigen. Dabei wird der breiteste Eintrag der gesamten Spalte als Richtwert genommen.

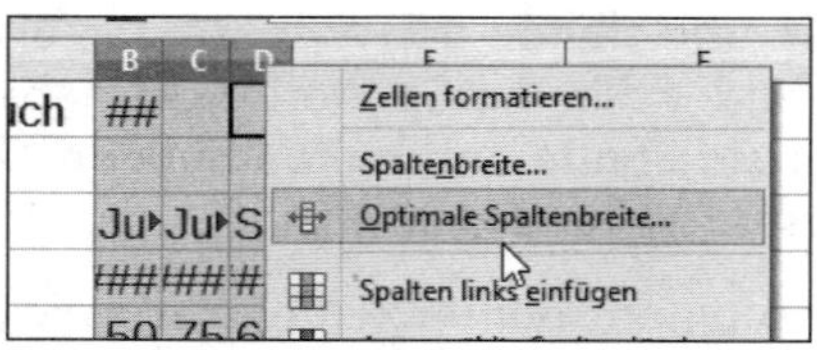

Abb. 3.37: Die optimale Spaltenbreite einstellen

Die optimale Breite für die betreffende Spalte können Sie ganz einfach einstellen, indem Sie einen Doppelklick auf die Begrenzungslinie zwischen den beiden Spaltenköpfen ausführen.

Sie können auch mehrere Spalten markieren und auf einer Begrenzung einen Doppelklick ausführen. Dadurch wird jede Spalte verschieden breit, aber optimal eingestellt.

Genauso verändern Sie auch die Zeilenhöhe. Grundsätzlich passt sich die Zeilenhöhe der verwendeten Schriftgröße an.

Um eine höhere Zeile zu erzeugen, klicken Sie auf die untere Trennlinie der Zeile, hier 1, halten die Maustaste gedrückt und ziehen nach unten.

Abb. 3.38: Die Zeilenhöhe verändern

Wiederum gibt Ihnen die *QuickInfo* einen Hinweis über die aktuelle Höhe.

Auf diese Weise erzeugen Sie Abstände zwischen den Zeilen, ohne mit Leerzeilen arbeiten zu müssen. Das ist wesentlich effektiver, weil Sie z. B. viel schneller größere Bereiche markieren können, wenn Sie dabei keine Leerzeilen aussparen müssen! Und genau wie bei den Spalten können Sie auch mehrere Zeilen mit der gleichen Zeilenhöhe versehen, indem Sie die Zeilen markieren und an einer Zeile die gewünschte Höhe einstellen. Ebenso gibt es eine optimale (d. h. der Schriftgröße angepasste) Zeilenhöhe, die Sie durch einen Doppelklick erzeugen.

Zeilen und Spalten fixieren

Gerade bei längeren Tabellen werden Sie die folgende Funktion zu schätzen wissen. Muss man nämlich ziemlich lange nach unten blättern, verschwindet oft die Zeile mit der Spaltenüberschrift und man kann nur schwer erraten, zu welcher Überschrift der betreffende Eintrag gehört. In diesem Fall können Sie Zeilen wie auch Spalten fixieren.

Zunächst platzieren Sie den Cursor in einer Zelle unterhalb der zu fixierenden Zeile. Rufen Sie dann die Befehlsfolge *Fenster / Fixieren* auf.

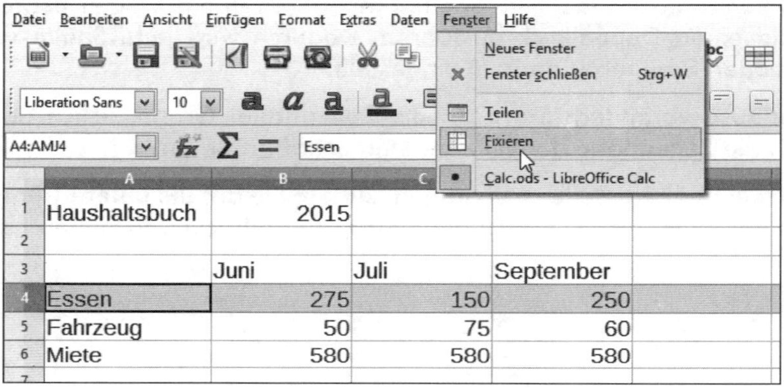

Abb. 3.39: Ein Fenster fixieren

Wenn Sie anschließend mithilfe der Bildlaufleiste nach unten scrollen, werden Sie feststellen, dass der Text unterhalb der Fixierungslinie verschwindet.

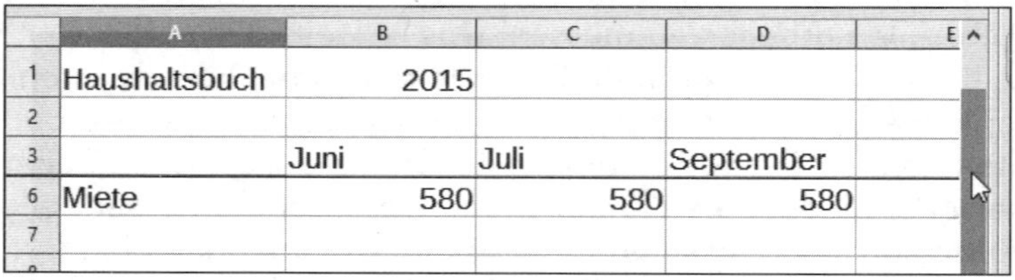

Abb. 3.40: Das Ergebnis des Fixierens

Die Fixierung heben Sie durch erneuten Befehlsaufruf wieder auf.

Formeln und Funktionen

Eine Tabellenkalkulation wie Calc bietet den Vorteil, eingetragene Daten durch Eingabe von Rechenanweisungen auch bei Veränderungen automatisch berechnen zu können. Das reicht von einfachen

Summen über Mehrwertsteuerberechnungen bis hin zu statistischen Auswertungen oder finanzmathematischen Kalkulationen.

Arbeiten mit Formeln

Formeln sind es, was Calc ausmacht. Konkret geht es darum, Berechnungen schnell und richtig auszuführen.

Zellbezüge statt konstanter Werte

Achten Sie dabei insbesondere darauf, dass Sie wenn immer möglich Zellbezüge statt fester Zahlen eingeben. Calc lebt als Kalkulationsprogramm damit, dass man mit Zahlen spielen kann, aber nicht, dass man ständig die Formeln anpassen muss.

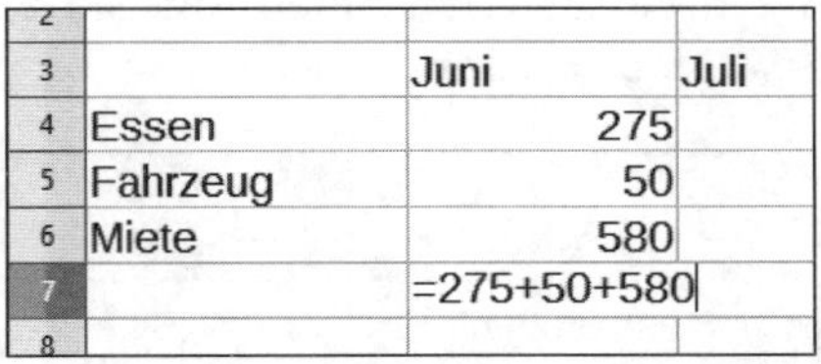

Abb. 3.41: Konstante Werte sind nicht flexibel genug

Zellbezüge

Arbeiten Sie so viel wie möglich mit Zellbezügen. Dazu positionieren Sie zunächst den Zellzeiger in der betreffenden Zelle, im Beispiel in B7.

Damit Calc weiß, dass die folgenden Eingaben nicht einfach wie bisher in die Tabelle geschrieben werden sollen, sondern dass es sich dabei um Anweisungen zum Rechnen handelt, beginnt die Eingabe mit einem *Gleichheitszeichen (=)*. Dadurch wird die Eingabe zu einer Formel.

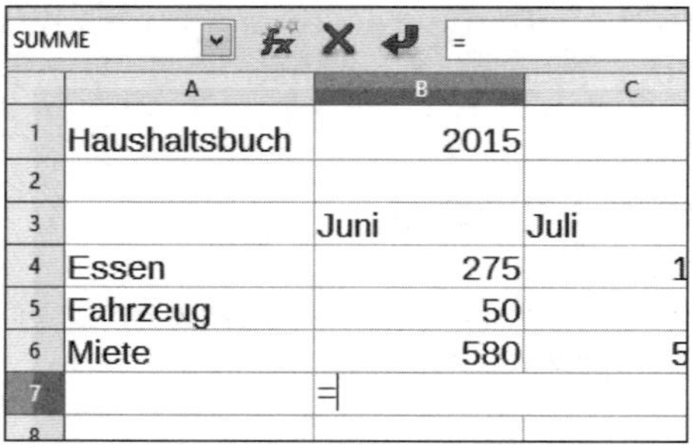

Abb. 3.42: Es geht los mit der Formel

Dann klicken Sie in die erste Zelle, die zur Berechnung herangezogen werden soll, hier B4, oder geben B4 ein. Danach geben Sie – wie beim Taschenrechner – das entsprechende Rechenzeichen ein, hier +. Anschließend klicken Sie in die nächste Zelle (B5) bzw. geben B5 ein und fügen wieder ein Pluszeichen hinzu, bis Sie zum Schluss in die Zelle B6 klicken bzw. b6 eingeben.

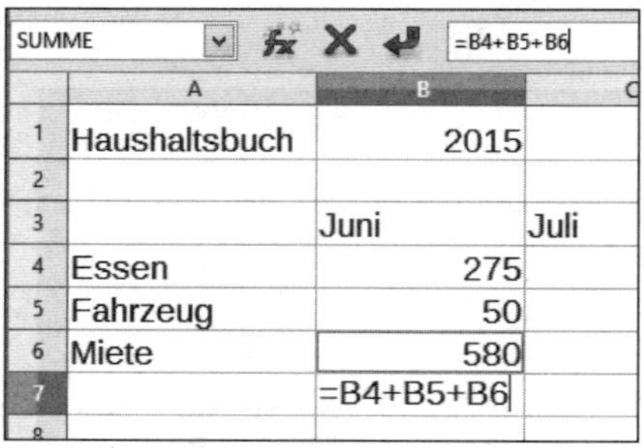

Abb. 3.43: Die Formel entsteht

TIPP

Achten Sie beim Eingeben auf die farbigen Zellmarkierungen. Diese helfen Ihnen, schneller Fehler zu entdecken. Die kleinen Buchstaben werden zudem von Calc automatisch in Großbuchstaben umgewandelt.

Beenden Sie Ihre Eingabe mit [↵]. Danach erscheint das Ergebnis in der Zelle B7.

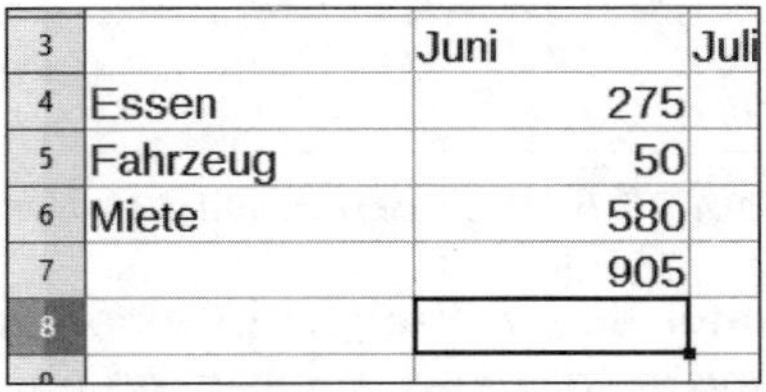

Abb. 3.44: Fertig!

Wenn Sie nun einen Wert aus dieser Spalte verändern, wird automatisch das neue Ergebnis angezeigt.

Bei der Berechnung können Sie zunächst folgende Rechenzeichen verwenden:

Zeichen	Operation
+	Addieren
-	Subtrahieren
*	Multiplizieren
/	Dividieren

Dabei gelten die gleichen Rechenregeln wie in der Mathematik. Insbesondere ist der Grundsatz *Punktrechnung vor Strichrechnung* zu beachten und es ist dementsprechend mit Klammern zu arbeiten.

Für die restlichen Berechnungen in unserem Beispiel müssten Sie an sich die zuvor beschriebene Vorgehensweise in den Zellen C7 und D7 wiederholen.

Ist jedoch die Struktur der Formeln identisch, können Sie die Formel (hier Zelle B7) mithilfe der *AutoAusfüllen*-Funktion in die Zellen C7 und D7 übertragen. Positionieren Sie dazu den Zellzeiger auf der Zelle mit der Formel und führen Sie den Mauszeiger auf das Ausfüllkästchen unten rechts, bis er zum Pluszeichen wird. Dann klicken Sie, halten die Maustaste gedrückt und ziehen bis zur Zelle D7.

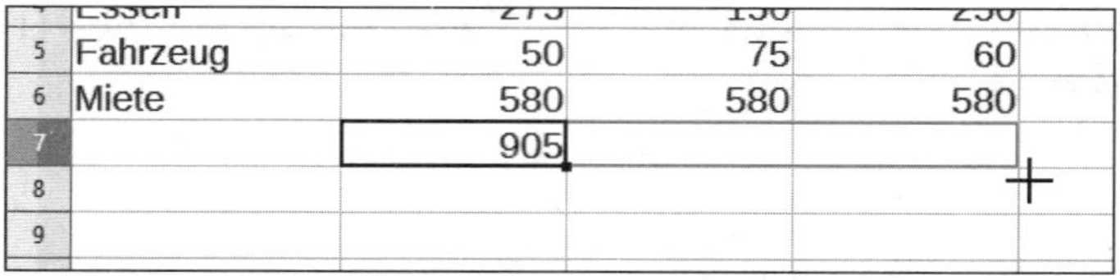

Abb. 3.45: Die Formel wird kopiert

Wenn Sie jetzt einmal den Zellzeiger in einer der Zellen C7 oder D7 positionieren und in die Rechenleiste schauen, sehen Sie eine Formel, die genauso aufgebaut ist, als wenn Sie sie manuell eingegeben hätten. Sie können auf einer Zelle, z. B. D7, einen Doppelklick ausführen, woraufhin Ihnen die Formel mit farbig gekennzeichneten Zellbezügen in der Zelle selbst gezeigt wird.

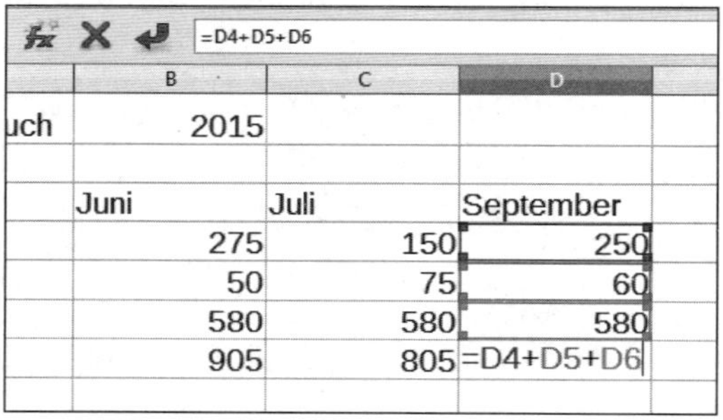

Abb. 3.46: Die Formel wurde angepasst

Verlassen Sie diese Zellbearbeitung mit [Esc].

Standardfehlermeldungen

Nobody is perfect! Oder ist es gar nicht Calc? Ab und zu werden Sie es mit Fehlermeldungen zu tun haben. Diese Fehlermeldungen treten immer im Zusammenhang mit dem #-Zeichen auf. Eine solche Fehlermeldung haben Sie bereits kennengelernt, als Sie eine Spalte mit Zahlen so schmal gezogen hatten, dass keine Zahlen mehr angezeigt werden konnten. Aber es gibt noch eine Reihe weiterer Fehlermeldungen.

Fügen Sie einmal probeweise der Formel in D7 noch den Zellbezug D3 hinzu! Wenn Sie dann die Eingabe bestätigen, erhalten Sie die Fehlermeldung *#WERT!*

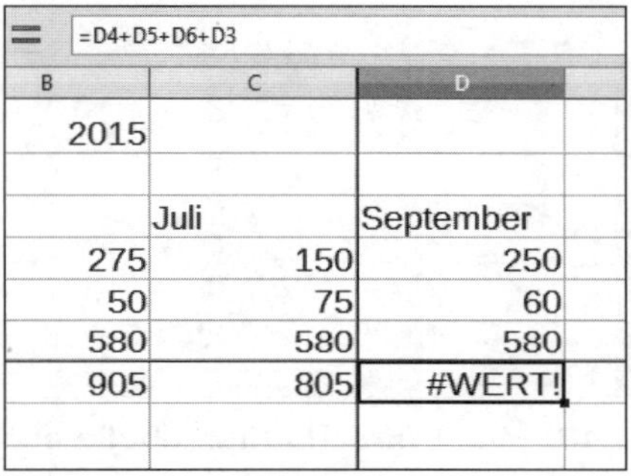

Abb. 3.47: Ein Fehler!

Diese Fehlermeldung besagt nichts anderes, als dass es in der Formel/Funktion einen Bezug auf eine Zelle gibt, die keine Zahl, sondern Text enthält.

Beim Arbeiten mit Calc treten folgende Fehlermeldungen häufiger auf:

Fehlermeldung	Ursache
#DIV/0!	In der Formel/Funktion wird durch die Zahl 0 dividiert.
#REF!	Beim Verschieben oder Löschen von Zellen ist der Bezug in einer Formel verloren gegangen.
#NAME!	Der Name einer Funktion ist falsch geschrieben. Überprüfen Sie die genaue Schreibweise.

Relative und absolute Zellbezüge

In dem vorangegangenen Beispiel konnten Sie Ihre Formeln ohne Probleme direkt kopieren und erhielten das richtige Ergebnis, denn Calc verwendet standardmäßig *relative Bezüge*. Das bedeutet: Steht beispielsweise in der Zelle A3 die Formel *A2+10* und wird diese Formel in die Zelle B3 kopiert, finden Sie hier die Formel *B2+10* vor.

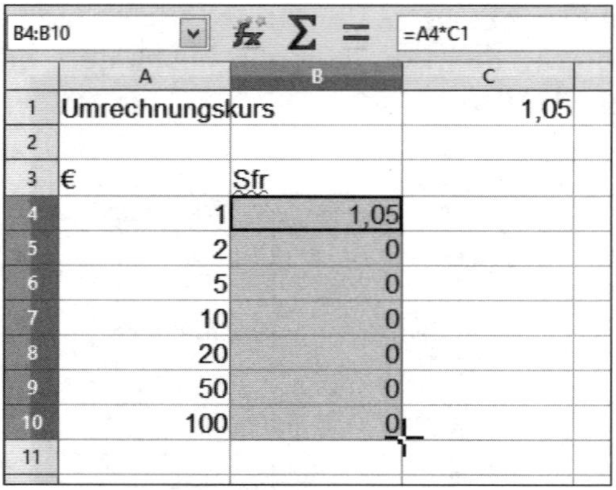

Abb. 3.48: Eine Umrechnungstabelle erstellen

Das Ergebnis ist enttäuschend und außerdem falsch.

Führen Sie einmal einen Doppelklick auf der Zelle B5 aus, damit die benutzten Zellen farbig dargestellt werden.

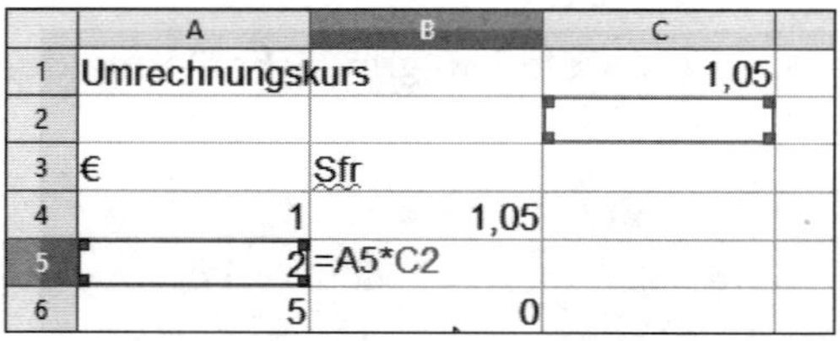

Abb. 3.49: Jetzt wird der Fehler deutlich

Jetzt wird die Ursache für das Ergebnis deutlich: Die Formel nimmt den Wert aus der Zelle A5, was beabsichtigt war, und den Wert aus der Zelle C2, was nicht beabsichtigt war.

Das ist das Resultat des relativen Kopierens, bei dem die Zellbezüge entsprechend der Kopierbewegung angepasst werden.

Um den Fehler zu beheben, sollten Sie zunächst die Zellen mit den falschen Ergebnissen löschen. Wie Sie gesehen haben, wurde durch das *AutoAusfüllen* in der Formel aus der Zelle C1 die Zelle C2. In diesem Fall ist statt des relativen Bezugs ein *absoluter Bezug* nötig: Ganz gleich, in welche Zelle das Ergebnis kopiert wird, es muss immer bei der Zelle C1 bleiben.

Dies drückt man in der Formel durch das Dollarzeichen ($) aus: *$C$1*. Positionieren Sie also den Zellzeiger in der Zelle B4, klicken Sie mit dem Mauszeiger in die Rechenleiste und geben Sie vor dem Buchstaben und der Zahl jeweils ein Dollarzeichen ein.

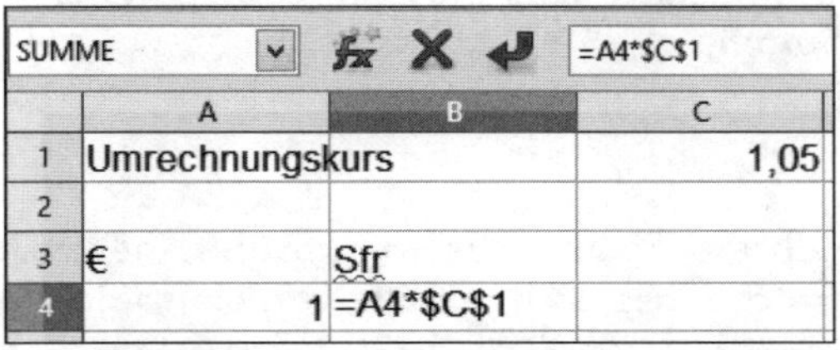

Abb. 3.50: Die betreffende Zelle absolut setzen

Die Zelle wird in Dollarzeichen gesetzt und lautet jetzt: *C1*. Beenden Sie die Korrektur mit einem Klick auf die Schaltfläche *Übernehmen*.

Wenn Sie nun erneut die Formel mit *AutoAusfüllen* kopieren, erscheinen die korrekten Ergebnisse.

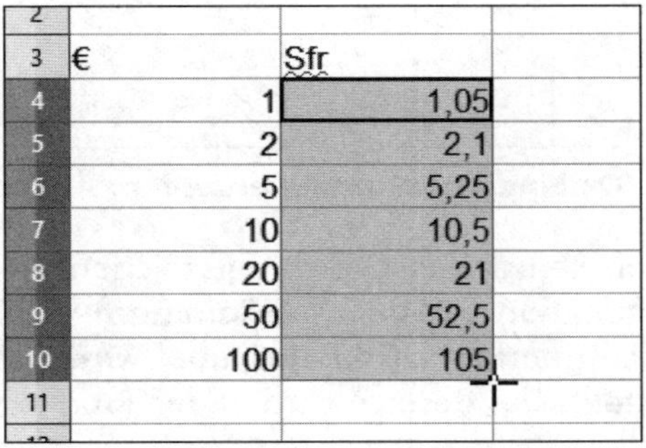

Abb. 3.51: Jetzt klappt es!

Neben reinen absoluten und reinen relativen Zellbezügen gibt es auch gemischte Bezüge, bei denen entweder die Spaltenangabe relativ und die Zeilenangabe absolut angegeben ist oder umgekehrt. Solche gemischten Bezüge könnten dann z. B. wie folgt aussehen: *$C1* oder *C$1*.

Wichtige Funktionen

Mithilfe von *Funktionen* können Sie Standardrechenoperationen durchführen. Beispiel: Um bei der Aufsummierung größerer Datenmengen nicht x-mal klicken zu müssen, bedienen Sie sich stattdessen der Funktion *Summe*.

SUMME

Wenn man mehrere Posten zusammenzählt, nennt man das eine Summe. Eine solche lässt sich mithilfe von Calc leicht erstellen.

Dazu müssen Sie lediglich den Zellzeiger in der Zelle positionieren, in der das Ergebnis erscheinen soll. Dann klicken Sie auf die Schaltfläche *Summe*, die Sie neben der Rechenleiste finden.

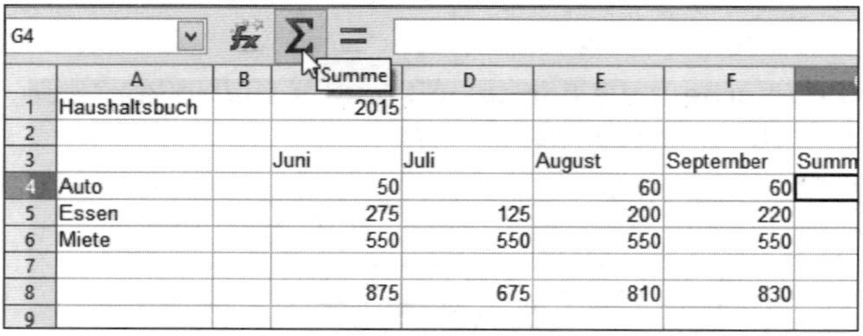

Abb. 3.52: Eine AutoSumme erstellen: Anklicken ...

Calc schreibt von selbst das Gleichheitszeichen = für die Formel. Dann folgt die Funktion *SUMME*. In Klammern wird der zu berechnende Zellbereich genannt: *(C4:F4)*. Dabei wird das „bis" als Doppelpunkt dargestellt. Der Bereich wird in der Tabelle mit blauen Rahmen verdeutlicht.

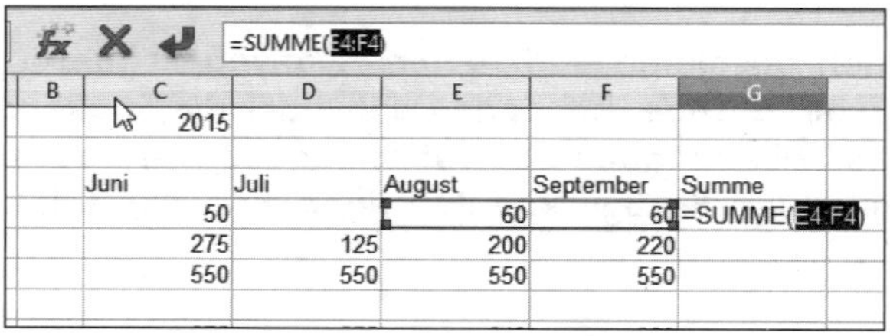

Abb. 3.53: ... und schon fertig! Na ja, fast!

Wie Sie bemerken, erfasst die Funktion *SUMME* automatisch alle Zahlen, die sich links der Ergebniszelle befinden.

In unserem Fall reicht das allerdings nicht, denn der Wert von Juni und die leere Zelle von Juli werden nicht beachtet. Um den Bereich anzupassen, zeigen Sie auf einen der linken quadratischen Anfasser und ziehen den Rahmen auf die erforderlichen Zellen, also auf die Zellen C4 und D4, auf.

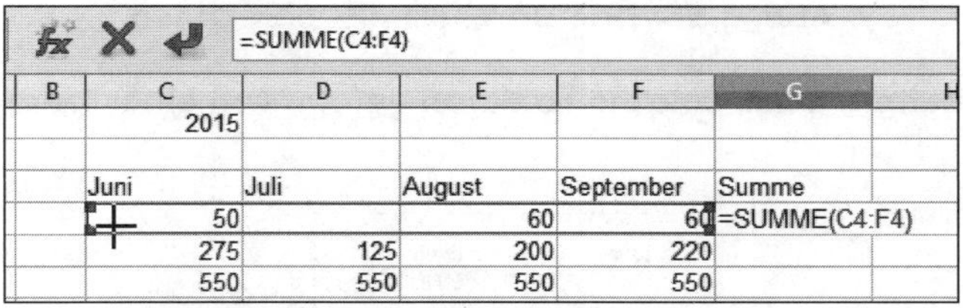

Abb. 3.54: Den Bereich anpassen

Beenden Sie mit einem Klick auf *Übernehmen*.

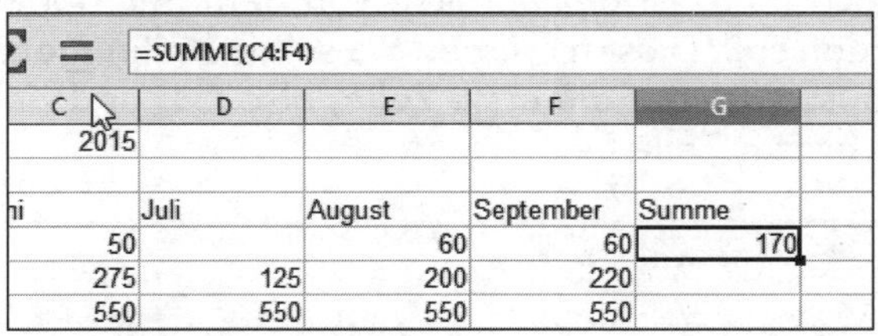

Abb. 3.55: Die Formel kann nun kopiert werden

Danach können Sie die Formel mit *AutoAusfüllen* auf die anderen Zellen übertragen.

MITTELWERT

Möchten Sie den Durchschnitt ermitteln, verwenden Sie die Funktion *MITTELWERT*.

Auch diese Funktion kann direkt eingegeben werden. Positionieren Sie dazu den Cursor in der Zelle, in der das Ergebnis erscheinen soll, und klicken Sie auf die Schaltfläche *Funktion* (das Ist-Zeichen). Anschließend wählen Sie in der Liste den Eintrag *MITTELWERT* aus.

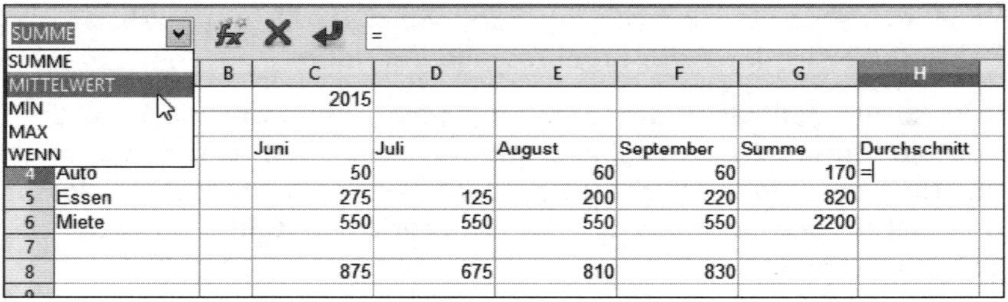

Abb. 3.56: Den Durchschnitt berechnen

Wie Sie sehen, trägt Calc die Funktion gefolgt von einer leeren Klammer ein.

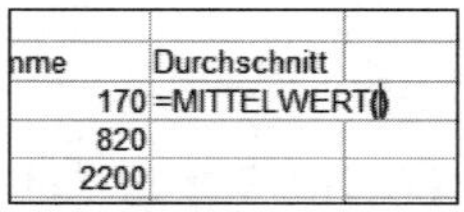

Abb. 3.57: Es fehlen noch die Argumente

Was jetzt noch fehlt, ist der Bereich, von dem der Durchschnitt berechnet werden soll. Diesen müssen Sie selbst bestimmen. Zeigen Sie mit dem Mauszeiger auf die erste Zelle, also C4, und ziehen Sie die Markierung bis zur Zelle F4.

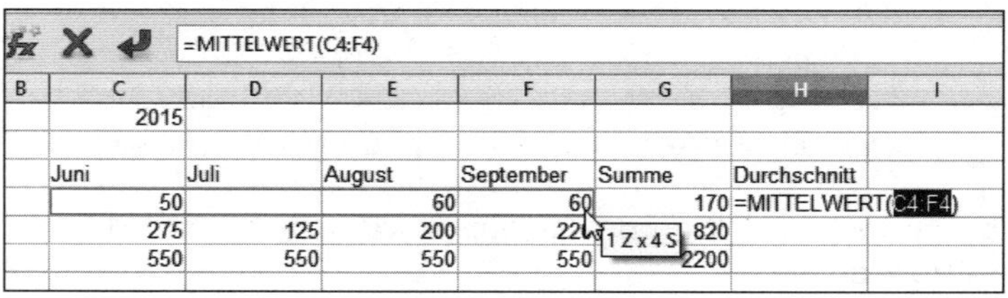

Abb. 3.58: Den Zellbereich anpassen

Bestätigen Sie Ihre Auswahl und schon passt es. Abschließend können Sie die Formel wieder kopieren.

MIN (Minimum)

Die Funktion *MIN* ermittelt die kleinste Zahl eines Bereichs.

Die benötigte Funktion befindet sich nicht im Namenfeld, sodass Sie auf den *Funktions-Assistenten* zurückgreifen müssen. Positionieren

Sie den Cursor in der betreffenden Zelle und klicken Sie in der Rechenleiste auf die Schaltfläche *Funktions-Assistent*.

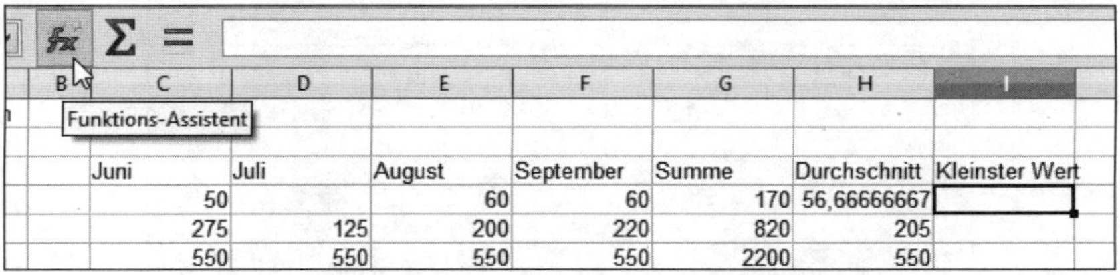

Abb. 3.59: Den kleinsten Wert herausfinden

Bei dem Assistenten werden Sie durch aufeinanderfolgende Dialogfenster geleitet, die Sie durch Auswahlvorgaben oder Fragen gezielt bei einer Aufgabe unterstützen.

Es erscheint das Dialogfenster *Funktions-Assistent*.

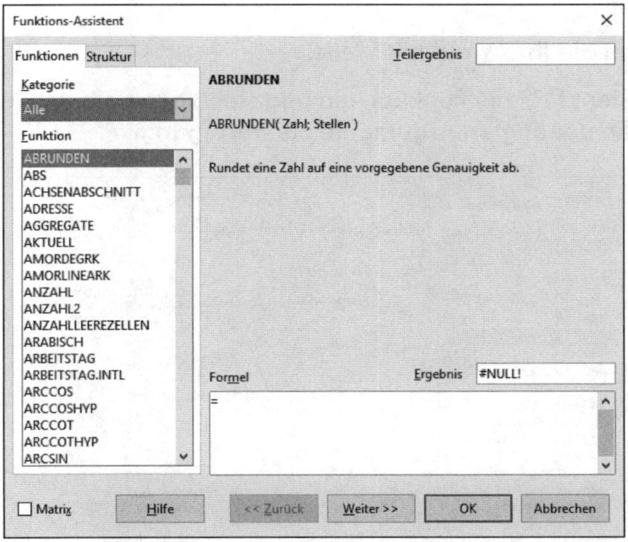

Abb. 3.60: Der Funktions-Assistent

Zur besseren Orientierung wurden die Funktionen in einzelne Gebiete eingeteilt, hier *Kategorie* genannt. Die Funktion zur Minimumbestimmung befindet sich unter *Statistik*.

Klicken Sie deshalb zunächst auf das Listenfeld *Kategorie* und wählen Sie den Eintrag *Statistik* aus. Nachdem die Funktionsauswahl so beschränkt wurde, klicken Sie im Listenfeld *Funktion* auf *MIN*.

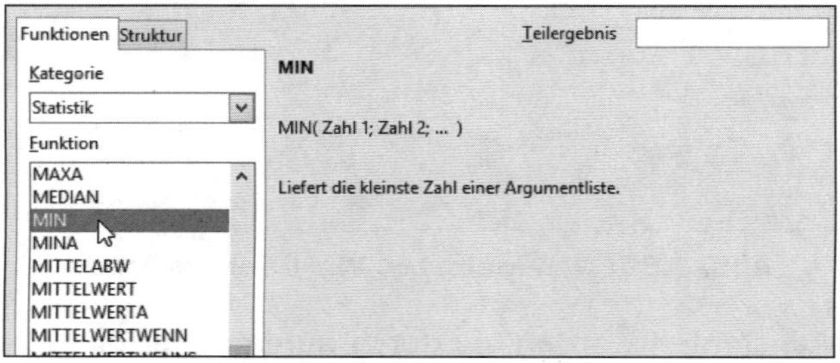

Abb. 3.61: Die gewünschte Funktion auswählen

Auf der rechten Seite wird eine kleine Erläuterung der betreffenden Funktion eingeblendet, die Ihnen bestimmt beim weiteren Vorgehen helfen wird.

Bestätigen Sie Ihre Wahl mit *Weiter*.

Der Assistent fügt die Funktion ein und stellt Ihnen einige Eingabefelder für die benötigten Argumente zur Verfügung.

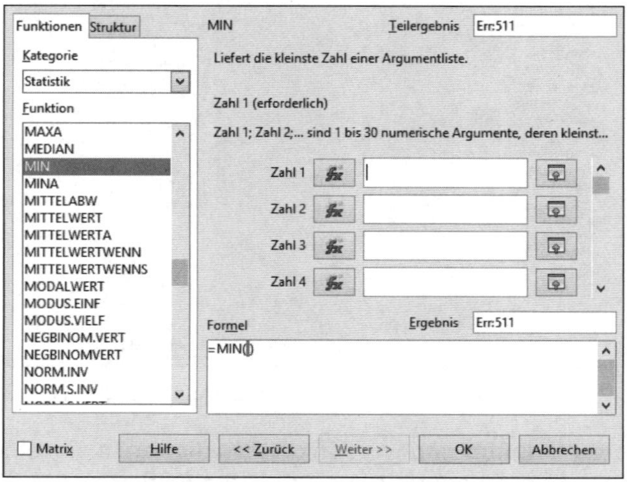

Abb. 3.62: Der Assistent benötigt ein paar Argumente

Um die erste Zahl einzufügen, klicken Sie auf die Schaltfläche *Auswahl*. Das Dialogfenster wird verkleinert und Sie können die Zahl durch einfaches Anklicken auswählen.

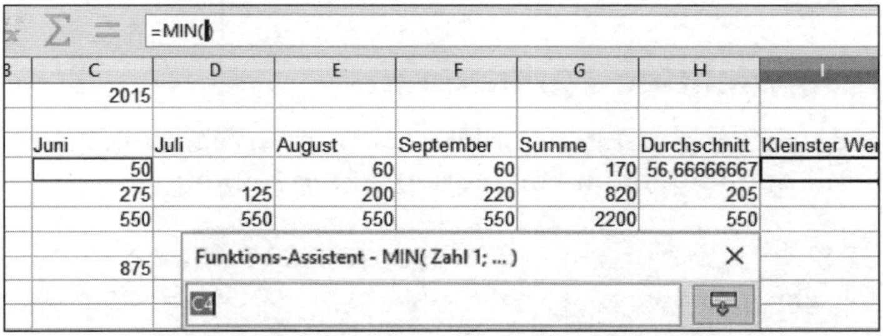

Abb. 3.63: Die erste Zahl auswählen

Sind Sie fertig, klicken Sie auf die Schaltfläche *Vergrößern*, um zum Feld für die zweite Zahl zu gelangen.

Den zweiten Wert fügen Sie nun hinzu, indem Sie auf das darunterliegende Feld *Zahl 2* klicken und anschließend auf die gewünschte Zelle, hier D4.

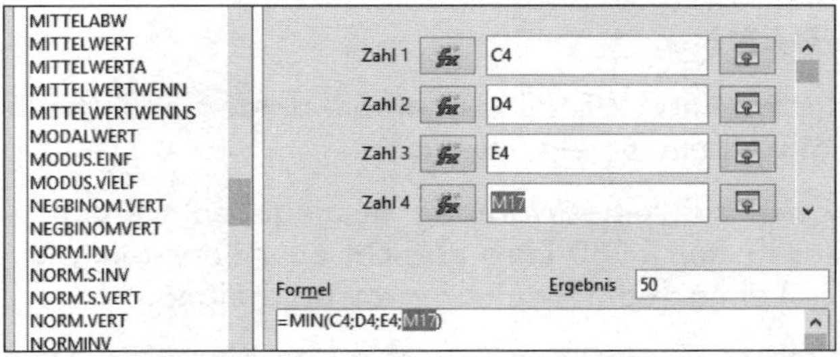

Abb. 3.64: Die Formel steht

Die Werte werden sofort übernommen und ein weiteres Feld für den nächsten Wert wird eingeblendet.

TIPP

Einen zusammenhängenden Bereich können Sie natürlich auch ganz einfach mit der Maus überstreichen.

Fahren Sie auf diese Weise fort, bis Sie alle Zahlen beisammen haben. Wenn Sie fertig sind, beenden Sie durch einen Klick auf *OK* die Funktionseingabe. Danach übertragen Sie die Funktion mit *AutoAusfüllen* auf die anderen Zellen.

Weitere wichtige Funktionen

Neben den eben gezeigten Funktionen werden Sie es im Alltag auch häufig mit den folgenden Funktionen zu tun haben:

Funktion	Bedeutung
MAX (Maximum)	Gibt den größten Wert innerhalb einer Wertemenge zurück.
ANZAHL	Berechnet, wie viele Zellen in einem Bereich Zahlen enthalten.
ANZAHL2	Zählt die Anzahl nicht leerer Zellen in einem Bereich.
ANZAHLLEEREZELLEN	Zählt die Anzahl leerer Zellen in einem Bereich.

WENN-DANN

Mithilfe der Funktion *WENN* können Sie unterschiedliche Ergebnisse in Abhängigkeit eines Wertes erzielen.

Beispielsweise soll eine Warnung ausgegeben werden, wenn die Summe der Kosten 1000 Euro erreicht oder übersteigt. Ist das nicht der Fall, soll einfach die Meldung *okay* erscheinen.

Zunächst gilt es wieder, den Cursor zu positionieren. Dann klicken Sie in der Rechenleiste auf die Schaltfläche des *Funktions-Assistenten*. Im folgenden Dialogfenster schränken Sie die *Kategorie* auf *Logisch* ein und schon können Sie die Funktion *WENN* ausmachen.

Bestätigen Sie mit *Weiter*.

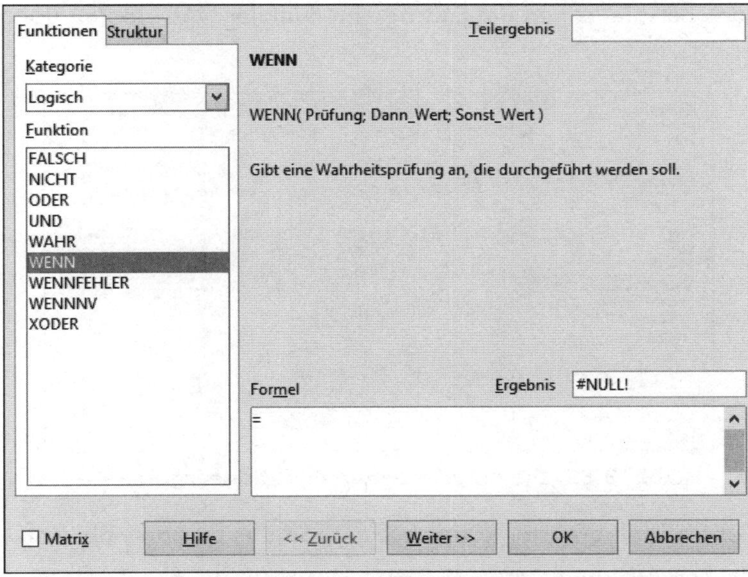

Abb. 3.65: Die Funktion anlegen

Sie erhalten das Dialogfenster *Funktionsargumente*, in dem Sie drei Angaben machen müssen:

- *Prüfung*: Wenn die Summe weniger als 1000 beträgt, soll das passieren, was unter *Dann_Wert* eingetragen ist.
- *Dann_Wert*: Wenn die zuvor genannte Prüfung wahr ist, wird dieser Wert als Ergebnis geliefert.
- *Sonst_Wert*: Wenn die Prüfung falsch ist, erscheint dieser Wert in der Zelle.

Im Feld *Prüfung* benötigen Sie immer einen der nachfolgenden Vergleichsoperatoren, sonst kann keine Prüfung erfolgen: = (gleich), > (größer als), < (kleiner als), >= (größer oder gleich), <= (kleiner oder gleich).

Geben Sie die entsprechenden Werte in die Felder ein. Mithilfe der ⇥-Taste bewegen Sie sich dabei von Feld zu Feld. Die Ausgabetexte müssen Sie in Anführungszeichen setzen; andernfalls gibt Calc eine Fehlermeldung aus!

Für das Beispiel sehen die Einträge im *Funktions-Assistenten* dann so aus:

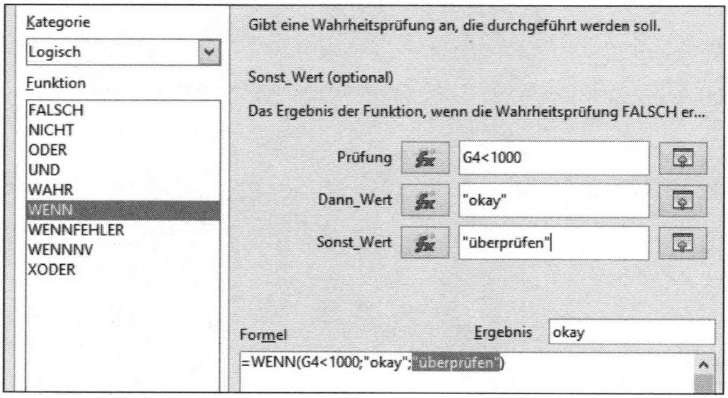

Abb. 3.66: Die eingegebenen Funktionsargumente

In diesem Dialogfenster können Sie schon das Ergebnis ablesen.

Nach dem Klick auf *OK* erscheint der logische Wert in der Zelle. Setzen Sie nun z. B. in der Zelle D4 den Wert auf *1000,* ändert sich die Anzeige in Zelle K4 entsprechend.

	Juli	August	September	Summe	Durchschnitt	Kleinster Wert	Hinweis
50	1000	60	60	1170	292,5	50	überprüfen
275	125	200	220	820	205	125	okay
550	550	550	550	2200	550	550	überprüfen

Abb. 3.67: Die Meldung hat gewechselt

Formate

Eine gute Gestaltung verhilft einer Tabelle zu mehr Übersichtlichkeit. Neben den Möglichkeiten, die Schrift zu verändern, die Ausrichtung von Daten in einer Zelle zu bestimmen und mit farblichen Attributen zu arbeiten, sind die Formate der Zahlen ein wichtiger Aspekt, um den Eingabeaufwand bei großen Zahlenkolonnen auf ein Minimum zu reduzieren. Um darüber hinaus auch weiterhin mit Formeln und Funktionen arbeiten zu können, müssen bestimmte Regeln bei Mengenbezeichnungen wie Stück, m³, Mio. € usw. beachtet werden.

Vordefinierte Zahlenformate

Calc verfügt über bereits vordefinierte Zahlenformate.

Markieren Sie zunächst die Zahlen. Dann klicken Sie in der Symbolleiste *Format* auf die entsprechende Schaltfläche *Zahlenformat*. Um die Werte in unserem Beispiel mit dem €-Zeichen zu versehen, klicken Sie also auf *Zahlenformat: Als Währung formatieren*.

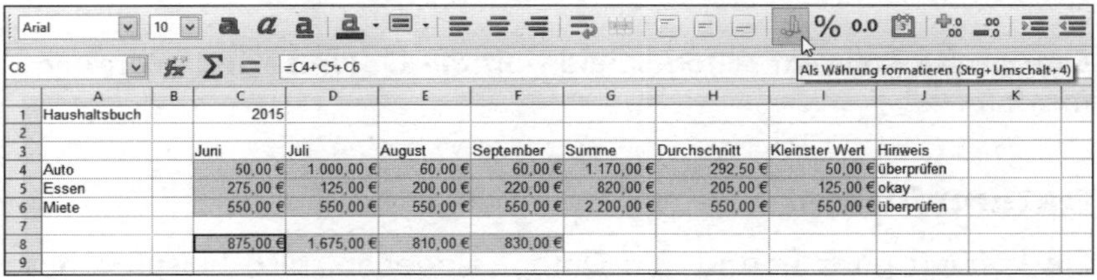

Abb. 3.68: Fertige Zahlenformate

Dezimalstellen

Oftmals sehen zu viele Nachkommastellen nicht sehr schön aus und sollen „verschwinden".

In einem solchen Fall markieren Sie die betreffenden Zellen und klicken so oft auf die Schaltfläche *Zahlenformat: Dezimalstelle entfernen*, bis die gewünschte Anzahl angezeigt wird.

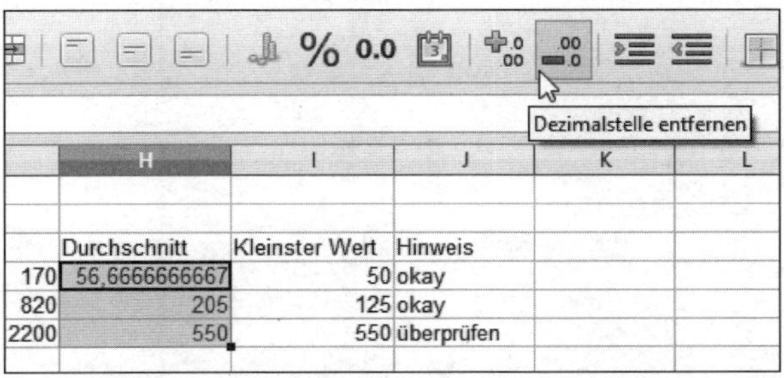

Abb. 3.69: Die Anzahl der Dezimalstellen verringern

Entgegen der Bezeichnung der Schaltfläche werden die Dezimalstellen nicht gelöscht, sondern nur ausgeblendet. Gerechnet wird also mit dem vollen Wert.

Alternativ können Sie auch Dezimalstellen hinzufügen, indem Sie auf die Schaltfläche *Dezimalstelle hinzufügen* klicken.

Datums- und Währungsformat

Eine große Rolle im Alltag spielen oft die Datums- und Währungsformate.

Datumsformat

Sie können ganz normal ein Datum eingeben, also beispielsweise durch Punkte getrennt `28.08.15`.

Möchten Sie das später ändern, können Sie im Dialogfenster *Zellen formatieren* ein anderes Format auswählen. Dieses Dialogfenster erhalten Sie durch Wahl der Befehlsfolge *Format / Zellen*.

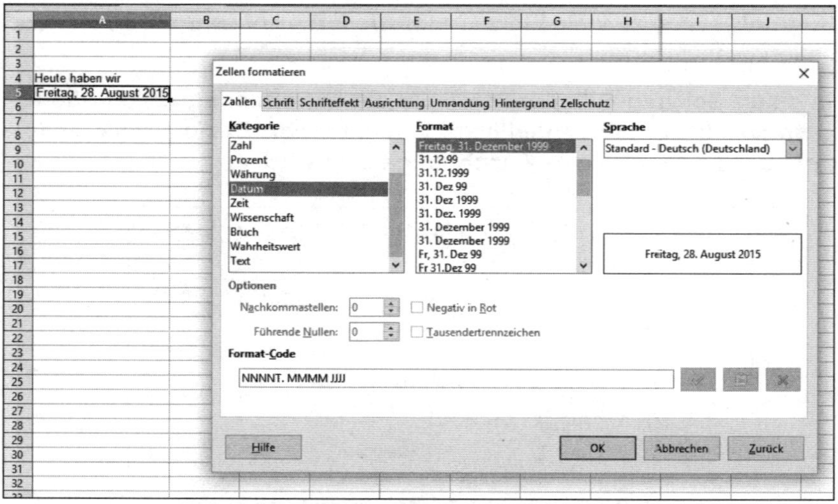

Abb. 3.70: Weitere Zahlenformate finden

Interessant ist der folgende Zusammenhang: Datumsangaben wie z. B. 28.08.2015 werden Calc-intern als Zahl behandelt. Calc beginnt am 01.01.1900 mit der Zahl 1 zu zählen, der 02.01.1900 ist dann die 2 usw. Der 28.08.2015 entspricht der Zahl 42.244. Diese Vorgehensweise hat den Vorteil, mit Datumsangaben rechnen zu können. Beispiel: Heute tätigen Sie eine Geldanlage für 100 Tage. Wann bekommen Sie Ihr Geld zurück? Das ist dann *Heute() + 100*. Damit es für den Anwender leichter wird, wird jedoch das Tagesdatum in der gewohnten Form angezeigt.

Das bedeutet auch, dass Sie ein Datum mithilfe der Kategorie *Zahlen* zur Zahl umformatieren können und umgekehrt. Da Calc das Format einer Zelle beim Löschen beibehält, könnte es sein, dass ein Datumsformat erscheint, obwohl Sie z. B. 40000 eingeben. Dann müssen Sie die Zahl lediglich umformatieren!

Mit der Uhrzeit verhält es sich ähnlich, sie wird intern von Calc als eine Zahl zwischen 0 und 1 behandelt. Beispiel: 6:00 entspricht 0,25 und 8:00 ist umgerechnet 0,33. Damit Calc Ihre Eingabe richtig als Uhrzeit definiert, müssen Sie auf jeden Fall einen Doppelpunkt als Trennzeichen benutzen.

Währungsformat

Für das Währungsformat können Sie auf die Schaltfläche *Zahlenformat: Als Währung formatieren* zurückgreifen.

Wenn Sie direkt auf die Schaltfläche klicken, wird als Währung normalerweise der Euro benutzt. Wünschen Sie ein anderes Format, rufen Sie das Dialogfenster *Zellen formatieren* auf und aktivieren dort die Registerkarte *Zahlen*. Dort suchen Sie in der Liste *Format* die gewünschte Währung aus.

Wenn Sie mit *OK* das Dialogfenster schließen, werden die zuvor markierten Bereiche augenblicklich formatiert.

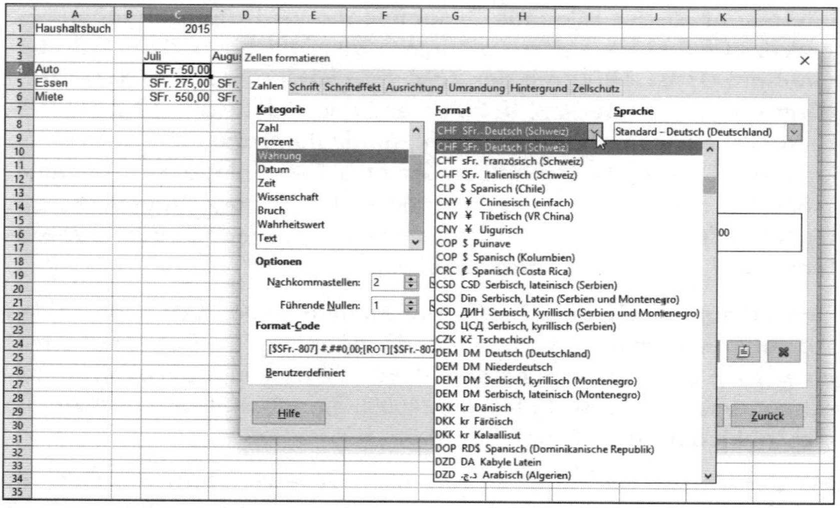

Abb. 3.71: Ein Währungsformat einstellen

Prozentangaben

Das Zahlenformat *Prozent* ergänzt die Zahl um das Prozentzeichen (%) und multipliziert gleichzeitig mit 100: Aus *1* wird *100%*, was mathematisch durchaus korrekt ist. Deshalb können Sie bei Prozentberechnungen auf die Multiplikation mit 100 verzichten, wenn Sie das Format *Prozent* wählen. Auch hier steht Ihnen eine Schaltfläche zur Verfügung: *Zahlenformat: Als Prozentwert formatieren*.

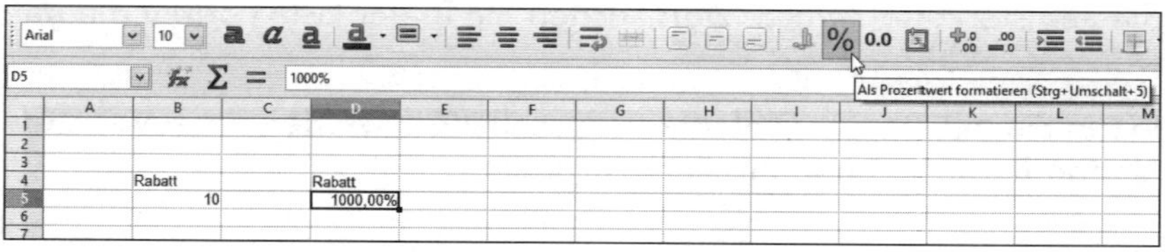

Abb. 3.72: Links vorher, rechts nachher

Formatierungen

Wenn Sie nachträglich Zellen formatieren wollen, müssen Sie die entsprechenden Zellen zunächst markieren. Das kann eine einzelne Zelle oder ein Zellbereich sein, aber es kann sich dabei auch um mehrere Bereiche handeln (Taste [Strg] für Mehrfachmarkierung!). Es ist unangebracht, ganze Spalten oder Zeilen zu markieren, wenn nur ein paar Zellen mit Überschriften verändert werden sollen, weil in diesem Fall die gesamte Spalte oder Zeile mit dieser Formatierung versehen werden würde.

Schrift

Als Erstes gilt es wieder, die betreffenden Zellen zu markieren. Möchten Sie Zugriff auf alle Formatierungen haben, wählen Sie die Befehlsfolge *Format / Zellen*. Im folgenden Dialogfenster *Zellen formatieren* können Sie folgende Formatierungen vornehmen:

- ⇨ Registerkarte *Schrift*: Hier nehmen Sie die gewünschten Formatierungen für die *Schrift*, den *Stil* und die *Größe* vor.
- ⇨ Registerkarte *Schrifteffekt*: Hier finden Sie Optionen für *Schriftfarbe*, *Relief*, *Überstreichungen*, *Durchstreichungen* oder *Unterstreichungen*.
- ⇨ Registerkarte *Ausrichtung*: An dieser Stelle finden Sie die Einstellungen für die *Textausrichtung* und die *Schreibausrichtung* sowie Eigenschaften wie Zeilenumbruch oder Zellgrößenanpassung.
- ⇨ Registerkarte *Umrandung*: Auf dieser Registerkarte legen Sie die *Linienanordnung*, die *Linienart*, den *Abstand zum Inhalt* und eventuelle *Schatten* einer Umrandung fest.

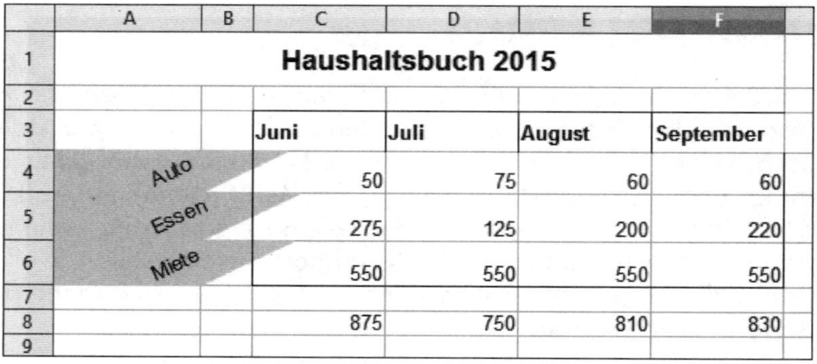

Abb. 3.73: Calc ermöglicht vielfältige Formatierungen

Formate übertragen

Wenn Sie stets gleiche Formate anwenden müssen, kann das recht nervig werden. In diesem Fall hilft die – bereits von Writer her bekannte – Funktion *Formatierung klonen* weiter. Hierbei werden alle Formatierungen einer Zelle auf eine andere Zelle übertragen.

Formatieren Sie die erste Zelle in dem gewünschten Format. Klicken Sie dann auf die Schaltfläche *Formatierung klonen*. Ziehen Sie mit dem veränderten Cursor über die Zellen, die das Format erhalten sollen.

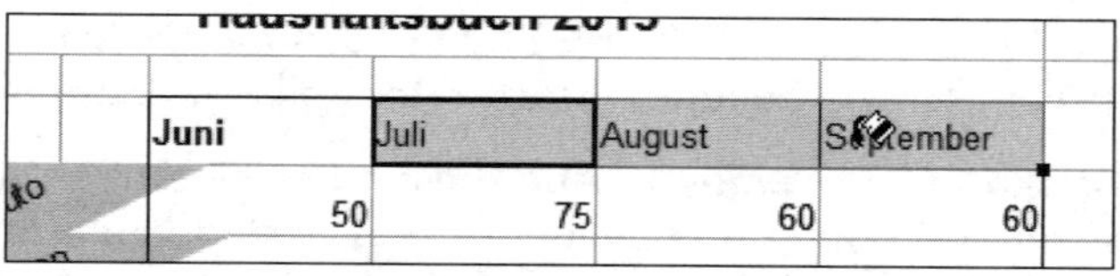

Abb. 3.74: Ein Format übertragen

Wenn Sie das gleiche Format öfter hintereinander übertragen wollen, führen Sie einen Doppelklick auf der Schaltfläche *Formatierung klonen* aus. Dadurch wird die Schaltfläche wie ein Schalter auf „ein" gestellt und mit jedem neuen Klick wird das Format weitergegeben, so lange, bis Sie erneut die Schaltfläche *Formatierung klonen* anklicken, also den Schalter wieder auf „aus" stellen. „Ausschalten" können Sie auch mit der Taste Esc.

Zellen verbinden

Häufig werden Sie vermutlich die Funktion *Zellen verbinden* in Kombination mit der horizontalen Ausrichtung *Zentriert* einsetzen. Wie Sie sehen, kann man diese sehr gut für Überschriften verwenden.

Markieren Sie die Zellen, über die sich die Überschrift erstrecken soll, und klicken Sie dann auf die Schaltfläche *Zellen verbinden*. Wenn Sie – wie im Beispiel – Informationen (hier in Zelle C1) stehen haben, werden Sie gefragt, ob der Inhalt dieser „verdeckten" Zellen mit in die erste Zelle geschoben werden soll.

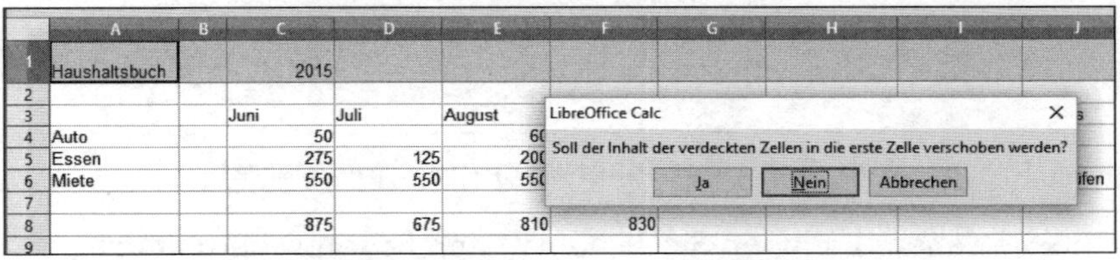

Abb. 3.75: Mehrere Zellen miteinander verbinden

Klicken Sie einmal auf *Ja*, um das Ergebnis zu begutachten.

Gestalten von Diagrammen

Diagramme sollen das Zahlenmaterial grafisch verdeutlichen und werden immer auf der Basis von Daten in einer Tabelle erstellt. Werden diese Daten verändert, wird auch das dazugehörige Diagramm automatisch verändert.

Diagramm erstellen

Nachdem Sie das Datenmaterial in Tabellen erfasst haben, können Sie damit Diagramme erstellen.

Klicken Sie in der Symbolleiste *Standard* auf die Schaltfläche *Diagramm*. Calc erstellt sofort aus den markierten Zellen ein Diagramm und blendet den *Diagramm-Assistenten* ein, der Sie durch die weitere Gestaltung des Diagramms leitet.

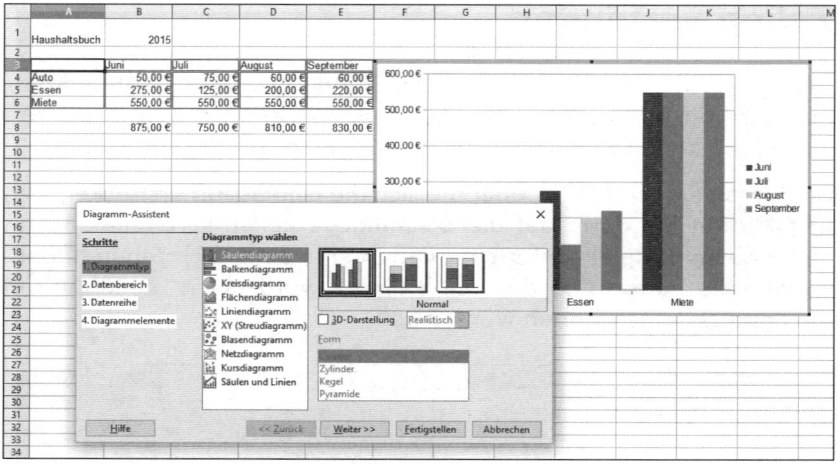

Abb. 3.76: Der Diagramm-Assistent wartet

Wie Sie sehen, befinden Sie sich im ersten Schritt *Diagrammtyp*.

Calc bietet Ihnen eine große Auswahl an Diagrammarten, die Sie in der mittleren Liste wählen können.

So stehen zur Auswahl:

Symbol	Bedeutung
Säulendiagramm	Mithilfe von Säulendiagrammen werden Werte in verschiedenen Kategorien verglichen.
Balkendiagramm	Balkendiagramme sind der optimale Diagrammtyp zum Vergleichen mehrerer Werte.
Kreisdiagramm	Mit dem Kreisdiagramm können die anteiligen Werte an einem Ganzen angezeigt werden. Dieser Diagrammtyp wird immer dann verwendet, wenn Werte zusammengefügt werden können oder wenn nur eine einzige Datenreihe vorhanden ist und deren Werte positiv sind.
Flächendiagramm	Flächendiagramme betonen die Unterschiede zwischen mehreren Datensätzen über einen bestimmten Zeitraum hinweg.
Liniendiagramm	Liniendiagramme ermöglichen die Darstellung von Trends über einen Zeitraum.

Symbol	Bedeutung
YX (Streudiagramm)	Ein Streu- oder Punktdiagramm ermöglicht das Vergleichen von Wertepaaren. Dieses Diagramm findet dann Anwendung, wenn die dargestellten Werte nicht auf der x-Achse angeordnet sind oder wenn sie separate Maße darstellen.
Andere Diagramme	Darüber hinaus bietet das Programm Ihnen noch Spezialdiagramme wie *Blasendiagramm, Netzdiagramm, Kursdiagramm* oder *Säulen und Linien.*

Nachdem Sie sich für einen Diagrammtyp entschieden haben, können Sie eine Variante auswählen.

Möchten Sie gar eine *3D-Darstellung*, dann aktivieren Sie das betreffende Kontrollkästchen. Nun können Sie noch die Art der Darstellung und die *Form* auswählen.

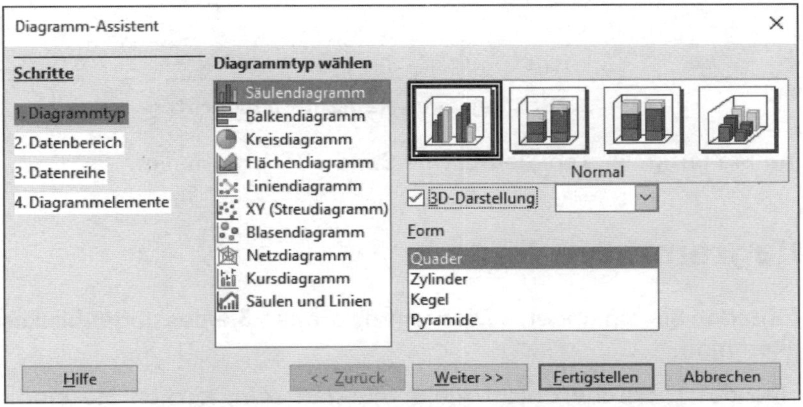

Abb. 3.77: Das Diagramm näher bestimmen

Haben Sie Ihren Favoriten ausgemacht, klicken Sie auf die entsprechende Schaltfläche.

Klicken Sie auf *Weiter*, um zum nächsten Schritt zu gelangen. In diesem Fenster können Sie den *Datenbereich* anpassen. Beispielsweise können Sie wählen, ob die *Datenreihen in Zeilen* oder die *Datenreihen in Spalten* angezeigt werden. Ferner legen Sie fest, ob die Tabelle die Beschriftung enthält.

Nachdem Sie auf *Weiter* geklickt haben, können Sie die *Datenreihen* bearbeiten. Beispielsweise können Sie Datenreihen hinzufügen oder auch entfernen oder sie mithilfe der Pfeilschaltflächen umordnen.

Im letzten Fenster *Diagrammelemente*, das Sie durch einen erneuten Klick auf *Weiter* erhalten, beschriften Sie einzelne Diagrammelemente.

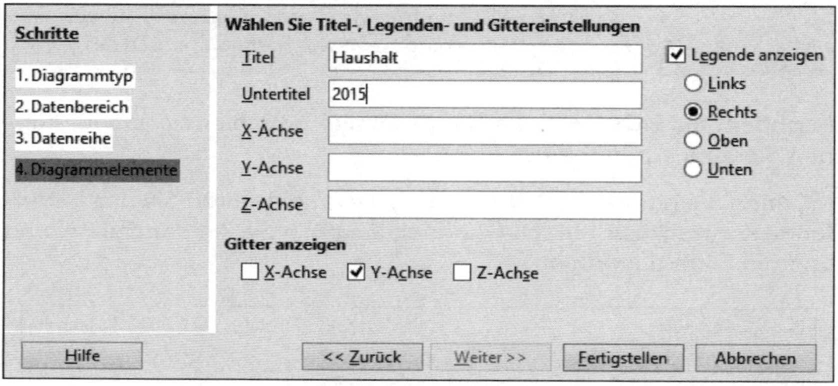

Abb. 3.78: Diagrammelemente beschriften

Sind Sie fertig, klicken Sie abschließend auf *Fertigstellen*.

Diagrammtyp ändern

Wünschen Sie ein anderes Diagramm, können Sie das augenblicklich bekommen.

Sollte das Diagramm nicht mehr markiert sein, klicken Sie einmal auf seinen Rand, sodass die dickere Umrandung wieder erscheint. Danach klicken Sie in der Symbolleiste *Format* auf die Schaltfläche *Diagrammtyp*.

Es erscheint das umfangreiche Dialogfenster *Diagrammtyp*, in dem Sie sofort den Diagrammtyp wechseln können. Setzen Sie einen einfachen Mausklick auf das entsprechende Symbol und bestätigen Sie Ihre Wahl mit *OK*.

Diagramm anpassen

Nicht immer wird sich das Diagramm an der von Ihnen bevorzugten Stelle befinden. In diesem Fall verschieben Sie es einfach.

Dazu zeigen Sie auf den Rand des Diagramms und wenn der Mauszeiger die Form eines Vierfachpfeils annimmt, klicken Sie mit der Maustaste und halten diese gedrückt. Nun ziehen Sie das Diagramm an die von Ihnen gewünschte Stelle und lassen die Maustaste dort los.

Möchten Sie das Diagramm in der Größe anpassen, zeigen Sie auf einen der Eckanfasser. Wenn der Mauszeiger die Form eines Doppelpfeils annimmt, ziehen Sie ihn in die entsprechende Richtung. Bewegen Sie sich dabei nach innen, wird das Diagramm kleiner; bewegen Sie sich dagegen nach außen, wird es entsprechend größer.

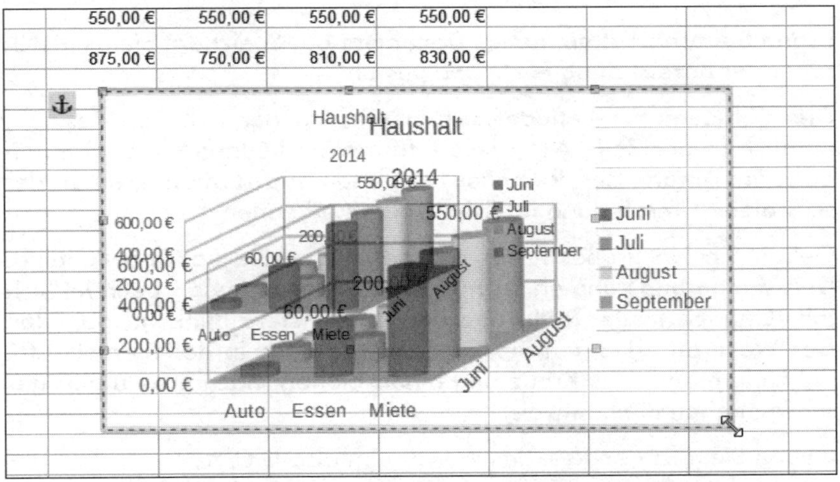

Abb. 3.79: Ein Diagramm in der Größe anpassen

Soll das Diagramm gelöscht werden, drücken Sie einfach nach dem Markieren die Taste [Entf].

Diagramm bearbeiten

Auch wenn Sie durch Anklicken der Schaltflächen schon viele Einstellungen getroffen haben, können Sie nachträglich alles bearbeiten.

Rechnen mit Calc

Nachdem Sie nun einen Eindruck vom Aufbau des Programms bekommen haben, geht es im Folgenden darum, Ihnen einen Einblick in die weiteren Möglichkeiten einer Tabellenkalkulation zu verschaffen.

Eine Rechnung erstellen

Legen Sie zunächst ein neues Dokument an. Speichern Sie es gleich unter der Bezeichnung *Rechnung.ods* ab.

Die Einfügemarke befindet sich bereits an der richtigen Position, nämlich in der Zelle A1. Diese Information können Sie zum einen ganz am Anfang der Formelleiste ablesen und zum anderen an der schwarzen Umrahmung im Tabellenblatt erkennen.

Geben Sie ein großes `A` ein und betrachten Sie das Tabellenblatt. Der Markierungsrahmen ist nun entfernt. Stattdessen befindet sich Ihre Eingabe in der Zelle und der Cursor steht blinkend dahinter. Des Weiteren erkennen Sie Ihre Eingabe auch in der Formelleiste, die zudem ein rotes Kreuz und einen blauen, nach links unten geschwungenen Pfeil aufweist.

Geben Sie jetzt den Rest des Wortes ein, also `ngebot`.

Falls Sie dabei einen Fehler machen, können Sie ihn – wie gewohnt – mithilfe der [⇐]- oder [Entf]-Taste korrigieren. Um die Eingabe zu beenden, drücken Sie die [↵]-Taste oder klicken auf *Übernehmen* in der Formelleiste (der blaue, nach links unten geschwungene Pfeil).

Dadurch befinden Sie sich in der Zelle A2.

Bewegen Sie die Markierung nun mithilfe der Tasten [↓] und [→] in die Zelle D3.

Geben Sie in die Zelle D3 den Text `Nürnberg, den` ein.

Da der Zelleintrag gleich noch richtig ausgerichtet werden soll, drücken Sie diesmal nicht [Enter], sonst würde die Markierung in eine andere Zelle springen. Vielmehr klicken Sie auf die Schaltfläche *Übernehmen*.

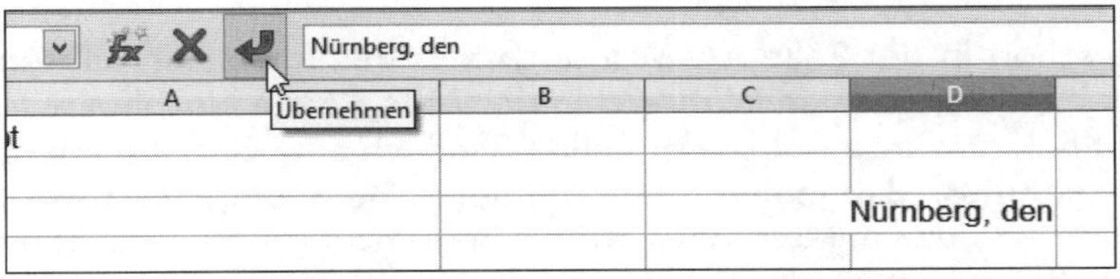

Abb. 3.80: Die Eingabe übernehmen

Dadurch bleibt die Markierung auf der Zelle und Sie können diese über die Schaltfläche *Rechtsbündig* gleich formatieren.

Mit einem Tipp auf [→] oder die [Tab]-Taste gelangen Sie in die danebenliegende Zelle E3. In diese kommt nun die erste Formel. Genauer gesagt, handelt es sich dabei um eine Funktion. Es soll nämlich das aktuelle Datum angezeigt werden. Gewiss könnten Sie es per Hand eingeben, aber Sie haben ja Calc.

Geben Sie wie immer bei Formeln und Funktionen ein Gleichheitszeichen ein. Dann folgt der Namen der Funktion ein, die das aktuelle Datum ermittelt. Er lautet `heute`. Abgeschlossen wird eine solche Formel stets durch ein Paar Klammern.

Jetzt wird es spannend. Sie müssen Calc noch dazu bringen, dieses Datum „auszurechnen". Dazu genügt ein Klick auf die Schaltfläche *Übernehmen* oder Sie verlassen die Zelle durch eine der Ihnen schon bekannten Methoden.

TIPP

Wie Sie bemerken, wandelt Calc die Schreibweise der Formel in Großbuchstaben um.

Bewegen Sie den Cursor in die Zelle A6 und geben hier den folgenden Text ein: `Wir freuen uns, Ihnen das folgende Angebot machen zu können:`. Schließen Sie die Angabe mit [↵].

Drücken Sie noch einmal die [↵]-Taste und geben Sie anschließend in die Zelle A8 `Jubiläumsangebot` ein. Schließen Sie die Eingabe mit der Schaltfläche *Übernehmen* ab.

Wie schon in der Zelle A6 wird auch hier der Text nicht vollständig in der Zelle angezeigt. Während in der Zelle A6 die Nachbarzelle B6 nicht belegt wurde, soll in der Zelle B8 jedoch eine Eingabe erfolgen. Deshalb muss die Spaltenbreite an dieser Stelle angepasst werden. Zeigen Sie dazu mit der Maus auf die Begrenzungslinie zwischen den Spalten A und B. Dadurch verwandelt sich der Mauszeiger zu einem Symbol mit einem Doppelpfeil. Halten Sie nun die linke Maustaste gedrückt und ziehen Sie die Maus so weit nach rechts, bis der Text Platz hat.

Wie Sie sehen, wird dabei in einer kleinen *QuickInfo* die aktuelle Breite in cm angezeigt.

Haben Sie die Position gefunden, lassen Sie die Maustaste wieder los. Bringen Sie die Markierung in die Zelle B8, geben Sie `Preis` ein und befördern Sie die Markierung anschließend in die Zelle A9. In die Zelle A9 tragen Sie `Pro Person` ein und drücken dann [⇆].

In Zelle B9 soll der Preis erscheinen. Er beträgt 149 Euro. Nun könnte man in die Versuchung kommen und das €-Zeichen in die Zelle eingeben. Das würde sogar funktionieren, weil Calc diesen „Fehler" abfängt. Beim Arbeiten mit dem Programm sollten Sie jedoch stets zwischen Zahleneingabe und dem Format der Zelle unterscheiden.

Geben Sie dementsprechend zunächst den Wert, also `149`, in die Zelle ein und klicken Sie dann auf das Symbol *Zahlenformat: Als Währung formatieren*.

TIPP

Achten Sie einmal auf die Ausrichtung. Zahlen werden rechtsbündig und Texte linksbündig ausgerichtet. Dadurch lassen sich Fehler beim Arbeiten mit Calc leichter erkennen, wenn Sie versuchen, mit Buchstaben und Zahlen zu rechnen.

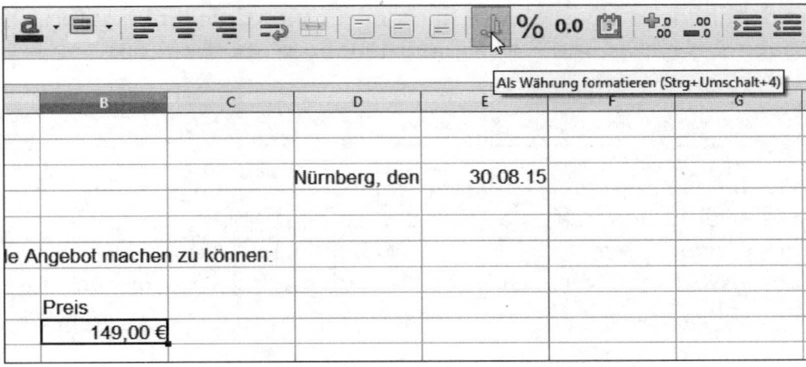

Abb. 3.81: Den Preis eingeben

Bewegen Sie anschließend den Cursor in die Zelle A10, tragen Sie dort `Jubiläumsrabatt von 3%` ein und drücken Sie die ⇥-Taste.

Während Sie bei einer solchen Rechnung normalerweise vielleicht zum Taschenrechner greifen würden, müssen Sie nun lediglich den Rechenweg beschreiben. Tragen Sie also in der nächsten Zelle, B10, die Formel `=B9*3%` ein.

TIPP

Sie können die Prozenteingabe ruhig wie oben beschrieben eingeben. Calc wandelt diese intern in Dezimalzahlen um. So wird aus *3%* die Eingabe *0,03*.

Drücken Sie zweimal ↵, geben Sie in Zelle A12 `Gesamtpreis` ein und befördern Sie die Markierung dann in die Zelle B12.

Dort soll der Gesamtpreis ermittelt werden, sodass Sie wieder ein Gleichheitszeichen eingeben, denn jetzt folgt eine Formel. Der Preis befindet sich in der Zelle B9. Geben Sie diese Zelladresse ein. Von diesem Wert muss der Jubiläumsrabatt abgezogen werden, der sich in Zelle B10 befindet. Tippen Sie also ein Minuszeichen ein (Sie finden es am schnellsten auf der numerischen Tastatur) und geben Sie dann `b10` ein. Das war es dann auch schon. Wenn Sie jetzt noch auf die Schaltfläche *Übernehmen* klicken, rechnet Calc Ihnen sofort das Ergebnis in Heller und Pfennig, pardon: Euro und Cent aus.

TIPP

Wie Sie der Formelleiste entnehmen können, genügt es, die Spaltenbezeichnung in kleinen Buchstaben einzugeben. Calc wandelt diese dann beim Anklicken der Schaltfläche *Übernehmen* bzw. beim Wechsel in eine andere Zelle automatisch in Großbuchstaben um.

Nun soll noch zu Übungszwecken die Mehrwertsteuer einbezogen werden.

Bewegen Sie den Cursor in die Zelle A13, geben Sie `MwSt.` ein und drücken Sie die [⇆]-Taste.

Jetzt könnte man auf die Idee kommen, in die Zelle B13 den Wert `19` hineinzuschreiben und in der *Format*-Symbolleiste auf der Schaltfläche *Zahlenformat: Als Prozentwert formatieren* zu klicken, denn bei der Währungsangabe haben wir es auch so gemacht. Wenn Sie das einmal probeweise machen, werden Sie mit dem gegenwärtigen Mehrwertsteuersatz schnell zufrieden sein.

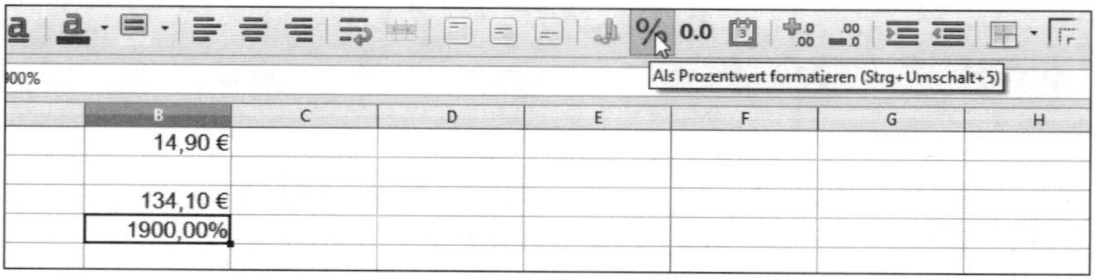

Abb. 3.82: Das ist in der Tat ein ordentlicher Mehrwertsteuersatz!

Machen Sie diese Aktion schnell mit einem Klick auf die Schaltfläche *Rückgängig* oder mit der Tastenkombination [Strg] + [Z] ungeschehen.

Klicken Sie dann in der Formelleiste hinter den Wert `19` und geben Sie über die Tastatur das Prozentzeichen ein.

Wenn Sie mit der Schaltfläche *Übernehmen* bestätigen, wird Ihnen der korrekte Satz angezeigt. Aber die beiden Nachkommastellen stören doch noch ein wenig. Das lässt sich aber einfach ändern. Klicken Sie zweimal auf die Schaltfläche *Zahlenformat: Dezimalstelle entfernen*.

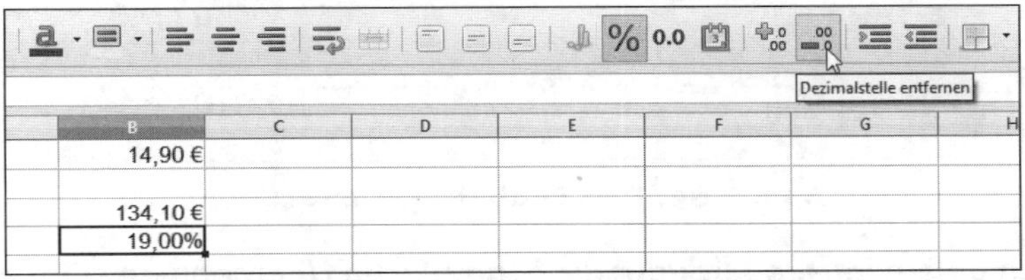

Abb. 3.83: Die Nachkommastellen entfernen

TIPP

Beachten Sie: Die Dezimalstellen werden nicht gelöscht, sondern lediglich ausgeblendet. In unserem Beispiel macht das keinen Unterschied. Betragen sie aber nicht null, wird Ihnen ein kaufmännisch gerundeter Wert angezeigt, Calc rechnet aber mit dem nicht gerundeten.

Jetzt können wir den Endbetrag in der Zelle B15 ausrechnen. Dieser setzt sich aus dem Gesamtpreis und der Mehrwertsteuer zusammen. Letztere muss allerdings noch berechnet werden. Dazu wird der Gesamtpreis in Zelle B12 mit der Mehrwertsteuer in Zelle B13 multipliziert (malgenommen).

TIPP

Das Multiplikationszeichen (*) finden Sie am schnellsten auf der numerischen Tastatur. Es wird Ihnen dort in Form eines kleinen Sternchens angezeigt. Verwenden Sie keinesfalls den Punkt, denn dieser ist ein geschütztes Zeichen und darf hier nicht verwendet werden.

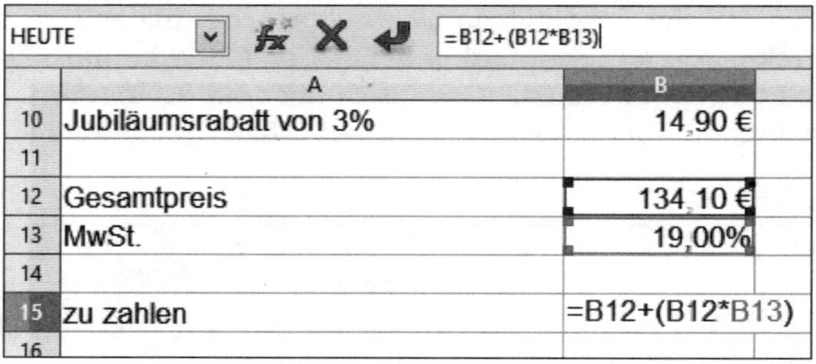

Abb. 3.84: Den Endbetrag ausrechnen

Nach einem letzten Klick auf die Schaltfläche *Übernehmen* steht auch der zu zahlende Betrag fest.

Speichern Sie das Ergebnis noch einmal und schließen Sie das Dokument über *Datei / Schließen*.

4 Präsentationen mit Impress

Wenn es um das Halten eines Vortrags vor einem größeren Publikum geht, kommt *Impress* ins Spiel. Während man früher handgeschriebene Folien mittels eines Overhead-Projektors an die Wand warf, übernimmt heute der Computer im Zusammenspiel mit einem Beamer diesen Part.

Sie können eine Präsentation auf zweierlei Art erstellen:

⇨ Sie klicken wie bei den anderen Modulen auch im Startfenster auf die Schaltfläche *Präsentation*. In diesem Fall müssen Sie allerdings weitestgehend selbst Hand anlegen.

⇨ Sie wählen den Weg über das Menü *Datei / Assistenten* und wählen dort *Präsentation*. In diesem Fall werden Sie gleich von dem *Präsentations-Assistenten* begrüßt, der Sie durch die einzelnen Schritte begleitet.

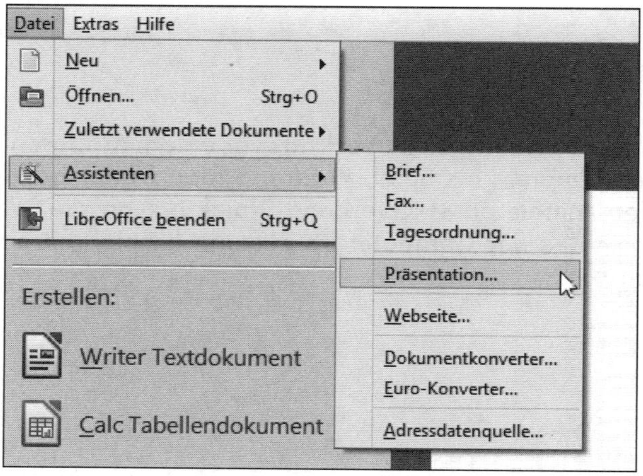

Abb. 4.1: Den Präsentations-Assistenten starten

Eine Präsentation erstellen

Um sich mit der Arbeitsweise des Programms vertraut zu machen, werden Sie im Folgenden den Assistenten verwenden.

Nachdem Sie ihn gestartet haben, wählen Sie im ersten Fenster im Bereich *Art* die Option *Aus Vorlage* aus. Damit erstellen Sie eine „Präsentation von der Stange", die Sie aber später problemlos an Ihre Bedürfnisse anpassen können.

Nun haben Sie die Wahl zwischen einigen fertigen Präsentationen. Sie können dabei die Inhalte der Präsentation bestimmen. Für unser Beispiel sollten Sie die Vorlage *Alizarin* auswählen.

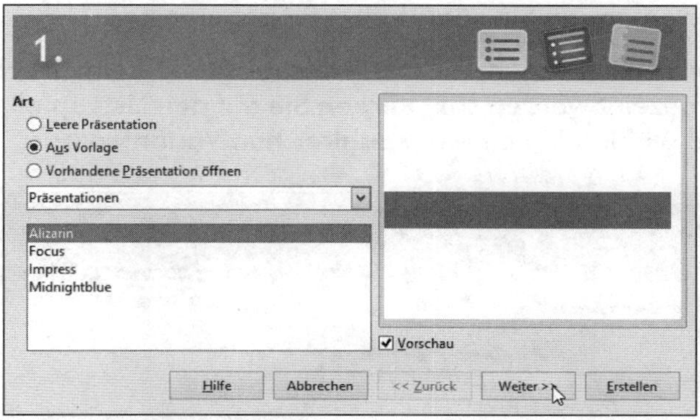

Abb. 4.2: Der Präsentations-Assistent in Aktion

Haben Sie das getan, klicken Sie auf *Weiter*, um in das nächste Fenster zu gelangen.

Hier geht es darum, wie Sie die mit Impress erzeugten Folien verwenden möchten. Im oberen Teil des Dialogfensters können Sie im Bereich *Wählen Sie eine Folienvorlage* die *Präsentationshintergründe* einstellen.

Im Bereich *Wählen Sie ein Ausgabemedium* legen Sie fest, wie Ihre Folien präsentiert werden sollen. Da Sie Ihre erste Präsentation zunächst am *Bildschirm* betrachten werden, wird diese Option Ihre Wahl sein.

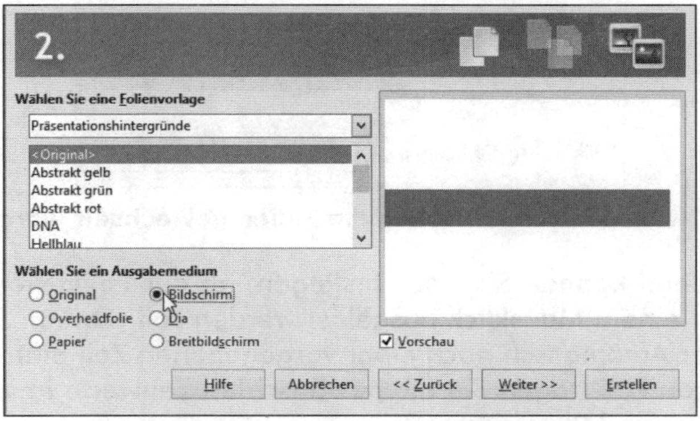

Abb. 4.3: Wählen Sie das Ausgabemedium

Mit *Weiter* gelangen Sie zum dritten Eingabefenster.

In diesem Fenster legen Sie fest, welcher Effekt beim Wechseln der Folien angezeigt werden soll. Klicken Sie auf den Listenpfeil des Felds *Effekt* und wählen Sie eine der zahlreichen Varianten aus.

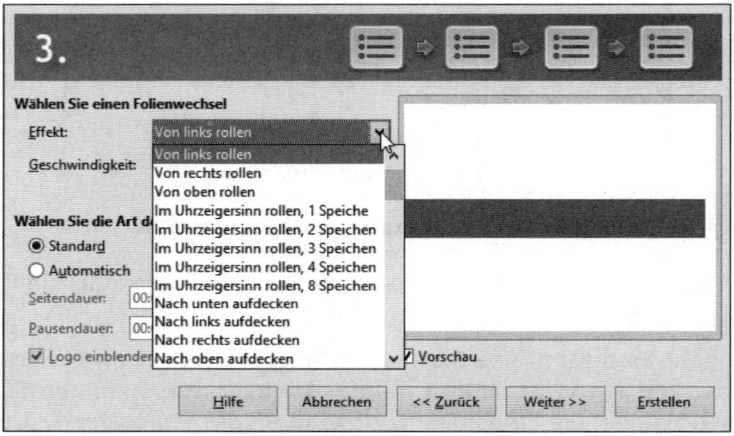

Abb. 4.4: Einstellen der Effekte

Die *Geschwindigkeit* des Wechsels legen Sie im gleichnamigen Feld fest, indem Sie eine der drei Stufen wählen.

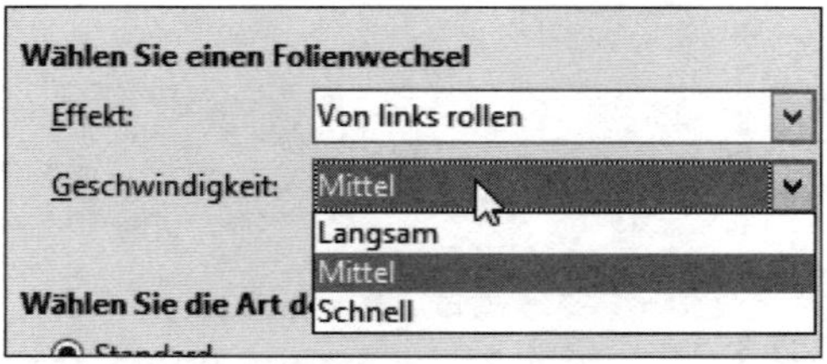

Abb. 4.5: Wie schnell sollen die Folien gewechselt werden?

Anschließend können Sie noch festlegen, ob der Folienwechsel von Ihnen mit einem Mausklick ausgelöst werden soll (Option *Standard*) oder ob er *Automatisch* nach einer vorgegebenen Zeit eintreten soll. Im letzteren Fall tragen Sie die gewünschten Zeitwerte in die Felder *Seitendauer* und *Pausendauer* ein.

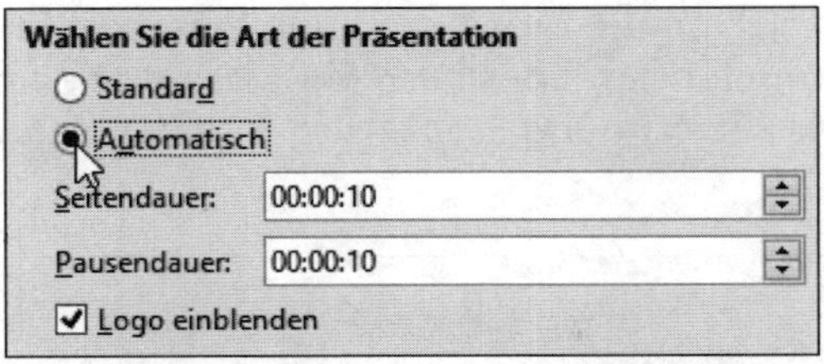

Abb. 4.6: Wie soll der Folienwechsel erfolgen?

Verwenden Sie ein Logo, lassen Sie das Kontrollkästchen *Logo einblenden* aktiviert.

Mit einem erneuten Klick auf die Schaltfläche *Weiter* gelangen Sie zu den nächsten Eingaben. Hier nennen Sie Ihren Namen und geben den Themenbereich der Präsentation ein, damit sich Ihre potenziellen Zuhörer in die Materie einfinden können.

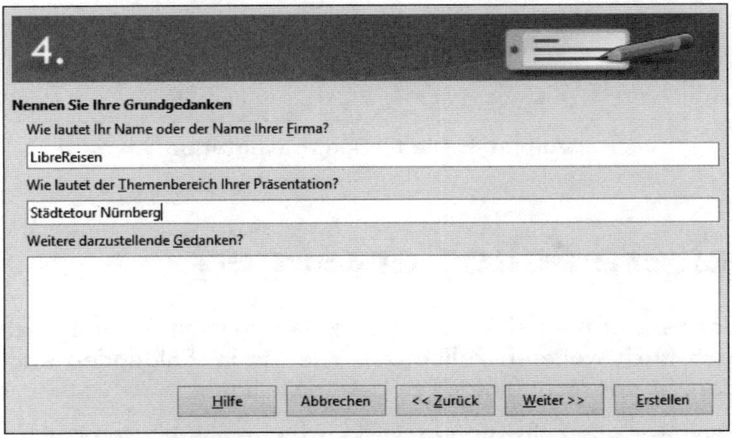

Abb. 4.7: Führen Sie den Zuschauer auf das Thema der Präsentation hin

Ist das erledigt, geht es wie gewohnt mit *Weiter* zum nächsten Schritt.

Jetzt müssen Sie nämlich den Umfang der Präsentation und damit die Anzahl der Folien festlegen. Zum Schluss klicken Sie auf *Fertigstellen*.

Impress macht sich an die Arbeit und zeigt Ihnen die fertige Präsentation im Programmfenster. Speichern Sie diese erst einmal (beispielsweise unter der Bezeichnung `Städtetour Nürnberg.opc`) wie gewohnt ab.

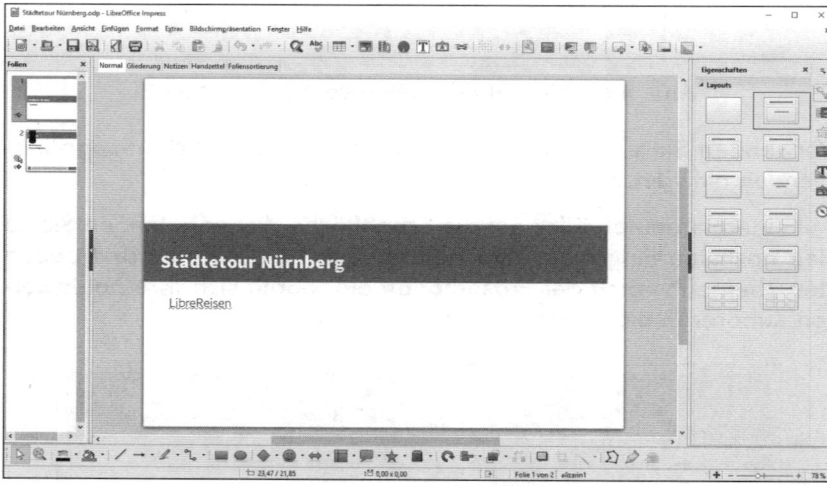

Abb. 4.8: Die fertige Präsentation

Weitere Folien erzeugen

Da der Assistent nur eine Folie zur Verfügung stellt, kommt rasch der Wunsch nach weiteren Folien auf. Wie Sie im Folgenden erfahren werden, ist das recht einfach zu bewerkstelligen.

Um weitere Folien einzufügen, klicken Sie im einfachsten Fall auf die Schaltfläche *Seite*, die Sie auf der Symbolleiste *Präsentation* finden.

Ein Klick darauf fügt eine neue Standardfolie ein, die ganz unten bzw. unmittelbar nach der zuvor markierten Folie im Bereich *Folien* angezeigt wird.

Wenn Sie mögen, können Sie aber auch ein anderes Layout wählen. Klicken Sie dazu auf den Listenpfeil der Schaltfläche und wählen Sie die gewünschte Form aus.

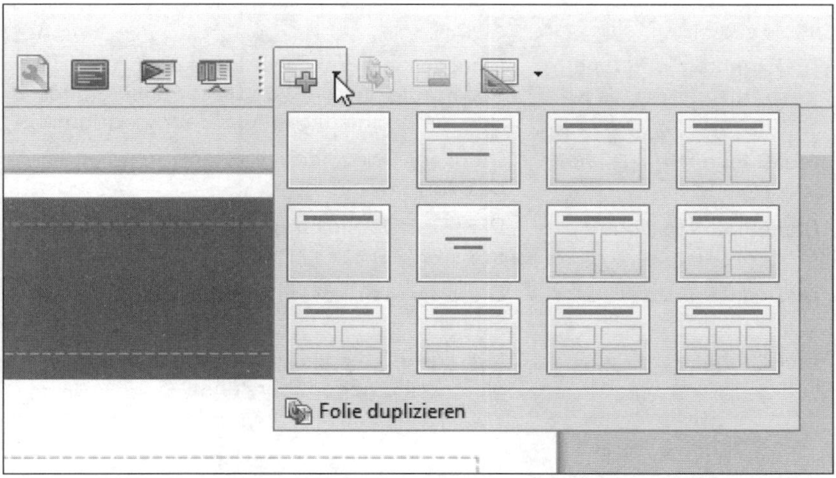

Abb. 4.9: Eine neue Folie anlegen

Wie Sie sicher schon bemerkt haben, befindet sich mittig eine Symbolgruppe mit verschiedenen Schaltflächen. Diese erlauben Ihnen, die unterschiedlichsten Objekte einzufügen.

Folgende *Folienlayouts* werden angeboten:

Folienlayout	Einsatz
Leere Folie	Wie schon der Name sagt, enthält diese Folie keine Elemente.
Titelfolie	Erste Folie einer Präsentation oder eines Kapitels
Titel und Inhalt	Standard
Titel und 2 Inhalte	Entspricht der Folie *Titel und Inhalt* mit dem Unterschied, dass zwei Spalten vorhanden sind.
Nur Titel	Eine Folie, die man mit Zeichnungen oder eigenen Objekten bestückt und die lediglich den Titel aus der Präsentation benötigt
Zentrierter Text	Eine Folie, mit der man einen neuen Abschnitt einleiten kann

Folienlayout	Einsatz
Titel 2 Inhalte und Inhalt	In insgesamt drei Bereichen können Sie die Texte präsentieren. Von dieser Folie gibt es zwei unterschiedliche Anordnungsvarianten.
Titel 2 Inhalte über Inhalt	Dient zur Darstellung von zwei Inhalten eines Vortrags
Titel Inhalt über Inhalt	Dient zur Darstellung des Inhalts eines Vortrags
Titel 4 Inhalte	Diese Folie bringt vier Inhalte auf den Schirm.
Titel 6 Inhalte	Mit dieser Folie lassen sich sechs Inhalte gleichzeitig gegenüberstellen.

Eine Tabellenfolie

Eine Möglichkeit, eine Folie zu gestalten, ist, sie mit einer Tabelle zu versehen, die Sie mit Zahlenmaterial füllen können.

Klicken Sie auf die Schaltfläche *Tabelle einfügen*.

Abb. 4.10: Eine Folie mit einer Zahlentabelle anlegen

Impress blendet ein Dialogfenster ein, in dem Sie die Anzahl der Zeilen und Spalten festlegen können.

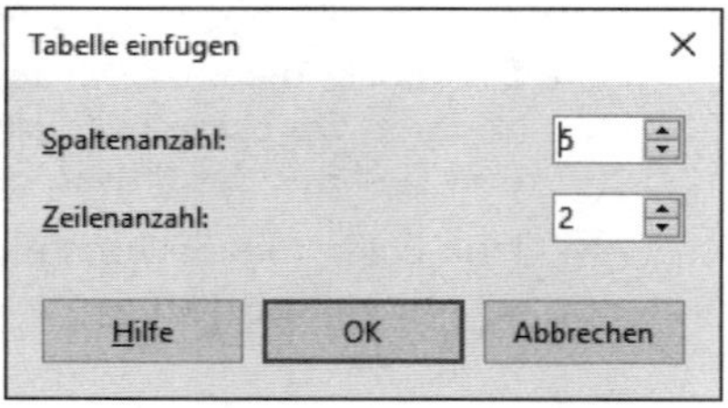

Abb. 4.11: Eine Tabelle einfügen

Nach einem Klick auf *OK* wird die entsprechende Tabelle platziert und ermöglicht Ihnen so beispielsweise die aufbereitete Darstellung Ihres Zahlenmaterials.

Termine

Ereignis	Ort	Termin
Altstadtfest	Insel Schütt und Hans-Sachs-Platz	17. bis 28. September
Herbstmarkt	Dutzendteich	17. September bis 4. Oktober
Christkindlesmarkt	Hauptmarkt	27. November bis 24. Dezember

Abb. 4.12: Die Tabelle kann bestückt werden

Eine Diagrammfolie

Geht es um die Präsentation von Zahlen, müssen Sie nur noch einen Doppelklick auf das Platzhalterzeichen *Diagramm einfügen* ausführen.

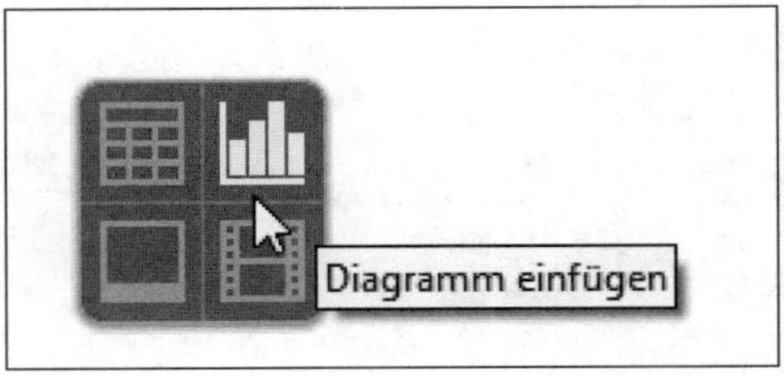

Abb. 4.13: Das Layout für ein Diagramm

Impress erstellt sofort das Diagramm und blendet die entsprechenden Werkzeuge zum Bearbeiten ein.

Abb. 4.14: Und schon ist das Diagramm fertig

Möchten Sie beispielsweise die Vorgabedaten ändern, dann klicken Sie auf die Schaltfläche *Diagrammdatentabelle* und überschreiben diese einfach mit Ihren Werten.

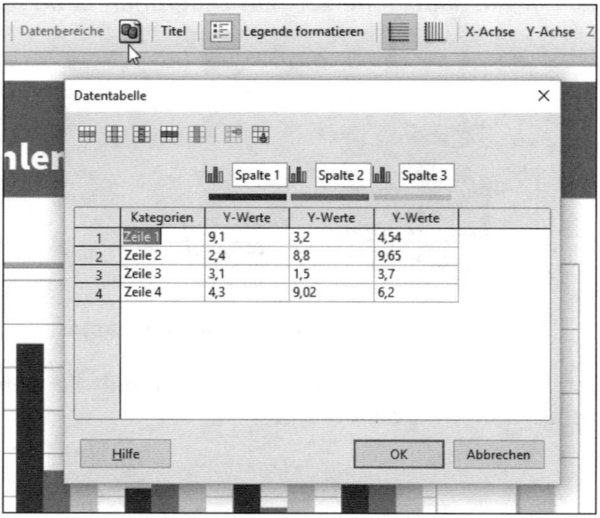

Abb. 4.15: Überschreiben Sie einfach die Vorgabewerte

Den Diagrammtyp können Sie über das Dialogfenster *Diagrammtyp*, welches Sie durch Anklicken der gleichnamigen Schaltfläche erhalten, gestalten.

Um die Arbeiten mit dem Diagramm zu beenden, klicken Sie auf eine freie Fläche außerhalb des Rahmens, der das Diagramm umgibt.

Möchten Sie es anschließend wieder bearbeiten, dann genügt ein Doppelklick auf das Diagramm, um die gewünschten Änderungen vornehmen zu können.

Eine Grafikfolie

„Ein Bild sagt oft mehr als tausend Worte", sagt man. Was liegt da näher, als Bilder auf einer Folie zu platzieren?

In einem solchen Fall klicken Sie auf das Symbol *Bild einfügen*.

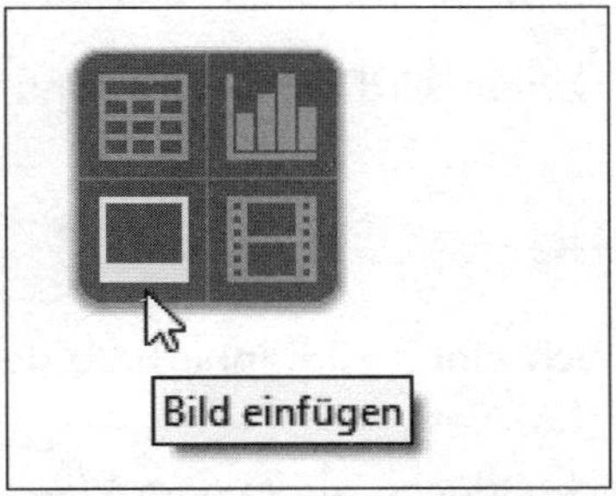

Abb. 4.16: Ein Bild oder eine Grafik einfügen

Im folgenden Dialogfenster *Bild einfügen* wählen Sie die gewünschte Grafik oder das gewünschte Bild aus.

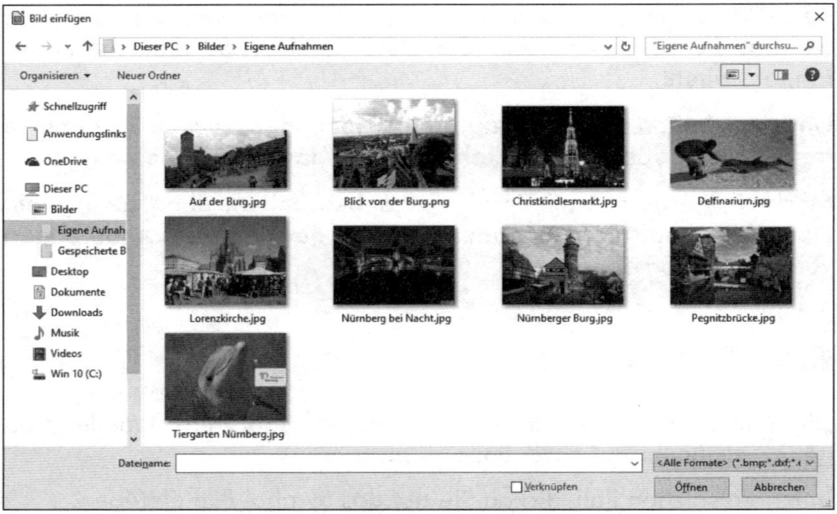

Abb. 4.17: Eine Grafik auswählen

Mit einem Klick auf *Öffnen* wird die Grafik dann platziert.

Eine Film-Folie

Sie können ferner auch einen Film innerhalb der Präsentation platzieren.

Klicken Sie auf die Schaltfläche *Audio oder Video einfügen*.

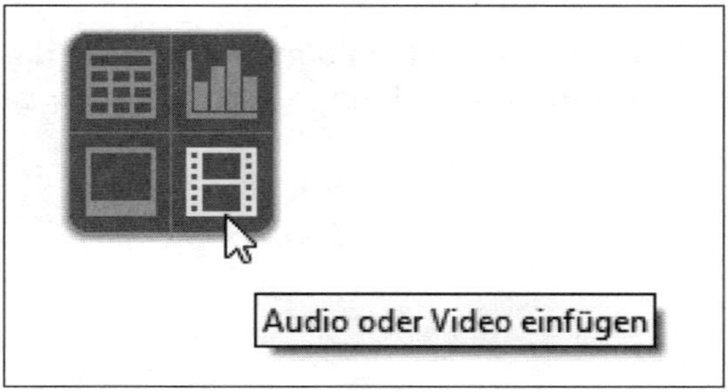

Abb. 4.18: Einen Film einfügen

Anschließend wird das Video in der Folie platziert. Wenn Sie in Zukunft diese Folie im Präsentationsmodus anzeigen, wird sofort mit dem Abspielen begonnen.

Folien löschen

Folien lassen sich recht einfach löschen:

Im Bereich *Folien* markieren Sie die betreffende einzelne Folie durch Anklicken. Dann drücken Sie die [Entf]-Taste oder klicken auf die Schaltfläche *Ausschneiden,* die sich in der Symbolleiste *Standard* befindet.

Möchten Sie gleich mehrere Folien auf einmal löschen, halten Sie nach dem ersten Klick die Taste [Strg] gedrückt und klicken die weiteren Folien an. Sind diese markiert, drücken Sie wieder [Entf].

Sie erhalten keinen Hinweis, dass die Folie jetzt gelöscht wird!

Handhabung von Text

Auch wenn man oft hört, dass ein Bild mehr als tausend Worte sagt, ist es doch in unserer bilderüberfluteten Zeit eher der gut durchdachte Text, der die Botschaft rüberbringt. Allerdings gilt es, beim Erstellen von Folieninhalten darauf zu achten, dass man kurze, präzise Sätze verwendet und die Texte mithilfe von Auflistungen und Aufzählungen logisch gliedert.

In der Regel ist die Position des Textes durch die Platzhalter vorbestimmt. Das ist aus gestalterischen Gründen auch sehr sinnvoll, da Ihre Präsentation auf diese Weise ein einheitliches Gesamtbild erhält. Dennoch kann es notwendig sein, Text außerhalb dieser vorgegebenen Platzhalter zu positionieren. Dazu benötigen Sie dann ein *Textfeld*.

Die von LibreOffice bereitgestellten Entwurfsvorlagen enthalten sorgfältig aufeinander abgestimmte Farben, Grafiken und Schriften. Falls Sie Änderungen vornehmen wollen, prüfen Sie unbedingt, ob dieses Zusammenspiel optimal gewahrt bleibt.

Platzhalter

Wie Sie bereits gesehen haben, werden Texte innerhalb von Impress in einem Platzhalter dargestellt. Möchten Sie einen Text in einen Platzhalter eingeben, muss dieser zunächst aktiviert werden.

Platzieren Sie dazu den Cursor innerhalb des Platzhalterrahmens und klicken Sie. Der Cursor wird mittig platziert und Sie können mit der Texteingabe beginnen. In den nächsten Platzhalter gelangen Sie durch einen Mausklick in denselben oder Sie drücken einfach ⇧ + ↵.

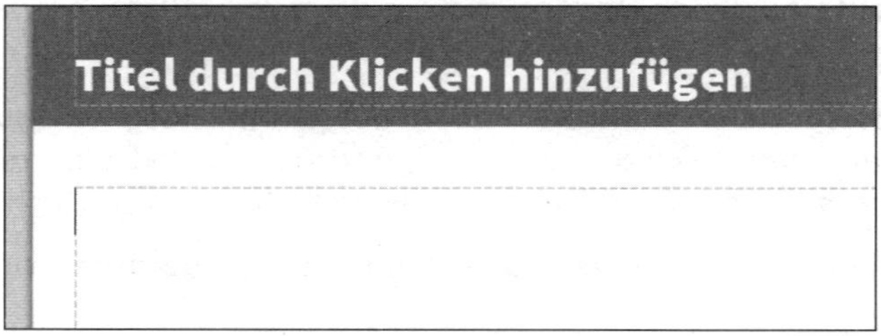

Abb. 4.19: Zwischen den Platzhaltern agieren

Gliederungsansicht

Eine weitere Möglichkeit, Text einzugeben, besteht in der Gliederungsansicht.

Aktivieren Sie diese über die entsprechender Registerkarte. Hier sehen Sie die bereits vorgenommenen Eingaben auf der Folie 1.

Klicken Sie hinter das zweite Foliensymbol und beginnen Sie gleich mit der nächsten Eingabe.

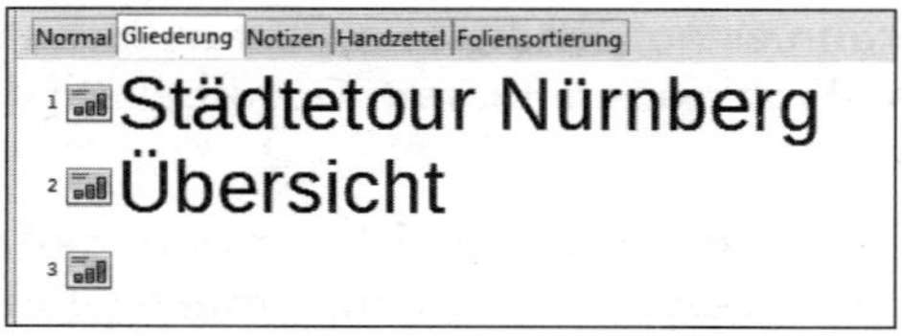

Abb. 4.20: Eingabe in der Gliederungsansicht

Wie Sie sehen, erscheint diese auch gleich auf dem Folientitel.

Wenn Sie jetzt die [↵]-Taste drücken würden, würde Impress eine neue Folie anlegen.

Im Regelfall werden Sie jedoch weiteren Text auf der Folie eingeben wollen. In diesem Fall drücken Sie die [⇥]-Taste. Sie sehen, Impress rückt den Text ein und gliedert ihn dem vorherigen Text unter.

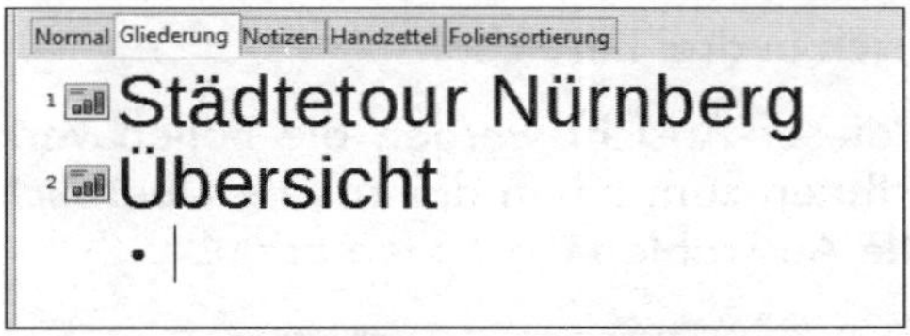

Abb. 4.21: Die Gliederung schreitet voran

Geben Sie nun den ersten Punkt ein. Dann drücken Sie abermals die [↵]-Taste, um den nächsten Aufzählungspunkt zu erhalten.

Bei solchen Aufzählungen sind zahlreiche Abstufungen möglich. Wirklich sinnvoll sind solche tiefen Einrückungen aber nicht wirklich. Wenn es geht, sollten Sie sich auf zwei, maximal drei Einrückungsebenen beschränken.

Fahren Sie auf diese Art und Weise fort, bis Sie alle Aufzählungspunkte erhalten. Zum Schluss drücken Sie die Tastenkombination [⇧] + [⇥], um wieder auszurücken.

Präsentation bearbeiten

Die Folien stehen beim Arbeiten mit Impress im Zentrum. Dementsprechend gilt es, einige Arbeitsschritte im Zusammenhang mit ihnen zu lernen.

Die verschiedenen Ansichten

Nachdem Sie Ihre erste Präsentation erstellt haben, wird es Zeit, sich etwas näher mit dem Programmfenster vertraut zu machen.

Betrachten Sie zunächst einmal die Registerkarten über der Folie.

Abb. 4.22: Die fünf Ansichten von Impress

Standardmäßig befinden Sie sich in der *Normal*-Ansicht.

Diese gliedert sich in drei Bereiche:

⇨ *Folien:* In dieser Ansicht werden die Folien verkleinert dargestellt, was Ihnen zum einen das rasche Überblicken, aber auch das schnelle Auswählen der Folien erlaubt.

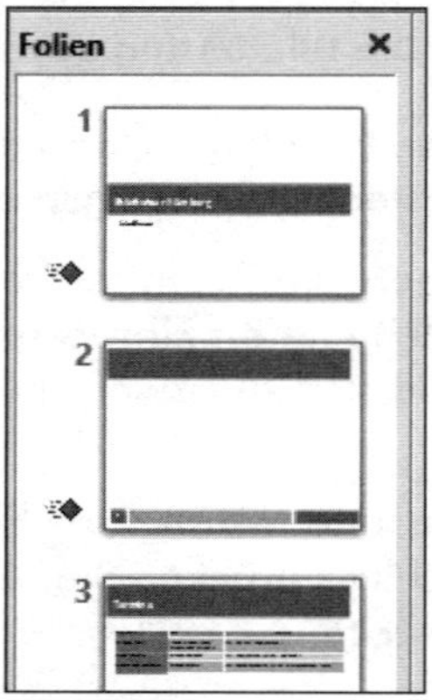

Abb. 4.23: Die Ansicht *Folien*

⇨ *Folienansicht*: In dieser Ansicht wird Ihnen die aktuell markierte Folie angezeigt und hier werden auch alle relevanten Textänderungen vorgenommen.

⇨ *Aufgabenbereich*: In diesem Bereich nehmen Sie Einfluss auf das Aussehen und Verhalten der Folien.

In der Ansicht *Gliederung* finden Sie lediglich eine hierarchische Darstellung der Präsentation.

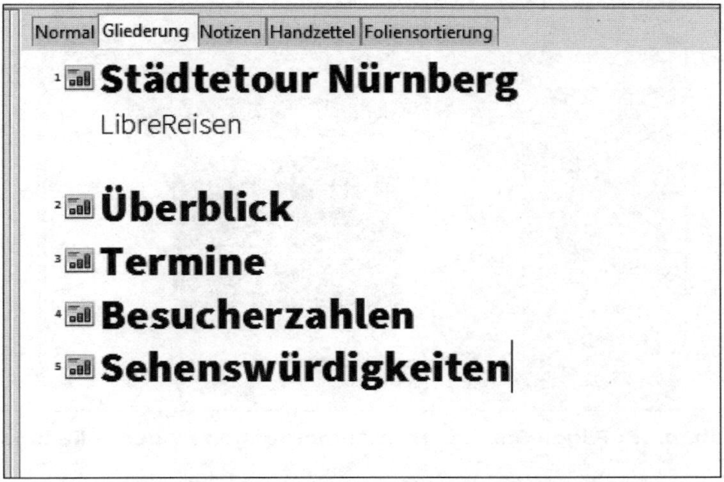

Abb. 4.24: Die Gliederungsansicht

Sie ermöglicht Ihnen das unbeeinflusste Arbeiten mit dem eigentlichen Text, wie Sie es von Writer gewöhnt sind.

Darüber hinaus lassen sich mit den Symbolen der *Standard*-Symbolleiste die Folienpunkte problemlos umstellen. Möchten Sie beispielsweise einen Punkt weiter oben anordnen, dann klicken Sie einfach in diesen hinein und betätigen die Schaltfläche *Nach oben* so lange, bis er die gewünschte Position erreicht hat.

In der Ansicht *Notizen* können Sie sich das eine oder andere zu der betreffenden Folie notieren. Anmerkungen, die Sie hier eingeben, erscheinen nicht in der Präsentation, sondern sind lediglich als Gedankenstütze für den Vortragenden gedacht.

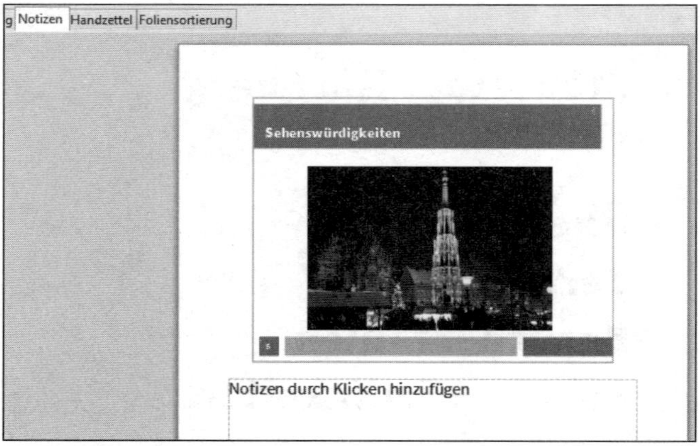

Abb. 4.25: Fügen Sie hier Ihre Anmerkungen zu der Folie hinzu

Über die Ansicht *Handzettel* legen Sie fest, wie viele Folien auf einem Ausdruck erscheinen sollen, den Sie Ihren Zuhörern in die Hand drücken können.

In diesem Zusammenhang müssen Sie in der Seitenleiste auf die Schaltfläche *Eigenschaften* klicken und können dann im Bereich *Layouts* Ihre Wahl treffen.

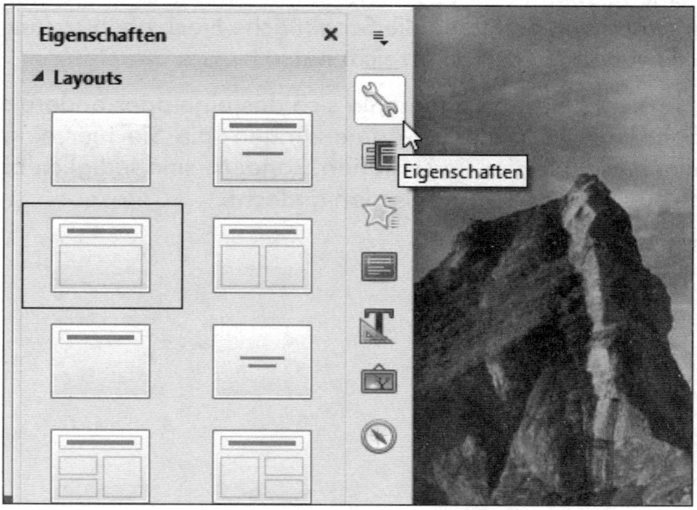

Abb. 4.26: Bestimmen Sie das Aussehen der Handouts

Schließlich bleibt noch die Ansicht *Foliensortierung*.

In dieser Ansicht können Sie ganz leicht die Reihenfolge Ihrer Folien ändern. Zeigen Sie einfach auf die Folie, deren Position Sie ändern möchten, und ziehen Sie diese mit gedrückter Maustaste an die gewünschte Stelle. Achten Sie dabei auf den schwarzen senkrechten Strich, der Ihnen die mögliche Einfügestelle anzeigt.

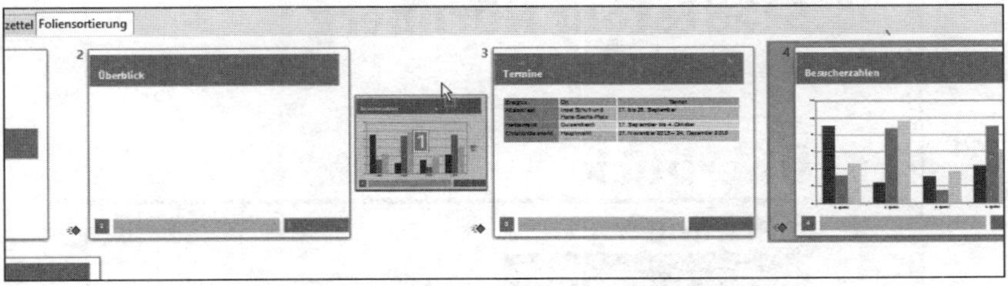

Abb. 4.27: Die Reihenfolge ändern

Eine Präsentation anpassen

Mithilfe Ihrer Writer-Kenntnisse lassen sich die erstellten Texte ohne Weiteres ändern. Allerdings müssen die entsprechenden Stellen zuvor markiert werden.

Texte bearbeiten

Möchten Sie ein Zeichen rechts vom Cursor löschen, dann verwenden Sie die [Entf]-Taste; steht es dagegen links vom Cursor, nehmen Sie die [⇐]-Taste.

Betreffen die Ausführungen ein Wort, dann führen Sie einfach einen Doppelklick aus. Nun können Sie es wie gewohnt bearbeiten, es beispielsweise entweder löschen oder mithilfe der entsprechenden Symbole der Symbolleiste *Text Format* gestalten. Alternativ können Sie diesen Text aber auch durch einfaches Überschreiben ersetzen.

Möchten Sie ein Wort umstellen, dann verwenden Sie die Drag&Drop-Methode. Doppelklicken Sie dazu auf das Wort und ziehen Sie es bei gedrückter Maustaste an die gewünschte Stelle.

Wechseln Sie in die Ansicht *Gliederung*.

Diese erlaubt es Ihnen, einzelne Punkte zu verschieben. Platzieren Sie dazu den Cursor in den zu verschiebenden Absatz und klicken Sie dann auf die entsprechende Schaltfläche.

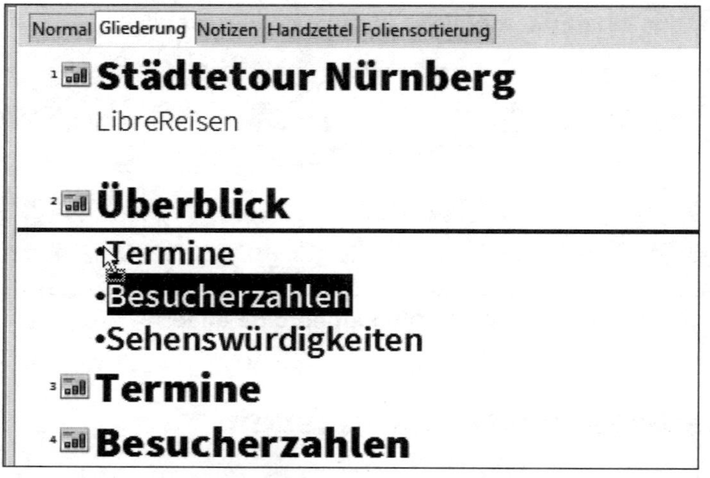

Abb. 4.28: Verschieben eines kompletten Aufzählungspunkts

Sehr oft werden Sie einen Aufzählungspunkt erzeugen wollen. In diesem Fall setzen Sie den Cursor hinter das letzte Zeichen des letzten Aufzählungspunktes und betätigen einmal die [↵]-Taste.

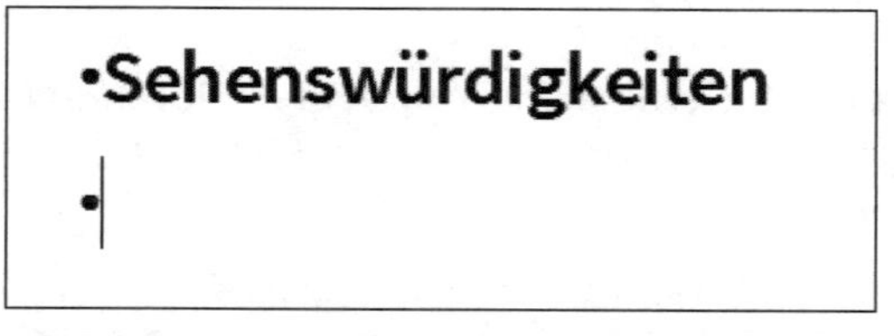

Abb. 4.29: Einen neuen Aufzählungspunkt erzeugen

Um die Textrahmen zu verändern, wechseln Sie gegebenenfalls in die Ansicht *Normal*. Einen Textrahmen passen Sie durch einfaches Ziehen an einem der kleinen quadratischen Anfasspunkte an.

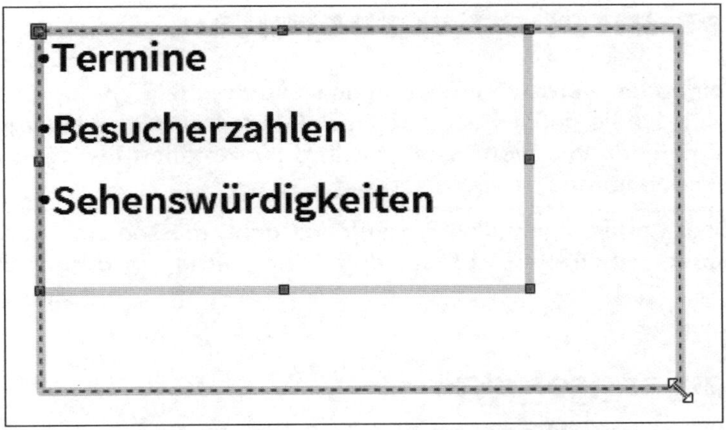

Abb. 4.30: Einen Textrahmen anpassen

Möchten Sie den Textrahmen verschieben, zeigen Sie mit der Maus auf das obere linke Quadrat. Wenn der Mauszeiger die Form einer Hand annimmt, können Sie den Rahmen mit gedrückter linker Maustaste an die neue Stelle verschieben.

Klicken Sie abermals auf den Textrahmen, wandeln sich die quadratischen Anfasspunkte in runde Drehpunkte, mit denen Sie den Rahmen drehen können.

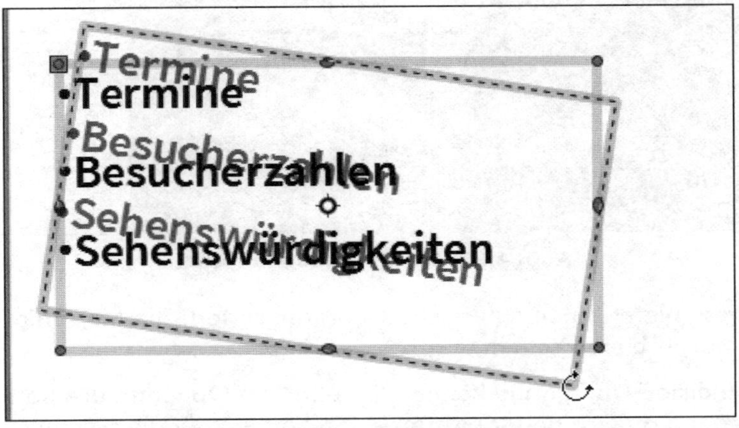

Abb. 4.31: Einen Textrahmen drehen

Präsentation vorbereiten

Im Folgenden werden Sie die Möglichkeiten der Bildschirmpräsentation, für die Sie durch vielfältige Einstellungen attraktive Übergänge und Einblendungen von Texten für Ihre Präsentation festlegen können, kennenlernen.

Bevor es an die eigentliche Präsentation geht, müssen ein paar Vorbereitungen getroffen werden, damit Ihr Auftritt ein großer Erfolg wird.

Übergangseffekte

Zunächst werden Sie die Übergänge zwischen den einzelnen Folien festlegen. Das geschieht über den Bereich *Folienübergang*, den Sie in der Seitenleiste finden. Dazu müssen Sie die vierte Registerkarte von oben aktivieren.

Um einen Übergang gleich einmal zu begutachten, müssen Sie lediglich mit dem Mauszeiger auf eine der Vorgaben zeigen.

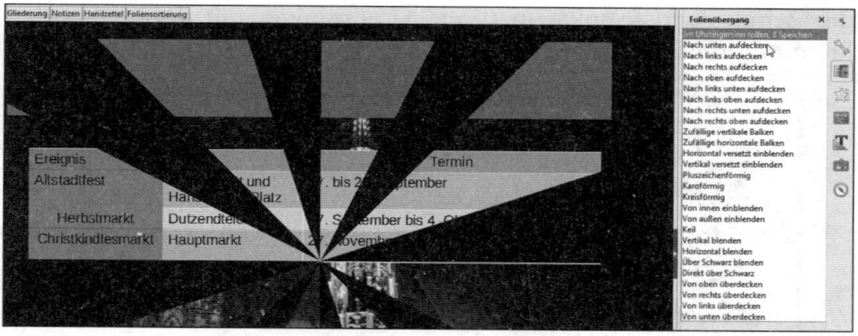

Abb. 4.32: Ein Übergang in Aktion

Impress bietet Ihnen zahlreiche Übergangsarten, die Sie ruhig einmal ausprobieren sollten.

Die meisten Übergänge können Sie über die Optionen des Bereichs *Übergang ändern* näher einstellen. So können Sie die *Geschwindigkeit* ändern oder auch dem Effekt einen *Klang* zuordnen.

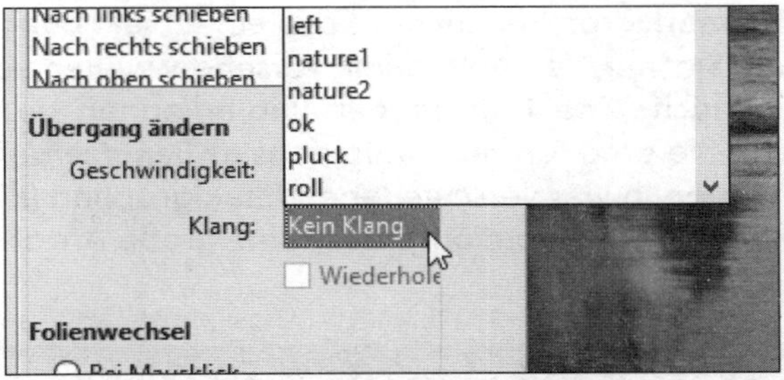

Abb. 4.33: Einen Klang zuweisen

So können Sie jede Folie einzeln mit einem geeigneten Übergang versehen. Wenn mehrere Folien den gleichen Übergang erhalten sollen, markieren Sie die Folien nacheinander durch Drücken der Taste [Strg].

Die Einstellungen können Sie abschließend mit einem Klick auf die Schaltfläche *Für alle Folien übernehmen* anwenden.

Benutzerdefinierte Animation

Des Weiteren können Sie den verschiedenen Folienelementen voreingestellte Animationseffekte hinzufügen und solche Effekte auch wieder entfernen.

Klicken Sie in der Seitenleiste auf die die dritte Schaltfläche *Benutzerdefinierte Animation*, denn damit können Sie eine Animation zum Anwenden auf Objekte in der Folie auswählen.

Abb. 4.34: Los geht es!

Anschließend markieren Sie auf der Folie ein Objekt oder einen Textrahmen, den Sie mit der Animation versehen wollen, und klicken auf die Schaltfläche *Effekt hinzufügen* (Sie erkennen sie am grünen Plus-Zeichen). Sie erhalten das Dialogfenster *Benutzerdefinierte Animation*, das Ihnen in vier verschiedenen Effektgruppen (*Eingang*, *Betonung*, *Beenden* und *Animationspfade*) eine große Anzahl von Effekten bietet.

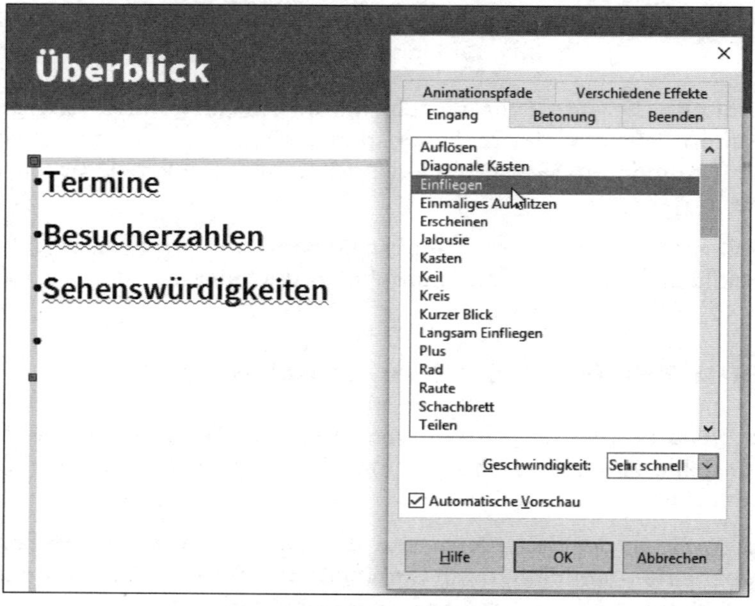

Abb. 4.35: Effekte für alle Fälle

Um einen Effekt zuzuweisen, genügt ein Klick auf den betreffenden Eintrag. Augenblicklich wird der Effekt ausgeführt und Sie können entscheiden, ob es der richtige ist.

Die Effekte sind in Kategorien eingeteilt und ermöglichen die folgenden Darstellungsformen:

⇨ Kategorie *Eingang*: Diese Effekte treten beim Erscheinen des Elements auf. Zur besseren Übersicht sind diese Effekte in vier Kategorien von *Einfach* über *Aufregend* und *Angemessen* bis *Spezial* geordnet.

- Kategorie *Betonung*: Diese Effekte betreffen die Darstellung während der Anzeige der Objekte. Auch diese Effekte sind wieder in vier Kategorien unterteilt.
- Kategorie *Beenden*: Diese Effekte bestimmen, wie ein Objekt von der Folie verschwindet, also ausgeblendet wird.
- Kategorie *Animationspfade*: Bei diesen Effekten handelt es sich um vorgegebene Formen auf der Folie, die den Ablauf der Animation vorgeben. Ein Animationspfad lässt sich wie jeder andere Animationseffekt zuweisen.

Allen Effekten ist gemeinsam, dass Sie im unteren Bereich des Dialogfensters den Geschwindigkeitsablauf der Animation regeln können.

Klicken Sie dazu auf das Listenfeld *Geschwindigkeit* und wählen Sie die gewünschte Stufe aus.

Masterseiten

Standardmäßig verwendet Impress das Design *Standard*, das Ihnen vielleicht etwas zu nüchtern ist. Sie können einer Präsentation jederzeit eine verfügbare Masterseite, so nennt man diese Designs auch, zuweisen.

Ein *Master* ermöglicht es Ihnen zum einen, die Präsentation mit verschiedenen Farben, Formen und Hintergründen zu versehen. Zum anderen können Sie damit den Folien zu einem einheitlichen Aussehen verhelfen.

Klicken Sie in der Seitenleiste auf den Eintrag *Masterseiten*. Dieser ist dreigeteilt und enthält die Bereiche *In dieser Präsentation verwenden*, *Zuletzt verwendet* und *Zur Verwendung vorhanden*.

Fertige Designs

In der letzten Kategorie finden Sie alle mitgelieferten fix und fertigen Vorlagen. Wenn Sie auf eine dieser Vorlagen mit der Maus klicken, wird die entsprechende Vorlage sofort auf die markierte Folie angewendet.

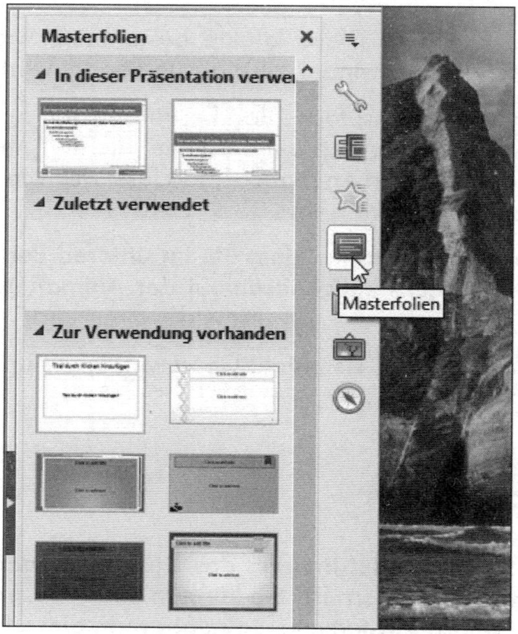

Abb. 4.36: Rasch das Design ändern

Möchten Sie das Design für alle Folien verwenden, klicken Sie mit der rechten Maustaste auf das gewünschte Design.

Im Kontextmenü wählen Sie den Eintrag *Für alle Folien übernehmen*.

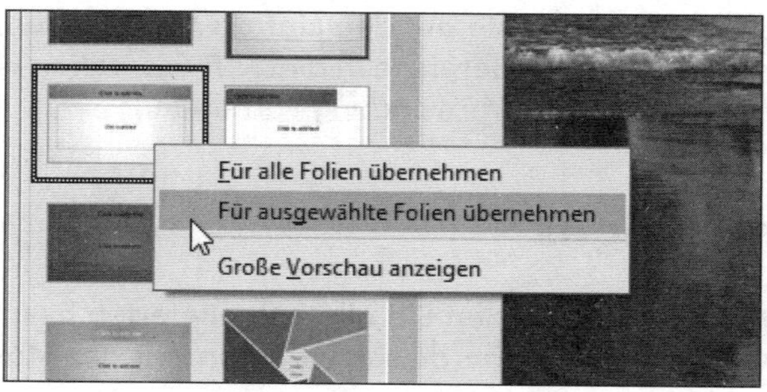

Abb. 4.37: Das gewählte Design übernehmen

Hintergrundgrafik

Unabhängig vom verwendeten Design können Sie einer oder mehrere Folien eine Hintergrundgrafik zuweisen.

In diesem Fall klicken Sie mit der rechten Maustaste auf die betreffende Folie und wählen im Kontextmenü den Befehl *Hintergrundbild setzen*.

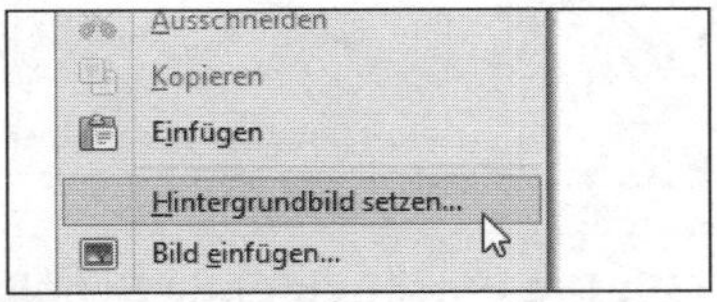

Abb. 4.38: Eine Hintergrundgrafik einfügen

Im folgenden Dialogfenster wählen Sie das gewünschte Foto aus und bestätigen Ihre Wahl mit einem Klick auf *Öffnen*.

Kurz darauf werden Sie wieder in einem kleinen Hinweisfenster gefragt, ob die Hintergrundeinstellung für alle Seiten gelten soll. Entscheiden Sie sich für *Nein*, wird das Foto nur in dem Hintergrund der aktuell markierten Folie platziert.

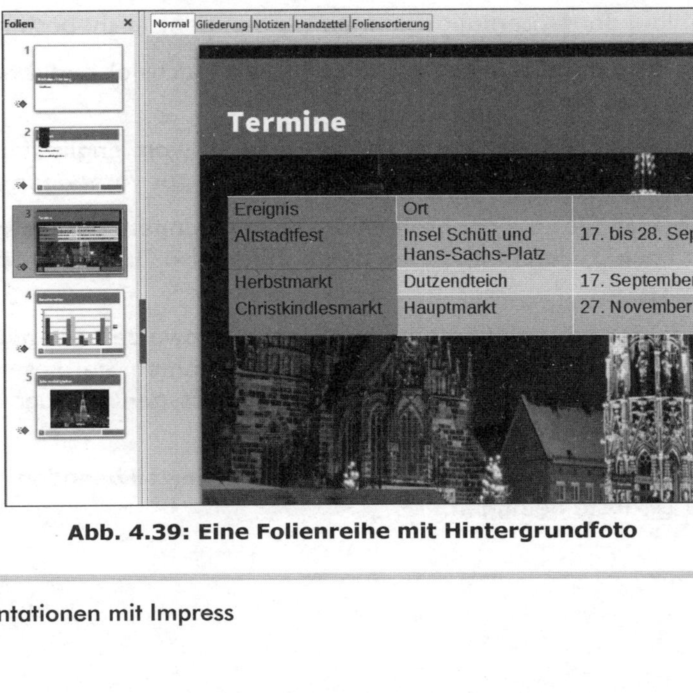

Abb. 4.39: Eine Folienreihe mit Hintergrundfoto

Bildschirmpräsentation

Nun wird es spannend. Sicherlich möchten Sie Ihre erste Präsentation gleich einmal laufen sehen. Das ganze Arbeiten mit Impress zielt darauf hin, das Ergebnis zu präsentieren. Sind alle Arbeiten erledigt, klicken Sie auf die Schaltfläche *Start mit erster Folie*.

Abb. 4.40: Die entscheidende Schaltfläche

TIPP

Eine Präsentation kann man rasch durch Drücken von F5 starten. Möchten Sie mit der aktuellen Folie beginnen, drücken Sie ⇧ + F5.

Den Ablauf der Präsentation können Sie nun ganz leicht bestimmen:

- ⇨ Ein Tipp auf die Taste Bild↓ oder N (wie Nächste) bringt Sie zur nächsten Folie.
- ⇨ Wenn Sie dagegen die Taste Bild↑ oder P (vom englischen *past* wie Vergangenheit) drücken, gelangen Sie zur vorherigen Folie.
- ⇨ Möchten Sie zu einer bestimmten Folie gelangen, beispielsweise zu Folie 3, dann tippen Sie deren Ziffer, also 3, und bestätigen mit ↵.

Am Ende der Präsentation erhalten Sie eine schwarze Folie mit dem Hinweis *Bitte klicken Sie, um zu beenden*. Kommen Sie dieser Aufforderung nach, wenn Sie aufhören wollen. Es genügt aber auch, irgendeine Taste zu betätigen.

Darüber hinaus können Sie die Präsentation jederzeit beenden, wenn Sie die Esc-Taste betätigen.

In beiden Fällen befinden Sie sich wieder im Impress-Programmfenster.

Darüber hinaus können Sie die Präsentation auch mit der Maus steuern. Wenn Sie mit der rechten Maustaste klicken, gelangen Sie zur nächsten Folie. Möchten Sie zurück, müssen Sie mit der rechten Maustaste klicken. Im daraufhin angezeigten Kontextmenü finden Sie den entsprechenden Befehl.

TIPP

Beim Verwenden des Kontextmenüs gilt es zu bedenken, dass sein Erscheinen das Publikum von dem eigentlichen Geschehen ablenken kann. Verwenden Sie deshalb besser die Tastenkombinationen.

5 Zeichnungen mit Draw

Das Programmmodul *Draw* ist für die kreative Seite des LibreOffice-Pakets zuständig. Mit ihm können Sie Vektorgrafiken erstellen, deren entscheidender Vorteil ist, dass man sie beliebig verlustfrei skalieren kann. Beispielsweise lassen sich einfachere Objekte wie Rechtecke und Kreise, aber auch Würfel, Kugeln oder Zylinder erzeugen. Aus mehreren einzelnen Objekten lassen sich komplexere Objekte erstellen, die man zu einer Einheit verschmelzen kann oder mithilfe spezieller Linien, der sogenannten *Verbinder*, zu einem Objekt vereint.

Die fertigen Objekte lassen sich in unterschiedlichen Formaten speichern und können anschließend problemlos in jedes LibreOffice-Modul eingebunden werden.

Los geht es im Startbildschirm mit einem Klick auf die Schaltfläche *Draw Zeichnung*.

Abb. 5.1: Eine Zeichnung erstellen

Draw kennenlernen

Nachdem Sie das Programm gestartet haben, finden Sie im Zentrum des Programmfensters die Arbeitsfläche, auf der Sie gestalten werden. Auf der linken Seite sehen Sie das Fenster *Folien*. Dieses benötigen Sie nur, wenn Sie Objekte auf mehreren Seiten, Draw spricht von *Folien*, verteilen möchten.

Abb. 5.2: Draw in voller Pracht

Auf dem Zeichenblatt werden zunächst alle Objekte – unabhängig von ihrer späteren Größe – erstellt.

Unterhalb der Titelleiste und der Menüleiste fallen die für Draw bzw. LibreOffice typischen Symbolleisten auf.

Zunächst findet sich dort die übliche Symbolleiste *Standard* mit den am häufigsten benutzten Funktionen. Darunter befindet sich die Symbolleiste *Linie und Füllung*, die die wichtigsten Funktionen zum Bearbeiten von Zeichenobjekten (etwa *Linienstil* oder *Linienfarbe*) enthält.

Am linken Rand des Fensters finden Sie die aus anderen Modulen bekannte Symbolleiste *Zeichnen*, die bei Draw im Wesentlichen die Funktion einer Werkzeugleiste einnimmt. Sie enthält alle Werkzeuge (Linien, Rechteck, Kreis, Formen usw.), die zum Zeichnen benötigt werden.

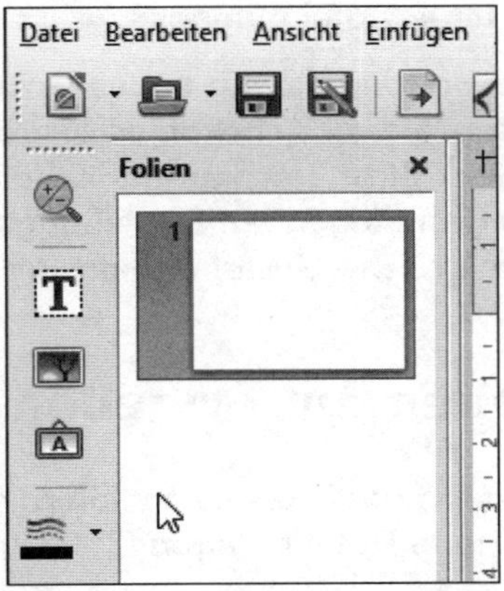

Abb. 5.3: Symbolleiste *Zeichnen* und Fenster *Folien*

Das Fenster *Folien* können Sie vorerst über die *Schließen*-Schaltfläche ausblenden. Benötigen Sie das Fenster zu einem späteren Zeitpunkt wieder, rufen Sie einfach die Befehlsfolge *Ansicht / Seitenbereich* auf.

Auf dem Zeichenblatt werden zunächst alle Objekte – unabhängig von ihrer späteren Größe – erstellt. Unterhalb des Zeichenblatts finden Sie die Register, um zwischen den verschiedenen Ansichten umzuschalten.

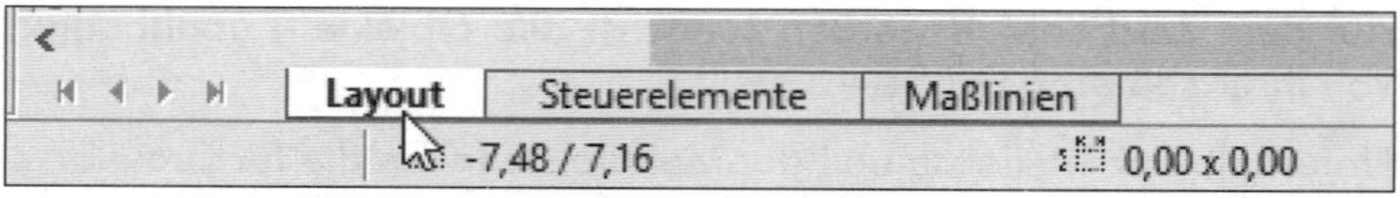

Abb. 5.4: Die Ansicht ändern

Den Abschluss des Fensters bildet die *Statusleiste*. Ihr können Sie auf der linken Seite wichtige Informationen zu dem gerade bearbeiteten Objekt entnehmen und auf der rechten Seite finden Sie die *Zoom*-Schaltfläche, um die Ansicht Ihren Wünschen entsprechend anzupassen.

Zeichnen mit Draw

Um eine neue Zeichnung mit Draw zu erstellen, müssen Sie zunächst eine entsprechende neue Datei anlegen.

Wie Sie gleich sehen werden, ist ein neues Dokument recht einfach erstellt. Jedoch sollten Sie sich, bevor es losgeht, Gedanken über den Verwendungszweck Ihrer Zeichnung machen. Wenn Sie nämlich gleich zu Beginn die grundlegenden Einstellungen vornehmen, wirkt sich das auf eine erfolgreiche Gestaltung positiv aus.

Ein neues Dokument erstellen

Um eine neue Zeichnung mit Draw zu erstellen, müssen Sie zunächst eine entsprechende neue Datei anlegen.

Eine neue Datei können Sie wie folgt anlegen: Sie klicken im Startbildschirm auf die Schaltfläche *Draw Zeichnung*. Oder Sie verwenden in Draw die Tastenfolge [Strg] + [N] bzw. wählen den Weg über die Befehlsfolge *Datei / Neu*.

Um Einfluss auf die Seitengröße des neuen Dokuments nehmen zu können, wählen Sie anschließend die Befehlsfolge *Format / Seite* und stellen im folgenden Dialogfenster das gewünschte *Papierformat* ein.

Entscheiden Sie sich bei *Ausrichtung* für die Option *Querformat*.

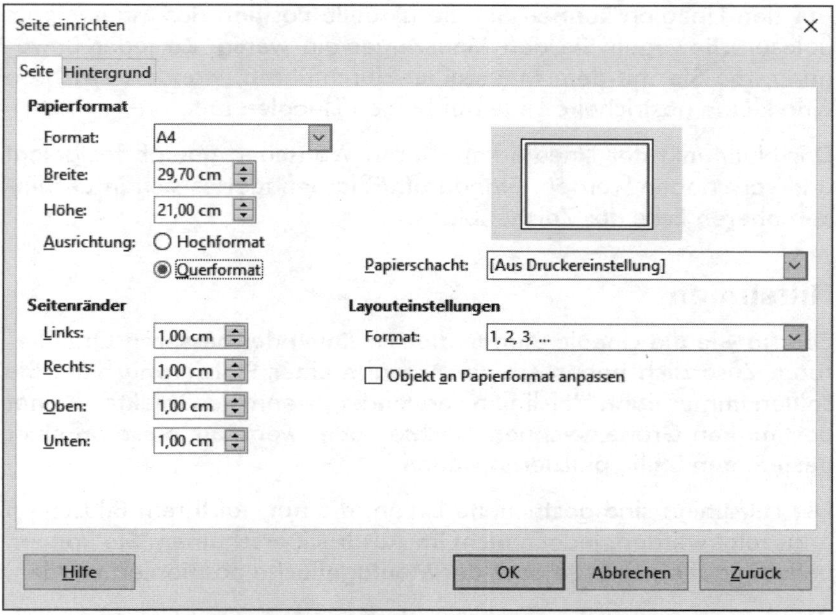

Abb. 5.5: Das Zeichenblatt einrichten

Arbeitshilfen

Beim Arbeiten mit Grafikdateien werden Sie sicherlich die eine oder andere der Arbeitshilfen zu schätzen wissen, die Ihnen im Folgenden vorgestellt werden.

Lineale

Ein wichtiges Hilfsmittel sind die *Lineale*. Mithilfe der Lineale ist es möglich, Objekte exakt zu positionieren und auszurichten. Sie dienen außerdem der besseren Orientierung und Positionierung, da Sie so sehr schnell erkennen können, an welcher Position sich ein Objekt momentan befindet.

Die Lineale sehen Sie am oberen und linken Rand des Dokuments. Sollten die Lineale nicht sichtbar sein, können Sie sie über das Menü *Ansicht / Lineal* einblenden.

Auf den Linealen können Sie die aktuelle Position des Mauszeigers ablesen. Bewegen Sie den Mauszeiger ein wenig. Zu jeder Bewegung, die Sie mit dem Mauszeiger durchführen, wandert synchron eine kleine gestrichelte Linie auf beiden Linealen mit.

Der Nullpunkt der Lineale kann Ihren Wünschen gemäß festgelegt und verschoben werden. Standardmäßig befindet es sich in der linken oberen Ecke des Zeichenblatts.

Hilfslinien

Ebenso wie die Lineale dienen die *Hilfslinien* der besseren Orientierung. Zusätzlich haben sie die Aufgabe einer Platzierungshilfe. Sie sollten immer dann Hilfslinien verwenden, wenn Sie Objekte in einer bestimmten Größe zeichnen möchten oder wenn Sie diese an einer bestimmten Stelle platzieren wollen.

Die Hilfslinien sind gestrichelte Linien, die nur auf Ihrem Bildschirm angezeigt werden, jedoch nicht im Ausdruck erscheinen. Sie können beliebig auf einer Seite oder der Montagefläche positioniert werden.

Wenn Sie eine Hilfslinie gezogen haben, ist es recht einfach, beispielsweise eine Grafik an dieser Linie auszurichten.

Um eine Hilfslinie zu erstellen, klicken Sie auf eines der beiden Lineale und ziehen mit gedrückter linker Maustaste den Mauszeiger an die gewünschte Stelle.

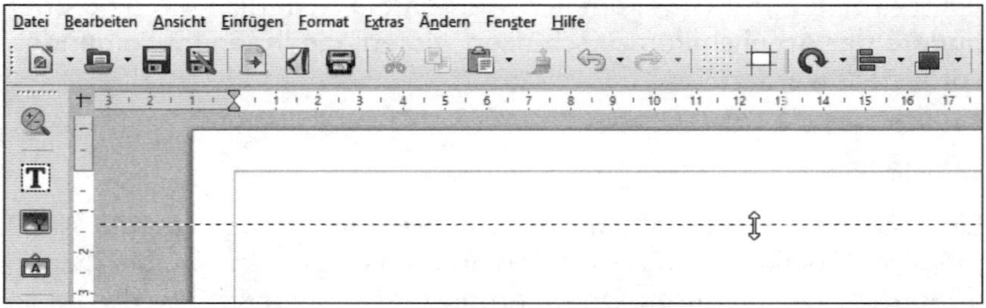

Abb. 5.6: Eine Hilfslinie anlegen

Hilfslinien erfüllen ihren Zweck dann, wenn Sie Objekte an ihnen ausrichten können. Dazu muss das betreffende Objekt einen bestimmten Mindestabstand zur Hilfslinie unterschreiten, sodass es dann an der Hilfslinie einrastet.

Um eine Hilfslinie zu verschieben, zeigen Sie auf diese Linie, halten nach dem Anklicken die Maustaste gedrückt und verschieben sie dann mit gedrückter Maustaste an die neue Stelle.

Raster

Zusätzlich können Sie für die Gestaltung Ihrer Seiten ein *Raster* einsetzen, das Ihnen bei der präzisen Strukturierung und Ausrichtung der Objekte Ihrer Zeichnung sehr behilflich sein kann.

Das Raster ist nicht standardmäßig sichtbar. Sie können es über die Befehlsfolge *Ansicht / Raster* einblenden.

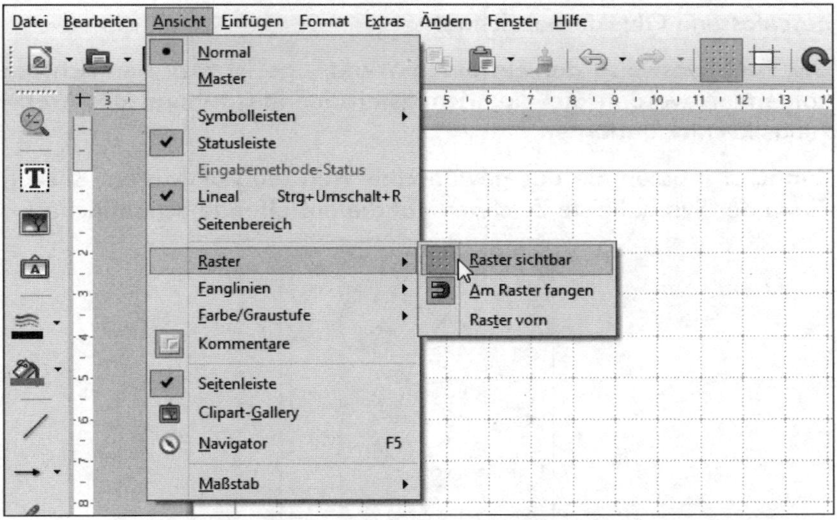

Abb. 5.7: Arbeiten mit dem Raster

Zeichenobjekte erstellen

Mit Draw erstellen Sie Vektorgrafiken, die im Prinzip aus Linien, Rechtecken, Kreisen und sonstigen Formen bestehen. Solche Grafiken und Bilder wirken sehr anziehend auf das Auge. Blättern Sie einmal in einer Zeitschrift oder einem Buch und beobachten Sie, worauf Ihre Augen zuerst gelenkt werden. Vermutlich werden es die

Grafiken oder Bilder sein. Dementsprechend hat ein Zeichner auch eine wichtige Aufgabe. Er zeichnet, malt und fertigt die Drucke an, die ein Buch oder eine andere Publikation bebildern.

Um diese Zeichnungen zu erstellen, bietet Ihnen Draw einige Werkzeuge an, mit denen Sie selbst grafische Objekte zeichnen können.

Arbeitsweise der Zeichenhilfsmittel

Mithilfe der Hilfsmittel zum Zeichnen können Sie schnell einfache Objekte wie Rechtecke, Ellipsen und regelmäßige Polygone sowie die entsprechenden Rahmen zeichnen. Diese Objekte werden auch als *geschlossene Objekte* bezeichnet.

Die Funktionsweise der einzelnen Werkzeuge ist fast identisch. Im Folgenden werden Sie die wichtigsten Schritte anhand des Werkzeugs *Rechteck* erlernen.

Zunächst müssen Sie das gewünschte Werkzeug aktivieren. Klicken Sie in der Symbolleiste *Zeichnen* auf die betreffende Schaltfläche.

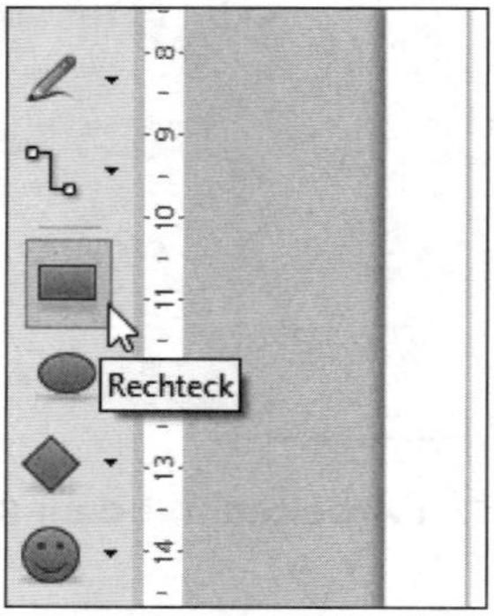

Abb. 5.8: Das Werkzeug wählen ...

Beim Arbeiten mit den einzelnen Werkzeugen sind im Prinzip stets die nachfolgenden Arbeitsschritte durchzuführen.

Führen Sie den Mauszeiger an die gewünschte Position in Ihrem Dokument und drücken Sie die linke Maustaste. Mit gedrückter Maustaste entfernen Sie sich nun diagonal von dem Anfangspunkt.

Dadurch wird eine Form, in diesem Beispiel ein Rechteck, gezeichnet, die umso größer wird, je weiter Sie die Maus vom Ausgangspunkt wegbewegen.

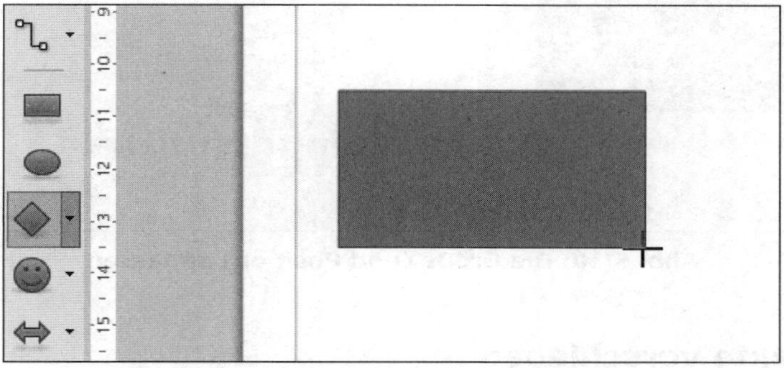

Abb. 5.9: ... und das Rechteck aufziehen

Sobald das Rechteck die gewünschte Größe hat, lassen Sie die Maustaste los und das Objekt ist gezeichnet.

TIPP

Möchten Sie statt eines Rechtecks ein Quadrat zeichnen, müssen Sie beim Aufziehen die [⇧]-Taste gedrückt halten.

Objekte markieren

Um ein Objekt bearbeiten zu können, müssen Sie es zuvor markieren. Das geschieht durch einen Klick mit dem Hilfsmittel *Auswahl* auf das Objekt.

Objektgröße festlegen

Die Größe des Objekts können Sie in der Seitenleiste im Bereich *Position und Größe* bestimmen.

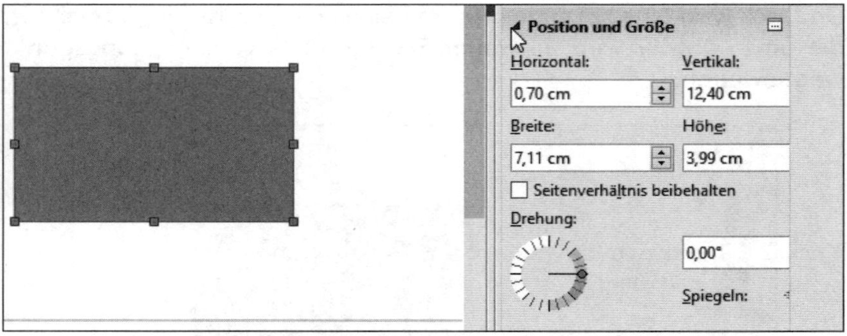

Abb. 5.10: Die Größe (und Position) anpassen

Objekte verschieben

Nicht immer werden Sie das Objekt Ihrer Wahl an dem Ort haben, an dem Sie es brauchen. Doch keine Sorge: Objekte können an jeder beliebigen Stelle platziert werden.

Führen Sie den Mauszeiger auf das Objekt. Wenn der Cursor die Form eines Vierfachpfeils annimmt, klicken Sie und halten die Maustaste gedrückt. Ziehen Sie das Objekt dann an die gewünschte Stelle.

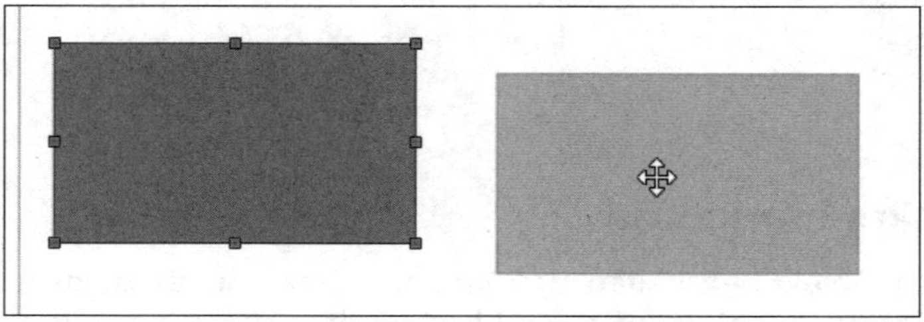

Abb. 5.11: Ein Objekt verschieben

Objekte dehnen und stauchen

Ein erstelltes Objekt kann über die quadratischen Anfasser mühelos gedehnt oder gestaucht werden.

Zeigen Sie mit aktiviertem Hilfsmittel *Auswahl* auf eines der Quadrate an den Seiten. Die richtige Position erkennen Sie daran, dass der Mauszeiger die Form eines Doppelpfeils annimmt. Klicken Sie mit der Maus und ziehen Sie mit gedrückter Maustaste den quadratischen Anfasser in die gewünschte Richtung.

Objekte drehen

Objekte können beliebig – entweder intuitiv oder per Dialogfenster – gedreht werden.

Klicken Sie ein zweites Mal auf das Objekt, um in den Drehmodus zu schalten. Sie erkennen ihn an den runden roten Anfassern. Zeigen Sie auf einen der runden Anfasser und ziehen Sie mit gedrückter Maustaste in die zu drehende Richtung. Alternativ können Sie die Drehung auch gradgenau in der Seitenleiste vornehmen.

Objekte färben

Wenn Sie ein neues Objekt zeichnen, wird es mit den aktuell eingestellten Farben für Kontur und Füllung versehen.

Die Füllung und die Kontur können nachträglich (um)gefärbt werden. Markieren Sie zunächst das Objekt mit dem Hilfsmittel *Auswahl* und klicken Sie in der Symbolleiste *Zeichnen* auf ein Farbfeld in der Liste *Füllfarbe*.

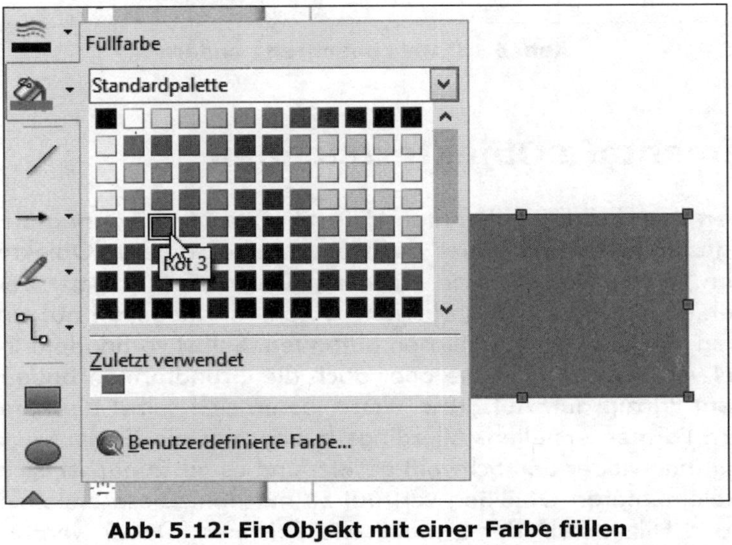

Abb. 5.12: Ein Objekt mit einer Farbe füllen

Alternativ können Sie diese Einstellung auch im Bereich *Fläche* in der Seitenleiste vornehmen.

Das Objekt nimmt sofort die gewählte Färbung an.

Um den Umriss zu verändern, belassen Sie das Objekt markiert und stellen die gewünschte *Linienbreite* im Bereich *Linie* in der Seitenleiste in dem gleichnamigen Feld ein.

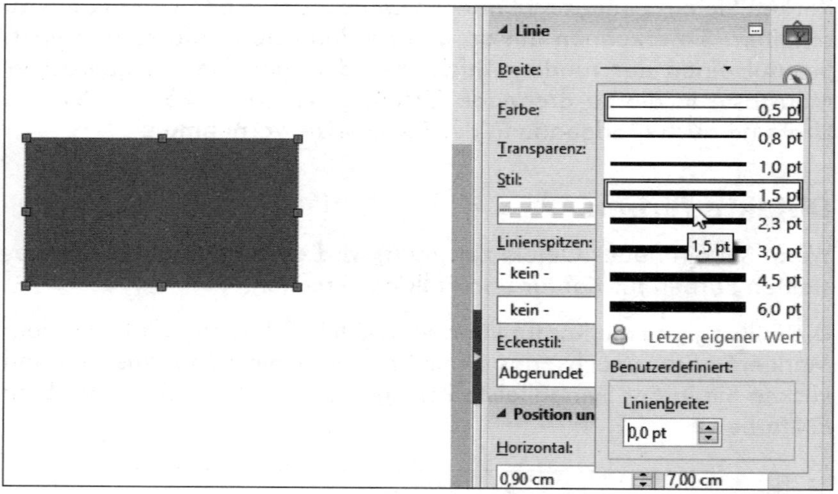

Abb. 5.13: Die Linienbreite ändern

Elementare Objekte zeichnen

Neben dem bislang bekannten Hilfsmittel *Rechteck* können Sie auf die gezeigte Art und Weise auch eine Reihe weiterer Objekte erstellen. Wenn Sie sich eine Weile mit Draw beschäftigen, werden Sie erkennen, dass alle grafischen Objekte im Regelfall auf Linien, Kurven, Rechtecken und Ellipsen aufbauen. Selbst vorhandene Hilfsmittel wie Polygone, Sterne oder auch die Grundformen bauen auf diesem Prinzip auf. Auf diese Weise lassen sich selbst die komplexesten Formen erstellen. Allerdings haben hier die Götter vor dem Erfolg mal wieder den Schweiß gesetzt und es gilt zunächst, sich mit den elementaren Objekten vertraut zu machen. Diese erstellen Sie mit den Hilfsmitteln der Symbolleiste *Zeichnen*. Dabei werden die

Eigenschaften der Grundobjekte durch die voreingestellten Optionen bestimmt. In der Seitenleiste können Sie diese jedoch im Bedarfsfall an Ihre Bedürfnisse und Vorstellungen anpassen.

Im Folgenden werden Sie die wichtigsten Zeichenwerkzeuge im Einzelnen näher kennenlernen.

Linien

Linien zeichnen sich dadurch aus, dass sie keine Fläche beschreiben, weswegen sie auch als *offene Formen* bezeichnet werden.

Eine Linie erzeugen Sie dadurch, dass Sie zunächst das Zeichenwerkzeug *Linie* aktivieren. Dann bestimmen Sie als Nächstes den Anfang der Linie, indem Sie an die gewünschte Position klicken. Mit gedrückter linker Maustaste bewegen Sie dann den Zeiger zum vorgesehenen Endpunkt.

Bei einer Linie mit Pfeilende (Schaltfläche *Linien und Pfeile*) gehen Sie genauso wie bei einer normalen Linie vor.

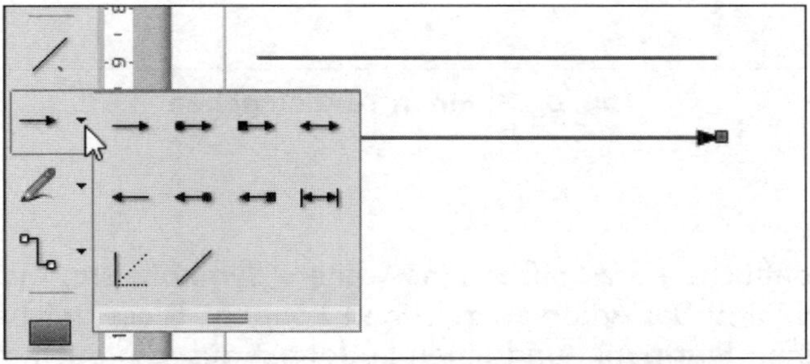

Abb. 5.14: Eine Linie mit Pfeilende erstellen

Ellipse

Ellipsen bzw. Kreise werden auf die gleiche Art wie Rechtecke oder Quadrate erzeugt. Dazu verwenden Sie das Werkzeug *Ellipse*.

Sie aktivieren das Werkzeug, suchen einen Anfangspunkt und ziehen mit gedrückter Maustaste die Ellipse auf. Möchten Sie einen Kreis erstellen, halten Sie dabei die [⇧]-Taste gedrückt.

Text

Die Texteingabe in Draw funktioniert im Prinzip wie bei einem gängigen Textverarbeitungsprogramm.

Dazu müssen Sie folgende Schritte durchlaufen: Aktivieren Sie die Schaltfläche *Textfeld* und klicken Sie auf eine Stelle im Bild. Ziehen Sie mit gedrückter Maustaste einen rechteckigen Textrahmen auf. Sobald Sie die Maustaste loslassen, befindet sich der Cursor ganz links oben in dem Rahmen und Sie können mit der Eingabe beginnen.

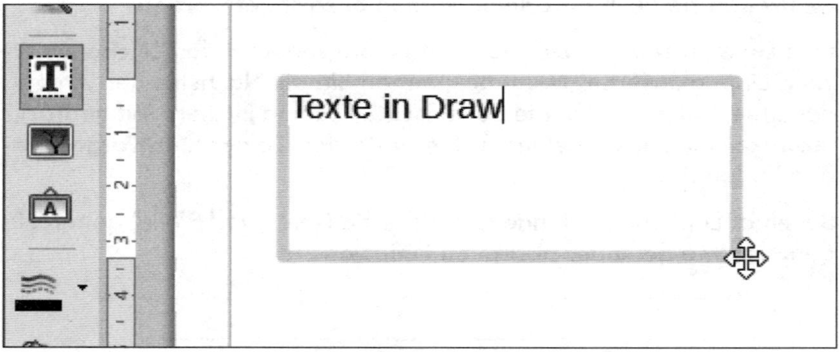

Abb. 5.15: Einen Text eingeben

Kurve

Die Schaltfläche *Kurve* öffnet eine weitere Symbolleiste, mit der Sie Freihand- und Bézierkurven zeichnen können. Diese zeichnen sich durch einen Startpunkt und einen Endpunkt aus, die auch als *Anker* bezeichnet werden. Die Form dieser Kurve lässt sich durch Steuerpunkte (auch Griffe genannt) definieren. So wird durch das Verschieben eines Steuerpunkts die Form solcher Kurven geändert.

Um eine Linie wie mit einem Bleistift zu zeichnen, klicken Sie auf die Schaltfläche *Freihand*. Bestimmen Sie zunächst den Anfang der Linie, indem Sie an die gewünschte Position klicken. Mit gedrückter linker Maustaste bewegen Sie dann den Zeiger zum vorgesehenen Endpunkt.

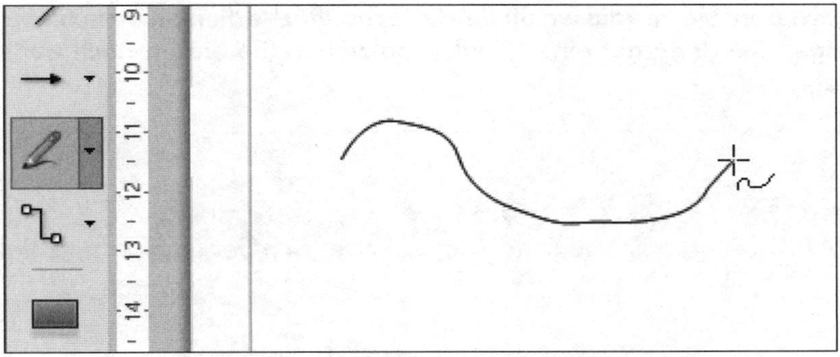

Abb. 5.16: Eine Freihandlinie zeichnen

Wenn Sie die Maustaste loslassen, erstellt Draw die Linie. Gleichzeitig erkennen Sie die Punkte in Form von kleinen Quadraten auf der Linie. Diese wurden an jeder Richtungsänderung der Linie erstellt. Im Prinzip bestehen alle Objekte in Draw aus einzelnen Segmenten oder Strecken, die über Punkte verbunden sind. Wie Sie noch sehen werden, können Sie die Form einer Linie oder Kurve ändern, indem Sie einen oder mehrere Knotenpunkte ziehen.

Zusätzlich wurde die Symbolleiste *Punkte bearbeiten* eingeblendet, mit deren Werkzeugen Sie die Kurve nun nachbessern oder verändern können.

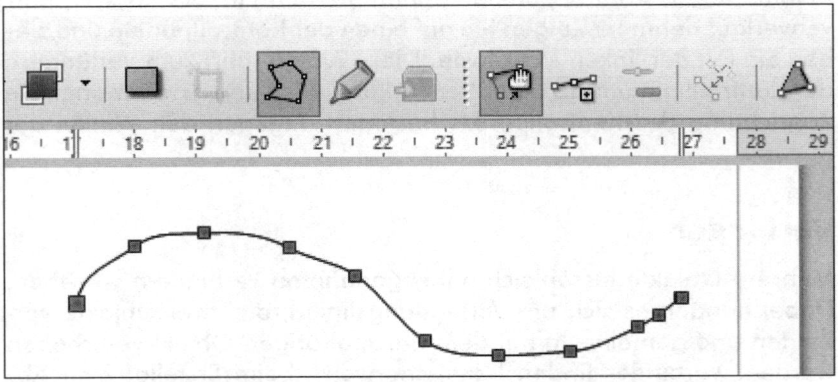

Abb. 5.17: Deutlich zu erkennen: die Punkte

Aktivieren Sie an dieser Stelle die Schaltfläche *Punkte verschieben*, zeigen Sie dann auf einen Punkt und ziehen Sie diesen nach außen weg.

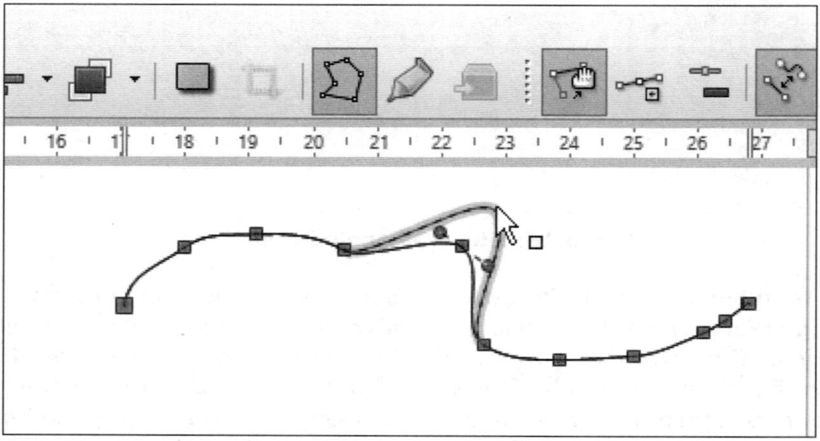

Abb. 5.18: Einen Punkt bearbeiten

Solange Sie den Knotenpunkt markiert lassen, sehen Sie nun eine Linie mit zwei kleinen runden Punkten. Dabei handelt es sich um Kontrollpunkte.

Mithilfe dieser Kontrollpunkte können Sie nun Einfluss auf den Kurvenverlauf nehmen. Zeigen Sie auf einen der Kontrollpunkte und ziehen Sie mit der linken Maustaste. Diese Aktion führt zum Verlängern der Kontrolllinie und zu einer Verstärkung der Kurvenkrümmung. Die Zugrichtung des Kontrollpunkts bestimmt dagegen den Winkel der Kurve.

Verbinder

Mehrere Objekte lassen sich mit sogenannten *Verbindern* versehen. Dabei handelt es sich um Verbindungslinien, die zwei Objekte verbinden und gemeinsam mit dem dazugehörigen Objekt verschoben werden. Verbinder finden klassischerweise beim Erstellen von Ablaufplänen oder eines Organigramms Verwendung.

Wenn Sie auf den Listenpfeil der Schaltfläche klicken, werden Sie die vier Verbinder-Typen *Standard-*, *Linien-*, *Direkt-* und *Kurven-Verbinder* ausmachen können. Um eine Verbindung anzulegen, markieren Sie das erste Objekt, klicken auf den Verbinder, klicken auf eine der Eckmarkierungen des ersten Objekts und ziehen mit gedrückter Maustaste zu einer Markierung des zweiten Objekts.

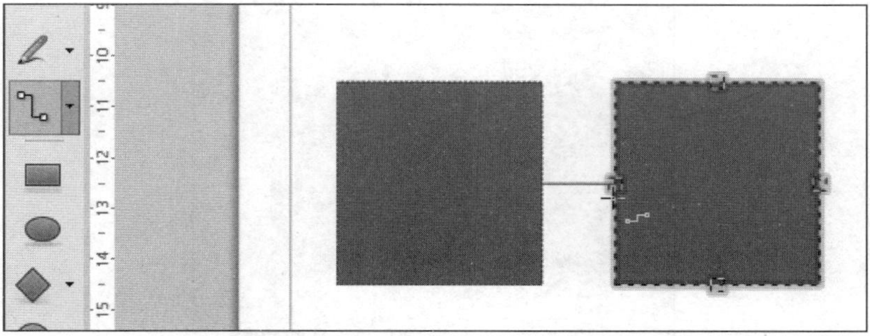

Abb. 5.19: Die Objekte werden verbunden

Dort angekommen, klicken Sie einmal und die Objekte sind miteinander verbunden.

Die Verbindung wird nun durch zwei rote Kreise (Andockpunkte) und mindestens ein Quadrat gekennzeichnet. Mit Letzterem können Sie den Verbindungsverlauf beeinflussen und beispielsweise die Linie näher oder weiter entfernt platzieren.

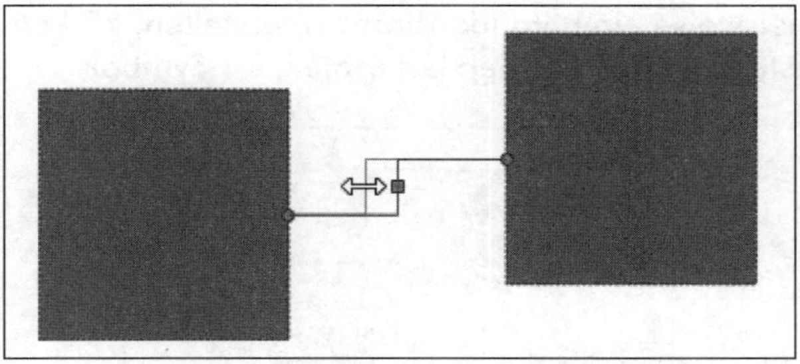

Abb. 5.20: Die Objekte sind verbunden

Blockpfeile

Möchten Sie schnell eine Linie mit Pfeilenden erstellen, können Sie auf die offenen Objekte der Gruppe *Blockpfeile* zugreifen.

Dazu müssen Sie lediglich auf den Listenpfeil der Schaltfläche klicken und können dann eine entsprechende Form auswählen, die sich wie eine ganz gewöhnliche Linie zeichnen lässt.

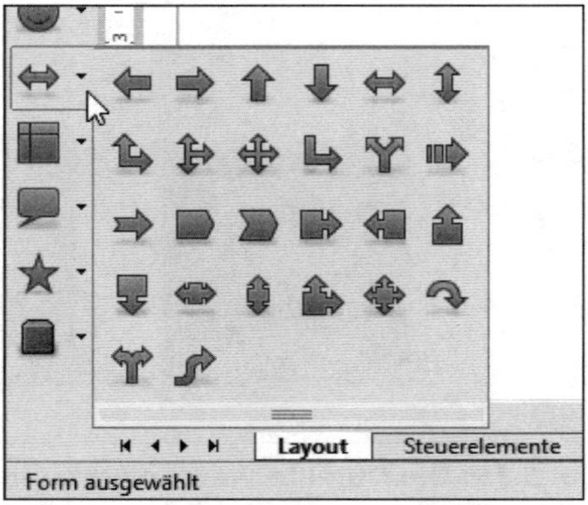

Abb. 5.21: Linien und Pfeilenden

Fertige Formen

Draw enthält eine Reihe vordefinierter geschlossener Formen. Diese sind in die Kategorien *Standardformen*, *Symbolformen*, *Blockpfeile*, *Flussdiagramme*, *Legenden* und *Sterne* unterteilt.

Um beispielsweise eine Standardform zu erstellen, klicken Sie in der Symbolleiste *Zeichnen* auf den Listenpfeil des Symbols.

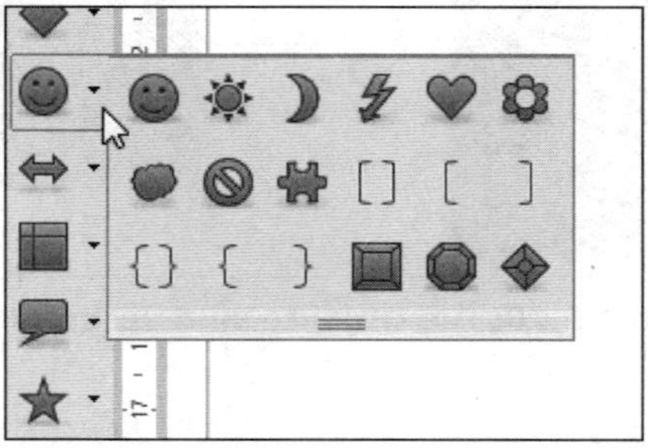

Abb. 5.22: Die Standardformen betrachten

In dieser Liste wählen Sie die gewünschte Form durch einfaches Anklicken an und ziehen dann die Form in gewohnter Weise auf.

Mit Objekten arbeiten

Objekte werden von Draw mit acht quadratischen Anfassern umgeben, die ein imaginäres Rechteck um das markierte Objekt bilden. Man spricht hierbei vom *Markierungsmodus*.

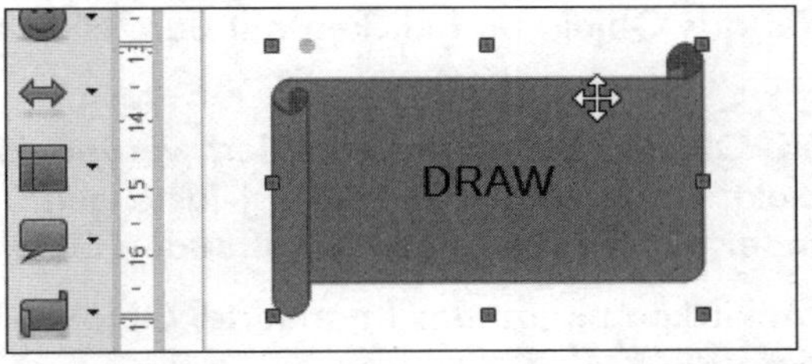

Abb. 5.23: Ein Objekt im Markierungsmodus

Möchten Sie ein solches Objekt drehen, müssen Sie in den schon bekannten *Drehen-Modus* umschalten. Klicken Sie dazu in der Symbolleiste *Zeichnen* auf den Listenpfeil der Schaltfläche *Effekte* und wählen Sie die Schaltfläche *Drehen* an.

Sicherlich fällt Ihnen bei dem einen oder anderen Objekt eine gelbe Markierung auf. Mit deren Hilfe können Sie die Form des Objekts verändern. Zeigen Sie mit dem Mauszeiger auf diesen Punkt und klicken Sie. Wenn der Mauszeiger die Form einer Hand annimmt, bewegen Sie ihn mit gedrückter Maustaste vom Ursprungsort weg.

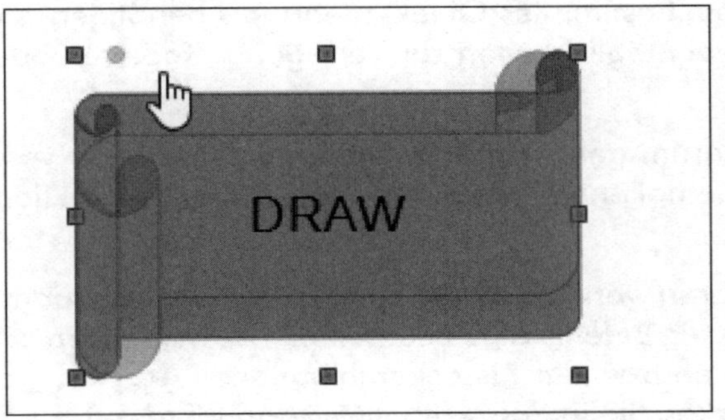

Abb. 5.24: Die Form eines Objekts anpassen

Die Form wird entsprechend den Mausbewegungen angepasst.

Objekte markieren

Um ein Objekt bearbeiten zu können, müssen Sie es zuvor markieren. Die zu wählende Vorgehensweise hängt dabei von der zu lösenden Aufgabe ab.

Um ein einzelnes Objekt mit der Maus zu markieren, bewegen Sie den Cursor auf das Objekt und klicken mit dem Hilfsmittel *Auswahl* darauf.

Sollen mehrere Objekte auf einmal markiert werden, klicken Sie auf das erste Objekt. Dann halten Sie die [⇧]-Taste gedrückt, während Sie nacheinander auf die Linien der betreffenden Objekte klicken.

Ein erneutes Anklicken nimmt das (markierte) Objekt wieder aus der Markierung heraus.

Möchten Sie alle aneinander angrenzenden Objekte in einem bestimmten Bereich markieren, so lässt sich das am besten durch einen Markierungsrahmen erreichen. Dazu zeigen Sie mit dem Hilfsmittel *Auswahl* auf einen leeren Bildschirmbereich außerhalb der Objekte. Dann klicken Sie, halten die Maustaste gedrückt und ziehen einen Rahmen um die Objekte. Sobald Sie die Maustaste loslassen, verschwindet der Rahmen und alle Objekte, die Sie so „eingefangen" haben, sind markiert.

Objekte vervielfältigen

Wenn Sie ein bestimmtes Objekt mehrmals benötigen, stehen Ihnen in Draw zwei Möglichkeiten zur Verfügung: Kopieren oder Duplizieren.

Wenn es darum geht, ein oder mehrere Objekte zu vervielfältigen, kommen die bekannten *Kopieren*- und *Einfügen*-Funktionen zur Anwendung.

Beim Kopieren von Objekten können Sie wie gewohnt vorgehen. Wählen Sie die Befehlsfolge *Bearbeiten / Ausschneiden* oder *Bearbeiten / Kopieren* bzw. die Tastenkombinationen [Strg] + [X] oder [Strg] + [C] oder klicken Sie in der Symbolleiste *Standard* auf die Schaltfläche *Ausschneiden* bzw. *Kopieren*.

Damit werden die Objekte in die Zwischenablage kopiert und können von dort beliebig oft in dasselbe oder in ein anderes Dokument eingefügt werden. Wenn Sie sie wieder einfügen wollen, klicken Sie mit der Maus an die entsprechende Stelle und dann auf die Schaltfläche *Einfügen* bzw. drücken die Tastenkombination Strg + V.

Das eingefügte Objekt wird passgenau über dem der Kopiervorlage platziert. Sie müssen die Kopie zunächst von der Stelle wegziehen, um zu erkennen, ob der Kopiervorgang von Erfolg gekrönt war.

Möchten Sie erreichen, dass das eingefügte Objekt nicht bündig platziert wird, müssen Sie es duplizieren. Markieren Sie zunächst wieder das betreffende Objekt. Rufen Sie dann die Befehlsfolge *Bearbeiten / Duplizieren* auf oder drücken Sie ⇧ + F3.

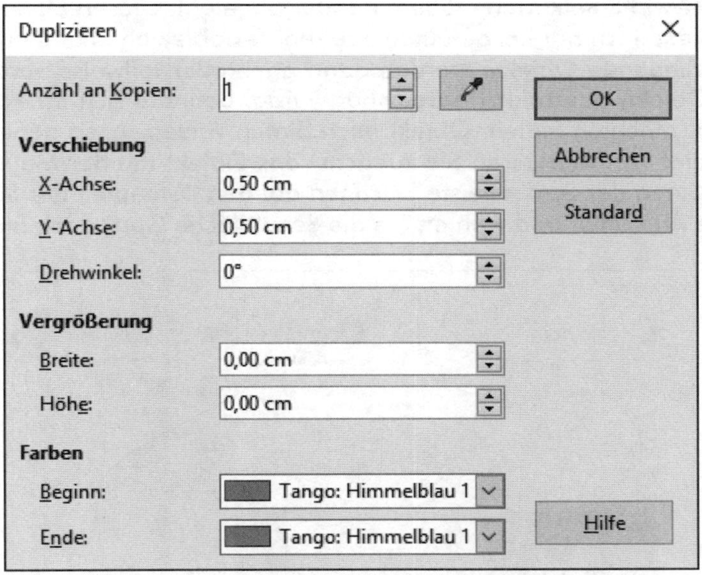

Abb. 5.25: Eine Form duplizieren

Es erscheint das Dialogfenster *Duplizieren*, in dem Sie den horizontalen bzw. vertikalen Versatz des neuen Objekts festlegen können. Tragen Sie die gewünschten Werte in die Felder ein. Wenn Sie anschließend mit *OK* bestätigen, wird das duplizierte Objekt mit den eingegebenen Werten eingefügt.

Objekte arrangieren

Wenn Sie mit mehreren Objekten arbeiten, werden Sie diese des Öfteren in die richtige Position bringen müssen. Dazu stehen Ihnen die folgenden Möglichkeiten zur Verfügung.

Draw bietet Ihnen die Möglichkeit, Objekte übereinanderzustapeln sowie bestimmte Objekte in den Vordergrund und andere dagegen in den Hintergrund zu setzen. Das ist besonders dann von Bedeutung, wenn Sie beispielsweise eine Grafik hinter einen Textabschnitt legen wollen.

Wenn Sie mehrere Objekte an der gleichen Stelle erzeugen, werden diese – wie Spielkarten – übereinander abgelegt. Diesen Effekt können Sie jedoch nur bei gefüllten oder bei Textobjekten erkennen. Darunterliegende Objekte werden dann ganz oder teilweise verdeckt. Das Objekt, das zuletzt gezeichnet wurde, befindet sich im Vordergrund. Möchten Sie ein Objekt nach hinten versetzen, so gehen Sie wie folgt vor: Markieren Sie zunächst das Objekt mit der Maus, klicken Sie in der Symbolleiste *Zeichnen* auf den Listenpfeil der Schaltfläche *Anordnen* und wählen Sie die Schaltfläche *Ganz nach hinten*.

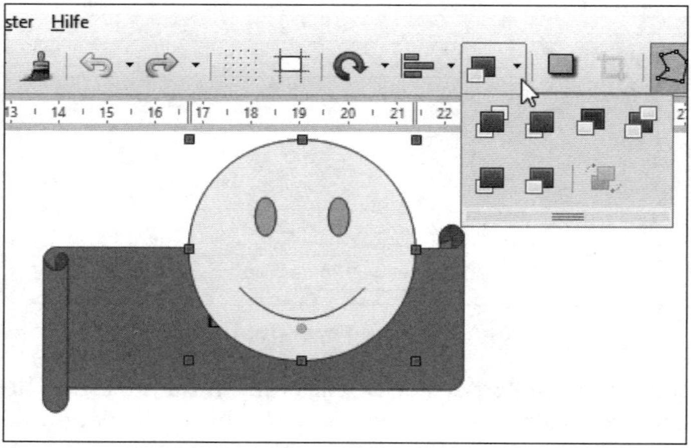

Abb. 5.26: Ein Objekt umordnen

Dadurch wird das markierte Objekt nach hinten verschoben.

TIPP

Merken Sie sich die Tastenkombination [Strg] + [⇧] + [+], um ein Objekt nach vorne zu holen. Möchten Sie ein Objekt in den Hintergrund bringen, drücken Sie [Strg] + [⇧] + [-].

Haben Sie mehr als zwei Objekte, kann schnell der Wunsch aufkommen, diese schrittweise nach hinten oder nach vorn zu platzieren. In diesem Fall markieren Sie das betreffende Objekt. Dann klicken Sie wieder in der Symbolleiste *Zeichnen* auf den Listenpfeil der Schaltfläche *Anordnen* und wählen die Schaltfläche *Nach hinten*.

TIPP

Für das schrittweise Platzieren der Objekte sollten Sie sich die Tastenkombination [Strg] + [+] für eins nach vorn und [Strg] + [-] für eins nach hinten merken.

Sie können aber auch ein Objekt gleich an eine ganz bestimmte Stelle befördern. Dazu verwenden Sie die Schaltflächen *Vor das Objekt* bzw. *Hinter das Objekt*. Markieren Sie das Objekt, das Sie platzieren wollen, und rufen Sie dann die entsprechende Schaltfläche auf. Zeigen Sie nun mit dem veränderten Mauszeiger auf das Objekt, hinter dem Sie das andere platzieren wollen. Es wird zur Kontrolle gestrichelt angezeigt. Mit einem Klick wird das markierte Objekt entsprechend der Vorgabe angeordnet.

Objekte gruppieren

Wenn Sie mehrere Objekte auf die weiter oben dargestellte Weise markieren, werden sie vorübergehend als Einheit behandelt. Diesen praktischen Zustand können Sie dauerhaft anlegen, indem Sie die verschiedenen Objekte zu einer Gruppe zusammenfassen. Anschließend können Sie die Objekte verschieben oder transformieren, ohne dass sich dies auf die einzelnen Positionen oder Attribute auswirkt.

Um eine Gruppe zu erzeugen, gehen Sie am besten wie folgt vor: Wählen Sie zunächst mithilfe des Hilfsmittels *Auswahl* die Objekte aus, indem Sie entweder einen Auswahlrahmen um die Objekte ziehen oder sie nacheinander mit gedrückter ⇧-Taste anklicken. Klicken Sie dann innerhalb des Auswahlrahmens mit der rechten Maustaste und wählen Sie den Kontextmenüeintrag *Gruppieren*.

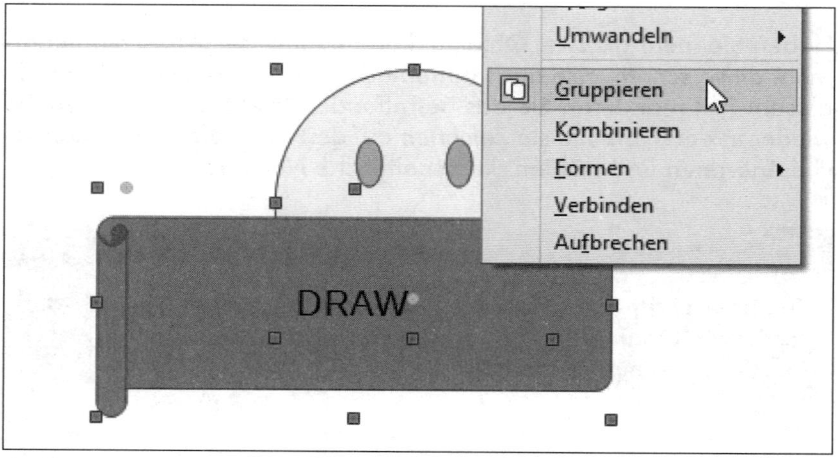

Abb. 5.27: Mehrere Objekte gruppieren

Durch das Gruppieren werden Objekte zu einer einzigen Einheit verschmolzen und entsprechend nur als Einheit verschoben.

Manchmal ist es notwendig, die Gruppierung wieder aufzuheben, etwa wenn Sie ein Objekt entfernen wollen. In diesem Fall klicken Sie abermals innerhalb der Markierung mit der rechten Maustaste. Diesmal wählen Sie den Kontextmenüpunkt *Gruppierung aufheben* an.

Objekte ausrichten und verteilen

Draw bietet Ihnen eine hilfreiche Möglichkeit, Objekte auf das Genaueste anzuordnen und auszurichten.

Markieren Sie zunächst die (nicht gruppierten!) Objekte und klicken Sie dann auf die Schaltfläche *Ausrichtung*. Nun müssen Sie in dessen Untermenü nur noch die richtige Option anklicken.

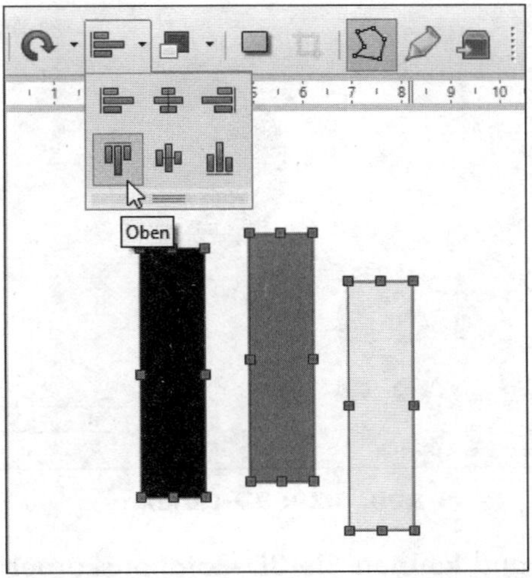

Abb. 5.28: Objekte oben aneinander ausrichten

Objekte transformieren

Wenn Sie die Größe oder Ausrichtung oder die gesamte Form eines Objekts verändern, wird das Objekt transformiert. Als *Transformationen* gelten das Verschieben, Skalieren, Drehen, Verbiegen (Schrägstellen) und Spiegeln eines Objekts.

Bislang haben Sie mehr oder weniger intuitiv diese Aktionen an den Objekten vorgenommen. Die meisten der Änderungen lassen sich auch über die entsprechenden Kontextmenüpunkte vornehmen.

Spezialeffekte

Draw bietet Ihnen einige Spezialeffekte, mit denen Sie die Aufmerksamkeit der Betrachter erregen können.

3D-Objekte

Auf der Leiste finden Sie 3D-Objekte, die über ein räumliches Aussehen vermögen und die Sie auf die gezeigte Art und Weise einfügen und bearbeiten können.

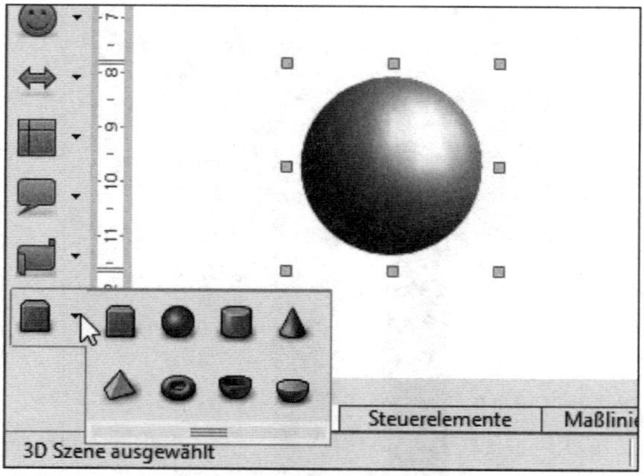

Abb. 5.29: 3D-Objekte

Mit wenig Aufwand können Sie 3D-Rotationskörper auch selbst erstellen.

Markieren Sie die Form und wählen Sie dann über den Listenpfeil der Schaltfläche *Effekte* die Option *In 3D-Rotationskörper* aus.

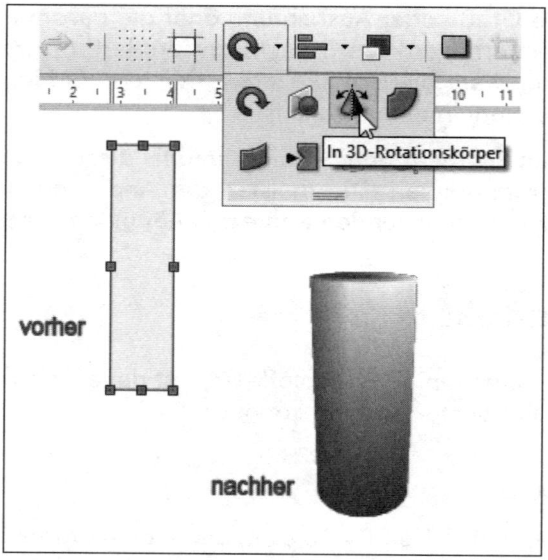

Abb. 5.30: Ein 3D-Objekt erstellen

Augenblicklich wird die Form in ein dreidimensionales Objekt umgewandelt.

Perspektiven erzeugen

Um einer Form ein perspektivisches Aussehen zu verleihen, klicken Sie in dem *Effekte*-Listenmenü auf die Schaltfläche *Verzerren*.

Anschließend zeigen Sie mit dem Mauszeiger auf einen der Anfasser und ziehen ihn vom Ursprung weg. Augenblicklich wird die Form perspektivisch dargestellt.

Transparenz

Ebenfalls mit einem Werkzeug unter *Effekte* können Sie eine Form durchsichtig gestalten.

Dazu müssen Sie lediglich die betreffende Form markieren und anschließend auf die Schaltfläche *Transparenz* klicken.

Eine Grafik erstellen

Im Folgenden werden Sie die grundlegenden Schritte zum Kreieren eines kleinen Motorrollers erlernen.

Zunächst sollen die Reifen des Rollers erstellt werden. Klicken Sie in der Leiste, die Sie am unteren Rand des Bildschirms finden, auf den Listenpfeil der Schaltfläche *Symbolformen* und wählen Sie mit der Maus das Symbol *Ellipse* aus.

Platzieren Sie den veränderten Cursor nun an der Stelle, an der die Form ihre obere linke Ecke haben soll. Klicken Sie dann mit der Maus und ziehen Sie bei gedrückter linker Maustaste nach unten. Halten Sie dabei die ⇧-Taste gedrückt, damit es ein Kreis wird.

Anhand Ihrer Bewegungen können Sie gleich die Größe des Objekts erkennen. Haben Sie die richtige Größe gefunden, lassen Sie die Maustaste los und schon ist das Objekt erstellt.

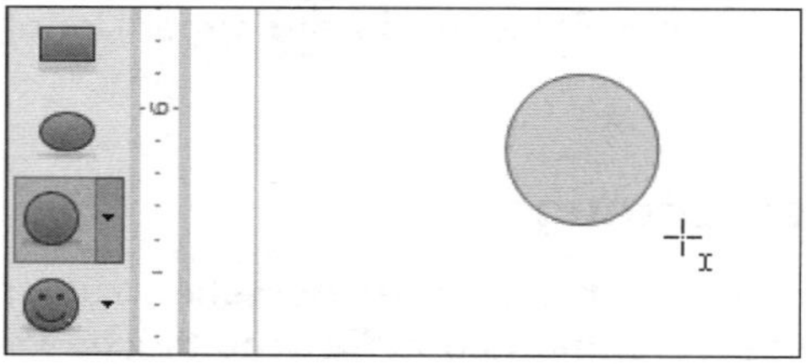

Abb. 5.31: Ein Kreis aufziehen

Wie Sie sehen, wird er mit einer Füllfarbe und einer dünnen Linie versehen.

Belassen Sie den Kreis markiert und kopieren Sie ihn mithilfe der Tastenkombination [Strg] + [C]. Ändern Sie nun die Füllfarbe des Kreises indem Sie in der Seitenleiste im Bereich *Fläche* auf den Listenpfeil der Schaltfläche *Füllen* klicken und *Schwarz* einstellen. Fügen Sie anschließend die Kopie mit [Strg] + [V] ein.

Markieren Sie nun an einem der Eckpunkte den neu eingefügten Kreis, der den schwarzen Kreis vollständig abdeckt.

Halten Sie die [⇧]- und die [Alt]-Taste gedrückt und ziehen Sie mit gedrückter Maustaste den Kreis nach innen.

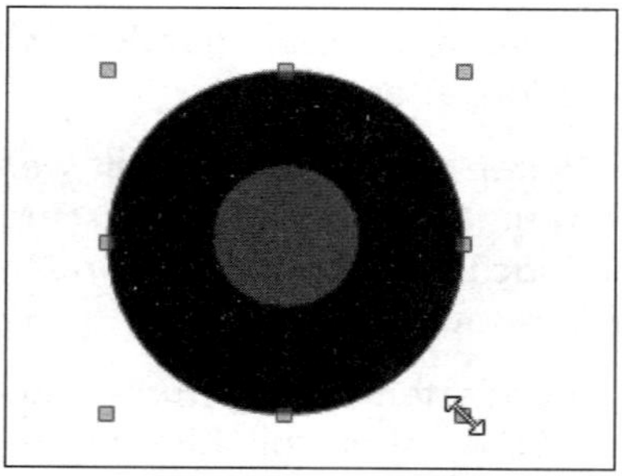

Abb. 5.32: Den oberen Kreis verjüngen

Haben Sie die gewünschte Größe erreicht, lassen Sie zunächst die Maus und dann die beiden Tasten los. Fertig ist das Rollerrad.

Damit in Zukunft diese beiden Objekte auch so ausgerichtet bleiben, sollten Sie diese auf Dauer fixieren. Klicken Sie dazu zunächst nacheinander mit gedrückter [⇧]-Taste auf die Objekte, um beide zu markieren.

Anschließend klicken Sie innerhalb der Markierung einmal mit der rechten Maustaste und wählen aus dem Kontextmenü den Eintrag *Gruppieren* aus.

Da zwei Räder benötigt werden, markieren Sie die Gruppe und fügen über Strg + C sowie Strg + V das zweite Rad ein.

Die beiden Kotflügel entstehen aus dem Symbol *Halbbogen*, das Sie in der Gruppe der *Standardformen* finden.

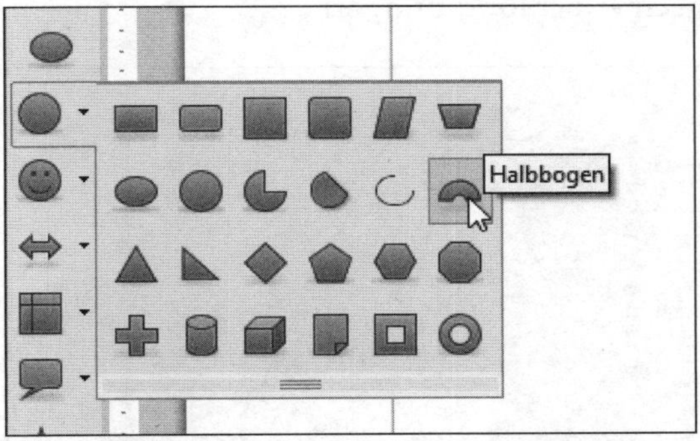

Abb. 5.33: Ausgangsbasis für die Kotflügel

Ziehen Sie den Halbbogen auf und passen Sie ihn über den rechten mittleren Anfasser an die Konturen des Rades an.

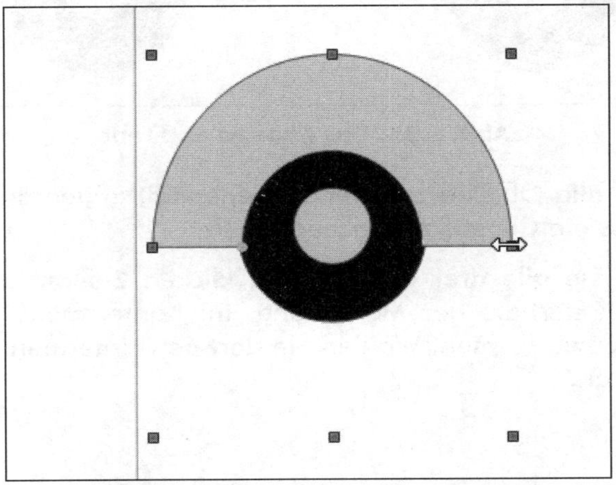

Abb. 5.34: Den Kotflügel anpassen

Erstellen Sie davon wieder eine Kopie und platzieren Sie diese über dem zweiten Rad.

Die Elemente des Chassis des Rollers erstellen Sie aus drei Objekten der Gruppe *Flussdiagramm*: *Manuelle Eingabe*, *Grenzstelle* und *Gespeicherte Daten*. Platzieren Sie diese wie in folgender Abbildung ersichtlich. Das Objekt *Gespeicherte Daten* werden Sie ein wenig drehen müssen. Klicken Sie dazu auf das Objekt und wenn die runden Drehanfasser erscheinen, können Sie es über einen der Eckanfasser in die gewünschte Richtung bringen.

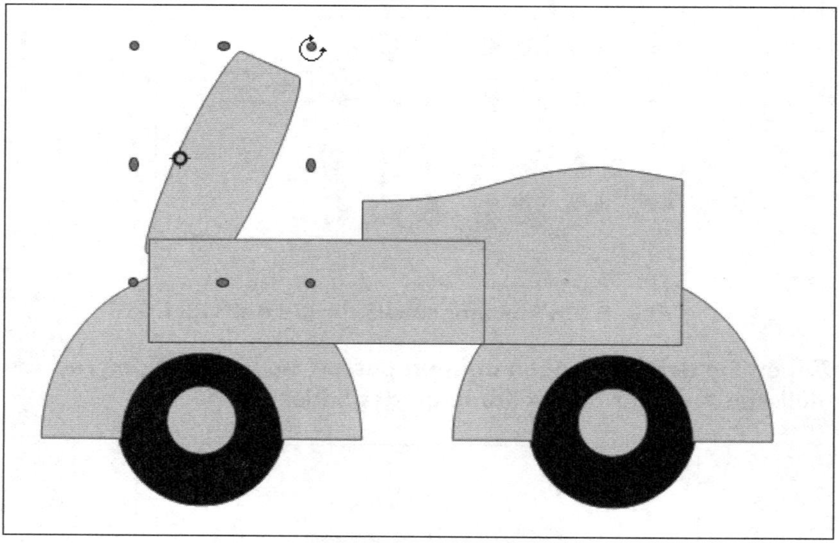

Abb. 5.35: Das Chassis entsteht

Haben Sie alle Objekte zu Ihrer Zufriedenheit angeordnet, wird es Zeit, daraus ein Chassis zu machen.

Markieren Sie alle drei Objekte und klicken Sie mit der rechten Maustaste innerhalb der Markierung. Im Kontextmenü finden Sie den Menüpunkt *Formen*. Wählen Sie dort den Untermenüpunkt *Verschmelzen* an.

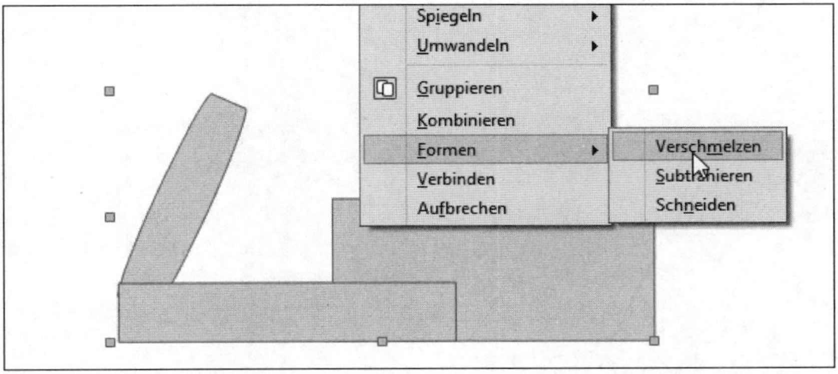

Abb. 5.36: Die Objekte zu einem Chassis verschmelzen

Augenblicklich werden die drei Objekte zu einem Neuen zusammengefasst.

Die vordere und die hinter Lampe erstellen Sie aus dem Objekt *Flussdiagramm Verzögerung*. Während Sie die hintere Lampe einfach rot färben, platzieren Sie vor der vorderen ein Rechteck, dem Sie eine gelbe Färbung geben. Abschließend platzieren Sie noch alle Objekte an der vorgesehenen Stelle und versehen die Lackteile mit dem Farbverlauf *Tango: Grün*.

Abb. 5.37: Die Lackteile lackieren

6 Datenbanken mit Base

Daten spielen in unserem Leben eine große Rolle. Um sie zu verwalten, führte man früher Karteikästen, heute nimmt man eine Datenbank.

Datenbank anlegen

Eine solche Datenbank wird mit einem Datenbankprogramm erstellt. Es verwaltet kleinere wie auch große Datenmengen in Tabellenform. Dabei sind diese Tabellen nach bestimmten Themengebieten geordnet und ermöglichen so den gezielten Zugriff. Eine typische Anwendungsform von Datenbanken sind Adress-, Personal-, Kunden- oder Bestelllisten.

Viele Anwender zucken zusammen, wenn sie das Wort Datenbank hören. Mit dem Programmmodul *Base* werden Sie aber recht rasch in die Welt der Datenbanken eindringen, denn Sie werden dabei durch einen Assistenten unterstützt.

Im Folgenden soll eine kleine Datenbank zur Verwaltung von Kunden angelegt werden.

Starten Sie zunächst das Programmmodul *Base* bzw. klicken Sie im Startfenster auf die Schaltfläche *Base Datenbank*. Unmittelbar nachdem Sie das betreffende Symbol angeklickt haben, erscheint das nachfolgend abgebildete Dialogfenster und heißt Sie willkommen.

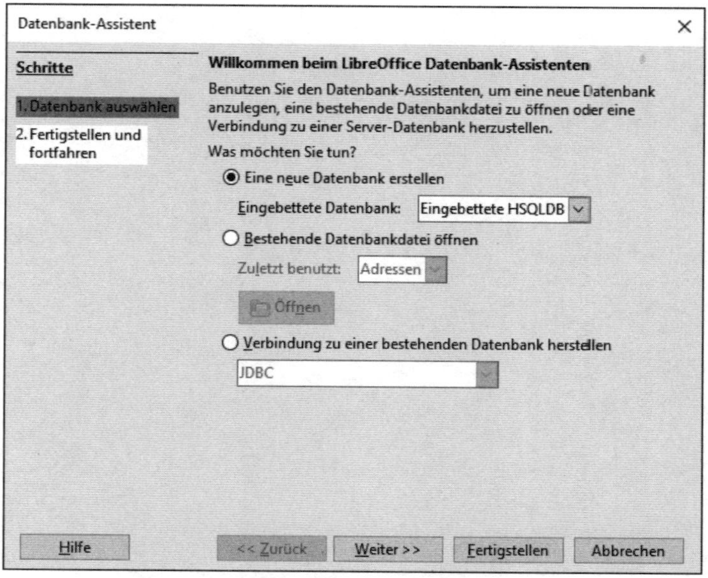

Abb. 6.1: So geht es los!

Da Sie eine neue Datenbank erstellen möchten, belassen Sie es bei der Option *Eine neue Datenbank erstellen*.

TIPP

Möchten Sie zu einem späteren Zeitpunkt die nachfolgend erstellte Datenbank bearbeiten, wählen Sie die zweite Option.

Mit *Weiter* gelangen Sie zum nächsten Dialogfenster.

In diesem müssen Sie entscheiden, ob Sie sich in LibreOffice anmelden möchten. Belassen Sie es bei der Vorgabe *Ja, die Datenbank soll angemeldet werden*, denn so stehen Ihnen dann später die Inhalte der Datenfelder zum Beispiel in Feldbefehlen und Kontrollfeldern zur Verfügung. Da auch gleich mit dem Bearbeiten begonnen werden soll, belassen Sie das Kontrollkästchen *Die Datenbank zum Bearbeiten öffnen* ebenfalls aktiviert.

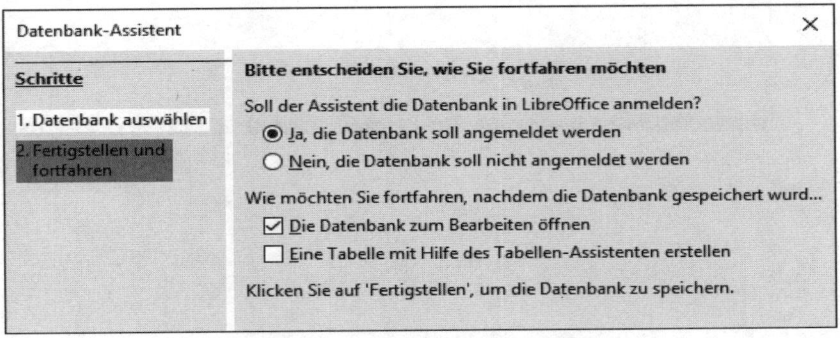

Abb. 6.2: Melden Sie sich an!

Da hier nichts weiter zu tun ist, klicken Sie auf *Fertigstellen*.

Sie erhalten das Dialogfenster *Speichern unter*, denn die Datenbankdatei muss ja irgendwo auf Ihrer Festplatte gesichert werden. Begeben Sie sich zu dem gewünschten Ordner und geben Sie im Feld *Dateiname* eine aussagekräftige Bezeichnung ein. In unserem Fall tragen Sie `Adressen` ein und klicken dann auf *Speichern*.

Base legt die Datenbank an und öffnet nun das Datenbankfenster, das die Schaltzentrale für alle Arbeiten mit dem Programm ist.

Betrachten wir es deshalb einmal genauer. Neben den üblichen Bestandteilen wie der Menü- und der Symbolleiste sehen Sie auf der linken Seite den Bereich *Datenbank*. Hier finden Sie alle Objekte, die beim Arbeiten mit einer Datenbank eine Rolle spielen: *Tabellen*, *Abfragen*, *Formulare* und *Berichte*.

Unmittelbar daneben befindet sich der Bereich *Aufgaben*, in dem Sie die Arbeiten mit den einzelnen Objekten koordinieren.

Nachdem Sie diese durchgeführt haben, befinden sich die Ergebnisse in dem Bereich darunter, von wo aus sie wieder aufgerufen werden können.

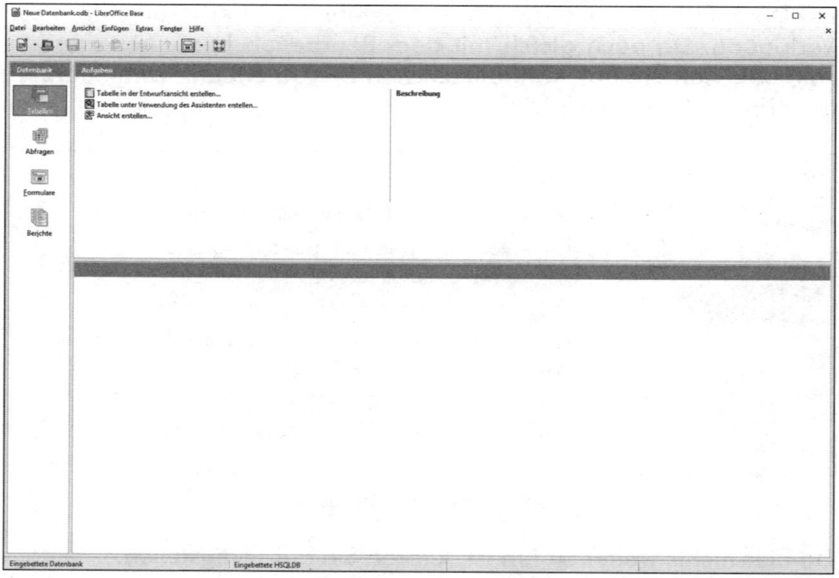

Abb. 6.3: Das Datenbankfenster

Datenbank befüllen

Eine Datenbank muss mit Leben, sprich Daten, gefüllt werden. Diese werden in Formularen erfasst, in Tabellen gespeichert und in Berichten ausgegeben. Um den Inhalt auszuwerten kommen Abfragen zum Einsatz.

Tabellen

In einer *Tabelle* werden alle Daten zu einem bestimmten Thema erfasst. Mit Tabellen arbeiten Sie im Regelfall nur dann, wenn Sie eine Datenbank aufbauen und einen Überblick über die Struktur bekommen möchten. Ansonsten verwenden Sie übersichtliche Formulare, die dem jeweiligen Bearbeitungszweck angepasst sind und nur die Felder präsentieren, die bei Ihrer Arbeit gerade von Interesse und Bedeutung sind.

Das Gestalten einer Datenbank erfordert eine gewissenhafte Planung. Insbesondere muss man Folgendes vermeiden:

- ⇨ *Redundanzen*, darunter versteht man die Mehrfachspeicherung derselben Datensätze, und
- ⇨ *Inkonsistenzen*, die durch Differenzen in der Schreibweise, beispielsweise von Namen (Mayer oder Meier), entstehen.

Die Arbeiten, die genau diese Probleme verhindern sollen, nennt man *Normalisierung*. Deshalb stellt man vor jedem Aufbau einer Datenbank folgende Überlegungen an:

- ⇨ Welche Daten (Informationen) sollen gespeichert werden?
- ⇨ In welche Tabellen werden die Daten aufgeteilt?
- ⇨ Welche Felder erhält jede Tabelle?

TIPP

Wenn Sie sich ausführlicher mit Datenbanken beschäftigen, werden Sie es noch mit Beziehungen zu tun haben, die es ermöglichen, bestimmte Aufgaben kurzerhand miteinander zu verknüpfen. Aus Platzgründen sind diese jedoch nicht Bestandteil dieses Buches.

Tabellen erstellen

Nun geht es ans Erstellen der ersten Tabelle. Klicken Sie im Bereich *Datenbank* auf *Tabellen* und anschließend unter *Aufgaben* auf den Eintrag *Tabelle unter Verwendung des Assistenten erstellen*.

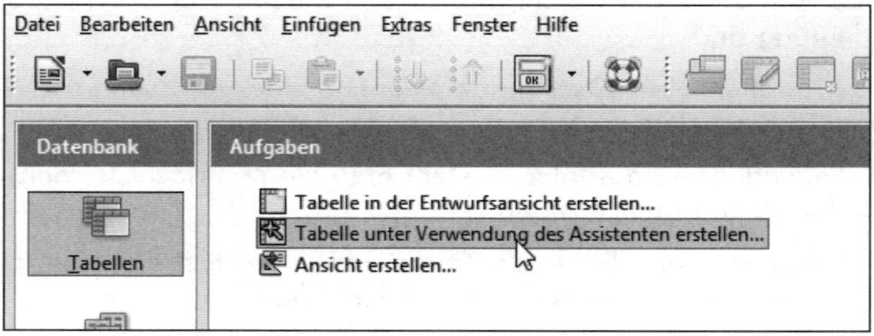

Abb. 6.4: Eine Kundentabelle mit dem Assistenten erstellen

Es startet der Assistent, der Sie Schritt für Schritt durch die Erstellung leitet. Im ersten Dialogfenster geht es um die Wahl einer Beispieltabelle mit den dazugehörigen relevanten Feldern. Der Tabellen-Assistent ist in der Lage, Tabellen für nahezu jeden denkbaren Verwendungszweck zu erstellen, für geschäftliche ebenso wie für private Zwecke. Da wir eine Tabelle für die Verwaltung von Kundendaten erstellen möchten, lassen Sie die Option *Geschäftlich* aktiviert.

In der Liste *Beispieltabellen* finden Sie eine Tabelle für unsere Zwecke, Sie erkennen sie an dem Namen *Kunden*. Aktivieren Sie diese Tabelle. Sofort erscheinen in der darunterliegenden Liste *Vorhandene Felder* sämtliche Felder, die man in eine solche Kundentabelle hineinpacken könnte.

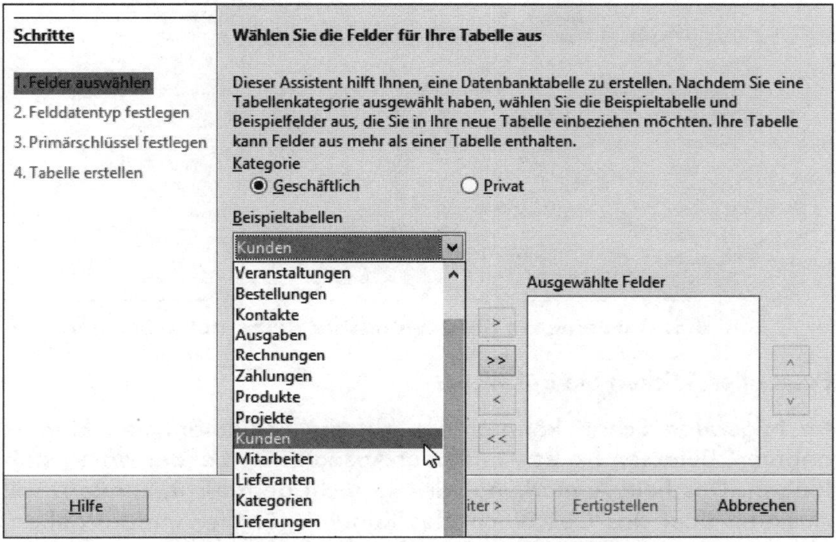

Abb. 6.5: Eine Kundentabelle erstellen

Rechts finden Sie die Liste *Ausgewählte Felder*, die bislang noch leer ist. In diese Liste werden Sie im Folgenden die Felder einfügen, die Sie in Ihrer Kundentabelle verwenden möchten. Dazu bedienen Sie sich der vier Schaltflächen zwischen den beiden Listen. Markieren Sie ein Feld im Bereich *Beispielfelder* und klicken Sie auf die Schaltfläche mit dem Pfeil (>), um das Feld als erstes Feld der neuen Tabelle zu übernehmen. Mit der Schaltfläche >> könnten Sie alle Beispielfelder auf einmal übernehmen. Klicken Sie dagegen < an, nimmt Base Felder, die Sie versehentlich in die neue Tabelle übernommen haben und die markiert sind, wieder zurück. Der Doppelpfeil << macht die komplette Feldauswahl wieder rückgängig. Alternativ dazu können Sie ein Feld durch Doppelklick in die neue Tabelle übernehmen und auch wieder aus dem Bereich entfernen.

Wählen Sie nun folgende Felder aus: *Adresse, Ort, KundenID, eMail, Vorname, Nachname, Postleitzahl* und *Anmerkung*. Sagt Ihnen die Reihenfolge (die im Übrigen bei einer Datenbanktabelle keine Rolle spielt) nicht zu, können Sie die Felder mithilfe der beiden Schaltflächen am rechten Rand in die gewünschte Anordnung bringen.

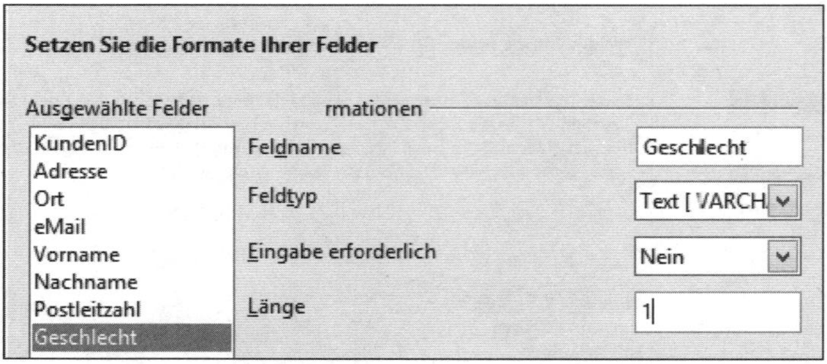

Abb. 6.6: Die Felder in die gewünschte Reihenfolge bringen

Passt alles, klicken Sie auf *Weiter*.

Im folgenden Schritt könnten Sie auf die Felddatentypen Einfluss nehmen. Belassen Sie es – mit einer Ausnahme – bei den Voreinstellungen. Das Feld *Anmerkung* wird so nicht gebraucht, sondern soll Auskunft über das Geschlecht des Kunden (für die Anrede) geben. Markieren Sie es in der Liste *Gewählte Felder* und überschreiben Sie den Vorgabewert im Feld *Feldname* mit `Geschlecht`.

Stellen Sie die restlichen *Feldinformationen* wie in der folgenden Abbildung ersichtlich ein. Wählen Sie im Feld *Feldtyp* den Listeneintrag *Text [VARCHAR]* aus. Im Feld *Eingabe erforderlich* belassen Sie es aus Übungszwecken beim Eintrag *Nein*. In diesem Fall muss das Feld nicht bestückt werden. Reduzieren Sie im Feld *Länge* den Wert auf *1*, da dort lediglich die Information *w* bzw. *m* gespeichert wird.

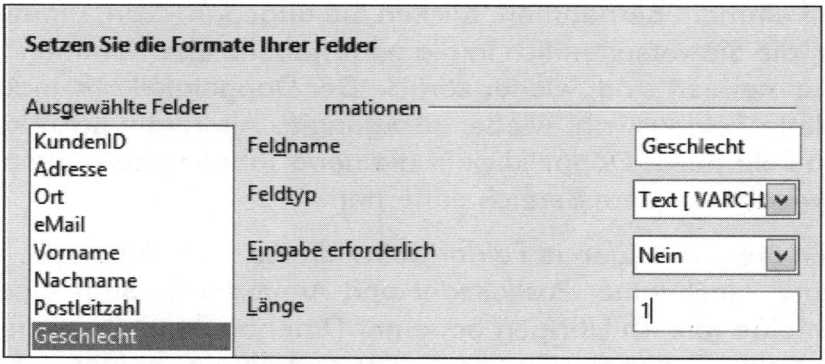

Abb. 6.7: Einen Feldnamen ändern und anpassen

TIPP

Das Ändern der Feldinformationen setzt einiges an Datenbankwissen voraus, da Änderungen an diesen Einstellungen bedeutsame Folgen haben können. Möchten Sie beispielsweise, dass ein bestimmtes Feld in jedem Fall ausgefüllt wird, müssen Sie in der Liste *Eingabe erforderlich* die Option *Ja* wählen. Wegen der begrenzten Seitenzahl kann hier leider nicht auf alle Einstellungen eingegangen werden, weiterführende Informationen erhalten Sie in der Hilfe.

Ist das erledigt, haben Sie hier nichts weiter zu tun, als abermals auf *Weiter* zu klicken.

Im folgenden Schritt geht es um eine bedeutsame Einstellung: den *Primärschlüssel*, der in keiner Tabelle fehlen sollte, die später Verbindung zu anderen aufnimmt, und der unter Base eine erhebliche Rolle spielt. Ein Primärschlüssel ist ein Kennzeichen, mit dem jeder Datensatz in Ihrer Tabelle eindeutig identifiziert werden kann. Für eine Tabelle mit den Stammdaten der Kunden eignet sich dabei die Kundennummer hervorragend als Primärschlüssel. Dieser besteht aus einer fortlaufenden Nummer und so existiert nicht die Gefahr, dass es eine Kundennummer ein zweites Mal gibt. In einer Kundendatenbank wie in unserem Beispiel trifft das auf das Feld *KundenID* zu.

Wählen Sie folglich die Option *Ein bestehendes Feld wird als Primärschlüssel verwendet* und stellen Sie über die Liste *Feldname* den Wert *KundenID* ein. Zusätzlich sollten Sie noch das Kontrollkästchen *Autowert* aktivieren. Base vergibt dann automatisch einen Wert, sodass Sie nicht darauf achten müssen, ob dieser schon einmal vergeben wurde.

TIPP

Sind Sie am Anfang unsicher, welches Feld als Primärschlüssel verwendet werden kann, belassen Sie einfach die Option *Primärschlüssel wird automatisch hinzugefügt*.

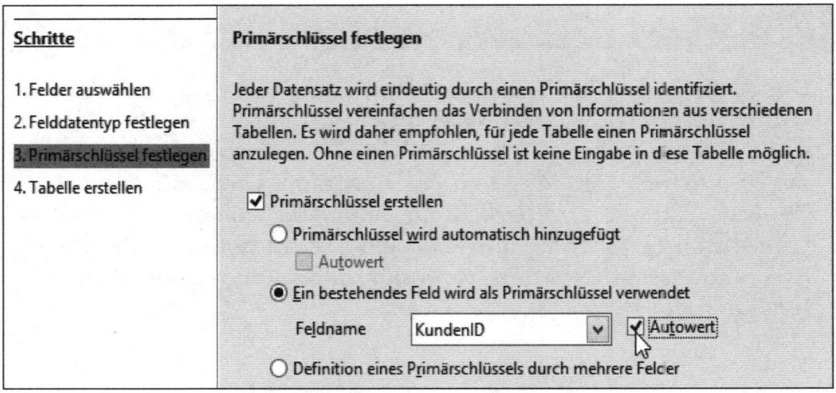

Abb. 6.8: Einem bestimmten Feld den Primärschlüssel zuordnen

Und wieder geht es mit *Weiter* zum nächsten Schritt.

Hier fragt Sie der Tabellen-Assistent dann nach einem Namen für die neue Tabelle. Die Vorgabe *Kunden* ist ein wenig zu ungenau, also schreiben Sie zum Beispiel `Interessenten`.

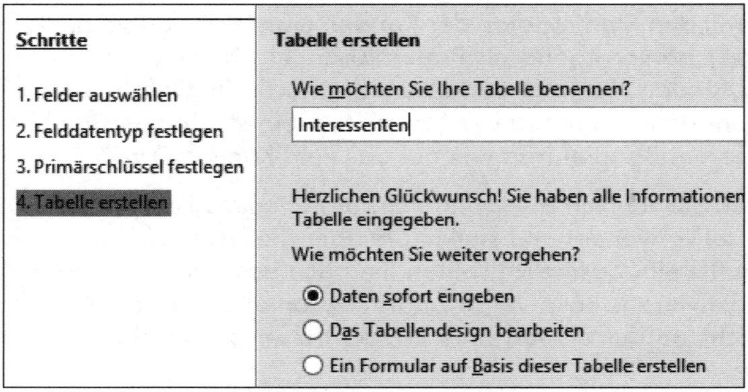

Abb. 6.9: Der letzte Schritt

Ferner haben Sie nun die Wahl, ob Sie direkt Daten in die Tabelle eingeben wollen oder den Entwurf der Tabelle nachträglich ändern möchten, indem Sie zum Beispiel Felder hinzufügen, löschen oder umbenennen, oder ein Formular erstellen wollen, das eine komfortable Eingabe der Daten in die Tabelle erlaubt. Lassen Sie den Vorschlag des Assistenten hier zunächst unverändert und klicken Sie auf *Fertigstellen*.

Nach einer kurzen Weile präsentiert Ihnen Base die folgende Tabelle:

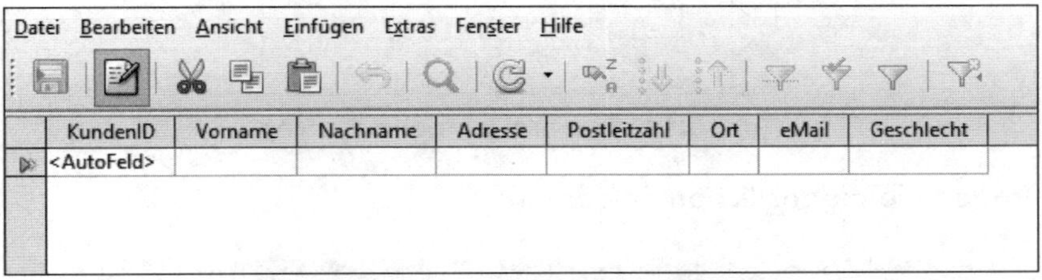

Abb. 6.10: Es kann losgehen

Die Tabelle wird – mit den Feldnamen als Spaltenüberschriften – in der Datenblattansicht angezeigt und Sie könnten jetzt entsprechende Daten eingeben.

Datensätze eingeben

Nachdem Sie die Tabelle erstellt haben, wird es Zeit, dass sie mit Leben, sprich Daten, gefüllt wird.

Wie Sie sicherlich bemerken, befindet sich die Einfügemarke bereits in der ersten Tabellenzeile. Die Datensätze werden zeilenweise eingegeben, sodass die Daten eines Kunden sich jeweils in einer Zeile befinden. Mit der ⇥-Taste bewegen Sie sich innerhalb einer Zeile vorwärts und, wenn Sie zusätzlich die ⇧-Taste gedrückt halten, rückwärts. Außerdem können Sie sich auch mit den entsprechenden Pfeiltasten durch die Felder bewegen. Haben Sie eine Zeile abgeschlossen, setzt ein weiterer Klick auf die ⇥-Taste den Cursor in die nächste Zeile. Alternativ können Sie eine neue Tabellenzeile auch mit einem Mausklick aktivieren.

Beim ersten Feld, *KundenID*, müssen Sie nichts eintragen, sondern drücken gleich die ⇥-Taste. Im folgenden Feld tragen Sie dann den ersten Wert, also `Willi` ein, und drücken abermals die ⇥-Taste.

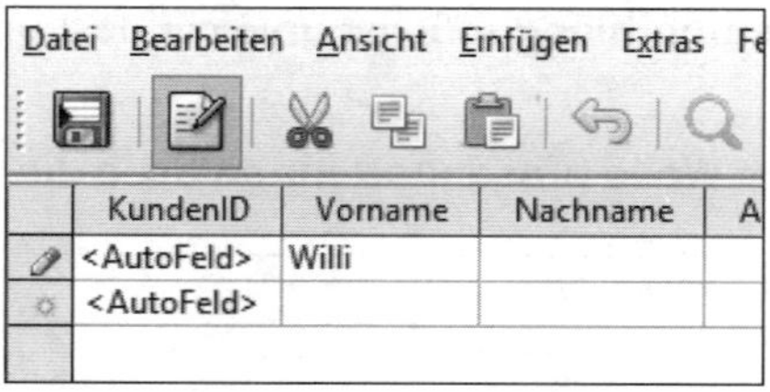

Abb. 6.11: Der erste eigene Eintrag

Tragen Sie die restlichen Felder ein:

Nachname	`Writer`
Adresse	`Am Start 1`
Postleitzahl	`12345`
Ort	`Librecity`
eMail	`Willi@Libre.biz`
Geschlecht	`m`

Tab. 6.1: Beispieldatensatz 1

Drücken Sie zum Schluss noch einmal die [Tab]-Taste, wodurch eine neue Zeile eingefügt wird.

Stört es Sie, dass Sie bei einigen Feldern nur einen Teil des Inhalts sehen? Dann ziehen Sie einfach mit gedrückter Maustaste die Spaltentrennlinie nach rechts.

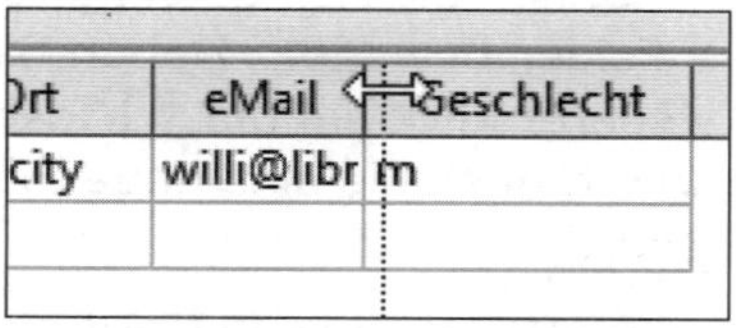

Abb. 6.12: Eine Spalte verbreitern

Da Sie bei der Definition der *Feldeigenschaften* des Feldes *KundenID* das Kontrollkästchen *Autowert* aktiviert hatten, zählt Base die Datensätze automatisch durch (was man am Eintrag *AutoFeld* erkennt), sodass Sie in diesem Fall mit der [Tab]-Taste sofort zum nächsten Feld wechseln könnten.

Damit sind alle Daten unseres ersten Kunden erfasst.

Geben Sie nun noch ein paar weitere Datensätze ein (Sie können die Daten aus der folgenden Abbildung nehmen).

Vorname	Nachname	Adresse	Postleitzahl	Ort	eMail	Geschlecht
Willi	Writer	Am Start 1	12345	Librecity	willi@libre.biz	m
Clara	Calc	Am Start 2	12345	Librecity	clara@libre.biz	w
Ida	Impress	Am Start 3	12345	Librecity	ida@libre.biz	w
Daniel	Draw	Am Start 4	12345	Librecity	daniel@libre.biz	m
Betti	Base	Am Start 5	12345	Librecity	betti@libre.biz	

Abb. 6.13: Die restlichen Datensätze

TIPP

Lassen Sie im letzten Datensatz das Geschlecht weg, da in einem späteren Abschnitt auf diese Besonderheit eingegangen wird.

Tabellen schließen und erneut öffnen

Irgendwann werden Ihre Arbeiten abgeschlossen sein und Sie möchten die Tabelle schließen. Nichts einfacher als das: Wählen Sie die Befehlsfolge *Datei / Schließen* und schon befinden Sie sich wieder im Datenbankfenster.

TIPP

Schneller geht es auch hier mit der Tastenkombination [Strg] + [W].

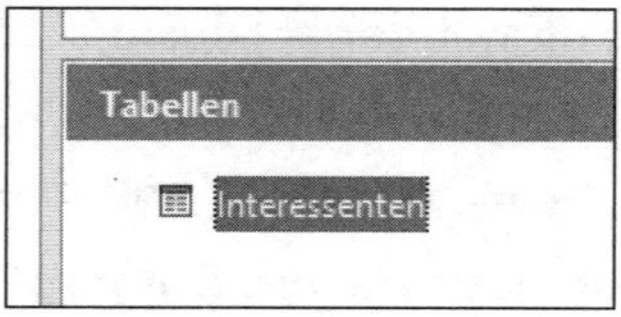

Abb. 6.14: Die fertige Tabelle im Datenbankfenster

Möchten Sie an dieser Tabelle weiterarbeiten, genügt ein Doppelklick auf die Bezeichnung und schon können Sie weitermachen.

Formulare

Daten werden – wie dargestellt – in Base standardmäßig in Tabellen verwaltet. Direktes Arbeiten mit einer Tabelle empfiehlt sich jedoch nur dann, wenn Sie mehrere Datensätze gleichzeitig einsehen möchten, um sich einen Überblick über den gesamten Datenbestand zu verschaffen.

Bedeutung von Formularen

Ein *Formular* stellt demgegenüber die Daten eines Datensatzes, also zum Beispiel die eines Kunden, eines Produkts oder einer Rechnung, in übersichtlicher Form zusammen. Die Anordnung können Sie im Formularentwurf frei bestimmen. Außerdem gibt es Formulare, die in sich Daten aus mehreren Tabellen zusammenführen. So können Sie in einem Formular beispielsweise sowohl die Adresse des Kunden als auch nähere Informationen zu einem gelieferten Produkt einsehen, auch wenn diese Daten aus verschiedenen Tabellen stammen. Formulare eignen sich besonders zum Erfassen und Ändern von Datensätzen in bestehenden Datenbanken.

Formulare erstellen

Um ein solches Formular zu erstellen, klicken Sie im Bereich *Datenbank* auf den Eintrag *Formulare*. Klicken Sie dann auf den Eintrag *Formular unter Verwendung eines Assistenten erstellen*, um ein Formular zu entwerfen.

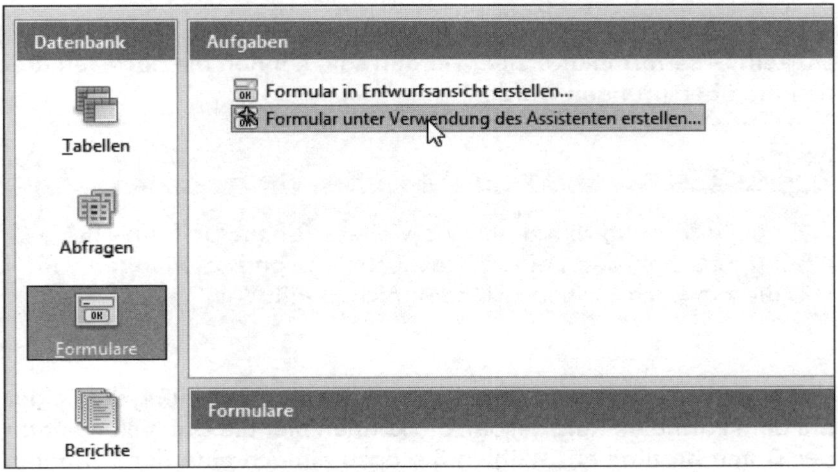

Abb. 6.15: Ein Formular erstellen

Es erscheint ein Dialogfenster, in dem es um die Auswahl der Datenfelder geht, die in das Formular aufgenommen werden sollen. Die Tabelle müssen Sie nicht im Feld *Tabellen und Abfrage* auswählen, denn Sie haben bislang nur eine erstellt. Klicken Sie auf den Doppelpfeil >>, um alle Felder in das Formular zu übernehmen.

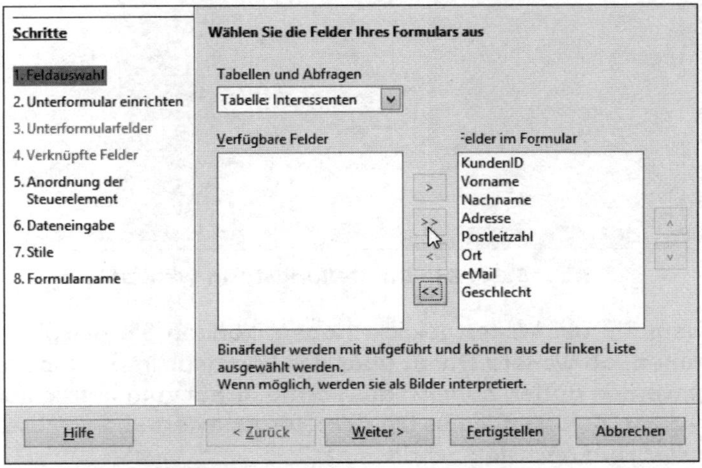

Abb. 6.16: Wählen Sie alle Felder aus

Klicken Sie dann auf *Weiter*.

Da kein Unterformular erstellt werden soll, können die nächsten drei Schritte übersprungen werden.

TIPP

Ein Unterformular benötigt eine weitere Tabelle und eine Beziehung zwischen den beiden. Das Erstellen von Beziehungen wird in diesem Buch aus Platzgründen nicht behandelt.

Im Folgenden relevanten Schritt geht es um die Anordnung der Felder auf dem Formular. Kurz gesagt: Sie können hier die Darstellungsform der Daten bestimmen. Wählen Sie dazu einfach eine der Varianten mit der Maus aus und betrachten Sie sogleich die Auswirkung im Hintergrund.

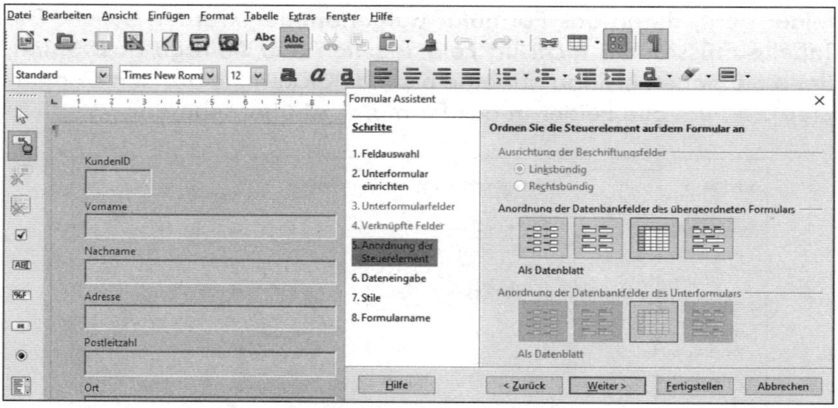

Abb. 6.17: Die Darstellungsform wählen

Nachdem Sie auf *Weiter* geklickt haben, können Sie beispielsweise bestimmen, ob weitere Daten über das Formular in die Tabelle eingefügt werden dürfen oder ob das Formular nur zum Betrachten von Daten dient. Belassen Sie es bei dem Vorgabewert und wechseln Sie mit *Weiter* zum nächsten Schritt.

In diesem legen Sie das Aussehen des Hintergrunds fest. Zur Auswahl stehen mehrere farbige Hintergründe sowie verschiedene Feldumrahmungen.

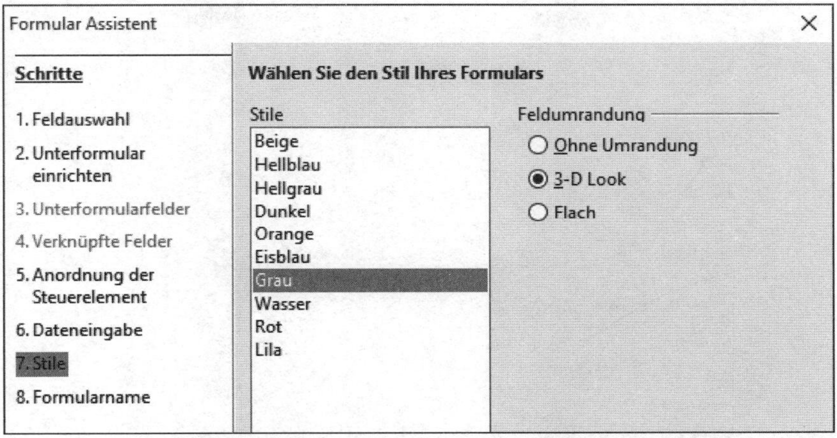

Abb. 6.18: Welche Farbe soll der Hintergrund haben?

Wenn Sie Ihre Wahl getroffen haben, klicken Sie auf *Weiter*.

Zum Schluss werden Sie aufgefordert, einen Titel für das Formular einzugeben. Hier können Sie zum Beispiel die Eingabe *Interessenten* übernehmen oder im Bedarfsfall einen anderen Namen vergeben.

Die Formularerstellung ist damit abgeschlossen. Wählen Sie nun nur noch die Vorgabe *Mit dem Formular arbeiten* und klicken Sie dann auf die Schaltfläche *Fertigstellen*. Der Assistent arbeitet nun fleißig im Hintergrund und nur wenig später erscheint das Formular auf Ihrem Bildschirm (siehe Abbildung 6.19).

Die Datensätze, die Sie zuvor in die Tabelle eingegeben haben, können Sie sich nun in dem Formular datensatzweise anzeigen lassen. Klicken Sie auf die Schaltfläche *Nächster Datensatz*, um sich die Datensätze nach und nach anzeigen zu lassen (siehe Abbildung 6.20).

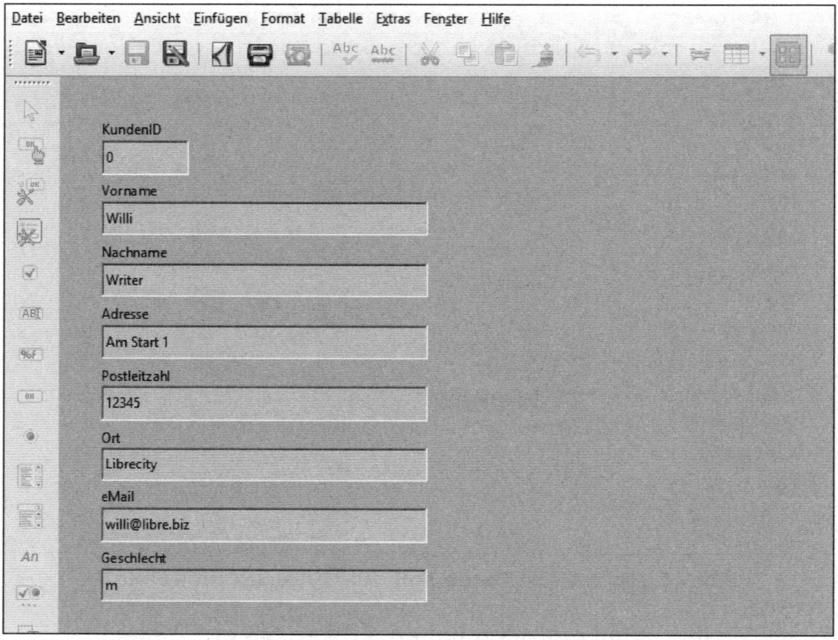

Abb. 6.19: Das fertige Formular in voller Pracht

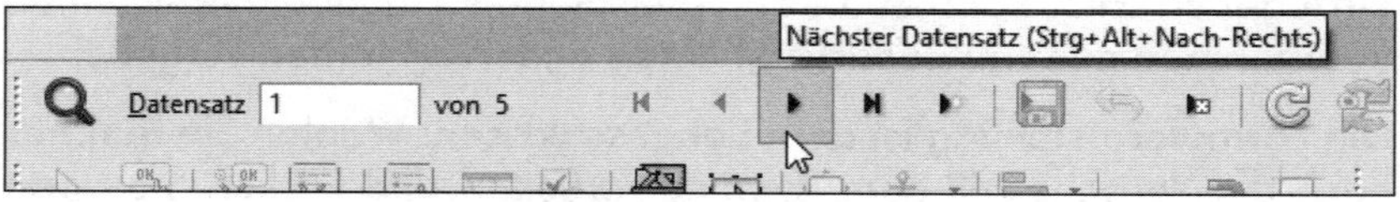

Abb. 6.20: Navigieren im Formular

Nachdem Sie am Ende angelangt sind, wird ein leerer Datensatz angezeigt, den Sie gleich bestücken können. Alternativ können Sie aber auch über die Schaltfläche mit dem Sternchen einen leeren Datensatz anzeigen.

TIPP

Geben Sie an dieser Stelle ruhig einmal ein paar Daten ein und öffnen Sie dann die Tabelle. Wie Sie sehen, werden die hinzugefügten Datensätze an die Tabelle angehängt.

Soll ein Datensatz gelöscht werden, klicken Sie auf die Schaltfläche mit dem roten X (*Datensatz löschen*). Sie erhalten dann den wichtigen Hinweis, dass diese Aktion nicht wieder rückgängig gemacht werden kann. Benötigen Sie nach dem Klicken auf *Ja* den Datensatz dennoch, müssten Sie ihn erneut eingeben.

Das Formular schließen Sie auf die gleiche Weise wie die Tabelle, also über die Befehlsfolge *Datei / Schließen* oder schneller mit [Strg] + [W].

Formulare bearbeiten

Nicht immer wird ein mithilfe des Assistenten erstelltes Formular vollkommen Ihren Vorstellungen entsprechen. Im Folgenden werden Sie sehen, wie Sie den Formularentwurf überarbeiten können.

Zunächst müssen Sie im Datenbankfenster das betreffende Formular mit der rechten Maustaste anklicken und im Kontextmenü den Menüpunkt *Bearbeiten* aufrufen.

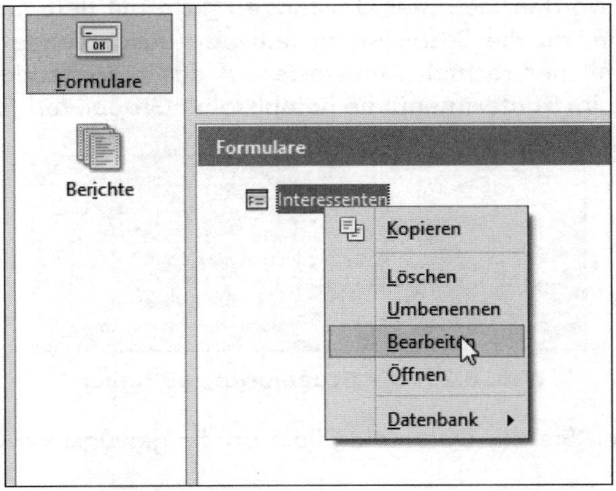

Abb. 6.21: Ein Datenfeld anpassen

LibreOffice öffnet das Formular im Bearbeitungsmodus und Sie können die gewünschten Änderungen vornehmen. Beispielsweise lassen sich nun die Datenfelder über die kleinen quadratischen Anfasser auf eine angemessene Größe trimmen. Dazu müssen Sie lediglich auf eines der kleinen Ziehquadrate klicken und es mit gedrückter Maustaste in die betreffende Richtung ziehen.

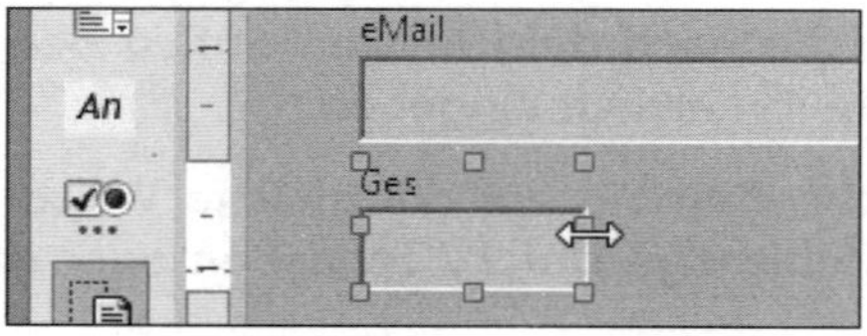

Abb. 6.22: Ein Feld anpassen

TIPP

Probieren Sie ruhig ein wenig herum. Hilfreich ist es, wenn Sie auf das betreffende Objekt klicken und das Kontextmenü einmal genauer studieren.

Allerdings werden Sie unter Umständen nicht mit dem Ergebnis zufrieden sein, da die Bezeichnung teilweise ausgeblendet wird. Klicken Sie mit der rechten Maustaste auf das betreffende Feld und wählen Sie im Kontextmenü die Befehlsfolge *Gruppieren / Aufheben*.

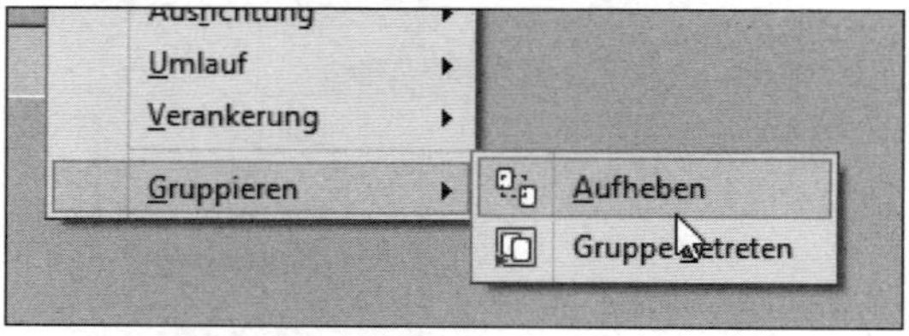

Abb. 6.23: Die Gruppierung aufheben

Nun können Sie das Datenfeld allein an die gewünschte Größe anpassen.

Berichte

Möchten Sie die eingegebenen Daten anderen Menschen zeigen, können Sie sie in einem sogenannten *Bericht* ausdrucken.

Einen Bericht können Sie wieder rasch mithilfe eines Assistenten erstellen, wobei die Schritte denen der Formularerstellung ähneln. Klicken Sie also zunächst im Bereich *Datenbank* auf *Berichte* und dann auf *Bericht unter Verwendung des Assistenten erstellen*.

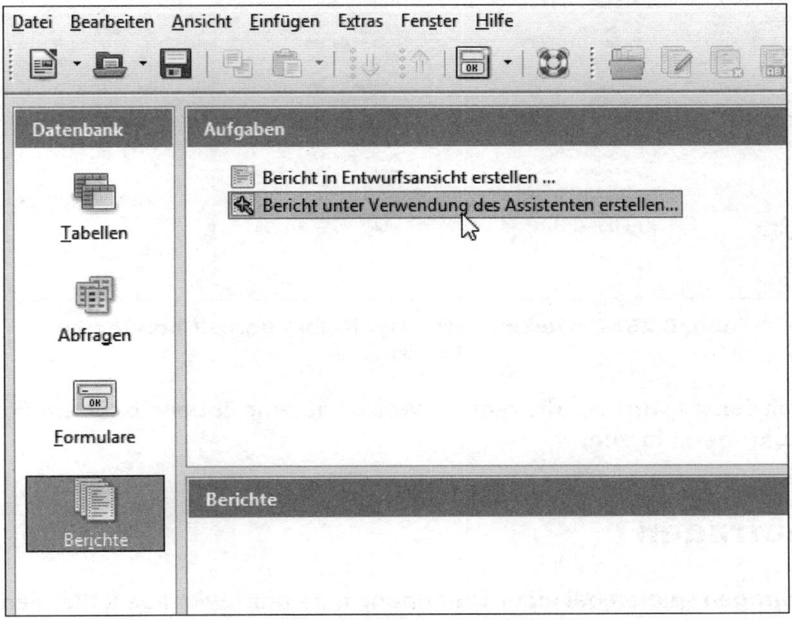

Abb. 6.24: Einen Bericht erstellen

Folgen Sie wieder den einzelnen Schritten in den Dialogfenstern des Assistenten. Nachdem Sie diese durchlaufen haben, erhalten Sie einen Bericht in der Seitenansicht gezeigt und können ihn sofort auf Ihrem Drucker ausgeben.

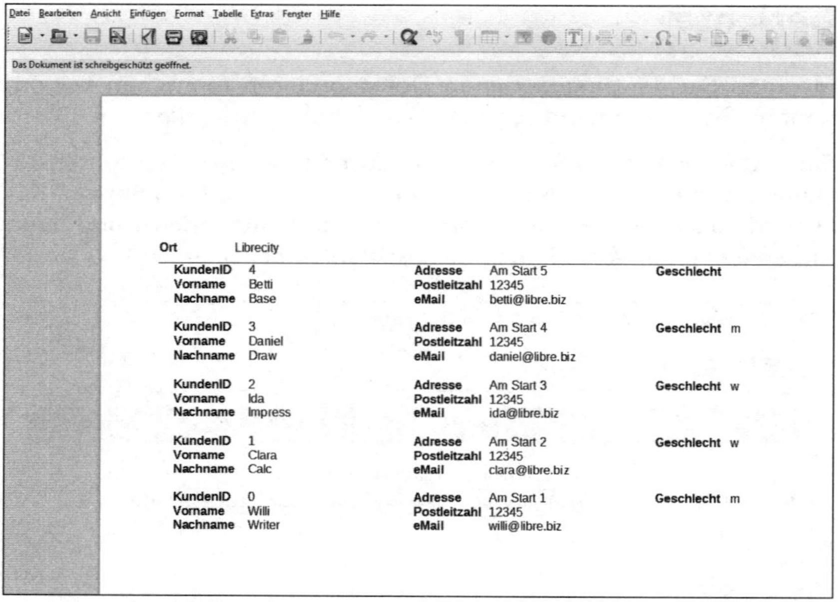

Abb. 6.25: Ein fertiger (zweispaltiger) Bericht bereit zum Ausdrucken

Der Bericht wird auf die gleiche Weise wie eine Tabelle oder ein Formular geschlossen.

Abfragen

Abfragen spielen bei einer Datenbank eine ganz wichtige Rolle, denn sie schränken den Datenbestand nach von Ihnen gewählten Vorgaben ein.

Bedeutung von Abfragen

Einer der wesentlichsten Vorteile einer Datenbank besteht darin, dass sie flexibel ist, wenn es darum geht, Daten zu sortieren oder nach bestimmten Kriterien zu selektieren. Suchen Sie in einem alphabetisch nach Namen aufgebauten Karteikasten zum Beispiel nach allen Kunden aus Würzburg, so brauchen Sie eine ganze Weile dafür. In einer Datenbank hingegen filtern Sie alle Daten, die dieses Kriterium erfüllen, schnell heraus, indem Sie – vereinfacht gesagt – eine Frage stellen: Welche Kunden kommen aus Würzburg? Eine solche Selektion, die sich nach außen hin wie eine neue spezialisierte Untertabelle präsentiert, nennt man Abfrage.

Das Ergebnis einer solchen Abfrage wird als *Recordset* bezeichnet. Ganz konkret wird der Recordset in unserem Beispiel alle Würzburger Kunden enthalten. Die Daten in einem Recordset sind dabei immer auf dem neuesten Stand. Eine einmal so definierte Abfrage kann gespeichert und immer wieder aufgerufen werden. Ändern Sie in dieser Ergebnistabelle etwa die Anschrift eines Kunden, so aktualisiert Base die jeweilige Kundenadresse automatisch auch in der Ursprungstabelle.

Abfragen erstellen

Eine Abfrage erstellen Sie ebenfalls am schnellsten mit dem Assistenten.

Klicken Sie im Bereich *Datenbank* auf den Eintrag *Abfragen* und dann auf *Abfrage unter Verwendung des Assistenten erstellen*.

Ähnlich wie bei der Erstellung eines Formulars bzw. Berichts müssen Sie jetzt wieder eine Reihe von Fragen beantworten. Dabei können Sie im Wesentlichen die Vorgaben übernehmen. Allerdings gilt es, beim dritten Schritt eine wichtige Angabe zu machen. In unserem Fall möchten wir die weiblichen Interessenten herausfinden. Die Anzeige dieses Feldes muss auf die besagten Interessenten eingeschränkt werden, sodass Sie zunächst das Feld *Interessenten.Geschlecht* auswählen müssen. Im Feld *Bedingung* bleibt es bei der Vorgabe, da es ja genau das ist, was Sie wollen. Und im Feld *Wert* geben Sie dann ein `w` ein.

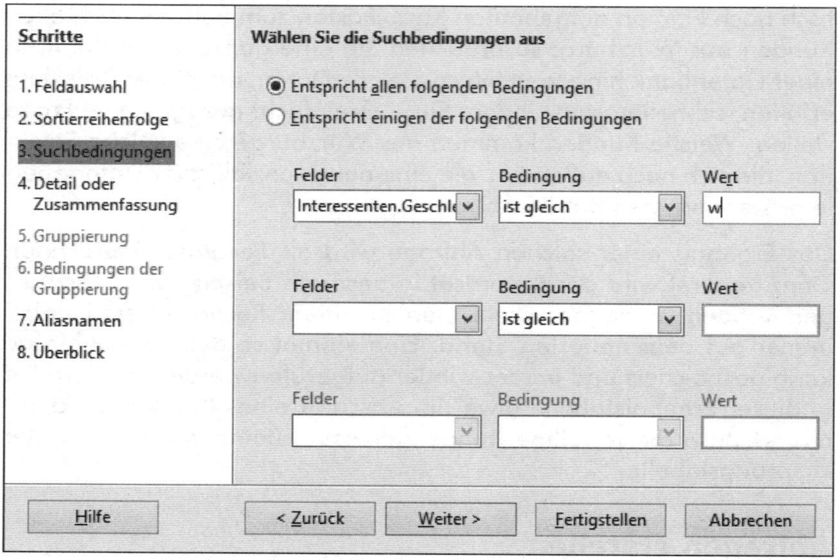

Abb. 6.26: Auf diesen Schritt kommt es an

Die weiteren Schritte können Sie nun mit den Vorgaben durchlaufen und erhalten zum Schluss gleich das Ergebnis der Abfrage in Tabellenform präsentiert.

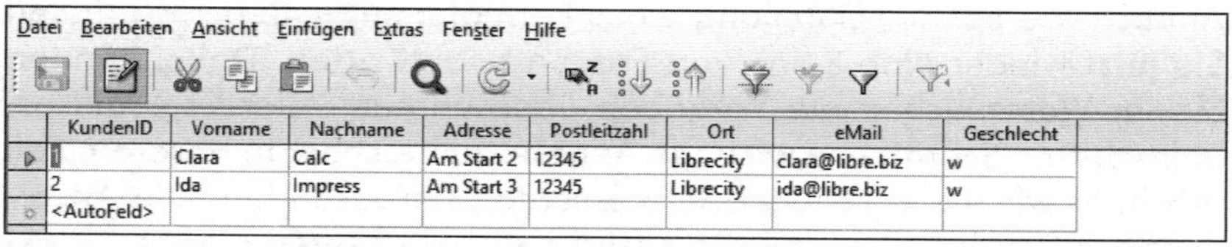

Abb. 6.27: Die fertige Abfrage

Serienbriefe

Bislang haben Sie stets mit einem Programmmodul von LibreOffice gearbeitet. Im Folgenden werden Sie sehen, wie bei der Serienbrieferstellung die Kooperation zweier Module, *Writer* und *Base*, funktioniert. Die Daten einer Datenbank kann man nämlich hervorragend für das Erstellen eines Serienbriefs nutzen. Serienbriefe bestehen aus zwei Dokumenten: einem Briefgerüst – von Writer *Ausgangsdokument* genannt – und Empfängerfeldern, die aus einer sogenannten *Datenquelle* übernommen werden, die aus einer Writer-, Calc- oder Base-Tabelle stammen kann. Beim Seriendruck werden die Daten dann aus der Datenquelle entnommen und mit dem Hauptdokument verbunden, wobei die entsprechenden Platzhalter beim Ausführen ausgefüllt werden.

Starten Sie zunächst Writer bzw. klicken Sie im Startfenster auf die Schaltfläche *Writer Textdokument*, öffnen Sie den Beispielbrief aus dem Writer-Kapitel und entfernen Sie die vorhandene Anschrift.

Um den Serienbrief-Assistenten zu starten, klicken Sie auf das Menü *Extras* und wählen den Eintrag *Serienbrief-Assistent*. Wie Sie sehen, sind eine Reihe von Schritten zu durchlaufen.

1. Schritt: Das Ausgangsdokument

Zunächst geht es einmal darum, welches Ausgangsdokument Sie verwenden möchten.

Haben Sie bereits ein bestehendes Dokument geöffnet und möchten es als Serienbrief umbauen, belassen Sie es bei der Vorgabe *Aktuelles Dokument verwenden*.

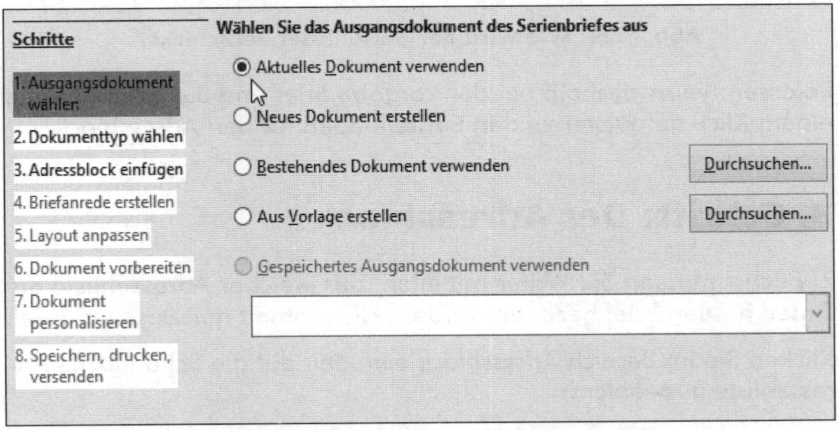

Abb. 6.28: Was ist Ihr Ausgangsdokument?

Möchten Sie von Grund auf neu beginnen, wäre *Neues Dokument erstellen* die richtige Wahl. Hätten Sie nach dem Starten von Writer mit der Gestaltung angefangen und möchten dieses Dokument nun verwenden, müssten Sie sich für die Option *Bestehendes Dokument verwenden* entscheiden.

Durch Ihre Wahl wurde die Schaltfläche *Weiter* aktiviert und Sie können mit einem Klick darauf ins nächste Dialogfenster gelangen.

2. Schritt: Der Dokumenttyp

In diesem Schritt geht es darum, welchen Dokumenttyp Sie erstellen möchten.

Zwar ist im Zeitalter des Internets auch der Versand als E-Mail-Nachricht möglich, doch in unserem Beispiel soll das Angebot mit der herkömmlichen Post verschickt werden.

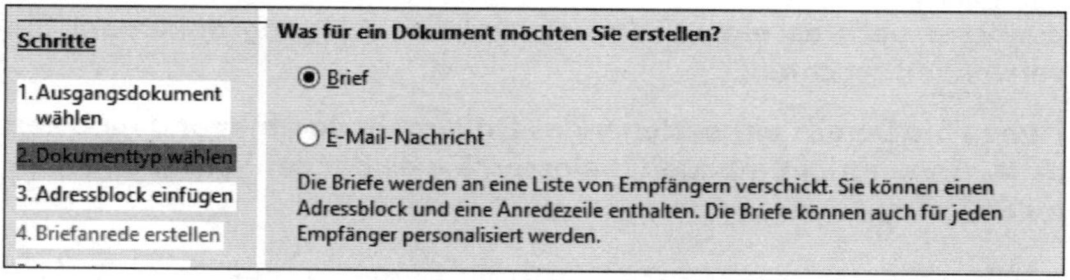

Abb. 6.29: Wie wird der Serienbrief verschickt?

Belassen Sie es deshalb bei der Vorgabe *Brief* und Sie gelangen mit einem Klick auf *Weiter* zu den Einstellungen für den Adressblock.

3. Schritt: Der Adressblock

Zunächst müssen Sie Writer mitteilen, aus welcher Adressenliste die Daten für den Brief bezogen werden. Hier kommt nun Base ins Spiel.

Klicken Sie im Bereich *Adressblock einfügen* auf die Schaltfläche *Adressenliste auswählen*.

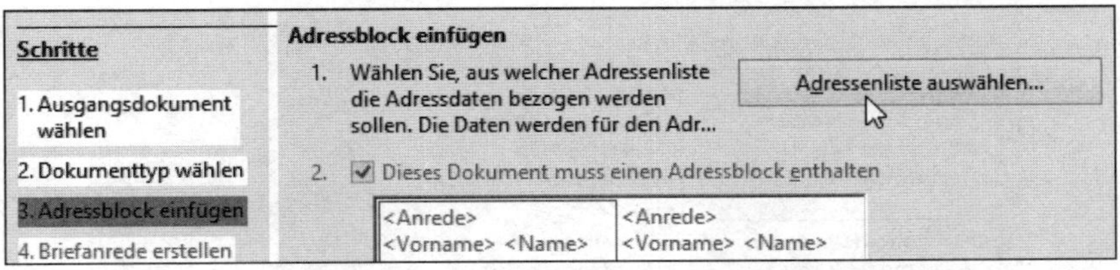

Abb. 6.30: Den Adressblock einfügen

Im Fenster *Empfängerliste auswählen* müssen Sie nun die gewünschte Adressliste auswählen. Sollte sich die gewünschte Adressliste nicht im Listenfeld befinden, klicken Sie auf die Schaltfläche *Hinzufügen* und stellen über das Dialogfenster *Öffnen* den Speicherort der Datenbankdatei ein. Nach der Auswahl müssen Sie angeben, welche Tabelle oder Abfrage der Datenbank Sie verwenden möchten.

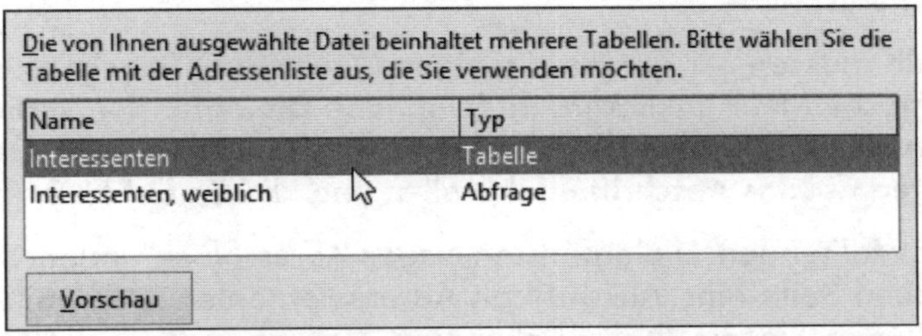

Abb. 6.31: Wo befinden sich die gewünschten Adressen?

Markieren Sie die gewünschte Tabelle oder Abfrage und bestätigen Sie mit *OK*. Daraufhin befindet sie sich in der Empfängerliste. Schließen Sie dieses Fenster mit *OK*.

Alsdann geht es darum, welchen Adressblock das Dokument erhalten soll. Es werden zwei Beispiele aufgelistet, die Sie per Mausklick übernehmen können. Das Ergebnis sehen Sie im untersten Feld angezeigt.

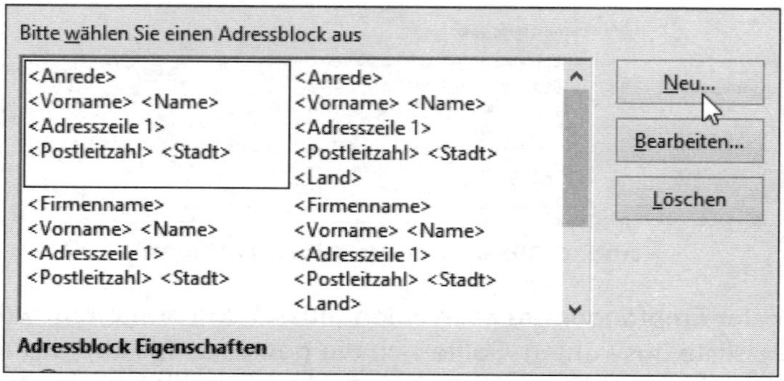

Abb. 6.32: Die Wahl des Adressblocks

Dies dürfte jedoch noch nicht überzeugen, da einige Felder noch nicht zugewiesen sind und der Aufbau nicht den gängigen Anforderungen entspricht.

Deshalb müssen wir uns an die eigene Gestaltung machen und die Schaltfläche *Mehr* anklicken. Im folgenden Dialogfenster ist die Auswahl zwar größer, aber es passt immer noch nicht so recht. Deshalb gestalten wir das Anschriftenfeld selbst und klicken auf *Neu*.

In dem folgenden Dialogfenster *Neuer Adressblock* finden Sie auf der linken Seite eine Auswahl an Adresselementen. Verzweifeln Sie nicht, wenn Sie die Ihnen bekannten Namen nicht finden. Dieses „Problem" werden wir im Anschluss lösen.

Zunächst geht es um die Anordnung innerhalb des Adressfeldes.

Markieren Sie das Adresselement *Vorname* und befördern Sie es mithilfe des nach rechts weisenden Pfeils in das Feld *Adresselemente hierher ziehen*. Klicken Sie mit der Maus unter *Adresselemente* auf *Name* und fügen Sie das Element neben *Vorname* ein. Darunter setzen Sie das Element *Adresszeile 1* und darunter wiederum die Elemente *Postleitzahl* und *Stadt*. Die Leerzeichen erzeugen Sie jeweils mithilfe der Pfeilschaltfläche *Nach rechts*.

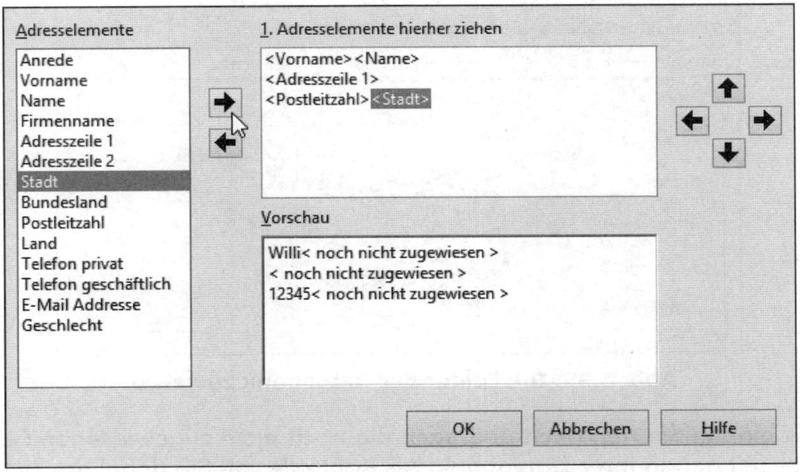

Abb. 6.33: So sollte es jetzt aussehen

Mit *OK* beenden Sie diese Arbeiten. Ebenso schließen Sie mit *OK* das Dialogfenster *Adressblock wählen*. Zurück im Ausgangsfenster müssen Sie nun diesen Feldern die Spaltentitel aus Ihrer Datenbank zuordnen.

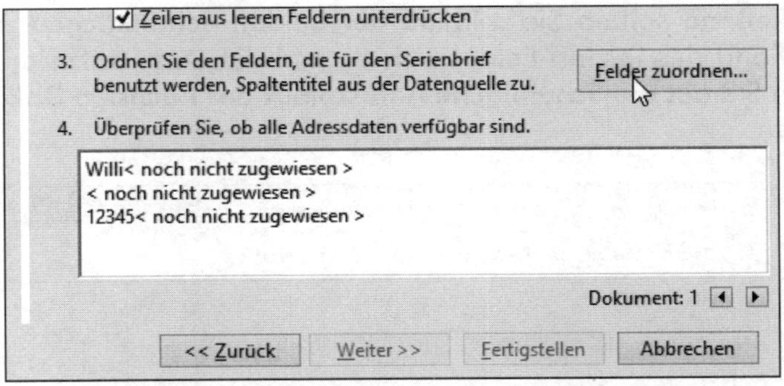

Abb. 6.34: Bringen Sie Ordnung ins System

Dazu klicken Sie auf die Schaltfläche *Felder zuordnen*.

Über die einzelnen Listenfelder müssen Sie nun den Adresselementen die Felder Ihrer Datenquelle zuordnen. Wenn Sie das erste Feld anklicken, werden Sie gleich erkennen, dass hier die Felder der verbundenen Datenbank auftauchen.

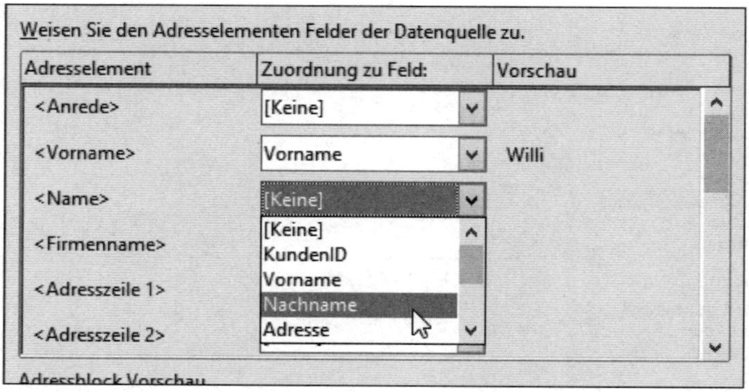

Abb. 6.35: Die Felder der Datenbank zuweisen

Verbinden Sie nun nach und nach die noch nicht zugewiesenen Felder mit denen Ihrer Datenbank. Als Kontrolle, ob Sie dabei das richtige Feld erwischt haben, wird Ihnen unmittelbar danach der erste Datensatz Ihrer Datenbank angezeigt. Achten Sie auch darauf, dass einige Felder noch nicht angezeigt werden und Sie die Bildlaufleiste verwenden müssen, um sie sehen zu können, und dass einige Felder nicht zugewiesen werden, also mit *[Keine]* belegt bleiben. Schließen Sie Ihre Arbeiten mit *OK* ab.

Anschließend sollten Sie mithilfe der beiden Schaltflächen am unteren Rand des letzten Feldes sich einmal die Datensätze ansehen. Klicken Sie auf die Schaltfläche *Adressblock des nächsten Dokuments ansehen*.

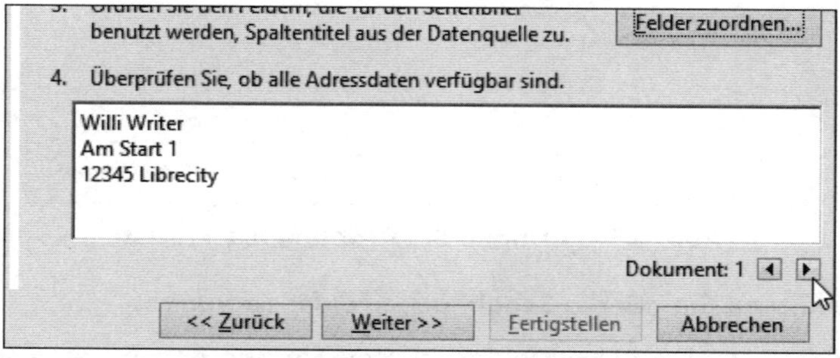

Abb. 6.36: Hat alles geklappt?

Ist alles in Ordnung, können Sie sich mit *Weiter* zum nächsten Dialogfenster begeben.

4. Schritt: Eine persönliche Briefanrede

In diesem Fenster können Sie eine persönliche Anrede in Ihren Brief einfügen. Damit dies klappt, muss allerdings die Datenquelle über ein Feld mit der Angabe des Geschlechts verfügen.

TIPP

Wünschen Sie eine solche Option nicht oder verfügt die Datenbank über kein entsprechendes Feld, belassen Sie es beim deaktivierten Kontrollkästchen *Eine Briefanrede in das Dokument einfügen* und wechseln mit *Weiter* zum nächsten Schritt.

Aktivieren Sie zunächst die Kontrollkästchen *Eine Briefanrede in das Dokument einfügen* und *Personalisierte Briefanrede einfügen*. In den Feldern *Weiblich* und *Männlich* können Sie festlegen, ob die Anrede formell oder etwas salopper erfolgen soll. Damit das Programm weiß, wer „Weiblein" und wer „Männlein" ist, müssen Sie im Feld *Spaltentitel* angeben, welcher Adresslistenwert für einen weiblichen Empfänger steht. Damit er richtig zugeordnet werden kann, müssen Sie den entsprechenden Wert als *Feldinhalt* eintragen.

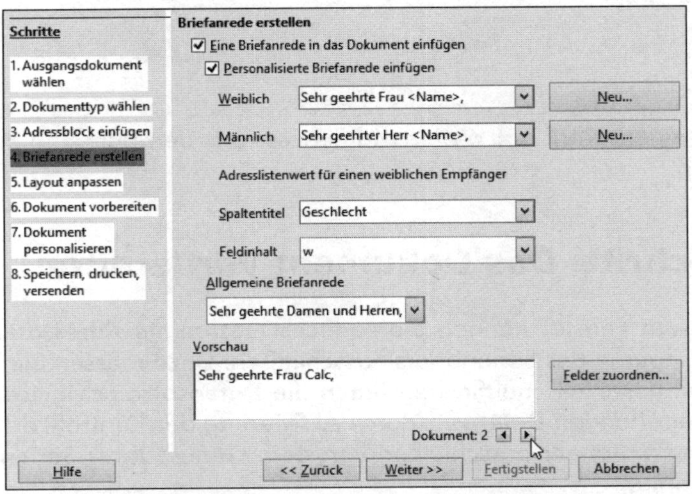

Abb. 6.37: Die Optionen für die persönliche Anrede

Für den Fall, dass die genauen Ansprechpartner nicht bekannt sein sollten, können Sie im Feld *Allgemeine Briefanrede* den Text eintragen, der dann erscheinen soll.

Ist alles erledigt, geht es mit *Weiter* beherzt zum nächsten Schritt.

5. Schritt: Das Layout des Adressblocks

In diesem Schritt geht es um die Positionierung des Adressblocks.

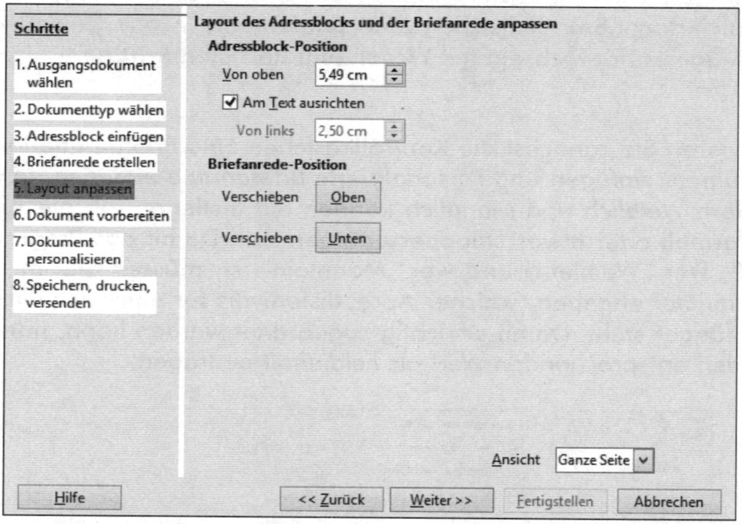

Nach einem Klick auf *Weiter* widmen wir uns den nächsten Einstellungen.

6. Schritt: Das Dokument vorbereiten

In diesem Fenster können Sie zunächst bestimmte Adressaten von dem Empfang des Serienbriefs ausschließen. Dazu müssen Sie lediglich mit den Pfeilschaltflächen durch die Datensätze navigieren und den betreffenden Datensatz durch Aktivierung des Kontrollkästchens *Diesen Empfänger ausschließen* von dem Genuss Ihres Serienbriefs ausnehmen.

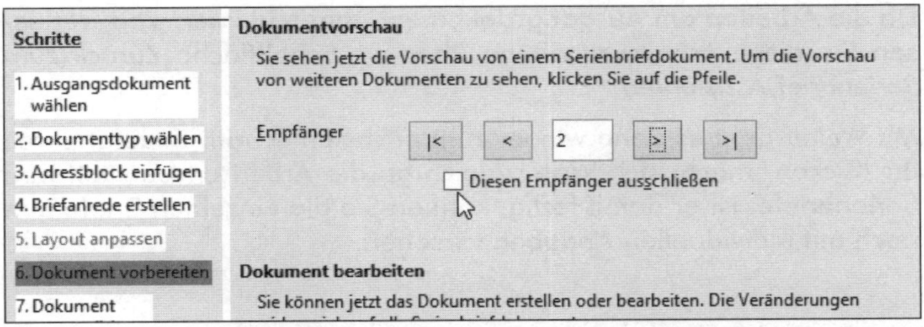

Abb. 6.38: Gegebenenfalls einen Empfänger ausschließen

Darüber hinaus können Sie das Ausgangsdokument kontrollieren und gegebenenfalls anpassen. Da das in unserem Fall notwendig ist, klicken Sie auf die Schaltfläche *Dokument bearbeiten*.

Vermutlich müssen Sie den Rahmen mit den Adressen an die passende Stelle verschieben. Klicken Sie dazu einfach auf den Rahmen und ziehen Sie ihn an die gewünschte Stelle.

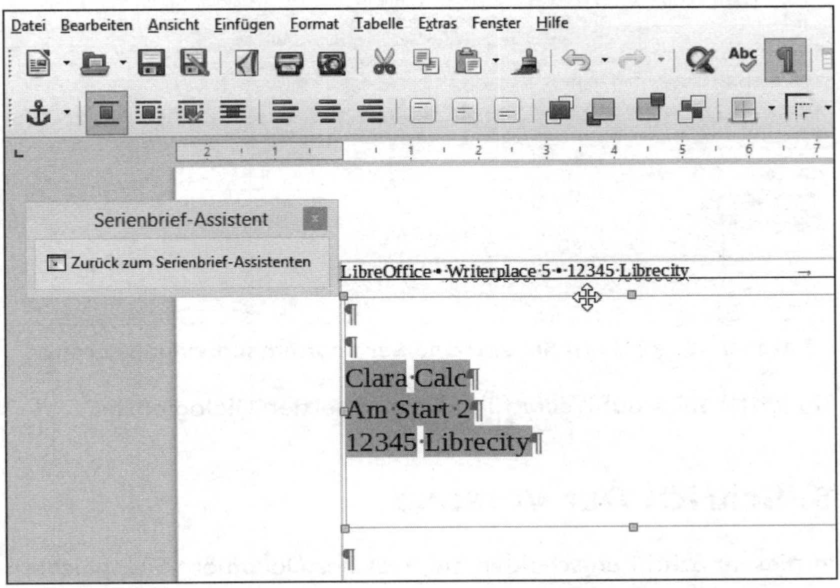

Abb. 6.39: Den Rahmen mit den Anschriften anpassen

Da die Arbeiten am Ausgangsdokument abgeschlossen sind, verlassen Sie diese Arbeitsumgebung über die Schaltfläche *Zurück zum Serienbrief-Assistenten*.

Mit *Weiter* geht es dann wieder zum nächsten Schritt. Bedingt durch Ihr Klicken, macht sich Writer gleich an die Arbeit und erstellt Ihre Serienbriefe. Ist er damit fertig, können Sie die einzelnen Briefe nun noch mit individuellen Angaben versehen.

7. Schritt: Die Dokumente personalisieren

Dazu klicken Sie auf die Schaltfläche *Individuelles Dokument bearbeiten* und begeben sich per Bildlaufleiste zu den entsprechenden Schreiben. Bei umfangreicheren Serienbriefen können Sie auch gleich die *Suchen nach*-Funktion des Bereichs *Suchen* verwenden.

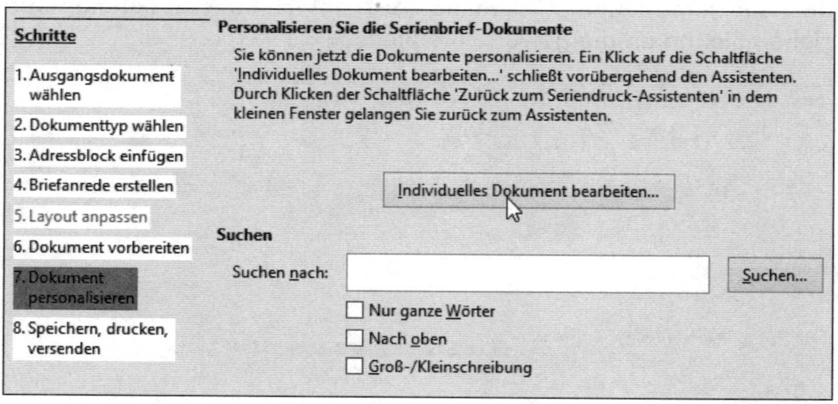

Abb. 6.40: Möchten Sie einzelne Serienbriefe individualisieren?

Ein letzter Klick auf *Weiter* führt Sie zum letzten Dialogfenster.

8. Schritt: Der Versand

In diesem Schritt entscheiden Sie, welches Dokument Sie speichern oder drucken möchten.

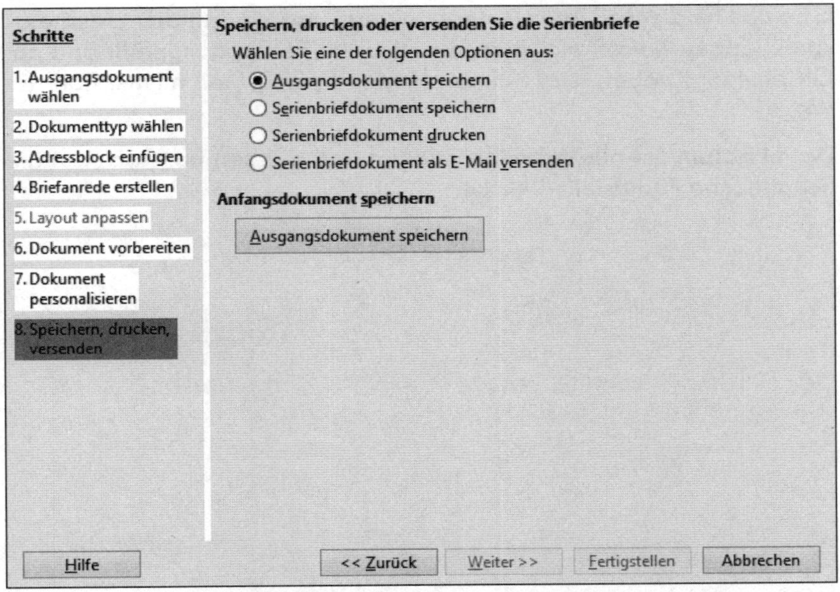

Abb. 6.41: Was haben Sie mit den Serienbriefen vor?

Gewiss ist es sinnvoll, das Ausgangsdokument zu speichern. Klicken Sie also erst einmal auf die Schaltfläche *Ausgangsdokument speichern*, wählen Sie einen Speicherort, vergeben Sie einen Namen und schließen Sie den Vorgang mit *Speichern* ab.

Möchten Sie das *Serienbriefdokument speichern*, wählen Sie die entsprechende Option. Danach können Sie entscheiden, ob Sie alle Briefe in ein einzelnes Dokument speichern, alle Serienbriefe einzeln oder nur bestimmte Briefe speichern wollen. Haben Sie Ihre Wahl getroffen, klicken Sie auf *Dokumente speichern*. Einzelne Dokumente werden fortlaufend nummeriert abgelegt.

Wenn Sie sich für die Option *Serienbriefdokument drucken* entscheiden, können Sie die Serienbriefe aber auch gleich auf Ihrem Drucker ausgeben.

Mit der letzten Option können Sie schließlich noch den Anforderungen einer modernen Kommunikation gerecht werden. Sparen Sie Papier und wählen Sie die Option *Serienbriefdokument als E-Mail versenden*. Im Bereich *E-Mail Optionen* wählen Sie im Feld *An* in der

Liste das Feld *eMail* Ihrer Datenbank aus und fügen noch einen entsprechenden Betreff ein. Nachdem Sie die Felder ausgefüllt und mit *OK* bestätigt haben, steht einem Versand per E-Mail nichts mehr im Wege.

Damit haben Sie alle Arbeiten erledigt und müssen nur noch auf die Schaltfläche *Fertigstellen* klicken.

7 LibreOffice im Alltag

In diesem Kapitel finden Sie Dinge, die Ihr komplettes LibreOffice-Paket betreffen. Zum einen erfahren Sie, wie der Datenaustausch perfekt funktioniert. Dann werden Sie sehen, wie Sie Ihr LibreOffice optimieren können. So erfahren Sie, wie Sie eine Menge Tipparbeit sparen können, mithilfe von Tastenkombinationen manche Routinearbeit schneller erledigen und wie Vorlagen die tägliche Arbeit erleichtern können. Zum Schluss sehen Sie, wie Sie Ihr LibreOffice durch Extensions weiter ausbauen können.

Datenaustausch mit MS Office

Sie verfügen (noch) über eine stattliche Zahl von Word-, Excel- und PowerPoint- oder gar Visio-Dateien oder erhalten von Kollegen solche Dateien? Keine Sorge, die können Sie mit LibreOffice problemlos öffnen, weiterbearbeiten und so abspeichern, dass man sie wieder mit den Ursprungsprogrammen öffnen kann.

Hierbei gehen Sie wie folgt vor: Klicken Sie im Startbildschirm auf die Schaltfläche *Öffnen* bzw. öffnen Sie das betreffende Dokument mit dem entsprechenden LibreOffice-Modul. Im folgenden Dialogfenster achten Sie lediglich darauf, dass im Listenfeld *Dateityp* der Eintrag *Alle Dateien (*.*)* steht. Wenn Sie mögen, können Sie natürlich auch den entsprechenden Microsoft-Office-Dateityp einstellen.

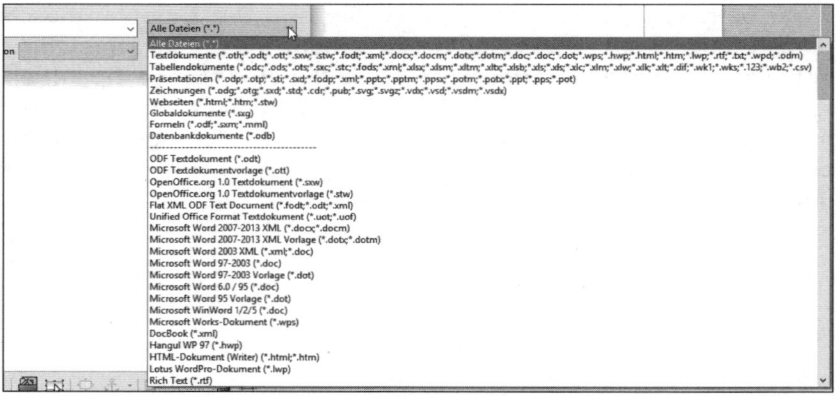

Abb. 7.1: LibreOffice öffnet auch Microsoft-Office-Dateien

Möchten Sie ein LibreOffice-Dokument an jemanden weiterreichen, der beispielsweise mit Microsoft Word arbeitet, wählen Sie innerhalb von Writer die Menüfolge *Datei / Speichern unter*. Im Feld *Dateityp* wählen Sie den gewünschten Dateityp aus.

TIPP

Wenn Sie die Datei für Microsoft Office 2007, 2010 oder 2013 lesbar machen wollen, wählen Sie das *xml*-Format. Das brandneue Microsoft Office 2016 verwendet das gleiche Format wie die Vorgängerversionen, sodass sich hier keine Besonderheiten ergeben.

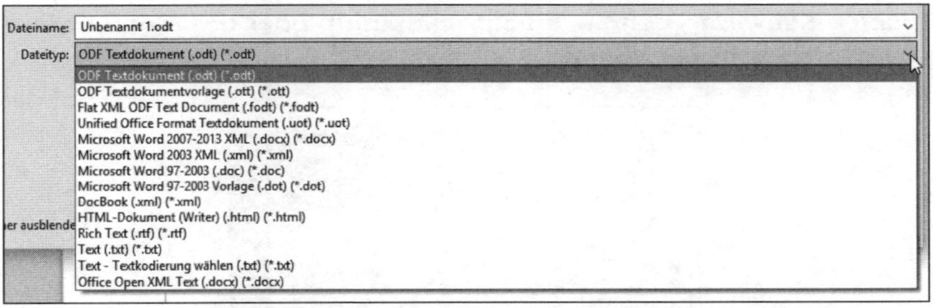

Abb. 7.2: Wählen Sie den gewünschten Dateityp aus

Abschließend klicken Sie noch auf *Speichern* und nehmen das folgende Hinweisfenster zur Kenntnis.

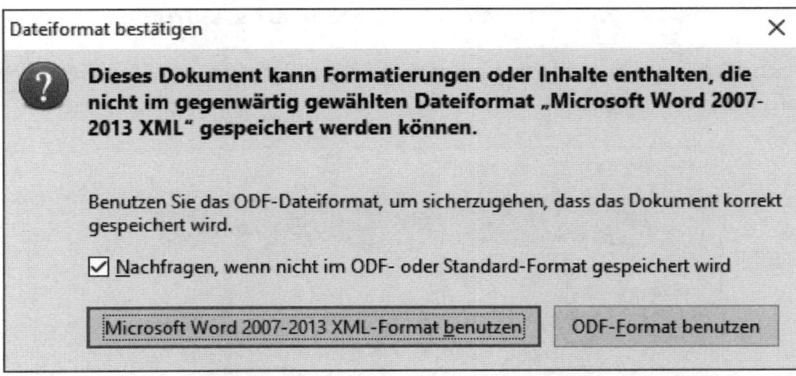

Abb. 7.3: Ein Hinweis, den es zu beachten gilt

Dieser Hinweis besagt nichts anderes, als dass Microsoft Word natürlich nichts mit Writer-spezifischen Formatierungen anfangen kann. Im Regelfall werden Sie diese nicht verwenden und können deshalb beherzt auf *<Aktuelles Format> benutzen* klicken. Sollten Sie unsicher sein, dann speichern Sie zur Sicherheit das Dokument einmal im LibreOffice-Format ab (Schaltfläche *ODF-Format benutzen*) und probieren es dann einfach aus. Geht es schief, haben Sie noch immer das Original-LibreOffice-Dokument.

Möchten Sie vorhandene Microsoft-Office-Dateien für die ständige Bearbeitung in LibreOffice bereitstellen, dann sollten Sie diese umwandeln. Dieser Vorgang verläuft dialoggesteuert über den *Dokumenten-Konverter*, den Sie im Startbildschirm über das Menü *Datei / Assistenten* aufrufen können.

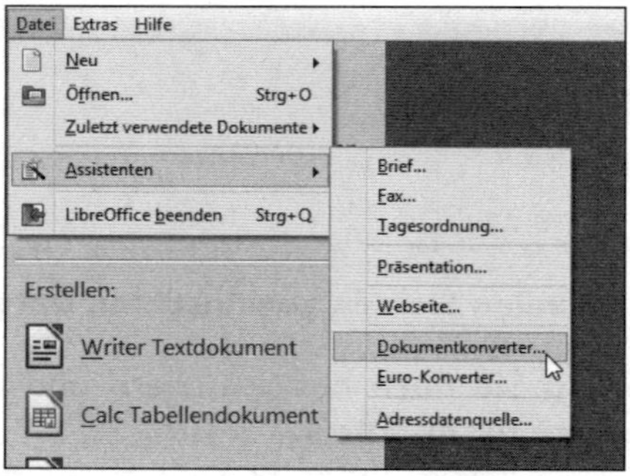

Abb. 7.4: Den Dokumenten-Konverter aufrufen

Nachdem Sie ihn gestartet haben, wählen Sie den gewünschten Dokumenttyp einfach aus.

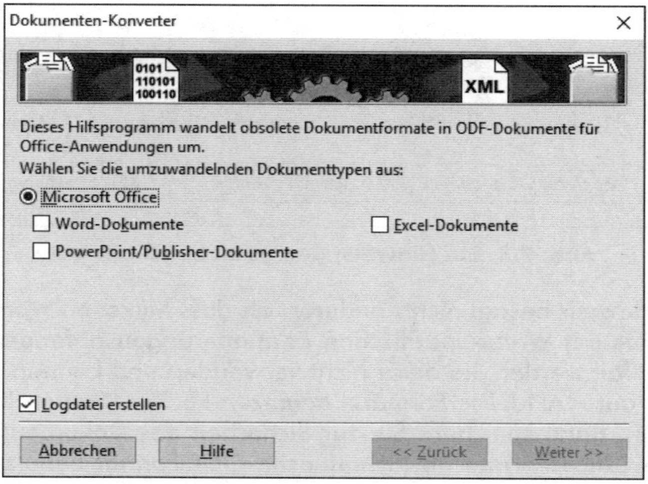

Abb. 7.5: Der Dokumenten-Konverter erleichtert den Umstieg

Ihre Wahl bestätigen Sie mit *Weiter*, um in das nächste Dialogfenster zu gelangen. In diesem müssen Sie noch die Speicherorte auswählen und schon kann es losgehen.

LibreOffice optimieren

Beim täglichen Arbeiten mit LibreOffice fallen eine Menge Routinearbeiten an, die einem die Freude am Arbeiten mit diesem wunderbaren Programm nehmen könnten. Doch es gibt eine Reihe an praktischen Helferlein, die das Arbeiten erheblich vereinfachen und beschleunigen.

TBS

Sie benutzen schon länger eine Textverarbeitung und haben von *TBS* noch nie gehört? Nun, die Abkürzung steht für *Textbausteine* und diese werden in LibreOffice als *AutoText* bezeichnet. Der immense Vorteil der Textbausteine ist, dass man damit häufig verwendete Textpassagen immer wieder bei Bedarf mithilfe von Tastenkombinationen schnell in den Text einfügen kann.

Nehmen wir beispielsweise die Grußformel. Ist es nicht mühsam, stets `Mit freundlichen Grüßen` zu schreiben? Dann geben Sie doch einmal `mfg` ein und bestätigen mit ↵ bzw. einem Leerzeichen. Was Sie jetzt sehen, ist ein eingefügter AutoText.

Vielleicht wünschen Sie sich jetzt, dass dabei auch gleich Ihr Name erscheint? Dann müssen Sie kurz selbst Hand anlegen.

AutoText erstellen

Schreiben Sie zunächst die betreffende Passage und markieren Sie dann den Textteil, der in Zukunft als AutoText erscheinen soll.

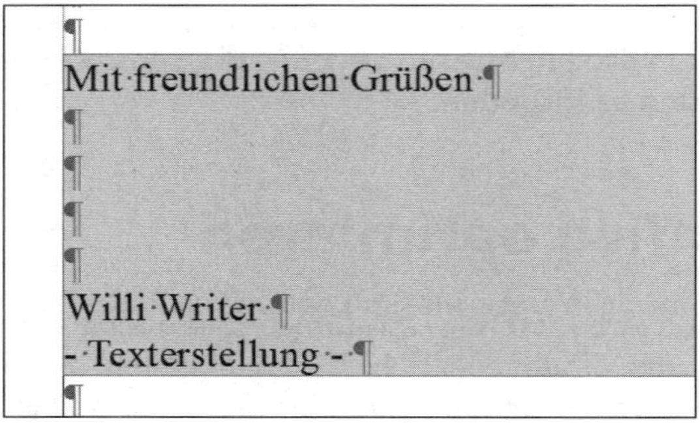

Abb. 7.6: Der Text für die Grußformel

Rufen Sie dann über *Bearbeiten / AutoText* das Dialogfenster *AutoText* auf.

TIPP

Da Sie das sicherlich in Zukunft häufiger machen werden, können Sie sich hier gleich die Tastenkombination Strg + F3 merken.

Sie erhalten das Dialogfenster *AutoText*.

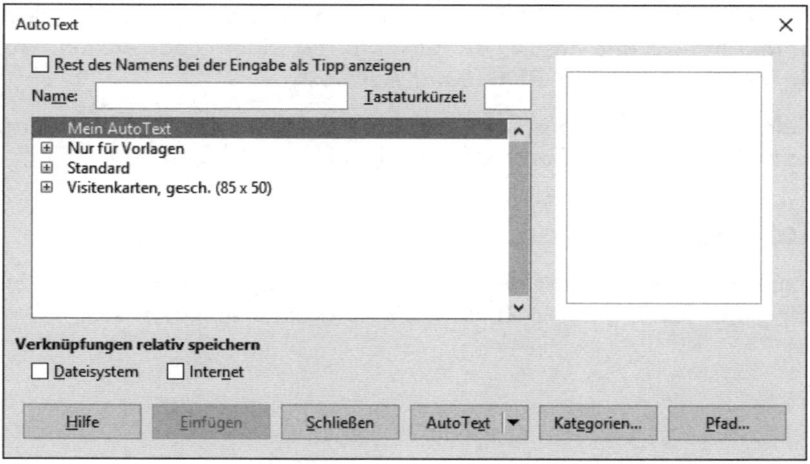

Abb. 7.7: Das Dialogfenster *AutoText* steht bereit

Wählen Sie zunächst durch Markieren eine Kategorie zum Speichern des neuen Textbausteins aus. Um von überall darauf zugreifen zu können, belassen Sie am besten den Eintrag *Mein AutoText*. Wenn Sie im Feld *Name* einen Namen eingeben, der länger als vier Zeichen ist, können Sie die AutoText-Option *Rest des Namens bei der Eingabe als Tipp anzeigen* verwenden. Als *Tastaturkürzel* werden Ihnen jeweils die ersten Buchstaben vorgeschlagen. Je nach Wunsch können Sie dies aber ändern. In unserem Fall soll hier `mfgn` verwendet werden, sodass Sie das in das Feld eingeben.

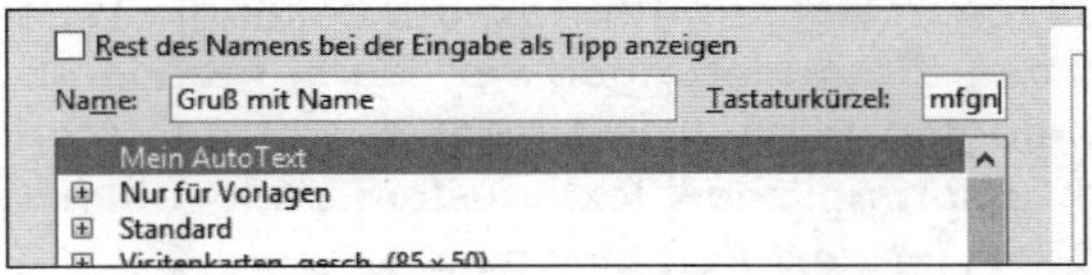

Abb. 7.8: Einen Namen und ein Tastenkürzel vergeben

Dann klicken Sie auf *AutoText* und wählen *Neu*.

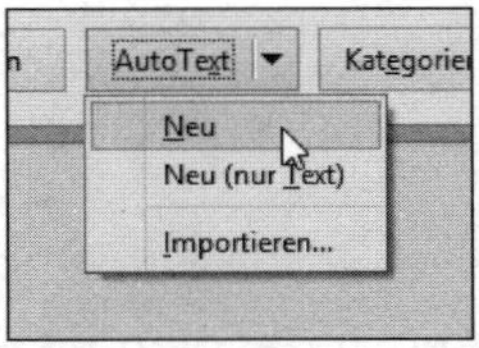

Abb. 7.9: Welche Art (mit oder ohne Format) bevorzugen Sie?

Das war es dann auch schon.

Der gerade definierte Textbaustein wird in der Liste angezeigt. Klicken Sie einmal auf das Pluszeichen, um den Eintrag einzusehen.

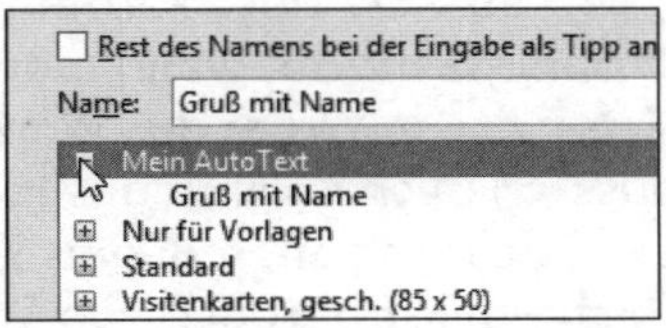

Abb. 7.10: Der neue AutoText

Mit einem Klick auf *Schließen* beenden Sie die Definition.

Wenn Sie in Zukunft die Grußformel setzen möchten, müssen Sie lediglich das Schlüsselwort `mfgn` eingeben. Anschließend müssen Sie sofort die F3-Taste drücken und der Textbaustein wird eingefügt.

AutoTexte verwalten

Ab und an wird es vorkommen, dass Sie einen Textbaustein verändern wollen, etwa weil sich die Formulierung etwas verändert oder er sich erledigt hat.

Im ersten Fall fügen Sie den AutoText auf bekannte Weise in den Text ein und nehmen die Änderungen vor. Dann markieren Sie ihn und rufen das Dialogfenster *AutoText* (Strg + F3) auf. Markieren Sie in der Liste den ursprünglichen Textbaustein und wählen Sie im Menü der Schaltfläche *AutoText* den Eintrag *Ersetzen*.

Soll ein Textbaustein entfernt werden, suchen Sie den zu löschenden Textbaustein und markieren ihn. Mit einem Klick auf *Löschen* im Menü der Schaltfläche *AutoText* gehört er dann der Vergangenheit an.

AutoKorrektur

„Rächtschreibfehler" sind etwas Nervendes – nicht erst seit der Rechtschreibreform. Und vielleicht geht es Ihnen wie mir, dass Sie des Öfteren Buchstabendreher wie „Betreibswirtschaft" produzieren.

Um solche kleinen Fehler gleich bei der Eingabe zu eliminieren, setzen Sie die *AutoKorrektur* ein. Dieses Werkzeug korrigiert dann gleich bei der Eingabe Ihre Tippfehler. Die schnellste Art, LibreOffice Ihre Fehler beizubringen, ist, dass Sie das Wort einmal falsch schreiben (was meistens dann Probleme macht, wenn man es tun soll!). Schreiben Sie einmal beispielsweise in Writer das Wort `Betreibswirtschaft` (wenn ich es muss, muss ich mich höllisch anstrengen!). Wenn Sie ein Leerzeichen oder einen Punkt setzen, markiert Writer das Wort sofort als falsch (weil es ja nicht im Wörterbuch von Writer verzeichnet ist). Nun klicken Sie mit der rechten Maustaste auf das falsch geschriebene Wort und wählen den Eintrag *AutoKorrektur*. Wenn Sie Glück haben, hat Writer erkannt, was Sie eigentlich wollten, und schlägt Ihnen die richtige Schreibweise vor.

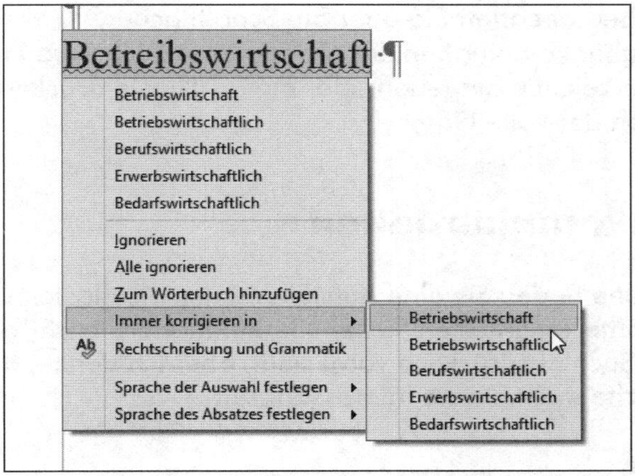

Abb. 7.11: Ups, ein Fehler!

Sie müssen nur den richtigen Menüeintrag anklicken. In Zukunft ersetzt Writer automatisch das falsche Wort, sobald Sie ein Leerzeichen eingeben.

Wenn das Wort nicht im Wörterbuch von Writer verzeichnet ist, müssen Sie einen etwas anderen Weg gehen. Möchten Sie beispielsweise Ihren Namen nur noch per Monogramm, beispielsweise `ws`, eingeben und Writer soll automatisch *Winfried Seimert* daraus machen, gehen Sie wie folgt vor: Markieren Sie die betreffende Passage und rufen Sie dann die Befehlsfolge *Extras / AutoKorrektur-Einstellungen* auf. Sie gelangen zum gleichnamigen Dialogfenster, bei dem die Registerkarte *Ersetzen* bereits aktiviert ist. Im Feld *Ersetzen durch* ist bereits die markierte Passage eingetragen. Sie müssen lediglich im Feld *Kürzel* ein ebensolches – im Beispielfall das Monogramm – eintragen. Klicken Sie auf *Neu*, damit das Kürzel in die Liste aufgenommen wird.

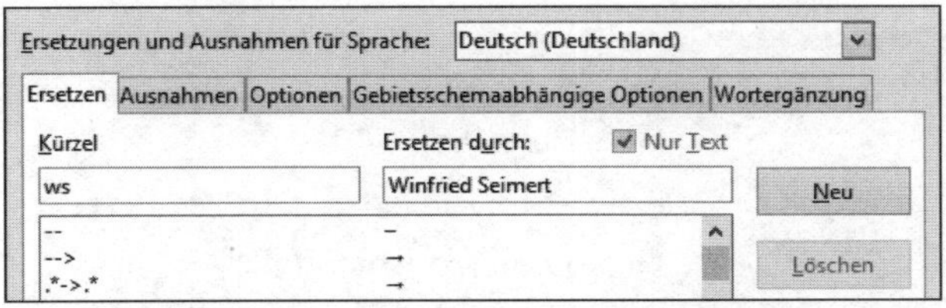

Abb. 7.12: Eine AutoKorrektur einrichten

Ihre Eingaben beenden Sie über die Schaltfläche *OK*. Wenn Sie nun die Buchstabenkombination des Monogramms schreiben und entweder ein Leerzeichen eingeben oder die [↵]-Taste drücken, erscheint automatisch der volle Name.

Tastenkombinationen

Im Folgenden finden Sie eine Aufstellung der wichtigsten und meines Erachtens interessantesten Tastenkombinationen. Nicht alle werden in diesem Buch ausdrücklich vorgestellt, aber ich denke, die ein oder andere dürfte auch für Sie interessant sein.

LibreOffice generell

[Strg] + [N]	Neue(s) Dokument/Mappe/Präsentation/Zeichnung
[Strg] + [X]	Ausschneiden (in Zwischenablage)
[Strg] + [V]	Einfügen (aus Zwischenablage)
[Strg] + [C]	Kopieren (in Zwischenablage)
[Strg] + [Z]	Letzter Schritt rückgängig
[Strg] + [Y]	Letzten Schritt wiederherstellen
[Strg] + [P]	Drucken
[Strg] + [S]	Speichern
[Strg] + [Q]	Modul beenden

Writer

[Strg] + [F]	Such-Funktion
[F1]	Hilfe aufrufen
[F3]	AutoText auslösen
[F4]	Gallery ein-/ausblenden
[F5]	Navigation
[F7]	Rechtschreibung

Strg + Alt + C	Kommentar einfügen
Strg + F10	Anzeige nicht druckbarer Zeichen (z. B. Absatzmarke)
Strg + -	Bedingter Trennstrich
⇧ + Strg + -	Geschützter Bindestrich
Pos1	Zum Anfang einer Zeile springen
Ende	Zum Ende einer Zeile springen
Strg + ←	Cursor ein Wort nach links
Strg + →	Cursor ein Wort nach rechts
Strg + ↑	Cursor einen Absatz nach oben
Strg + ↓	Cursor einen Absatz nach unten
↑	Cursor eine Zeile nach oben
↓	Cursor eine Zeile nach unten
Strg + Pos1	Cursor zum Dokumentanfang
Strg + Ende	Cursor zum Dokumentende
Entf	Zeichen rechts vom Cursor löschen
⇦	Zeichen links vom Cursor löschen
Strg + Entf	Wort rechts vom Cursor löschen
Strg + ⇦	Wort links vom Cursor löschen
⇧ + →	Ein Zeichen nach rechts markieren
⇧ + ←	Ein Zeichen nach links markieren
Strg + ⇧ + →	Ein Wort nach rechts markieren
Strg + ⇧ + ←	Ein Wort nach links markieren
⇧ + Pos1	Bis Zeilenanfang markieren
⇧ + Ende	Bis Zeilenende markieren
Strg + ⇧ + ↑	Bis Absatzanfang markieren
Strg + ⇧ + ↓	Bis Absatzende markieren
⇧ + Bild↓	Bildschirmseite nach oben markieren
⇧ + Bild↑	Bildschirmseite nach unten markieren
Strg + ⇧ + Pos1	Bis Dokumentanfang markieren
Strg + ⇧ + Ende	Bis Dokumentende markieren

Strg + A	Gesamtes Dokument markieren
Strg + D	Dialogfeld Zeichenformatierung
Strg + ⇧ + F	Fett
Strg + ⇧ + I	Kursiv
Strg + ⇧ + U	Unterstrichen
Strg + E	Zentrieren
Strg + R	Rechtsbündig
Strg + L	Linksbündig
Strg + B	Blocksatz
Strg + 1	Überschrift 1
Strg + 2	Überschrift 2
Strg + 3	Überschrift 3
Strg + F12	Tabelle einfügen
⇆	Markieren des Inhalts der nächsten Zelle
⇆ (in letzter Zelle)	Neue Zeile anlegen

Calc

Strg + Bild↓	Zum nächsten Arbeitsblatt wechseln
Strg + Bild↑	Zum vorherigen Arbeitsblatt wechseln
←	Zelle nach links
→	Zelle nach rechts
↑	Zelle nach oben
↓	Zelle nach unten
Pos1	Auf die erste Zelle der aktuellen Zeile
Ende	Auf die letzte Zelle der aktuellen Zeile
Strg + Pos1	Auf Zelle A1 des aktuellen Blatts
Strg + Ende	Auf die letzte bearbeitete Zelle des aktuellen Blatts
Strg + Bild↑	Blattregister vor
Strg + Bild↓	Blattregister zurück

⇧ + →	Zellenweise nach rechts markieren
⇧ + ←	Zellenweise nach links markieren
⇧ + ↑	Zellenweise nach oben markieren
⇧ + ↓	Zellenweise nach unten markieren
⇧ + Pos1	Von aktueller Zelle bis erste Zelle markieren
⇧ + Ende	Von aktueller Zelle bis letzte gefüllte Zelle markieren
⇧ + Strg + Pos1	Ab aktueller Zelle bis Zelle A1 markieren
⇧ + Strg + Ende	Ab aktueller Zelle bis letzte Zelle des aktuellen Bereichs markieren
Strg + 1	Dialogfenster Zellen formatieren
Strg + F	Fett
Strg + I	Kursiv
Strg + U	Unterstrichen
Strg + L	Zelle linksbündig ausrichten
Strg + R	Zelle rechtsbündig ausrichten
Strg + -	Zellen löschen
Strg + +	Zellen einfügen
F2	Zellinhalt bearbeiten / Rechenleiste aktivieren

Impress

Strg + M	Neue (Standard-) Folie
F5	Präsentieren ab Folie 1
⇧ + F5	Präsentieren ab aktueller Folie
Leer, N	Nächste Folie
P	Vorherige Folie
B / W	Schwarze / Weiße Pause
S	Stopp
Strg + ↵	In den nächsten Platzhalter gelangen
⇆	Einrücken Aufzählungspunkt

⇧ + ⇆	Ausrücken Aufzählungspunkt
Strg + ↵	Neue Standardfolie anlegen
Strg + ⇧ + R	Lineal einschalten

Draw

+	Vergrößern der Ansicht
-	Verkleinern der Ansicht
× (Ziffernblock)	Zoom auf ganze Seite
÷ (Ziffernblock)	Zoom auf aktuelle Selektion
⇧ + Rechteck/Ellipse	Quadrat/Kreis zeichnen
F2	Text bearbeiten
F3	Gruppierung beitreten
⇧ + F3	Gruppierung verlassen
F4	Dialogfenster Position und Größe
F5	Navigator
F8	Punkte bearbeiten ein/aus
Strg + ⇧ + F8	Text an Rahmen anpassen
F11	Dialogfenster Formatvorlagen
Strg + ⇧ + G	Gruppierung
⇧ + Strg + Alt + A	Gruppierung aufheben
Strg + ⇧ + K	Kombination
Alt + Strg + ⇧ + K	Hebt Kombination auf

Base

⇆	Innerhalb einer Zeile vorwärts bewegen
⇧ + ⇆	Innerhalb einer Zeile rückwärts bewegen
Strg + W	Fenster/Tabelle/Objekt schließen
F4	Zugriff auf die Datenquellen

Vorlagen

Im zweiten Kapitel dieses Buches haben Sie einen Brief erstellt. Sicherlich werden Sie nicht jeden Tag große Lust verspüren, eine solche Arbeit zu verrichten. Zwar könnte man auf die Idee kommen, den Brief einfach als Muster abzuspeichern und dann die entsprechenden Passagen zu überschreiben. Doch das ist recht umständlich und auch gefährlich, wenn Sie einmal aus Versehen das Dokument löschen.

Hier kommen vielmehr Vorlagen zum Einsatz. Dabei handelt es sich um Basisdokumente, auf deren Grundlage neue Dokumente erstellt werden können. Da sie als Vorlagen und nicht als Dokument abgespeichert werden, sind sie gegen zufällige Änderungen oder Löschungen immun. Eine Dokumentvorlage ermöglicht, dass alle Briefe ein einheitliches Aussehen haben. In ihr werden alle Einstellungen gespeichert, die in jedem Dokument automatisch zur Verfügung stehen.

TIPP

Vorlagen können Sie bei Textdokumenten, Tabellendokumenten und Präsentationen einsetzen.

Eine Vorlage erstellen

Zunächst müssen jedoch alle Bestandteile des Dokuments entfernt werden, die sich nicht ständig wiederholen. Nachdem der Brief nur noch Bestandteile enthält, die in jedem Brief auftauchen, können Sie ihn als Vorlage abspeichern. Dazu rufen Sie die Menüfolge *Datei / Dokumentvorlage* auf und wählen den Befehl *Als Vorlage speichern* aus, wodurch Sie das Dialogfenster *Vorlagenverwaltung* erhalten. In diesem Dialogfenster wählen Sie die Registerkarte *Texte* an und markieren den Eintrag *MediaWiki*.

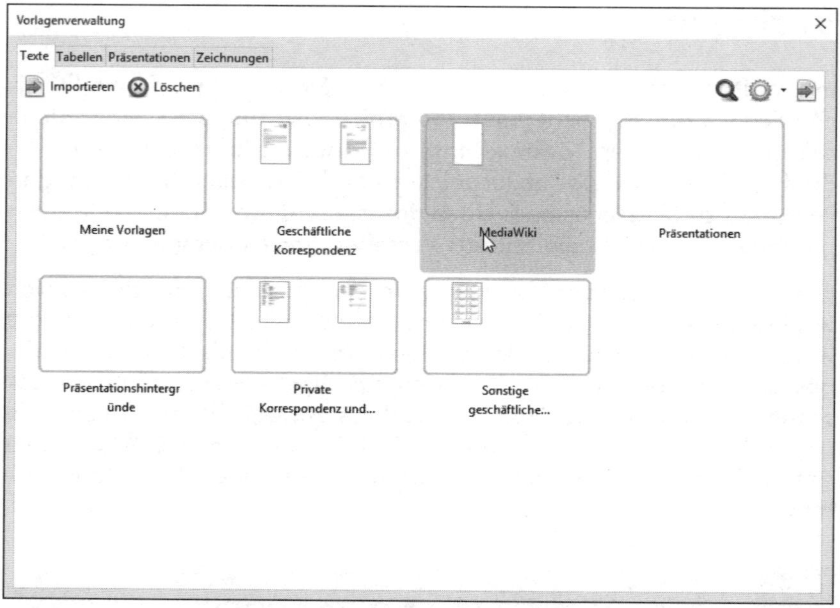

Abb. 7.13: Die Vorlagenverwaltung

Dann klicken Sie oben links auf die Schaltfläche *Speichern*.

Sie erhalten ein kleines Eingabefenster, in dem Sie einen aussagekräftigen Vorlagennamen vergeben müssen.

TIPP

Im praktischen Einsatz sollten Sie an dieser Stelle natürlich einen aussagekräftigen Namen für Ihre Vorlage verwenden. Wenn Sie sich erst einmal an diese praktische Einrichtung gewöhnt haben, wird Ihr Vorlagenbestand sicherlich rasch anwachsen, und da gilt es, den Überblick zu bewahren.

Bestätigen Sie Ihre Wahl mit einem Klick auf *Akzeptieren*. Das war es dann auch schon.

Schließen Sie das auf dem Bildschirm sichtbare Dokument. Falls Sie dabei gefragt werden, ob es gespeichert werden soll, verneinen Sie.

Es handelt sich nämlich schon um die Vorlage und wenn Sie jetzt – auch unbewusst – Änderungen vorgenommen hätten, hätte das Auswirkungen auf die eben erstellte Vorlage.

Sicherlich wollen Sie nun wissen, wie man an diese Vorlage herankommt. Da will ich nicht länger die Spannung aufrechterhalten und zeige Ihnen gleich, wie einfach das ist. Klicken Sie im Startfenster auf die Schaltfläche *Vorlagen*.

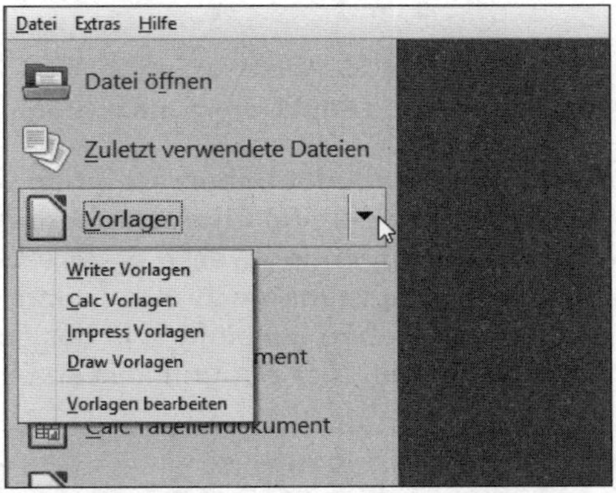

Abb. 7.14: Zu den Vorlagen wechseln und eine Vorlage auswählen

Im folgenden Dialogfenster doppelklicken Sie auf den Eintrag *mediawiki*. Dadurch erhalten Sie Zugang zu Ihrer Vorlage. Haben Sie Ihre Vorlage gefunden, führen Sie ebenfalls einen Doppelklick darauf aus. Writer erstellt nun – wie Sie anhand des Namens *Unbenannt 1* in der Titelleiste sehen können – ein neues Dokument auf der Grundlage der Vorlage. Dieses Dokument können Sie nun nach Herzenslust bearbeiten, müssen es aber zum Schluss unter einem eigenen Namen als Dokument speichern.

Extensions

Nichts ist so gut, dass es nicht ständig verbessert werden könnte. Das gilt auch für LibreOffice, das laufend durch neue Funktionen ergänzt und erweitert wird.

Diese Funktionen werden als sogenannte *Extensions* eingefügt. Das hat den Vorteil, dass Sie Ihr LibreOffice an Ihre Bedürfnisse anpassen und jederzeit auf eine verbesserte Version aufrüsten können. Um an die möglichen Extensions zu gelangen, klicken Sie im Startcenter auf die Schaltfläche *Extensions*.

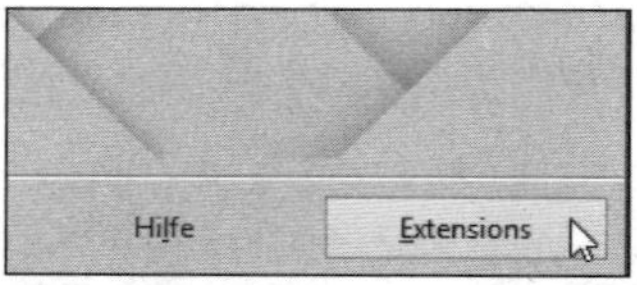

Abb. 7.15: Neue Funktionen hinzufügen

Wenn Sie das Buch durchgearbeitet haben, ist Ihnen vermutlich aufgefallen, dass LibreOffice zwar einige ClipArts mitbringt, aber ab und an wünscht man sich für bestimmte Zwecke andere Grafiken. Diese können Sie mithilfe von Extensions nachrüsten, und das vor allem sogar zielgruppengerecht. Geben Sie einfach in das *Suchen*-Feld auf der linken Seite den Begriff `gallery` ein und klicken Sie auf *Suchen*.

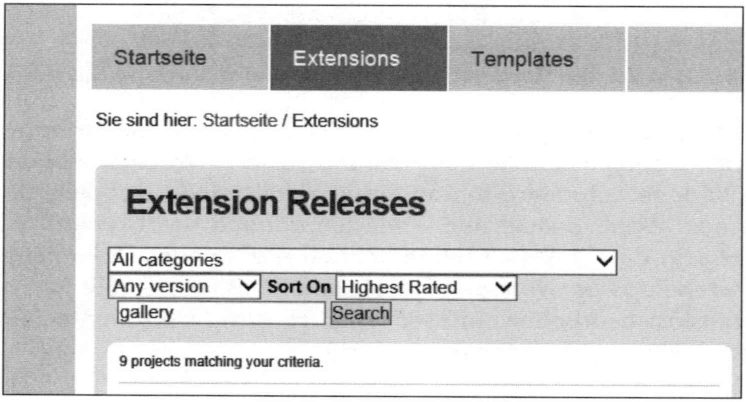

Abb. 7.16: Nach einer Extension suchen

Nach kurzer Zeit erhalten Sie eine Seite mit den Suchergebnissen.

Klicken Sie auf die Überschrift der Gallery, die Sie näher betrachten wollen. Sie erhalten weiterführende Informationen. Suchen Sie hier die Schaltfläche *Extension Package*.

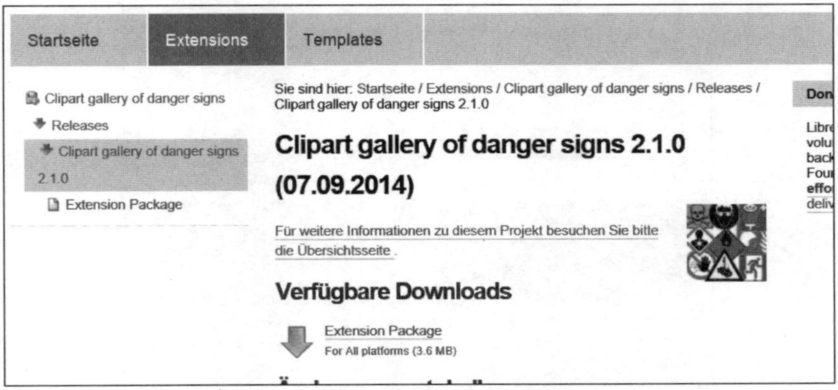

Abb. 7.17: Den Download starten

Nun gilt es, ein wenig Geduld zu haben, denn je nach Umfang der Datei kann der Download eine Weile dauern.

Ist er abgeschlossen, finden Sie in Ihrem Download-Ordner eine gepackte Datei vor. Zur Installation derselben rufen Sie im Startcenter die Befehlsfolge *Extras / Extension Manager* auf. Klicken Sie dort auf die Schaltfläche *Hinzufügen*. Wählen Sie in Ihrem Download-Ordner die Extension-Datei aus und bestätigen Sie mit einem Klick auf *Öffnen*.

Je nach Extension erhalten Sie nun einen Lizenzvertrag angezeigt, den Sie durchlesen sollten. Sind Sie mit den Bedingungen einverstanden, klicken Sie auf die Schaltfläche *Akzeptieren*, die allerdings erst erscheint, wenn Sie die Bedingungen ganz heruntergescrollt haben. Nun beginnt die Installation und Sie können den Fortschritt unten im Fenster des Extension Managers in einem Laufbalken verfolgen. Ist die Installation abgeschlossen, wird die neu installierte Erweiterung in der Liste der Extensions angezeigt und kann nun verwendet werden (siehe Abbildung 7.18).

In unserem Beispiel wurden die Gefahrzeichen in die Gallery aufgenommen. Um diese gleich einmal zu betrachten, klicken Sie einfach in der Seitenleiste auf die Schaltfläche *Gallery* und schauen in der Liste nach (siehe Abbildung 7.19).

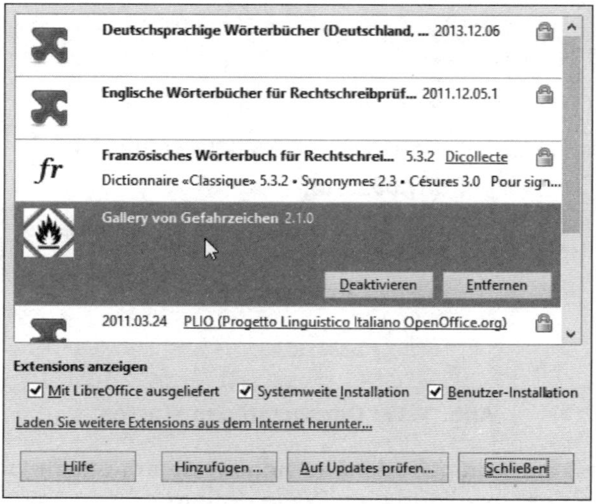

Abb. 7.18: Die neue Extension wurde in die Liste aufgenommen

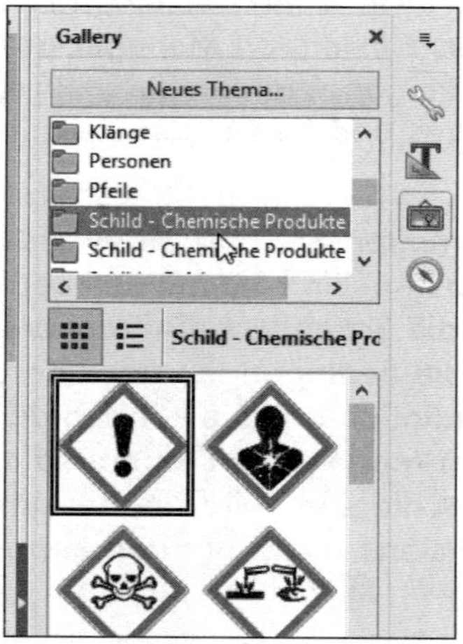

Abb. 7.19: Mal in der *Gallery* nachsehen

Die ClipArts stehen Ihnen nun in der ClipArt-Gallery zur Verfügung und können per Drag & Drop in Ihre Texte oder Zeichnungen eingefügt werden.

Index

D